创见

新动能与新空间

VIEWPOINTS

高 平 ◎ 主编

上海社会科学院出版社
SHANGHAI ACADEMY OF SOCIAL SCIENCES PRESS

编 委 会

主　编：高　平
副主编：杨宏伟　　丁国杰　　芮晔平　　唐丽珠　　虞　阳
　　　　黄　玥　　马英俊
编　委：李光辉　　蒋英杰　　任柯柯　　朱加乐　　刘彩云
　　　　许倩茹　　熊晓琪　　朱立奇　　刘梦琳　　王　珏
　　　　项田晓雨　唐小于　　王诗悦　　吴函霏　　郑晗晔
　　　　龙彦霖　　刘汝斌　　陈　婷　　张舒恺　　韩　佳

序 言

"十四五"以来,全国上下迎难而上、砥砺前行,经受住了世界变局加快演变、新冠肺炎疫情冲击、国内经济下行等多重考验,统筹疫情防控和经济社会发展取得重大积极成果,举国同庆中国共产党百年华诞,成功举办北京冬奥会、冬残奥会,胜利召开党的二十大,全面建设社会主义现代化国家新征程迈出坚实步伐。但与此同时,也要看到全球疫情仍"一波三折",乌克兰危机延宕发酵,粮食和能源安全问题突出,产业链供应链遭遇严重冲击,外部形势的复杂性和不确定性进一步加剧;中国经济恢复的基础尚不牢固,需求收缩、供给冲击、预期转弱三重压力仍然较大。

上海作为中国改革开放的前沿窗口和深度链接全球的国际大都市,也在应对各种纷繁复杂的风险挑战中不断实现自我超越和迭代升级。面对传统生产要素红利衰减、新旧动能接续转换阵痛、城市发展空间格局受限等新情况、新问题,上海科学应变、主动求变,陆续作出了做强做优"五型经济"、着力强化"新赛道"布局、发展壮大未来产业集群、全面推动城市数字化转型,以及加快构建"中心辐射、两翼齐飞、新城发力、南北转型"新空间格局的战略部署。上海中创产业创新研究院作为支撑政府部门战略决策、服务园区企业创新发展的新型智库机构,不仅深度参与了相关规划政策方案的起草工作,而且围绕战略规划落地过程中面临的若干重大问题进行了深入研究,形成了一系列有深度、有价值、有影响力的观点和成果,为上海、长三角乃至全国的高质量发展持续贡献专业智慧和绵薄之力。

《创见》书系是上海中创产业创新研究院持续打造的原创研究品牌,今年为其中的第二辑,精选收录了中创研究团队2021—2022年度微信及媒体文章的优秀原创作品。文章主题聚焦"新动能"与"新空间",紧扣创新驱动发展战略、现代化产业体系建设、"双循环"发展格局、数字中国建设、"双碳"战略、长三角一体化发展战略等时代命题,形成了八个部分,分别是强化科技创新策源能力、打造全球动力之城、全面推动城市数字化转型、培育新消费壮大新经济、聚焦企业主体提升集群竞争力、积极践行碳达峰碳中和战略、发力新城建设综合性节点城市、构建长三角高质量一体化发展新格局。这些文章体现了中创研究对中国构建新发展格局、推动高质量发展等重大问题的深入思考和深刻洞察，是对百年大变局加速演变下的中国之问、时代之问、上海之问的积极探索和尝试回答，以期为各级政府、各类市场主体和社会各界提供决策参考和启示。

高 平

上海中创产业创新研究院院长

目 录

序言 ··· 001

第一部分　强化科技创新策源能力

从科技园到国际一流科学城：张江的雄心与崛起密码 ············· 003
新型举国体制，到底"新"在哪里？ ····························· 009
万亿GDP城市角逐国家区域创新中心，谁将胜出？ ················· 020
关于G60科创走廊下半程的思考：战略东进构建"双策源"、松江打造
　　资源配置"枢纽" ·· 031
杨浦的科创逆袭之路：老工业区里走出的国家创新型试点城区 ····· 035

第二部分　打造全球动力之城

上海全球动力之城：以"引擎经济"打造"经济引擎" ············· 045
打造全球动力之源，临港新片区底气如何？ ······················· 050
以上海为龙头打造长三角动力干线，持续输出澎湃的"中国动力" ··· 055
航空动力产业的全球趋势、竞争格局及上海对策建议 ··············· 062
航天动力产业的全球趋势、竞争格局及上海对策建议 ··············· 069
汽车动力产业的全球趋势、竞争格局及上海对策建议 ··············· 076
船舶动力产业的全球趋势、竞争格局及上海对策建议 ··············· 086
能源动力产业的全球趋势、竞争格局及上海对策建议 ··············· 093

第三部分　全面推动城市数字化转型

全球数字化浪潮的演进阶段与发展趋势 ··························· 115
数字文明建设应成为中国式现代化的重要组成部分 ················· 119

临港新片区打造高水平数字贸易枢纽港研究 ············ 125
透视两会分析数字新生活的趋势、瓶颈和对策 ············ 137

第四部分　培育新消费发展壮大新经济

"魔都"国际消费中心建设演绎四重奏 ············ 147
长三角七市竞逐国际消费中心城市，谁更胜一筹 ············ 154
长三角共建国际消费中心的短板及建议 ············ 160
人工智能：硬核上海，成色几何？ ············ 167
我们离无人驾驶全面商运还有多远？ ············ 172

第五部分　聚焦企业主体提升集群竞争力

万类霜天竞自由：上海企业竞争力的多维视角 ············ 185
从上市企业透视上海"3+6"产业竞争力 ············ 196
透过上市企业看长三角制造业的实力 ············ 203
为什么这25个制造业集群成为国家最重视的产业集群？ ············ 214

第六部分　积极践行碳达峰与碳中和战略

从"零"开始的新时代——评"碳中和"热浪中的长三角发展机遇 ············ 225
长三角打造世界级碳中和技术创新高地 ············ 229
长三角如何探索"碳中和"园区新路径 ············ 237
长三角如何打造国际碳金融交易中心 ············ 247
长三角如何引领碳中和产业未来发展？ ············ 252
长三角碳中和社区建设的愿景和路径 ············ 263

第七部分　发力新城建设综合性节点城市

上海五大新城的人口集聚为什么难，该怎么办？ ············ 273
新城产业发展：痛点在哪儿？如何发力？ ············ 280
五大新城：拱卫上海全球科创中心的五柄创新利剑 ············ 287
新城重塑：打造数字化转型示范区的四大关键点 ············ 294
上海五大新城如何走向"产城融合" ············ 300
长三角迎来"郊区新城时代" ············ 308

第八部分　构建长三角高质量一体化发展新格局

长三角沿江滨海 23 城:从交通走廊到创新走廊 ·············· 319
长三角沿江滨海 23 城:高水平建设沿江创新走廊 ·············· 326
长三角沿江滨海 23 城:如何打造滨海创新走廊 ·············· 333
强建补:沪苏浙皖如何协同打造现代化产业链 ·············· 340
"链上长三角":长三角重点产业链竞争力全景分析 ·············· 347
长三角硬核制造与现代服务为何殊途同归 ·············· 358
神舟十四升空!详解长三角航天产业布局 ·············· 364
长三角生物医药产业集群,离世界级还有多远? ·············· 378

第一部分

强化科技创新策源能力

从科技园到国际一流科学城：
张江的雄心与崛起密码

上海是国家科技创新战略的核心承载区之一，张江科学城是上海全球科创中心建设的核心承载区，值此《张江科学城发展"十四五"规划》发布之际，本文对张江科学城的前世今生以及崛起过程中的关键因素进行简要分析梳理，帮助读者更深入地了解张江科学城，从而更好地理解张江科学城"十四五"规划。

一、设立张江高科技园区：浦东开发开放的一着"妙棋"

1990年4月18日，国务院正式宣布开发开放浦东，在浦东实行经济技术开发区和某些经济特区的政策。根据当时国内国际经济环境，浦东推出金融贸易、基础设施和高新技术产业化三个先行发展战略，设立陆家嘴金融贸易区（1990年）、外高桥保税区（1990年）、金桥出口加工区（1990年，2012年更名为金桥经济技术开发区）、上海高新技术产业开发区（1992年，2006年更名为张江高新技术产业开发区）等四大国家级开发区。其中，高新技术产业化战略功能就落在张江高科技园区。

20世纪80年代末、90年代初，全国范围内正在掀起设立高新技术产业开发区的热潮。经国务院批准，1988年北京市以中关村为中心，在海淀区划出约100平方公里区域，建立外向型、开放型的新技术产业开发试验区；1988年上海市设立漕河泾新兴技术开发区，1991年成为国家高新技术产业开发区；1991年武汉东湖高新区（光谷）被国务院批准为国家高新区。

在这样的背景下，上海市委、市政府决定在浦东设立一个承担高新技术产业化功能的国家级开发区，张江高科技园区应运而生。在浦东开放政策的加持下，张江高科技园区很快受到了外资企业的青睐，1994年罗氏制药落户，拉开了外资高科技企业向张江集聚的序幕，如今张江已成为具有世界影响力的跨国公司地区总部和研发中心聚集地。

经过近30年的发展,张江已经从一个地名变成创新的代名词,北有中关村,南有张江。张江高新技术产业开发区的规模也从1园、2园、6园、8园、12园、18园,扩展到目前形成以张江高科技园区为核心的"1区22园"格局,覆盖上海市所有行政区,成为上海科创中心建设的主阵地。在科技创新成为上海乃至国家核心战略的背景下,张江这着妙棋的作用也变得越来越突出。

二、实施"聚焦张江"战略:科技产业发展进入快车道

1999年8月,上海市委、市政府提出"聚焦张江"的重大战略决策,明确张江高科技园区以集成电路、软件信息、生物医药为主导产业,集中体现创新创业的主体功能。时任上海市长徐匡迪在全国技术创新大会上提出,上海将集中力量把张江高科技园区建设成申城技术创新的示范基地。

在"聚焦张江"战略的引导下,张江步入了发展快车道。21世纪开篇的10年间,张江迎来了科技产业的集中爆发期。目前张江乃至上海引以为傲的集成电路、生物医药、软件信息等重点产业,正是在那个时期就播下了种、布下了局。

张江的集成电路产业起步于20世纪末,是非常典型的"聚焦张江"战略的产物。1999年上海华虹集成电路有限责任公司成立,2000年中芯国际集成电路制造有限公司成立,2002年上海微电子装备有限公司成立,高通、英特尔、英飞凌、德州仪器等外资芯片企业也纷纷在张江建立研发中心。截至2020年,张江集聚了集成电路设计、制造、封测、设备、材料等企业200余家,产业营收规模超过千亿元,成为国内集成电路产业链最全、产业规模最大、技术水平最高的区域。

张江的生物医药产业起步于20世纪90年代中期,但真正爆发是在1999年之后。2001年张江生物医药基地二期启动建设,2003年中科院上海药物所整建制搬迁至张江,2005年张江现代医疗器械园开园。现代化生物医药园区为生物医药企业集聚奠定了基础,全球排名前10的药企有7家在张江设立了地区总部或研发中心,国内生物医药龙头企业也纷纷在张江设立总部或研究中心。在张江诞生了全国15%的原创新药,中国食药监总局每批准3个一类新药,就有1个来自张江。

张江的软件信息产业也是起步于21世纪初,以浦东软件园规划建设为标

志,2002年上海浦东软件园一期、二期园区先后建成,2004年浦东软件园三期启动建设。软件园集聚了奥林巴斯、索尼、摩托罗拉、ARG、凯捷、友邦、百度、宝信软件等大批国内外知名软件企业、研发机构,全球软件企业30强中有8家在张江设立了研发中心,中国软件企业百强中也有11家在张江设立了研发中心。基于多年积累的软件产业庞大的生态基础,近年来张江的人工智能、机器人、智慧医疗、在线新经济等产业获得快速发展。

三、 从大科学装置"落子"到中科院布局: 吹响进军科学领域的号角

以2004年上海同步辐射光源启动建设为标志性事件,张江高科技园区正式向科学中心进军。目前张江高科技园区建成和在建的国家重大科技基础设施达8个,如上海光源、蛋白质设施、硬X射线装置、超强超短激光实验装置等,是我国重大科技基础设施集聚度最高的区域,形成了全球规模最大、种类最全、功能最强的光子大科学设施群集群。

2014年上海光源获得国家科技一等奖。2020年上海光源科学家用户团队率先公布了2019-新型冠状病毒3CL水解酶的高分辨率晶体结构,助力病原体研究及药物发现。2020年上海光源、蛋白质中心等设施组织、支持科学家用户团队在国际顶级期刊 *Nature*、*Science*、*Cell* 发表论文达29篇,成为多个学科领域前沿研究和高技术发展不可或缺的实验平台。

2008年,中科院与上海市政府签订《进一步深化院市合作协议书》,决定合作建设中科院上海浦东科技园。中科院正式入驻张江高科技园区,不仅带来了大量国家级科研机构的集聚,也推动了系列重大科研设施与项目落地(上海已建和在建的重大科技基础设施,大部分都是由中科院牵头或参与建设),为张江打造科学中心奠定了坚实的基础。

中科院下属的上海药物所、上海高等研究院、微小卫星创新研究院等一批国家级科研院所在这里集聚。2013年,经教育部批准,上海市政府与中科院共同建办上海科技大学。2017年,上海市政府和中科院共同建设张江实验室,打造面向生命健康、集成电路、类脑智能等领域的跨学科、综合性、多功能的国家实验室。

中科院在张江设立的科研院所,不仅科技原创成果显著,成果转化效率也非常高。科睿唯安报告显示,中科院上海药物所小分子化合物授权专利数排

名全球前十六,在全球大学和科研机构中排名第二。在2019年全国高校院所以转让、许可、作价投资等方式转化科技成果合同金额排名中,中科院上海药物所以17.1亿元遥遥领先,是第二名中科院深圳先进院的三倍以上。

2016年,《上海张江综合性国家科学中心建设方案》获批,张江成为国内首批也是目前仅有的三个综合性国家科学中心之一。2018年,李政道研究所实验楼在张江启动建设,这是代表前沿基础研究领域最高水平的科研机构。目前,复旦、同济、上海交大、清华、浙大、中科大等国内顶尖高校都在张江设立了创新平台或高等研究院。

四、 文化与人文精神:张江发展背后不容忽视的力量

在张江内部有个不成文的说法,那就是让科技插上文化的"翅膀"。这句话生动说明了张江的创新文化基因,也体现了张江人对科技背后的文化力量的重视,文化基因体现在张江经济社会发展的方方面面。

张江有着浓厚的国际化的创新创业文化,这种文化源自张江高度集聚的外资企业研发中心,中国的外资企业看上海,上海的外资企业看浦东,浦东的外资企业则主要集聚在张江和金桥。由于外资企业集聚所形成的高度开放和国际化的创新生态和文化氛围,长期以来张江都是国际创新人才和归国创业者的首选地,数以千计的海外创新创业者在这里成就事业,这在生物医药领域表现得尤为明显。

张江的文化创意产业基础雄厚,互联网科技文化企业众多,科技与文化融合度非常高。长期以来,文化创意产业都是张江的支柱产业,张江的互联网科技企业,很多也与文化相关,如喜马拉雅、哔哩哔哩、阅文集团、云从科技等。

张江的企业也同样对文化有着独特的追求。如微创董事长常兆华先生提出,一个好的医疗产品的诞生,需要科学技术、工匠精神、艺术品位、人文情怀以及自由思想,五大要素缺一不可,要在五大要素之间找到平衡点。其中,有四个要素与文化相关。

当然,张江的建设者和管理者们,同样对文化有着深刻的理解和认识。近年来,越来越多标志性文化设施在张江科学城涌现,张江科学城书房、张江戏剧谷、国创中心、张江当代艺术馆、昊美术馆等,串起了张江的文化艺术走廊。便利的文化设施、浓厚的文化氛围,也为集聚国内外创新创业人才营造了良好的环境。

五、 建设国际一流科学城：张江科学城的使命与担当

经过20多年的发展，张江逐渐成为了上海乃至全国最具创新资源和创新活力的区域之一。因此，当中央赋予上海建设全球科创中心和综合性国家科学中心的时代任务时，张江当仁不让地成为核心承载区，发挥引领者和策源地的作用。习近平总书记高度重视张江的建设与发展，要求以全球视野、国际标准建设张江综合性国家科学中心，集聚建设达国际先进水平的实验室、科研院所、研发机构、研究型大学，加快创建世界一流的重大科技基础设施集群。

2017年，《张江科学城建设规划》获批，标志着张江由科技园转向科学城的重大跨越，本次规划重在强化科学与城市功能建设，张江科学城规划面积增至95平方公里，教育研发、居住、道路广场、生态绿地等科研与生活相关用地比例大幅提升，工业仓储用地比例则大幅压缩。近年来，随着"五个一批"项目建设，张江科学城的科学浓度大幅提升，城市面貌也得到显著改善。

《上海市张江科学城发展"十四五"规划》具有百年未有之大变局的历史视野，以开放性应对国际创新环境的不确定性，以开创性加速我国科技创新重大战略的确定性，提出了催人奋进的宏伟目标，到2025年，张江科学城要建设成为大师云集的科技创新策源地、硬核主导的高端产业增长极、共治共享的创新生态共同体、活力四射的国际都市示范区，打造"国际一流科学城"。

该规划紧紧围绕习近平总书记对上海科创中心建设"四个第一"的总体要求，遵循"科学、产业、城市"融合发展的创新理念，突出张江科学城科技与文化"两翼齐飞"的特色优势，并将创新人才放在规划体系的核心位置。主要有两方面的创新（突破）点：

一是规划理念的创新。该规划创新性地将人才作为首要任务，一切工作重点围绕人才展开，为人才在张江创新创业提供最好的人文环境、创新平台、制度保障以及生活配套服务。与此同时，该规划以"四个第一"为统领，分别对应科学中心、硬核产业、创新生态、治理理念等四方面的任务；叠加"科产城"融合发展，对应"品质、高效、生态、活力"之城；以上共同构成该规划的六大任务。

二是空间范围的拓展。张江科学城的规划面积由95平方公里扩大至约220平方公里，主要是向东、西两个方向拓展，扩区重点是要解决张江科学城发展空间受限的问题，同时通过科技产业溢出带动周边区域发展。如果我们再对照国内同等级的中关村，尽管中关村科学城规划面积只有75平方公里，但

中关村海淀园区的规划面积达 217 平方公里（中关村科技园面积达 249.7 平方公里），中关村科学城可以对海淀园区形成直接有效的辐射带动效应。张江扩区也情同此理。

作者：芮晔平

参考文献：

① 《关于〈张江科学城建设规划〉（征求意见稿）》，上海市规划和自然资源局官网，2017 年 5 月 8 日，https://ghzyj.sh.gov.cn/ghgs/20200110/0032-719773.html。

② 郝多：《习近平在上海考察》，新华网，2018 年 11 月 7 日，https://xinhuanet.com/politics/leaders/2018-11/07/c_1123679389.htm。

③ 马亚宁：《上海建成和在建国家重大科技基础设施 14 个，全国第一》，《新民晚报》2021 年 2 月 3 日。

④ 《上海市人民政府关于印发〈上海市张江科学城发展"十四五"规划〉的通知》，上海市人民政府官网，2021 年 7 月 16 日，https://www.shanghai.gov.cn/nw12344/20210716/ebe18fe83b724f14b9120d218ec33ed0.html。

新型举国体制,到底"新"在哪里?

举国体制是特殊的资源配置与组织方式,通常是由政府设立专门机构,统筹调配全国资源力量,以达成相应目标任务。从国内外发展经验看,世界上很多国家都不同程度地采用过或正在采用举国体制。我国一直都在沿用举国体制,集中力量办成了一系列大事,如"两弹一星一艇"工程、载人航天工程、高速铁路工程、北斗导航工程等,奠定了我国国防安全与经济发展的坚实基础。

与此同时,我国产业领域还面临很多有待突破的关键核心技术难题,这些问题仅靠市场自发力量很难形成突破,但传统举国体制在产业科技领域还没有找到很好的切入点。在传统举国体制下,由于国防科技与产业科技"两张皮"的现象突出,国防科技领域的先进技术难以有效实现转移转化,也制约了国防科技的进一步发展。在这样的背景下,探索新型举国体制对我国产业发展与国防建设具有重大意义。

新型举国体制并非新概念,早在2006年《国家中长期科学和技术发展规划纲要(2006—2020年)》就提出,"把集中力量办大事的政治优势和发挥市场机制有效配置资源的基础性作用结合起来"。随后《国家"十二五"科学和技术发展规划》明确提出,"加快建立和完善社会主义市场经济条件下政产学研用相结合的新型举国体制"。2019年党的十九届四中全会提出,"构建社会主义市场经济条件下关键核心技术攻关新型举国体制"。国家发布的《中华人民共和国国民经济和社会发展第十四个五年规划和2035年远景目标纲要》提出,"健全社会主义市场经济条件下新型举国体制,打好关键核心技术攻坚战"。

本文从背景形势、内涵关系、组织形式等三个方面,试图为读者阐释新型举国体制到底"新"在哪里。

一、 新的背景形势

随着中国社会主义市场经济体制不断发展和完善,举国体制应用的土壤环境也在发生深刻的变化,突出表现为市场成为资源配置的决定性力量、产业成为科技创新的主要战场、企业成为科技创新的主力军、地方政府参与创新的能力与意愿明显增强等方面。

一是市场成为资源配置决定力。中华人民共和国成立后较长时期内,我国实行的是计划经济体制,很多重大国防科技创新也是在这段时期开展的。尽管举国体制不等于计划经济,但我国的举国体制也难免被打上计划经济的烙印。正因为如此,人们往往将举国体制与计划经济联系在一起,甚至将两者混为一谈。随着我国社会主义市场经济体制不断深化完善,市场对资源配置的决定性作用也越来越明显。这就要求我们对传统举国体制进行优化,找到举国体制的优势与市场配置资源之间的结合点。

二是产业成为科技创新主战场。在计划经济时期,我们没有足够的资源和力量来搞产业技术创新,科研力量主要投向国防科技领域,国防科技与产业是"两张皮"。在转向市场经济后的很长时期内,大部分领域采取的是技术和市场"两头在外"的发展模式,国防科技与产业"两张皮"的现象更为明显。随着我国产业发展水平快速提升,面临的关键核心技术问题也越来越突出,面对快速迭代的技术发展趋势,传统举国体制既缺乏灵活性,也缺乏经济性,需要探索适合产业技术创新的新型举国体制。

三是科技企业成为创新主力军。在举国体制中,政府、科研机构、企业组成了"铁三角",政府负责组织动员与统筹资源,科研机构负责科技创新与人才供应,企业既懂技术又知市场,负责打通技术与市场的关节,实现产学研的闭环。随着我国经济快速发展,一大批科技领军企业加快成长并具备了较强的基础研究和技术研发能力,可以成为新型举国体制中重要的技术研发攻关主体,从而实现市场经济与举国体制的更好结合。

四是地方政府成为创新推动者。过去我们的创新资源主要掌握在中央政府以及部署高校、科研院所、中央企业等手中,地方政府主要工作是发展经济,既无动力也无能力参与创新活动,传统举国体制事实上就是中央政府主导的创新模式。随着我国各地区经济实力不断增强,地方政府已经具备了通过央地合作等方式参与举国体制的实力,加上我国政治体制中地方政府都以落实国家战略为己任,所以地方政府日益成为发挥举国体制优势的一支重要力量。而这一点则是中国与欧美发达国家举国体制最突出的区别。

二、新的内涵关系

新型举国体制不是凭空冒出来的新事物,而是在原有传统举国体制的基础上不断继承与创新,这是我们理解新型举国体制非常重要的着眼点。总体来看,与传统举国体制相比,新型举国体制需要更好地处理好"五对关系"。

一是政府与市场高度协同。新型举国体制仍是以政府为主导,但与传统举国体制唯政府主导不同。传统举国体制是自上而下的组织方式,政府是组织者,科研人员是参与者,企业主体少量参与;新型举国体制是自上而下与自下而上相结合,除了要发挥社会主义党和政府组织协调管理的"高效力",还要发挥市场经济条件下市场对资源配置的决定性作用,国家则更多是利用科技产业政策和行政、税收等手段加以引导,让企业成为科技创新主体,让市场驱动和经济手段解决科技创新工程或战略项目立项、决策、预算、利益分配等问题。

二是中央与地方密切合作。传统举国体制下,中央政府为主导,地方政府只是承担配合角色,缺少话语权和参与度,这既是项目特点决定,也是地方政府实力使然。如今,随着地方政府掌握的经济、科技、产业等资源越来越多,地方政府的资源配置能力大幅提升,有了更多主动作为的发挥空间。近年来地方政府与央企、部属高校院所等合作越来越频繁,在重大科技基础设施建设、产业关键核心技术攻关等方面形成强大合力。

三是国防与经济深度融合。美国DARPA有句名言,"整个国民经济都要拥抱创新来使国防部门强大"。反之亦然,国防军事领域技术研究成果也要能够实现市场转化,从而使得国民经济强大。传统举国体制下,更多是推动军事力量强大,在新型举国体制下,更加紧密结合经济社会发展的重大需求,推动科技创新和经济社会发展深度融合,满足人民需求成为科技创新的重要方向。

四是成本与收益兼顾平衡。传统举国体制较为注重技术端的目的取向,主要诉求于战略目标的实现,而相对忽视成果价值端的利益诉求。新型举国体制落实了党中央要以人为本,尊重创新创造价值的精神,科研管理体制从政府管理走向政府、市场、企业、科研机构和人员等各方面多元利益相关者协同治理,更多地考虑资源投入与产出成果之间的平衡问题,要竭力避免在高度不确定性领域"不计成本"的投入方式。

五是对内与对外资源统筹。全球科技产业已经成为一张密不可分的网络,传统举国体制下,更多的是中国自身的内部合作,在新型举国体制下,除了动员整合好国内的科技创新资源力量,还要积极主动整合和用好全球创新资源,有选择、有重点地参与和主导国际大科学计划和大科学工程,推动建立广泛的创新共同体,在开放创新中积极培育核心技术的自主研发能力。

三、新的组织形式

与传统举国体制以中央政府为主导,以部属高校、科研机构,以及中央企业等为主要参与力量不同。在新型举国体制框架下,掌握丰富创新资源的地方政府和拥有深厚科研实力的民营企业,将成为重大科技创新和重大项目建设的重要参与者和变量因素,这也将促使新型举国体制呈现新的组织形式。

一是重大战略目标任务导向。作为举国体制的创新模式,新型举国体制仍是要围绕国家国防与经济安全的重大任务展开,当前阶段仍要集中力量攻克重点产业领域的关键核心技术,提升产业在全球市场的竞争力。建议有志于参与新型举国体制的地方政府构建统一的高层机构或机制,确立强核心,明确科研项目的目标任务,重塑各部门、各单位分工,形成有效协作体系。

二是中央政府主导下的央地合作模式。当前阶段,央地合作将成为新型举国体制框架下非常重要的组织形式。未来不排除国家层面成立专门机构,统筹全国科技产业领域资源进行重大任务攻关。但当前更具操作性的是地方政府与中央部委合作,联合企业、高校、科研院所等重点创新主体,共同设立专门研发机构。或者在中央部委的指导下,各地政府推动开展跨区域联合技术攻关。未来地方政府要积极加强与中央部委、中科院、工程院、央企、部属高校院所合作,在国家实验室、国家重点实验室、重大科技基础设施建设、重点产业关键核心技术攻关等方面形成强大合力,围绕优势产业领域,加快突破关键核心技术,努力成为新型举国体制"尖兵"。

三是企业作为完成战略任务的关键参与力量。在新型举国体制下,科技创新资源主要是围绕企业进行配置,政府要通过制度设计和激励机制,推动企业共同开展关键核心技术攻关,推动产业链上下游成为更紧密的利益共同体,推动高校、科研院所围绕企业需求进行基础研究与技术研发。一方面,面向经济主战场的产业共性技术和"卡脖子"技术,要探索政府投入为辅,企业投入为主的模式,综合运用财政拨款、研发立项、税费优惠、政府采购等手段,引导龙头企业牵头组建产学研合作联盟;另一方面,面向世界科技前沿"无人区"的战略高技术,要积极探索开放式竞争,采取多团队、多技术路线的竞争性资助,探索分阶段资助方式。

四是构建"政产学研金介用"紧密结合的组织模式。除了遵循市场规则,发挥政府主导作用和企业主体作用外,新型举国体制还要在创新生态体系方面做好文章,如通过政府引导资金吸引市场资本投向重点领域、重点环节、重点项目,通过政策引导科技中介服务机构发展,通过政策引导企业对国产技术和产品的使用,未来还要进一步加强国际科技合作,以及实施更加开放共享的国际科技合作战略,加大科技对外开放,吸引和调动全球优质科技资源。

四、美、日、以等国新型举国体制的经验启示

我们通过美国、日本、以色列等国家运用举国体制引领产业技术创新的鲜活案例,进一步深化对新型举国体制的理解,找出对我国新型举国体制的经验启示。

(一) 美国、日本、以色列在举国体制方面的成功经验

说起举国体制,人们通常会联想到社会主义、计划经济,很多人甚至认为举国体制与资本主义、市场经济等毫不相干。但事实与很多人所理解的相反,在国防军工以外的经济产业领域,通过举国体制实现产业技术引领的恰恰是那些高度市场化的资本主义国家,典型的如美国、日本、以色列等。

1. 举国体制运作最成熟的美国——以 DARPA 为例

美国的举国体制始于第二次世界大战期间,当时成立了战时生产局、曼哈顿工程区等;到了冷战时期,美国成立了国防部高级研究计划局。这些都是非常典型的举国体制做法,尤其是 DARPA 至今仍发挥着重要作用。

下面我们重点以 DARPA 为例,分析美国的举国体制特点。

一是目标任务明确,形成尖端技术的领先优势。1957 年苏联发射了世界第一颗人造地球卫星"斯普尼克 1 号",美国最高决策层意识到,要加速技术突破并重新领先,不能依靠分散的、自由探索的体制。艾森豪威尔总统发起成立高级研究计划局(后来加上"国防",即 Defense Advanced Research Projects Agency,简称 DARPA),政府对该机构采取"例外拨款"方式,使其活动和预算不需要对外公开。DARPA 的任务非常明确,即建立在尖端技术领域对苏联的领先,研发人们视野之外的"蓝天"技术。

二是组织形式新颖,以合同为手段建立研发支持网络。成立之初,DARPA 的任务是监督太空研发活动,20 世纪 60 年代转向信息技术领域,并形成其关键的组织模式和管理风格,即以合同为手段建立研发支持网络。DARPA 自己不做研究,而是授权项目经理提出特定的研究项目,项目执行由大学、各种企业、实验室的科技人员承担。项目经理对直接项目负责,制定项目的具体方向和所有相关的重大决策,这些项目不是开放研究或自由探索,而是明确阐述需要的产品和任务目标。

三是政企深度融合,把研究活动建立在国民经济活动之中。DARPA 领导认为,整个国民经济都要拥抱创新来使得国防部门强大,因此要将研究活动建立在整个国民经济活动之中,吸引企业和研究机构参与投资能够军民两用的技术研究项目。DARPA 为前期研究提供经费和项目运营支持,企业界以尽量小的前期投入来探索有市场应用前景的新产品和新技术,最终由企业生产既符合 DARPA 的技术要求又能投入市场为企业带来利润的产品。通过这种方式,DARPA 利用企业的财务和技术能力,避免直接耗费巨额财力投入高风险的基础研发,尽管企业承担了大部分研发费用,但研发出来的产品能够从市场获得经济收益,这也使得美国的前沿技术研究处于高投入但可持续的状态。

2. 日本在举国体制方面的探索——以 VLSI 计划为例

20 世纪 70 年代中期,IBM 宣布装有超大规模集成电路的 FS 系统即将问世,日本计算机产业面临重大危机。日本通商产业省(现经济产业省)提出设立企业间联合研究的超大规模集成电路计划(以下简称"VLSI 计划"),以实现微电子技术革命性突破。VLSI 计划始于 1976 年,历时 4 年,是日本政府激励和组织企业开展重大科技任务联合攻关最成功的案例之一。该计划为日本随机存取存储器(RAM)在世界市场占据领导地位做出了巨大贡献,1986 年日本动态随机存取存储器(DRAM)占世界市场份额近 80%。

一是政企协手,探索"联合+竞争"协作模式。VLSI 计划由日本通商产业省下属的电子综合技术研究所牵头,联合富士通、日立、三菱、日本电气和东芝等 5 家生产计算机龙头企业,共同组成 VLSI 技术研究协会,协会下设联合实验室和企业独立实验室(如图 1 所示)。联合实验室由 5 家公司的领导及通商产业省组成,致力于通用性和基础性技术研发,研究成果以共享方式输出到各企业独立实验室;企业实验室由各个公司独立组成,负责应用技术研究,研究成果由各自企业进行产业化。企业共同使用联合实验室科研设施,既可以避免重复进行基础研究及设施投入,也有助于研究人员信息交流、思想碰撞、能力互补。

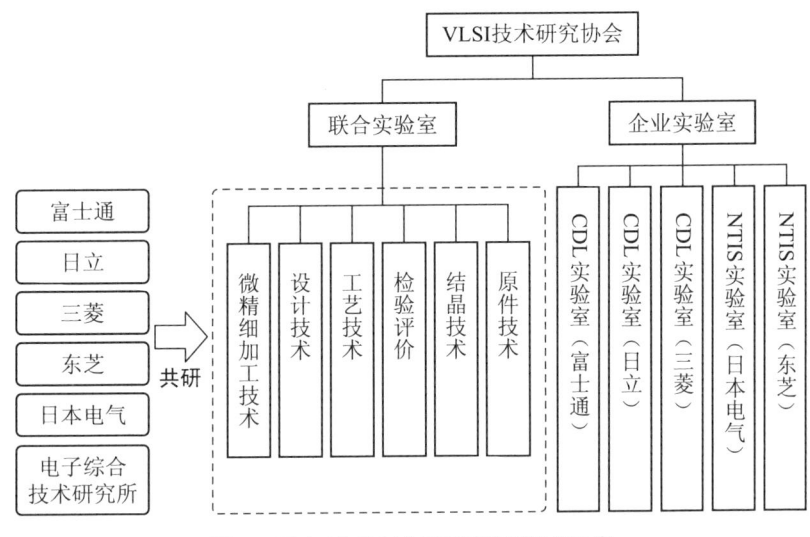

图1　日本VLSI计划组织管理模式示意

资料来源:根据公开资料整理绘制。

二是政府统筹协调,同时充分向企业放权让利。VLSI计划投入737亿日元,其中通产省政府投入引导资金291亿日元,补助金额相当于成员企业每年研发投入的2—3倍。政府不仅资助共性技术研究,还资助各个公司内部商业化应用研究,后者资助比例高达80%—85%,极大地提升了企业参与研发的积极性。日本政府还积极协调科研机构、研究型大学参与和配合,对于VLSI项目所产生的1 000多项专利,政府基于严格的知识产权管理体系,保障参与机构的利益分配。

三是上下游企业协同,牢牢把握材料领域话语权。VLSI计划实施期间,有超过50家企业(多为中小企业)为联合研究所提供设备和材料,与联合研究所相关成员企业合作,共同改进方案,有效推进设备和材料研发进程。日本不仅推动IC生产基地高速发展,还扶持培育出一批上游核心设备、材料企业,在半导体材料领域特别是硅晶圆领域占据了领先位置。半导体产业领域的重要材料,日本均占有50%以上市场份额,是全球最大的半导体材料出口国。即便后来半导体产业从日本转移至韩国和中国台湾地区,日本始终在半导体材料领域保持绝对竞争优势。

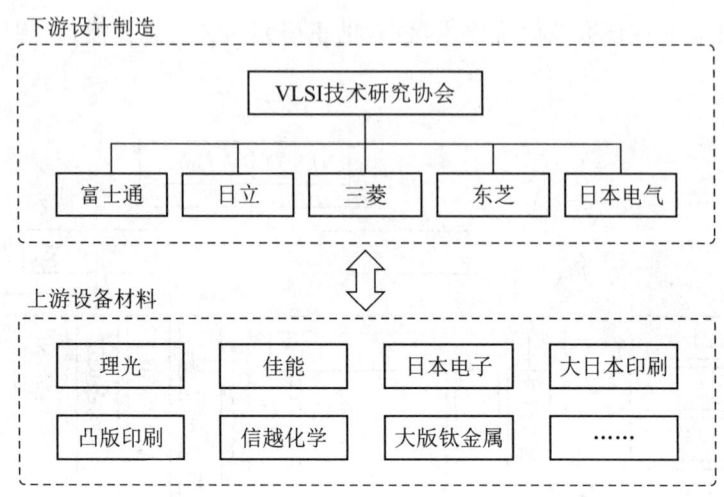

图 2　日本 VLSI 计划上下游协作示意

资料来源：根据公开资料整理绘制。

3. 以色列的举国体制经验——全面融合、广泛覆盖

以色列素有"创新的国度"之称，也是将举国体制用到极致的国家。以色列建国后，在科技立国战略的主导下，以举国体制建立国家创新体系。以色列的科技创新举国体制具有以下特征：

一是政府主导建构完善国家创新体系。以色列自 1948 年建国以来就遵循"科技立国"战略，从政府层面上部署本国的科技创新体系建构工作。第一次中东战争结束后，时任以色列总理戴维·本-古里安便责成国防军组建"科学指挥部"，依托其统领下的军事研发，形成并维持针对阿拉伯国家的技术性优势。同一时期，政府筹建研究理事会（Research Council），由该理事会先后组建了纤维研究所、国家物理实验室、生物研究所等一系列政府级研究机构，基本建成了政府主导的国家科研体系。后期，以色列政府根据国内外骤变的形势，不断完善国内科研体系，在科技部、经济部、农业部、教育部等 13 个内阁部门创办主管科研工作的首席科学家办公室（OCS），负责国家科技政策的制定，统筹科研经费的分配，协调技术研发的国际合作。

二是首席科学家办公室引领推动创投与孵化新模式。作为以色列科研体系重要一环，首席科学家办公室主要根据国家战略需要发布国家科研计划、配置研发资金、设定研发专项。经济部首席科学家办公室先后出台竞争性研发计划、预种子与种子计划、促进投资与创新采用计划、预竞争和长期研发计划等四类技术研发资助计划,为企业和高校技术创新提供充足的资金支持。成立亚泽马(Yozma)国有风险投资公司募集国内外私有基金,用以带动本土风险投资业发展,推动高科技产业蓬勃发展。此外,经济部首席科学家办公室还于1991年启动了技术孵化器计划,对软件、生命科学、医学设备、环境、水科学、信息和通信技术等研发性行业进行聚焦,孵化了一批优秀的研发型高科技企业。

三是军民融合推动科技创新发展。以色列的成年公民均需进入国防军服役,那些综合素质过硬的潜在创业人才早早就接触到了重大的国家军事研发计划,为电子技术、通信设备、航空技术等尖端科技方面创新创业积累了大量技术经验与人脉资源,军工研发部门的技术外溢直接孵化了高科技企业。如20世纪60年代,曾服役于"拉斐尔(Rafael)防卫系统"等军工部门的工程与技术研发人员纷纷自主创业,诞生了埃尔比特(Elbit)、埃尔森(Elscint)和赛天使(Scitex)等一批知名高科技民用企业。20世纪80年代后半叶起,关卡(Check Point)、康维斯(Comverse)、郎新(Amdocs)等企业成为全球电子信息产业领军者。

四是充分发挥国外研发中心作用。跨国企业研发中心作为以色列国家创新体系的有机组成部分,为本土企业提供了先进技术及管理经验,开辟了创新成果推广的国际渠道。20世纪90年代初期开始,随着中东和平进程推进,以色列政府大力吸引外资,推动全球科技巨头在以色列直接设立或并购企业就地转化为研发中心。据统计,约有80%被并购企业成为研发中心或并入以色列跨国企业现有的研发中心。至2015年,谷歌、通用汽车、高通和德国电信等270余家大型跨国企业在以色列设立了320多家研发中心,成为以色列国家创新体系中的重要力量。

(二)对我国建立完善新型举国体制的启示

一是发挥政府统筹与引导作用。美国、日本、以色列等国家在协调跨部门重大科技计划过程中,都建立了专门的总体协调机制。历史经验表明,没有政府强有力的领导,任由科学家自由探索,很难实现预期目标,如美国曼哈顿计划初期的自由探索浪费了大量的物力财力,但几乎没有进展。强核心才有大协作,政府要发挥领导作用,构建统一的高层机构或机制,确立强核心,明确项目目标任务,重塑各部门、各单位分工,形成有效协作体系。

二是体现市场和企业的主导作用。面向经济主战场的产业共性技术和

"卡脖子"技术,具有投资大和技术更新迭代快的特征,仅靠政府财政资金投入既不科学也难持续,必须按照市场规律和需求,让企业充分参与其中并发挥主要作用。要探索政府投入为辅、企业投入为主的模式,综合运用财政拨款、研发立项、税费优惠、政府采购等手段,引导龙头企业牵头组建产学研合作联盟。

三是建立"联合+竞争"的协作机制。学习借鉴日本VLSI计划经验,强化企业创新主体地位,支持行业龙头企业牵头组建、产业链上下游企业、大学和科研院所等有效参与的创新联合体,围绕行业通用性、基础性技术开展联合攻关。同时在政府组织的科技攻关中,要兼顾"竞争"的考虑,底层通用技术可由合作单位联合开发及共享知识产权,支持各企业独立或自愿联合,面向市场进行商业化开发。

四是培养专业自主的项目经理队伍。学习借鉴美国DARPA的运行经验,支持以研发合同为手段建立研发支持网络,明确合同的开发产品和任务目标,面向全国乃至全球,公开选聘有能力、有意愿牵头的项目经理。避免行政权力对科研的过度干预现象,赋予项目经理高度的管理自主权,由项目经理自主安排研究团队、技术路线和经费使用。

五是充分对接并调动国际创新资源。实施更加开放共享的国际科技合作战略,加大科技对外开放,调动和吸引全球优质科技资源。加强国际国内科技创新主体相互交流合作,为国际科技合作提供便利。提高国家大科学计划对外开放水平,主动设置全球性创新议题。充分发挥好跨国公司在华研发中心作用,实现引资、引智、引技相结合。

作者:蒋英杰　王　珏　朱加乐　项田晓雨

参考文献:

① 曹晓阳、刘安蓉、张科:《构建新型举国体制形成联合技术攻关机制的思考与建议》,《科技中国》2020年第10期。

② 樊春良:《日本追赶美国的成功范例——超大规模集成电路研究计划(VLSI, 1976—1980)》,三思派公众号,2018年4月27日,https://mp.weixin.qq.com/s/0sZ183MsQYw4N7LAN6QHGw。

③ 方晓霞:《以色列的科技创新优势、经验及对我国的启示》,《中国经贸导刊(中)》2019年第5期。

④ 何虎生:《内涵、优势、意义:论新型举国体制的三个维度》,《人民论坛》2019年第32期。

⑤ 何虎生:《新型举国体制发挥优势的五大重要领域》,《国家治理》2020 年第 24 期。

⑥ 贺芳:《孵化器助力科技创新与技术成果转化——以色列成功模式的借鉴与思考(一)》,科技律师公众号,2020 年 10 月 30 日,https://mp.weixin.qq.com/s/SzP_GD25sk-kaeJkc7XpO5Q。

⑦ 扈永顺:《新型举国体制什么样?》,瞭望公众号,2020 年 1 月 4 日,https://mp.weixin.qq.com/s/c5Uj2Sq9wAPypujeHJOA4Q。

⑧ 金学慧、黎晓东:《日本重大科技任务联合攻关模式对我国构建新型举国体制的启示》,《科技智囊》2021 年第 4 期。

⑨ 李晔梦:《以色列科研管理体系的演变及其特征》,《阿拉伯世界研究》2021 年第 4 期。

⑩ 路风、何鹏宇:《举国体制与重大突破——以特殊机构执行和完成重大任务的历史经验及启示》,《管理世界》2021 年第 7 期。

⑪ 路风、何鹏宇:《一个湮没在历史中的特殊机构,恰是理解"新型举国体制"的关键》,《管理世界》2021 年第 7 期。

⑫ 穆荣平:《健全新型举国体制,强化国家战略科技力量》,《光明日报》2020 年 11 月 9 日,第 6 版。

⑬ 申海燕:《加快构建科技创新新型举国体制,为建设世界科技强国提供有力支撑》,《中国战略新兴产业》2020 年第 31 期。

⑭ 沈承诚:《新型举国体制"新"在何处》,《国家治理》2020 年第 42 期。

⑮ 王莉、王鹏:《DARPA 科技创新的管理实践与经验启示》,《科技导报》2018 年第 4 期。

⑯ 王向军:《新型举国体制的核心优势与时代意义》,《人民论坛》2021 年第 27 期。

⑰ 《为什么要完善关键核心技术攻关的新型举国体制?》,共产党员网,2021 年 8 月 25 日,https://www.12371.cn/2021/08/25/ARTI1629847313835639.shtml。

⑱ 张丽敏:《释放新型举国体制优势攻关"从 0 到 1"》,《中国经济时报》2021 年 1 月 22 日。

⑲ 赵璐:《健全新型举国体制 助力重大科技创新》,《科技日报》2021 年 1 月 11 日。

万亿GDP城市角逐国家区域创新中心，谁将胜出？

国家"十四五"规划明确提出，"支持北京、上海、粤港澳大湾区形成国际科技创新中心，建设北京怀柔、上海张江、大湾区、安徽合肥综合性国家科学中心，支持有条件的地方建设区域科技创新中心，强化国家自主创新示范区、高新技术产业开发区、经济技术开发区等创新功能"。

自此，国家层面对科技创新体系的战略布局基本明朗，未来我国将形成金字塔形的科技创新体系格局。其中，国际科技创新中心、综合性国家科学中心为塔尖，区域科技创新中心为塔身，面广量大的国家自主创新示范区、高新技术产业开发区、经济技术开发区等为塔基。

我们判断，作为塔尖部分的国际科技创新中心和综合性国家科学中心，短期来看格局基本已经定型，做强做优既有的中心城市是主攻方向；作为塔基部分的国家自主创新示范区、高新技术产业开发区、经济技术开发区，短期内数量也不会再有明显变化。变数最大的就是作为塔身部分的区域科技创新中心，未来5—10年，我国将有一批城市或城市群成为国家级区域科技创新中心。

那么，谁将有可能成为第一批国家区域科技创新中心城市呢？考虑到当前我国城市科技创新能力与总体经济实力具有密切相关性，本文将研究重点放在2020年GDP超过万亿的城市，此外，由于北京、上海、合肥、大湾区等已有明确的科创功能定位，本次就研究是其余的17个"万亿俱乐部"城市。

围绕科技创新的核心关键要素，结合指标数据的可得性，本文从创新投入（R&D经费投入、财政科技支出）、创新资源（"双一流"大学、国家重点实验室、高新技术企业、科技企业孵化器）、创新绩效（国家科学技术奖项、发明专利授权量、技术合同交易额）这3个维度、9个方面进行比较分析，研究判断17个"万亿俱乐部"城市的科技创新实力与潜力。

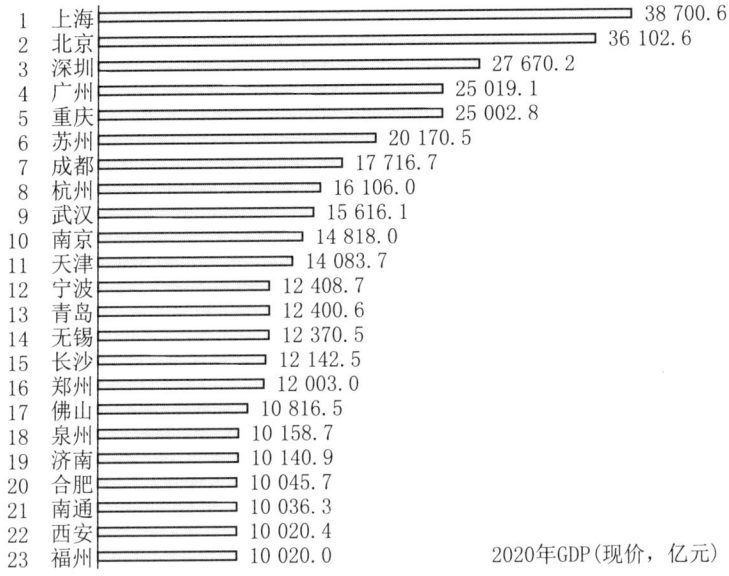

图1 2020年中国万亿GDP城市排名

资料来源:各城市统计局、政府工作报告。

一、R&D经费投入:西安强度最高、苏州规模最大

研究与实验发展经费(R&D经费)投入规模及强度,是全世界普遍用来衡量国家或地区科技创新水平最重要的指标之一。2019年,我国R&D经费投入总量2.2万亿元,仅次于美国,全国平均R&D经费投入强度(与GDP之比)为2.2%。北京、上海、深圳三个国际科技创新中心城市的R&D经费投入规模均超过1000亿元,其强度均超过4%(分别达到6.3%、4%和4.9%)。

综合发达国家水平和我国实际情况,我们认为R&D经费投入强度达到3%是界定区域科技创新中心的重要指标线。17个万亿GDP城市中,西安、苏州、杭州、南京、天津、武汉、无锡7个城市R&D经费投入强度超过3%,西安达到5.17%,超过上海;有6个城市R&D经费投入强度在2.2%(全国平均线)至3%之间;还有4个城市低于全国平均线。此外,苏州、杭州、武汉3个城市的R&D经费投入超过500亿元,其中苏州R&D经费投入达到700亿元,是合肥的2倍以上。

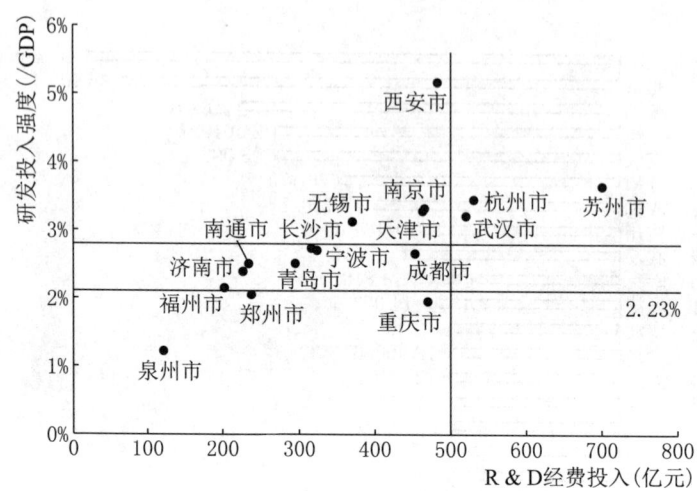

图2　2019年全社会R&D经费投入情况

资料来源:各城市统计局、政府工作报告。

二、财政科技支出:苏、杭、汉、甬总量与比重"双高"

政府财政资金是研发活动经费的重要来源,更是基础研究工作的主要资金保障,近年来国家对科技自立、自主创新提出更高要求,中央和地方政府在科技领域的财政支出总量和比重都在持续增加。

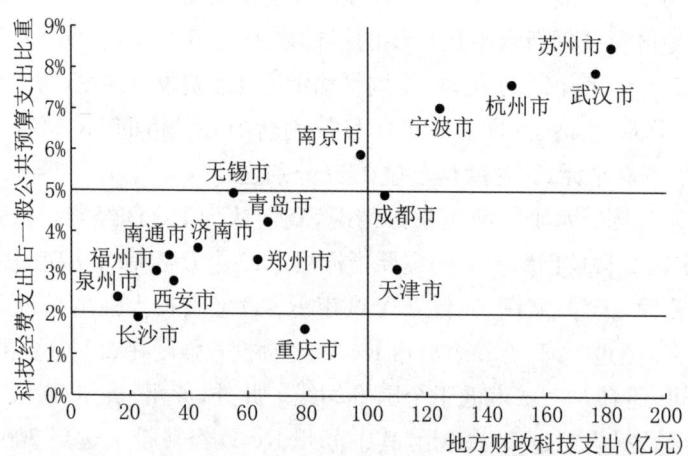

图3　2019年地方财政科技经费支出情况

资料来源:各城市统计局、政府工作报告。

2019年,17个万亿GDP城市中,苏州、武汉、杭州、宁波、南京5个城市的科技经费支出占一般公共预算支出比重在5%以上;大部分城市的科技经费占公共预算比重在2%—5%之间;重庆、长沙2个城市占比在2%以下。此外,科技经费支出超过100亿元的城市有6个,分别为苏州、武汉、杭州、宁波、天津和成都。

三、"双一流"大学：南京独占鳌头、中西部地区优势明显

大学是科技创新的策源地,也是创新人才的摇篮。自2017年《统筹推进世界一流大学和一流学科建设实施办法(暂行)》颁布实施以来,"双一流"建设工程取代了原来的高等教育工程,拥有多少世界一流大学、一流学科,成为衡量区域创新能力和潜力的重要指标。

公开数据统计显示,17个万亿GDP城市中,有15个城市拥有一流大学建设高校或一流学科建设高校,大致可以归为四个梯队。第一梯队是南京市,共有12所"双一流"建设高校,其中一流大学建设高校有2所,一流学科建设高校10所;第二梯队是成都、武汉、西安、天津,各有2所一流大学建设高校,还有4—6所数量不等的一流学科建设高校;第三梯队是长沙、杭州、青岛、重庆,各有1所一流学科建设高校和1—3所数量不等的一流大学建设高校;其他城市属于第四梯队,有1所一流大学建设高校或1所一流学科建设高校。从数据看,15个城市的一流大学数量相差不多,一流学科建设高校成为拉开城市间差距的主要变量。

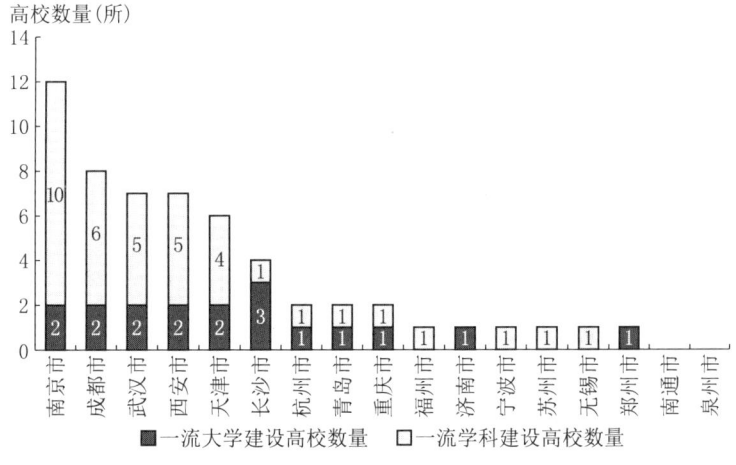

图4 2021年"双一流"高校地域分布情况

资料来源:各城市统计局、政府工作报告。

四、国家重点实验室：南京、武汉唱响"双城记"，西安紧随其后

作为国家科技创新体系的重要组成部分，国家重点实验室是科技创新的"国家队"与"主力军"。2018年发布的《关于加强国家重点实验室建设发展的若干意见》中提出，到2020年国家重点实验室总量保持在700个左右。其中，学科国家重点实验室保持在300个左右，企业国家重点实验室保持在270个左右，省部共建国家重点实验室保持在70个左右。

根据公开数据梳理结果，17个万亿GDP城市中，有13个城市拥有国家重点实验室。南京、武汉、西安3个城市处于第一梯队，南京、武汉的国家重点实验室数量分别为26和24个，西安有17个；杭州、成都、天津、长沙、重庆、青岛6个城市处于第二梯队，国家重点实验室数量在10个左右，其中，杭州和成都以学科国家重点实验室为主，青岛的企业国家实验室数量比较突出，其他城市相对均衡；济南、无锡、福州、郑州4个城市都有国家重点实验室，但数量不多。

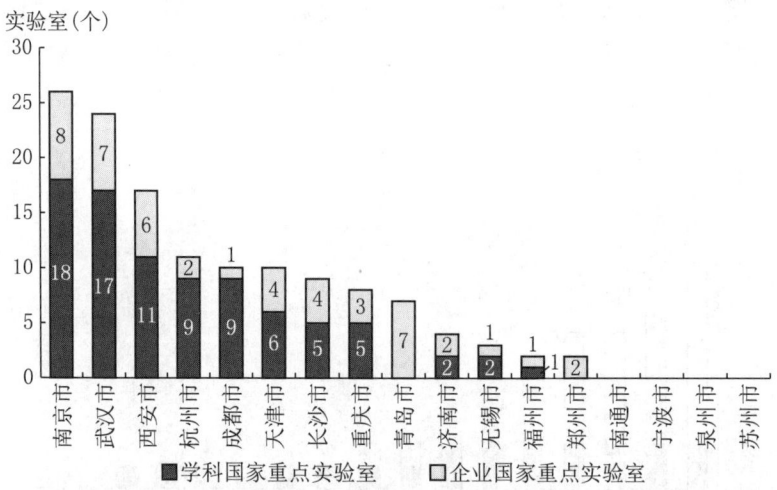

图5 国家重点实验室地域分布情况

注：(1)有依托单位的实验室，按照第一依托单位所在地统计；(2)学科国家重点实验室数据截至2019年5月，企业国家重点实验室截至2017年12月。

资料来源：科技部官网。

五、高新技术企业：苏州总量最多，西安增速最快

高新技术企业是知识密集和技术密集的经济实体，在经济发展、科技进步、创新驱动等方面具有促进作用。高新技术企业既是创新资源的投入者，也是创新成果的产出者，是反映城市创新动力与活力的重要指标。

2019年，17个万亿GDP城市中，高新技术企业数量超过5 000家的有苏州、天津和杭州3个城市，高新技术企业数量在3 000—5 000家之间的有武汉、成都、南京、青岛、西安、重庆和长沙7个城市；高新技术企业数量少于3 000家的有7个城市。与此同时，上述城市高新技术企业增长率普遍在20%—40%之间，西安尽管高新技术企业数量不到4 000家，但高新技术企业增长率最高，达到71.7%。

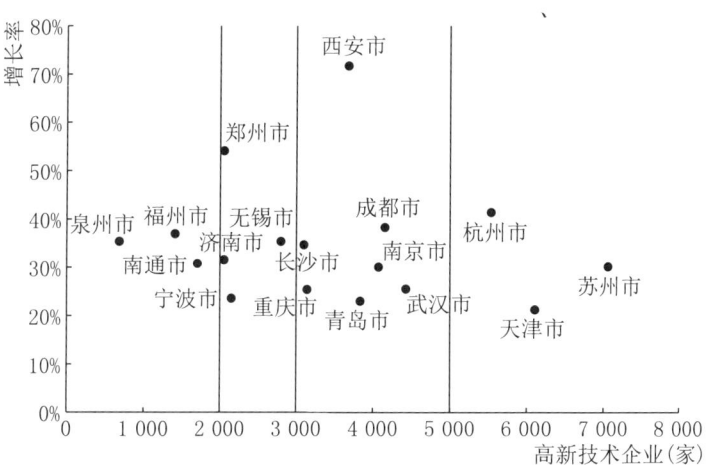

图6 2019年高新技术企业地域分布情况

资料来源：各城市统计局、政府工作报告。

六、科技企业孵化器：南京规模与质量均遥遥领先

科技企业孵化器是培育和扶持科技型创业企业、创业团队、创业人才的"肥沃土壤"，是提升城市创新能力的重要保障。孵化器的数量与质量也是衡量区域创新能力的重要标准之一。

国家科技部《2019年度国家级科技企业孵化器评价结果》指出,全国共235家国家级科技企业孵化器被评为优秀(A类),474家国家级孵化器被评为良好(B类),428家国家级孵化器被评为合格(C类),36家国家级孵化器被评为不合格(D类)。本文主要分析17个万亿GDP城市中评价为优秀和良好的孵化器数量。南京属于第一梯队,A类和B类孵化器总数最多,其中优秀孵化器19家,数量远超其他城市,良好孵化器14家,也位于上游水平;杭州、苏州、武汉、天津可以归为第二梯队,优秀孵化器数量排名靠前且良好孵化器数量相对领先;其他12座城市属于第三梯队,科技企业孵化器有待优化与重组。

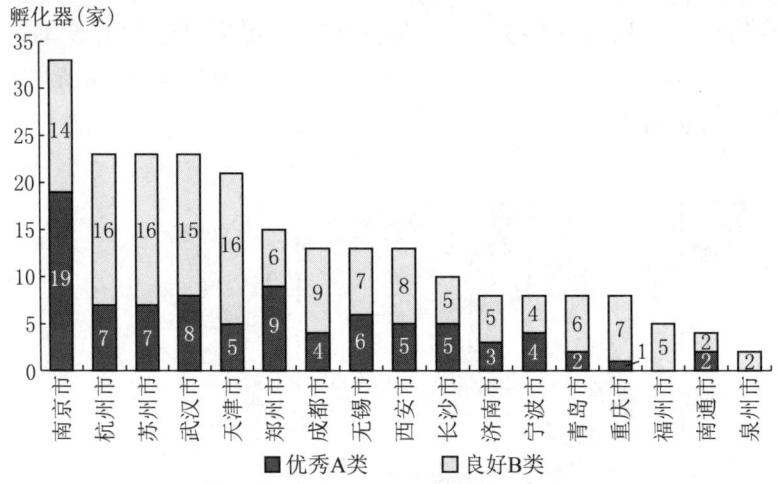

图7 2019年国家级科技企业孵化器评价结果

资料来源:《2019年度国家级科技企业孵化器评价结果》,科技部火炬中心,2020年12月11日,https://chinatorch.cn/fhq/gztz/202012/146b259e71e44dc1b67732df0f0a51d9.shtml。

七、国家科学技术奖项:东部与中西部平分秋色

国家科学技术奖项是国务院为奖励在科技进步活动中做出突出贡献的公民、组织设立的国家奖项,代表着国内最高水平的创新能力。

2016—2020年的5年间,17个万亿GDP城市中,获得过国家自然科学奖、国家技术发明奖的城市有15个。其中,获奖数量超过20项的有南京(29)、西安(25)和武汉(21)3个城市;获奖数量在10—20项之间(含10项)的有杭州、长沙、成都、青岛等4个城市;其他城市获奖数少于10项。

万亿 GDP 城市角逐国家区域创新中心,谁将胜出?

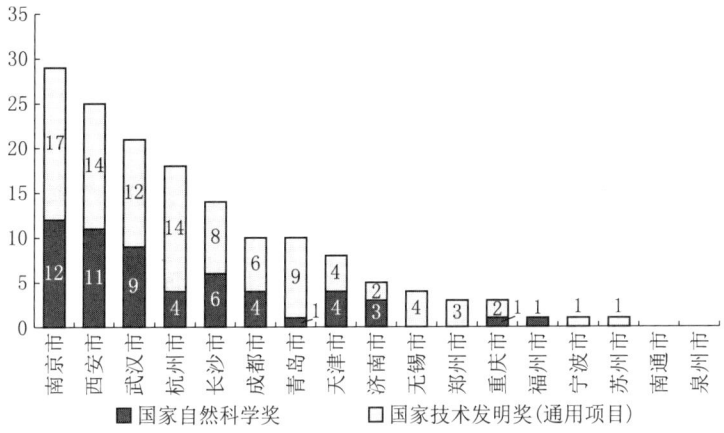

图 8　2016—2020 年国家奖项获奖情况

资料来源:各城市统计局、政府工作报告。

八、 发明专利授权数量:南京、武汉、杭州数量领先

中国《专利法》认定的专利类型分为发明专利、实用新型专利和外观设计专利。其中发明专利更注重创新性和创造性,授权发明专利数量是反映城市科技创新绩效的重要维度。

2019 年,17 个万亿 GDP 城市中,南京、武汉、杭州 3 个城市的发明专利授权数量超过 1 万项;成都、西安、苏州、青岛、重庆、长沙、宁波、天津等 8 个城市

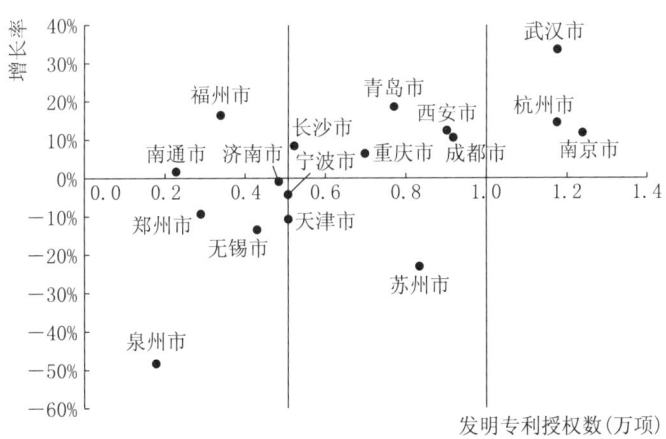

图 9　2019 年各城市发明专利授权情况

资料来源:各城市统计局、政府工作报告。

的发明专利授权数量在 0.5 万—1 万项之间；还有 6 个城市发明专利授权数低于 0.5 万项。此外，有 10 个城市的发明专利授权数在 2019 年实现同比正增长，其中武汉增速最高(33%)。

九、技术合同交易额：西安、成都技术转化能力领先

技术合同交易额是衡量一个区域技术贸易和科技成果转化活跃度、科技成果吸纳能力、科技中介机构服务能力的重要标准。

本文研究的 17 座城市可以按照其 2019 年技术合同交易额分为 500 亿元以下、500 亿—1 000 亿元、1 000 亿元及以上 3 个梯队。西安与成都属于第一梯队，技术合同交易额均超过 1 000 亿元，近年来保持较快增长；第二梯队是天津、武汉、南京和杭州，技术合同交易额处于中等水平且稳步增长；其余大量城市位于第三梯队，但宁波、南通、济南 3 个城市的技术合同交易额呈现高速增长态势(年均增长 100% 以上)。

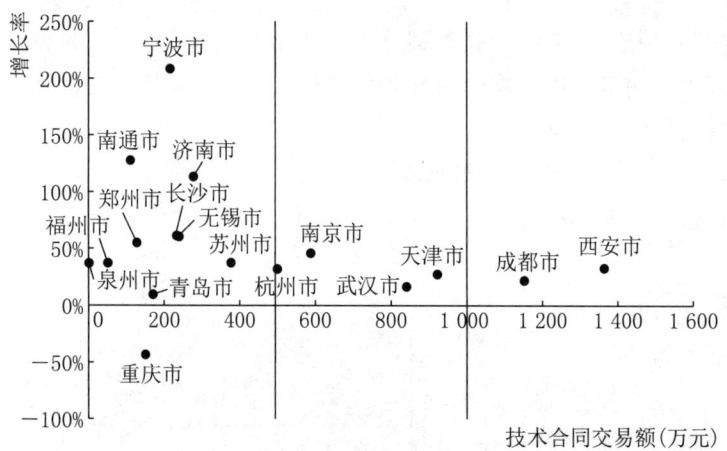

图 10 2019 年各城市技术合同交易情况
资料来源：各城市统计局、政府工作报告。

十、总体结论判断

基于对上述 17 个万亿 GDP 城市从 3 个维度、9 个方面、11 项具体指标分析不难看出，南京、苏州、武汉、西安、杭州、成都、天津 7 个城市处于第一梯队，

是我国首批国家区域科技创新中心城市最有力的竞争者。其中,南京、武汉、杭州3个城市综合实力最强且没有明显弱项,西安在地方财政科技支出、高新技术企业方面相对欠缺,成都在科研经费投入方面稍显不足,苏州在大学、实验室、科技奖项等科学硬实力方面相对薄弱(优势与劣势都非常明显)。

与此同时,青岛、重庆、长沙等城市在双一流大学、国家重点实验室、国家科技奖项等硬实力方面排名中上,未来也是国家区域科技创新中心的潜在争夺者。

表1 各个创新指标下17个万亿GDP城市排名情况

城市	R&D经费投入 总量	R&D经费投入 强度	地方财政科技支出 总量	地方财政科技支出 占比	"双一流"大学	国家重点实验室	高新技术企业	国家级科技企业孵化器	国家科技奖项	发明专利授权量	技术合同交易额
南京	6	4	7	5	1	1	6	1	1	1	5
武汉	3	6	2	2	3	2	4	4	3	2	4
杭州	2	3	3	3	7	4	3	2	4	3	6
西安	4	1	13	14	3	3	8	7	2	5	1
成都	8	10	6	7	2	5	5	7	6	4	2
苏州	1	2	1	1	10	14	1	2	13	6	7
天津	7	5	5	12	5	5	2	5	8	11	3
青岛	12	11	9	8	7	9	7	11	6	7	12
重庆	5	16	8	17	7	8	9	11	11	8	13
长沙	11	8	16	16	6	7	10	10	5	9	10
宁波	10	9	4	4	10	14	12	11	13	10	11
无锡	9	7	11	6	10	11	11	7	10	13	9
郑州	13	15	10	11	10	12	14	6	11	15	14
济南	15	13	12	9	10	10	13	11	9	12	8
福州	16	14	15	13	10	12	16	11	13	14	16
南通	14	12	14	10	16	14	15	16	16	16	15
泉州	17	17	17	15	17	14	17	17	17	17	17

作者:项田晓雨

参考文献:

① 科创有路:《中国城市高新技术企业数量排名一览表|武汉高科技企业连续4年增

长超25%》,搜狐网,2020年10月28日,https://www.sohu.com/a/427804844_342073。

②《科技部火炬中心关于公布国家级科技企业孵化器2019年度评价结果的通知》,科技部火炬中心官网,2020年12月11日,http://www.chinatorch.gov.cn/fhq/gztz/202012/146b259e71e44dc1b67732df0f0a51d9.shtml。

③《2022年全国双一流学科名单正式公布(147所大学)》,大学生必备网,2022年9月14日,https://www.dxsbb.com/news/43262.html。

关于 G60 科创走廊下半程的思考:战略东进构建"双策源"、松江打造资源配置"枢纽"[①]

2016年,松江提出建设 G60 科创走廊。2019年,中共中央、国务院印发的《长江三角洲区域一体化发展规划纲要》提出,持续有序推进 G60 科创走廊建设,打造科技和制度创新双轮驱动、产业和城市一体化发展的先行先试走廊。2020年,科技部印发的《长三角科技创新共同体建设发展规划》提出,联合推进 G60 科创走廊建设,发挥 G60 科创走廊九城市的创新资源集聚优势,先行先试一批重大创新政策,协同布局一批科技创新重大项目和研发平台,促进科技资源开放共享和科技成果转移转化,共建中国制造迈向中国创造的先进走廊、科技和制度创新双轮驱动的先试走廊、产城融合发展的先行走廊。在 G60 科创走廊的建设过程中,经历了上海松江科创走廊的 1.0 阶段,沪嘉杭科创走廊的 2.0 阶段,覆盖 G60 走廊沿线九城市的 3.0 阶段。当 G60 科创走廊上升为国家区域协同战略、增容至沿线九城之时,我们不妨跳出松江,以旁观者的视角,审视松江在 G60 科创走廊中的角色定位和发展方向。

一、 从发源地到策源地,松江还有很长的路要走

松江是 G60 科创走廊的首倡者,也是 G60 科创走廊沿线城市协同发展的组织者和推动者,这个贡献是非常明确的。松江将自身定位为 G60 科创走廊的策源地,这充分显示了松江致力于创新发展的雄心壮志,作为长远目标和行动方向来看也没有任何问题。但路是一步步走出来的,在制定宏伟目标的同时,也必须看清脚下的道路和当前的困难。

以目前松江的家底,在某些领域形成策源功能是有条件的,但还不足以支撑其成为全方位、高水平的创新策源地。在 G60 科创走廊九城中,松江的经济

[①] 本文曾发表于《同济观点》。

总量略高于宣城,在科创走廊城市中没有优势,很难起到真正意义上的引领带动作用。在科创资源方面,与杭州、合肥、苏州等城市相比,松江缺少重大科技基础设施、国家级科研院所、一流研究型大学、领军科技企业等国家战略科技资源,目前也难以对G60沿线城市形成足够的策源力。

总体来看,松江区层面能够统筹的资源、动用的力量、开展的工作大都已经尝试了,也就是说区级层面已经尽力而为了。但客观来讲,与国家战略的高标准和严要求相比,G60科创走廊的建设推进与协同发展还存在很多不足之处,松江的"挑头工作"也变得越来越难了,后面的路怎么走,很大程度上取决于三省一市乃至国家层面的战略部署。那么谁来牵头,当然是也只能是上海市!只有上海具备推动科技和制度重大创新的能力,也只有上海才具备引领和带动杭州、苏州、合肥等城市进行协同创新的能力。

二、当前比西拓更重要的,是G60科创走廊东延

在长三角一体化国家战略的推动下,G60科创走廊涉及的范围一路向西拓展,这种拓展既得到了三省一市的支持,也得到了来自国家层面的肯定,目前已经形成由国家部委指导、三省一市牵头、九城市(城区)共同参与的G60科创走廊联席会议制度和战略框架协议,并且开展了一系列的合作。

随着G60科创走廊建设的不断深化,未来九城市将在科创领域开展更为紧密和深度的合作,这就需要上海这个创新策源核发挥更重要的引领带动作用。以松江目前的创新资源和实力,还不足以独立承担创新策源和引领作用,G60科创走廊要考虑向东延伸,将浦东新区纳入进来,与松江共同形成"一东一西"两个创新策源核。当然,G60科创走廊的东延战略需要在上海市层面进行决策与推动。

在最近出台的《浦东打造社会主义现代化建设引领区意见》中,国家赋予浦东新的战略定位,明确要求浦东在长三角一体化发展中更好发挥龙头辐射作用。该意见还要求浦东要同长三角地区产业集群加强分工协作,突破一批核心技术、推出一批高端产品、形成一批中国标准;依托长三角产业集群优势,建立一批科技成果转化中试孵化基地。

未来浦东引领辐射长三角一体化发展,可能有很多种路径,但毫无疑问,G60科创走廊可以成为其中非常重要的辐射通道和功能载体。以浦东为龙头,连接闵行,经松江这个窗口向G60科创走廊进行服务辐射,将有力提升

关于 G60 科创走廊下半程的思考:战略东进构建"双策源"、松江打造资源配置"枢纽"

G60 科创走廊协同创新的效果。此外,将浦东纳入 G60 科创走廊,不仅有利于深入推动关键制度创新、重大平台合作、高端产业协同,还将有利于包括松江在内的沿线城市(城区)复制推广浦东新区的开放创新政策,尤其是临港新片区的开放创新政策。

三、 面向区域协同创新,松江要成为资源配置"枢纽"

松江值守着上海的西大门,是上海与 G60 科创走廊沿线城市联系的窗口,在包括科技、产业在内的各类资源要素交流与配置方面可以发挥重要作用。如果将 G60 科创走廊的创新策源地视为松江的长远目标,那么打造成为 G60 科创走廊的资源配置枢纽,则是当下松江需要重点考虑和布局的事情。

事实上,近年来松江已经在着手布局面向 G60 科创走廊乃至整个长三角地区的重大产业创新平台,如中科院脑科学与智能技术创新中心、腾讯长三角人工智能超算中心、海尔工业互联网平台等,这些面向长三角乃至全国赋能的创新平台具有非常强的跨区域资源要素配置能力。

未来松江要成为资源配置"枢纽",重点要打造"两地、三区"。所谓两地,即成为上海市区尤其是浦东新区创新成果产业化的首选地,成为 G60 科创走廊乃至长三角地区企业总部向上海集聚的首选地。所谓三区,即聚焦松江有优势、辐射带动能力强的若干产业领域,打造 G60 科创走廊的人工智能集聚区、工业互联网集聚区以及卫星互联网集聚区。

一是成为市区科创成果产业化的首选地。上海市区有丰富的科技创新资源,集聚了大学、科研院所、企业研发中心等创新主体,但科技成果转化和产业化空间相对缺乏。相比之下,松江的产业用地空间相对丰富,商务成本相对较低,产业配套体系相对完善,要在承接市区科创成果转移转化方面下足功夫。

二是成为长三角企业落户上海的首选地。长三角地区的民营企业成长到一定程度后,无论是出于提升品牌知名度,还是打开国际市场,还是提升自主创新能力等方面考虑,往往会选择将企业总部、研发中心、销售中心等放到上海。目前临港松江科技城在集聚长三角企业总部方面已经取得了不错的成效,未来要继续拓展适合企业总部和研发机构落地的高品质承载空间,优化产业配套政策和企业服务环境,集聚行业协会、产业联盟等行业组织,在吸引长三角企业总部和研发机构落地方面下足功夫。

三是打造 G60 科创走廊人工智能集聚区。依托腾讯长三角人工智能超算中心、中科院脑科学与智能技术创新中心等功能平台，面向G60科创走廊产业创新主体提供算力、数据、研发等服务，共建人工智能产业生态圈，集聚人工智能相关领域的企业和研发机构，构建以人工智能技术创新与应用为核心的智能产业集群。

四是打造G60科创走廊工业互联网集聚区。依托国家级工业互联网创新示范基地，支持海尔、用友等国家级"双跨"工业互联网平台做大做强，培育面向重点行业的特色型工业互联网平台以及面向特定技术领域的专业型工业互联网平台，支持工业互联网平台面向G60科创走廊制造企业提供数字化转型服务。

五是打造G60科创走廊卫星互联网集聚区。依托垣信卫星等龙头企业，打造全球多媒体卫星系统。发挥松江产业策源功能，与G60科创走廊城市共建卫星互联网产业链，形成卫星制造、发射、地面设备以及用户端应用开发服务等完整产业链，打造以全球多媒体卫星网络为代表的低轨道、高通量卫星网络产业集群。

作者：芮晔平

参考文献：

[1]《上海市科学技术委员会等关于印发〈三省一市共建长三角科技创新共同体行动方案（2022—2025年）〉的通知》，上海市人民政府官网，2022年9月7日，https://www.shanghai.gov.cn/nw12344/20220907/80c9d79e145542c0bb9587c573171342.html。

[2]《中共中央　国务院关于支持浦东新区高水平改革开放打造社会主义现代化建设引领区的意见》，中华人民共和国中央人民政府官网，2021年7月15日，http://www.gov.cn/zhengce/2021-07/15/content_5625279.htm。

[3]《中共中央　国务院印发〈长江三角洲区域一体化发展规划纲要〉》，中华人民共和国中央人民政府官网，2019年12月1日，http://www.gov.cn/zhengce/2019-12-01/content_5457442.htm。

杨浦的科创逆袭之路：老工业区里走出的国家创新型试点城区

杨浦经历了工业化时代的辉煌，也经历了转型之路的阵痛。从城市老工业区到科创核心区，杨浦区蹚出了一条创新转型发展的新路子，成为上海科创中心重要的承载区。目前杨浦区集聚了10余所国内外知名高校，有7家国家大学科技园区（占全市50%），有100多家科研机构；有两院院士66人，占全市的1/3；有大学生创业企业2 300多家，在校大学生、研究生分别占到全市的20%和30%。从工业锈带到知识创新区，再到国家创新型试点城区，杨浦完成了令人惊异的三级跳。

一、大学与老厂房的另类结合：建设大学科技园与科技企业孵化器

历史上，杨浦曾有"百年高校"和"百年工业"的辉煌历史。

百年高校：1905年创建的复旦大学，是国人自主创办的第一所高等院校，孙中山曾经是首任校董；同济大学的前身是1907年德国医生埃里希·宝隆创办的德文医学堂；上海理工大学的前身是1906年创办的沪江大学。

百年工业：1883年建成的杨树浦水厂，是中国第一家城市自来水厂；1911年建成的杨树浦电厂，曾是远东最大的城市火力发电厂；20世纪80年代，杨浦还集聚了大中型国有企业1 200多家，中华香烟、上海手表、回力球鞋、凤凰和永久自行车等享誉全国的民族工业品牌皆出自杨浦。

20世纪90年代初，以浦东开发开放为标志，上海全面承接国际产业技术转移，进入以外资驱动的全球化发展新阶段。杨浦区从工业重镇变成产业结构老化、社会负担沉重的老城区，千余家国有企业面临"关、停、并、改"，轻纺工业向苏南和全国转移。

身处大变局中的杨浦，亟须找到一条突围之路。而老工业基地转型，是一道世界性难题。当时杨浦区可倚仗的，就是区内的10余所高校，要把高校的

创新力激发出来,先要敲开大学的"门"。

21世纪初,杨浦区提出"服务高校就是服务杨浦,发展高校就是发展杨浦"。杨浦区提出"三个舍得",即舍得腾出最好的土地支持大学就近拓展,舍得把好的商业和地产项目让出来建设大学科技园,舍得投入人力、物力整治和美化大学周边环境。

通过收购大学周边老厂房、旧仓库并进行改造,区校联手建设大学科技园区。从2000年复旦科技园挂牌成立起,杨浦区先后建成了复旦、同济、上理工、财大、电力、体院、海洋7个国家级大学科技园和10个专业化大学科技园,建成了上海中心城区最大的国家级科技企业孵化基地。

2003年,上海市委、市政府作出了建设杨浦知识创新区的重大战略决策,不同于大学城模式,杨浦把整个区域变成了没有围墙的"大学",让知识的力量充分涌流。最典型案例是环同济知识经济圈,这条发轫于同济大学门口的"设计一条街",通过杨浦区和同济大学联手,已打造成为千亿级的环同济知识经济圈。

除了大学科技园区集聚优势,杨浦也是上海乃至全国率先探索推动科技企业孵化器发展的区域。1997年,上海市科委委托上海市科技创业中心投资2 100万元置换了位于复旦大学旁的原上海天明糖果二厂,用于建设杨浦创业孵化基地,孵化用房面积约6 000平方米,成为我国首个在大学校园附近建设的孵化器。现如今,杨浦已建有2个国家级创业孵化基地、10个市级创业孵化基地、28个区级创业孵化基地,拥有140多个各类科技企业孵化器,占全市的近1/4。

二、瞄准创新创业最佳实践:长阳创谷打造世界级科创高地

大学与老厂房的完美结合,大学科技园和科技企业孵化器的蓬勃发展,使得杨浦区对科创的认识越来越深刻,创新的底气越来越足,创新转型的步伐也越来越坚定。2014年,杨浦区与上海电气联手打造长阳创谷项目,这也是上海迄今最成功的工业基地改造为双创基地的经典案例。

长阳创谷前身是建于1920年的日商东华纱厂,1946年成立中国纺织机器制造公司,1952年改名中国纺织机械厂,1992年改制为中国纺织机械股份有限公司,隶属于上海电气,2000年前后停产关闭并常年处于闲置状态。2015年开始实施老厂房更新改造,2016年长阳创谷项目建成投用。从生锈烟囱到

创业灯塔,从百年厂房到智慧园区,如今长阳创谷已然成为上海科创乃至全国双创的一张闪亮名片。

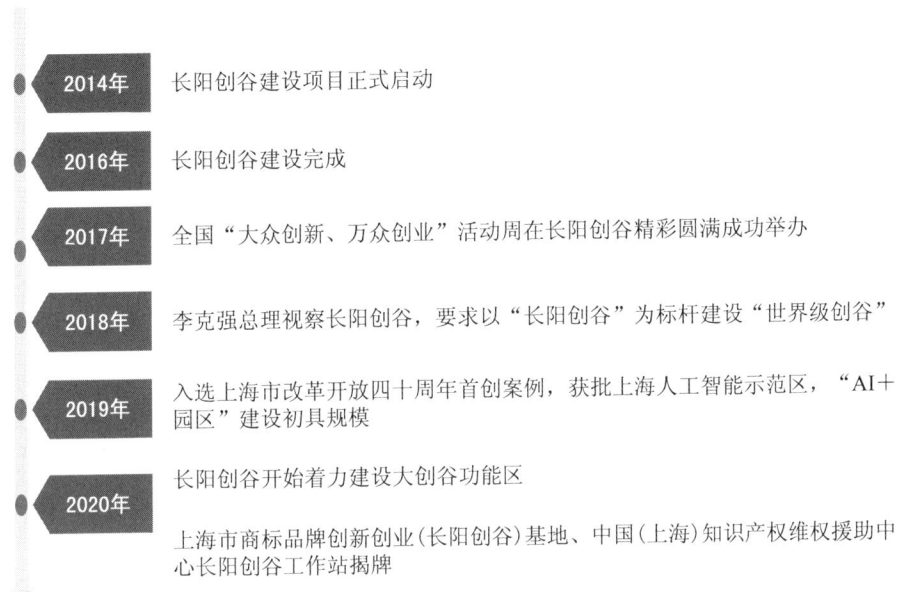

图1 长阳创谷发展重点事件

长阳创谷定位为开放式的"campus创新生活街区",本着有机更新的理念,设计保留工业风的环境氛围,将工业老厂房与现代科技、都市生活、自然生态等有机结合,为创新创业者创造出亲切舒适、类似大学校园的空间体验。整个园区没有高层建筑,老厂房摇身变成了现代化办公空间,成为上海市工业遗存转型崛起的网红地标。

依托杨浦高校云集的优势,长阳创谷积极导入复旦、同济、财大等本土高校以及新南威尔士大学等国际高校,推动创新实践平台建设。与此同时,通过"政产学研金介用"结合,长阳创谷为科技企业打造完善的创新创业服务链,提供从初创、成长到产业化的全链条"接力式"服务。启迪之星、创翼天地、优客工场等众创空间纷纷落户,小红书、沪江、埃森哲、伦琴医疗等科创企业也纷至沓来。

在这里,人们可以畅游通行,欣赏工业风的建筑设计,感受科技范的人工智能新成果。口袋公园、创客果园、咖啡店、健身房等各类休闲场所一应俱全,璀璨创谷、AI公益、读书会、绿色生活节等各类文化活动层出不穷,长阳创谷的创新创业活力和家园凝聚力不断增强,为创新创业者打造出"品质生活目的地"。

三、从工业锈带到生活秀带:杨浦滨江打造世界级城市会客厅

杨浦拥有百年工业文明,是近代中国重要的工业基地,杨浦滨江则有着"近代中国工业文明长廊"之称。可以说,杨浦滨江见证了上海工业的百年发展历程,是近代中国工业重要的发源地,在这里创造了中国工业历史上众多工业之最。

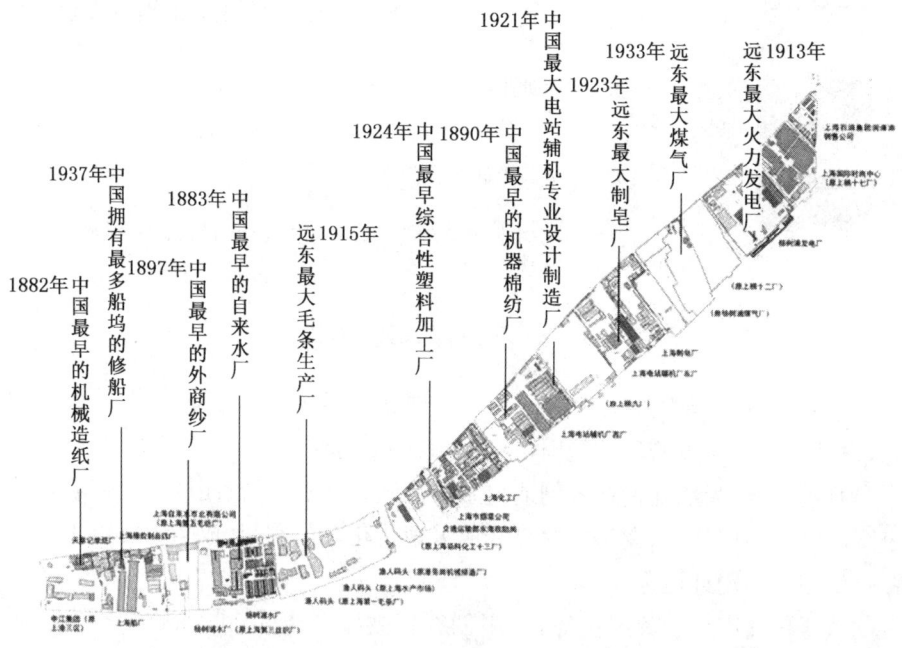

图2 百年杨浦滨江——工业之最

百年前,杨浦滨江岸线上都是工业用地,工业厂区、渡轮码头形成了一道隔离带,临江不见江。如今,那些曾经承载工业发展重任的老旧工厂逐渐退出历史舞台,杨浦滨江正迎来蜕变重生。2018年,《黄浦江、苏州河沿岸地区建设规划》发布,杨浦滨江定位为世界级滨水区和城市会客厅。2019年,习近平总书记视察杨浦滨江,提出"人民城市人民建,人民城市为人民"的重要理念。随后《杨浦滨江争创人民城市建设示范区三年行动计划(2020—

2022年)》发布,致力于将杨浦滨江打造成科技创新的高地、城市更新的典范、社会治理的样板。

1869年	公共租界当局在原黄浦江江堤上修筑杨树浦路,杨浦工业文明开始
2010年	沿江企业中船舶、化工、机电、纺织、轻工、市政等门类的大中型企业大多产能下降甚至停产,滨江地区环境破败,亟须转型升级
2013年	成立杨浦滨江综合开发指挥部、滨江办和滨江投资开发公司 市政府正式批复了杨浦滨江南段控制性详细规划,确立了"历史感、智慧型、生态性、生活化"的规划设计理念,形成了"一带、四心、四轴"的空间架构
2018年	上海发布《黄浦江、苏州河沿岸地区建设规划》,提出打造"一江一河"世界级滨水区和城市会客厅
2019年	2019年9月,杨浦滨江南段约5.5公里岸线实现贯通开放,开放公共空间约21.6万平方米 2019年11月2日,习近平总书记在上海考察时来到杨浦滨江,提出了"人民城市人民建,人民城市为人民"的重要理念
2020年	杨浦发布《杨浦滨江争创人民城市建设示范区三年行动计划(2020—2022年)》 上海杨浦生活秀带国家文物保护利用示范区入选国家文物局公布的第一批国家文物保护利用示范区创建名单

图 3　杨浦滨江转型重点事件

应该说,杨浦滨江南部"生活秀带"建设成效显著,曾经的远东第一制皂厂变身为"皂梦空间",污水处理车间成了网红打卡点白七咖啡厅,1924年建立的明华糖厂成了文创活动集聚地……在杨浦滨江范围内,这样别具匠心被保留下来的工业遗存有66幢,串联成5.5公里连续不间断的工业遗产博览带。

2020年杨浦生活秀带国家文物保护利用示范区入选国家文物局公布的第一批国家文物保护利用示范区创建名单。2021年杨浦滨江"长阳秀带"在线新经济生态园揭牌,引进美团、哔哩哔哩、字节跳动等在线新经济重大项目,加快建设以在线新经济为特色的世界级创新地标。根据规划,2025年园区将集聚30家以上头部企业、3 000家以上创新型企业、产业规模将超过3 000亿元。

四、完善科创生态体系：以科创中心、科创集团为代表的幕后英雄

如果说大学、长阳创谷以及大量高科技企业是杨浦科创的台前主角，那么以杨浦科创集团、杨浦科创中心等为代表的科创运作主体，则是当之无愧的幕后英雄，为杨浦乃至上海科创生态建设发挥着重要的基础性支撑作用。

1997年，上海市科委、复旦大学、杨浦区政府共同发起设立杨浦科创中心，这是全国首例在高新技术产业开发区外建立的科技企业孵化器，开创了中国孵化器发展的"杨浦模式"。杨浦科创中心通过三次机制创新完成三次飞跃。2001年采取两权分离，成立上海高科技企业杨浦孵化基地有限公司；2005年改组成立上海杨浦科技创业中心有限公司，以完全市场化的模式运营孵化器，探索出一条现代孵化器发展新路。2011年，在吸收合并上海杨浦知识创新区投资发展有限公司、上海杨浦科技投资发展有限公司、上海北岛科技发展有限公司和上海杨浦融资担保有限公司等四家公司基础上，成立上海杨浦科技创新（集团）有限公司。科创集团以杨浦区重点区域载体开发建设为主业，成为上海乃至全国科创载体开发运营的佼佼者，长阳创谷就是其中的经典项目。

目前杨浦科创中心形成了"复旦创业、杨浦创业、湾谷加速、国家技术转移东部中心、上海技术交易所"五大核心品牌，旗下设有12家科技园区、21家专业化职能子公司，运营管理百万平方米科技园区、数千家企业资源。杨浦科创集团则形成了"长阳创谷、大创智、五角场创新学院"3张科创名片，控股16家子公司、投资19个大学科技园区，运营管理科创园区载体面积超过200万平方米。

经过20多年坚持不懈的努力与探索，杨浦区蹚出了一条"校区、厂区、社区"融合创新的新路子，形成了"大创智、长阳创谷、滨江生活秀带"创新空间发展格局，成功获批全国首批"科创中国"试点城区。面向未来，杨浦区将打造国内大循环中心节点的增长极和国内国际双循环战略链接的创新源，成为引领长三角乃至全国的创新创业示范标杆。

作者：蒋英杰　项田晓雨

杨浦的科创逆袭之路：老工业区里走出的国家创新型试点城区

参考文献：

① 《长阳创谷,从老厂房到双创新高地》,创新杨浦公众号,2021 年 12 月 20 日, https://mp.weixin.qq.com/s/mqU3ldM7KPMD-NoLFU2nnA。

② 《长阳秀带在线新经济生态园如何"秀"？上海杨浦发布行动方案》,澎湃新闻,2021 年 4 月 15 日,https://thepaper.cn/newsDetail_forward_12215007。

③ 陈洁:《杨树浦水厂:上海近代工业的建筑符号》,文汇网,2022 年 3 月 15 日, https://whb.cn/zhuzhan/xinwen/20220315/454687.html。

④ 董志雯、杨晓梅:《从"工业杨浦"到"创新杨浦",老城区蓬勃"逆生长"》,上观新闻百家号,2020 年 12 月 21 日,https://sghexport.shobserver.com/html/baijiahao/2020/12/21/317869. html。

⑤ 鬼话宝:《杨浦区规划公示！从魔都"东三省",到上海"新引擎"?》,是规划不是鬼话公众号,2022 年 1 月 20 日,https://mp.weixin.qq.com/s/dMToDV5jovyndIDFKs5Udg。

⑥ 《科创,为什么是杨浦?》,上海杨浦公众号,2021 年 10 月 2 日,https://mp.weixin. qq.com/s/Q8c-4uEEA-Q-JNzEPyG55w。

⑦ 陆益峰、刘力源:《手机里的多个"图标",为何不约而同"相聚"杨浦》,文汇网,2021 年 8 月 17 日,https://wenhui.whb.cn/third/baidu/202108/17/419946.html。

⑧ 《四大功能区看创新杨浦》,上海科技公众号,2022 年 1 月 13 日,https://mp.weixin. qq.com/s/Q2WZkjS-04XPlh71EDR24A。

⑨ 王春:《产业规模超过 3 000 亿！上海杨浦"长阳秀带"在线新经济生态园开建》,中国科技网,2021 年 1 月 5 日,http://m.stdaily.com/index/kejixinwen/2021-01/05/content_1067936.shtml。

⑩ 王春:《科技成果走出大学校园,上海杨浦的大学科技园做对了什么?》,《科技日报》2020 年 7 月 6 日。

⑪ 王梦亚:《城市创新思维下的世界级滨水科创区城市设计方法——以上海杨浦滨江中北段城市设计为例》,《上海城市规划》2018 年第 5 期。

⑫ 王文嫣:《杨浦滨江逐渐转型 将创造更多创业机会》,中国证券网,2021 年 11 月 11 日,https://www.cnstock.com/v_news/sns_yw/202111/4781190.htm。

⑬ 王哲:《忆·杨浦十个瞬间（八）华丽转身——从"工业锈带"到国家创新型试点》,上海杨浦公众号,2019 年 10 月 9 日,https://mp.weixin.qq.com/s/0o7NrFKmJP2TiRoxx2aHSw。

⑭ 《杨浦:发挥高校创新源头作用 助力杨浦双创高质量发展》,上海市杨浦区人民政府官网,2021 年 12 月 21 日,https://www.shyp.gov.cn/shypq/sqld-yqxq/20211221/399210.html。

⑮ 杨浦科技创业中心创业学院:《筚路蓝缕,时势造杨创》,腾讯新闻,2021 年 4 月 12 日,https://view.inews.qq.com/a/20210412A0CG7A00。

⑯ 杨萱、高志苗:《杨浦打造"一带、一区、一圈"上海数字经济地标》,中国新闻网,2022 年 3 月 11 日,https://chinanews.com.cn/cj/2022/03-11/9699005.shtml。

第二部分

打造全球动力之城

上海全球动力之城：以"引擎经济"打造"经济引擎"[1]

2022年6月28日,上海市经信委等六部门联合发布了《聚焦临港核心区打造上海"全球动力之城"实施方案》。该方案提出要聚焦临港核心区,加快构建航空、航天、汽车、海洋、能源"空天陆海能"动力产业体系,全力打造集研发设计、高端制造、集成服务于一体的引擎经济集群,力争成为长三角动力产业协同发展的引领者、大国重器动力创新升级的策源地、代表中国参与国际动力竞争的主力军,将上海建设成为源源不断向世界输出强大澎湃"中国动力"的全球动力之城。

该方案体现了上海立足国家战略、承担大国重器的主动担当,也体现了上海培育高端制造新动能的务实举措,尤其为疫后上海经济恢复注入一剂强心针!"全球动力之城",是上海高端制造参与国际竞争的又一张响亮名片,将充分发挥上海在航空动力、航天动力、汽车动力、船舶动力、能源动力等领域的综合竞争优势,通过动力变革引领未来的产业变革,将成为我国推进产业基础高级化和产业链现代化的重要承载和主要标志,对于推动我国从制造大国向制造强国的迈进具有突出的引领和示范意义。

一、 建设全球动力之城,是上海承载大国重器,直面国际竞争,增强重点产业链安全自主可控能力的主动担当

产业链供应链是大国经济循环畅通的关键,面对新冠肺炎疫情的影响、国际形势和全球产业链供应链竞争格局的变化,增强我国产业链供应链自主可控能力,实现产业链现代化的重要性和紧迫性进一步凸显,产业链供应链安全问题更加突出。

---

[1] 本文曾发表于澎湃新闻·澎湃研究所。

高端动力产业以动力装备为核心,覆盖上游的材料、中游零部件以及下游总装集成等产业链环节以及测试验证、再制造等外围服务环节。动力装备是大国重器的核心承载,是跻身国际制造第一梯队的重要标志,是产业基础高级化和产业链现代化实现的关键领域和重要标志。然而,我国发动机领域起步晚、底子薄,依赖进口比较明显。目前,世界最先进的航空发动机技术一直掌握在美国、俄罗斯以及英法等国家手中,如C919国产大飞机的发动机仍以美国CFM公司的LEAP-1C为主;再比如重型燃气轮机,是发电和驱动领域的核心设备,设计和制造难度极大,目前我国重型燃气轮机与GE、西门子、三菱等国际厂商合作生产,但其中的压气机、燃烧室、高温透平叶片三大核心部件与发达国家尚有差距。

上海建设全球动力之城,承担的核心使命之一,正是要着力率先攻克一批动力领域的"卡脖子"核心技术。方案中明确提出了一批要着力突破研发的基础材料、基础工艺、基础零部件和基础软件,全面夯实动力产业的基础能力,这对于我国打破关键战略领域的国际垄断具有突破意义。

二、建设全球动力之城,是上海聚焦临港打造高端硬核产业集群,强化高端产业引领和创新策源功能的战略布局

高端产业引领和科技创新策源是上海承担的重要城市功能。当前,上海正着力构建"3+6"新型产业体系,加快打造重点领域的世界级产业集群。高端装备是上海六大重点产业之一,"十四五"期间,上海将大力发展航空航天、智能制造装备、高端船舶和海洋工程装备、新能源装备等。以发动机为核心的动力产业属于高端装备的关键核心环节,融合了前沿材料、制造技术、复杂工艺等"高精尖"特征,是上海高端产业引领需要突破的重点方向。

动力产业也是创新属性极强的硬核产业,动力领域的很多试验设备都属于国家重大科技基础设施,如落户临港的中科院高效低碳燃气轮机试验装置,是继上海光源、国家蛋白质设施之后在上海落户的又一国家重大科技基础设施。同时,上海市政府也与国电投签署战略合作协议,明确中国重燃总部、相关研发机构、燃气轮机国家创新中心落户临港新片区,打造燃气轮机产业创新基地。重型燃气轮机是能源动力装备领域的最高端产品,和航空发动机共同构成了我国的"两机"专项。

从全国范围来讲,国内很多城市在单一的细分动力领域优势比较突出,但

上海却是覆盖航空动力、航天动力、汽车动力、船舶动力、能源动力五大动力领域、门类最为齐全的城市。上海拥有雄厚的工业基础和完整的工业体系，在动力领域也有比较深厚的历史底蕴，吸引了中国航发商发、中船动力、中国重燃等一批国内核心龙头企业，拥有航天动力技术研究所、上海空间推进研究所、中科院微小卫星创新研究院等高端创新平台，是最有条件在动力产业集聚和创新方面实现引领突破的城市，具有全面、综合和国际化的竞争优势。

建设全球动力之城，上海有基础、有优势，也有底气。《聚焦临港核心区打造上海"全球动力之城"实施方案》中明确提出了五大动力领域的发展重点，以及夯实基础能力、打造顶尖创新载体、布局国家级重大平台、激发企业创新潜能等举措，将推动动力产业打造成为世界级产业集群，是上海强化高端产业引领功能和科技创新策源功能的核心抓手与关键支撑。

三、建设全球动力之城，是上海顺应市场趋势，以"引擎经济"构筑"经济引擎"的战略谋划

动力产业从承载国家战略的角度是一个"发光的产业"，但一旦突破技术瓶颈，也将是一个"发热的产业"。以发动机为例，具有技术壁垒高、下游应用广、经济回报高等特点，产品附加值和市场需求都具备相当可观的发展潜力和空间。从产品附加值来看，动力设备作为高端装备的核心环节，是附加值非常高的领域，如罗罗公司生产的Trent 900涡扇发动机目录价格超过4 500万美元，CFM公司的LEAP-1C发动机价格也在1 450万美元左右。以动力电池、驱动电机、电控"三电"为主的新能源汽车动力体系，其成本合计约占整车成本的65%—70%左右。从市场需求空间来看，根据Boeing公司预测，2020—2029年全球商用航空发动机市场规模将达到近4 000亿美元，其中我国市场规模将达到近900亿美元。在动力电池方面，预计到2025年，我国氢燃料电池产业规模将达1万亿元，未来十年有望增加至5万亿元，总体处于黄金增长期。从延伸服务需求来看，航空发动机的全生命周期中，维护阶段所需费用占比为45%—50%，与采购费用接近，且发动机维护阶段的利润也较高。

建设全球动力之城，打造动力产业集群，是上海把握全球市场巨大需求潜力、国内爬坡追赶阶段和国产替代加速契机，壮大上海制造业实力、提升制造业附加值的重要抓手，也是着力以"引擎经济"构筑产业新动能的战略谋划。《聚焦临港核心区打造上海"全球动力之城"实施方案》也提出，未来五年上海

要实现动力产业重大项目投资1 000亿元以上、动力产业总体规模达到2 000亿元以上、累计实现研发经费投入超过1 000亿元,明确了未来的发展目标。尤其是当前经过疫情冲击和洗礼之后,上海也亟待找到发展新空间,因此,以"引擎经济"打造"经济引擎"也是契合当下发展要求的一个发力点。

四、建设全球动力之城,是上海践行全新发展理念内涵,引领"双碳"时代产业动力变革的战略选择

我国提出力争2030年前实现碳达峰,2060年前实现碳中和,"双碳"时代引发的最核心变革是能源动力变革。"碳达峰、碳中和"势必将倒逼传统能源变革的加速,在未来"'零碳'能源体系"中构筑起新的竞争力,太阳能、风能、核能等非化石能源比重将大幅提升。能源变革将直接引发动力变革,非电力驱动的各类动力机器都将面临淘汰压力,电池动力、氢能动力、核聚变动力有望迎来契机,既有的动力设备竞争格局将被打破重构。

因此,上海建设全球动力之城,正是要建立起适应时代发展要求的新型绿色动力产业体系,本身体现了新时代产业发展的全新内涵,在这一过程中,将牵引动力系统、动力设备、动力原材料的创新性变革,推动上海在动力产业领域"碳达峰、碳中和"的发展实践方面走在全国前列。《聚焦临港核心区打造上海"全球动力之城"实施方案》也明确提出上海要着力打造"双碳时代的动力产业绿色示范基地",构建绿色标准,建设高效、清洁、循环的绿色动力产业体系,推进绿色技术示范应用。

五、建设全球动力之城,是上海发挥临港优势拓展多元功能,增强科技人文软实力的重要体现

值得关注的是,上海全球动力之城已超越了产业集群概念本身,更加强调"城"的内涵,要成为彰显科技硬实力和人文软实力的全球动力之城。这一方面,是动力产业本身的产业特点所决定的;另一方面,也有临港自身特色资源集聚优势的基础。

由于动力产业高精尖的特征,技术领域也非常专业,所以对于普通大众似乎"遥不可及、高不可攀",然而,也正是因为这种神秘性、独特性,动力之城可以拓展一些面向群众的科普体验、人文教育、工业旅游等功能。这方面,国际

国内都有成功实践,如肯尼迪航天中心建设航天主题公园,举办丰富的展览和活动,发展太空探险旅游,每年接待超过150万的游客;再如国内海南文昌国际航天城拥有我国首个滨海发射基地,所在的龙楼镇成为航天旅游名地等。

临港处于东海之滨,拥有上海天文馆、上海航海博物馆等资源,也有国家重大科技专项的基础设施、龙头企业的研制基地,结合在航空、航天、汽车、船舶、能源等领域的产业基础、特色园区载体,可进一步拓展动力展览展示、工业旅游、科普体验、人文教育、主题娱乐等多元业态,丰富动力之城的文化内涵。《聚焦临港核心区打造上海"全球动力之城"实施方案》也提出实施"动力会客厅构筑行动",塑造标志性的主题空间、建设动力标志场馆群、举办高规格主题活动,进一步为全球动力之城打开了无限的想象空间。

全球动力之城,为上海逐梦星辰大海、引领动力变革树立了一个更为长远、宏大而美好的愿景,期待多年以后,在东海之滨可以崛起一座享誉世界,融合高端产业、硬核科技、人文气息的全球动力之城!

作者:丁国杰

参考文献:

① 李聪、朱雨时、田莫充:《航空发动机行业深度研究:国之重器,万里鹏程》,华泰证券百家号,2022年9月16日,https://baijiahao.baidu.com/s?id = 1744084377246573012&wfr = spider&for = pc。

②《上海市经济和信息化委员会等六部门关于印发〈聚焦临港核心区打造上海 "全球动力之城"实施方案〉的通知》,上海市人民政府官网,2022年6月29日,https://www.shanghai.gov.cn/gwk/search/content/d811452338a444bca4be82cdcb399326。

③《上海市人民政府关于印发〈中国(上海)自由贸易试验区临港新片区发展"十四五"规划〉的通知》,上海市人民政府官网,2021年8月12日,https://www.shanghai.gov.cn/nw12344/20210812/bd6b7c5e895d42ac8885362bd0ae6e0c.html。

④ 向巧、黄劲东等:《航空动力强国发展战略研究》,《中国工程科学》2022年第2期。

打造全球动力之源,临港新片区底气如何?[①]

2022年6月28日,上海市经信委等六部门联合发布了《聚焦临港核心区打造上海"全球动力之城"实施方案》。该方案提出,以聚焦临港打造全球动力之城为目标,加快构建航空、航天、汽车、海洋、能源"空天陆海能"动力产业体系,将上海建设成为源源不断向世界输出强大澎湃"中国动力"的全球动力之城。

临港新片区是上海建设全球动力之城的核心区。近期,位于临港新片区前沿产业引领区内的动力之源成功入选上海市第三批特色产业园区。临港新片区发展动力产业、打造全球动力之源,其底气和优势何在?

一、产业门类齐全、龙头企业集聚

临港新片区基于临港重装备产业区的发展基础,在动力领域布局较早,基本已经实现航空动力、船舶动力、汽车动力、航天动力、能源动力的多领域覆盖,尤以航空和船舶动力优势特色突出,为上海打造面向国际竞争的全球动力之城奠定了坚实基础。

在航空动力方面,集聚了中国航发商发为代表的龙头企业,中国航发商发专业从事商用飞机动力装置及其相关产品的设计、研制、生产、总装等业务,商用航空发动机的总体集成能力突出。目前,临港新片区在商用航空发动机总装、关键基础材料以及产业基础协同方面已形成较好的基础。

在船舶动力方面,集聚了中船三井、中船瓦锡兰、中船海洋、沃尔沃遍达、斯贝克玛液压机械(上海)、上海船用曲轴等央企和中外合资龙头企业。其中中船动力(集团)有限公司形成以船用柴油机和船舶动力装置为主业,兼备动力集成系统、电气集成系统,机械成套与海工设备三大板块及全球技术服务的业务格局,集成优势明显。上海昌强重工(临港奉贤园区)作为国内民企代表,

---

[①] 本文曾发表于澎湃新闻·澎湃研究所。

自主研发的大型船用曲轴制造技术填补了国内空白。

在汽车动力方面,围绕上汽集团,集聚了汽车发动机总集成和曲柄连杆、冷却系统等零部件企业。在新能源汽车领域,围绕特斯拉一期项目,吸引了宁德时代、华勤技术等企业落户,形成了覆盖电池、电机、电控在内的新能源汽车动力产业链。此外临港氢燃料电池产业处于国内"领头羊"位置,已初步形成了电堆、双极板、膜电极等核心零部件产业链。

在能源动力方面,集聚了中国重燃、上海电气、核电集团、西门子歌美飒再生能源等代表企业,掌握了国内唯一重型燃机核心技术,拥有集中度较高的核电设备制造基地。太阳能光伏、风电设备应用位列全国前列。此外,临港新片区围绕氢燃料电池汽车产业链,正加快布局氢能产业,国际氢能谷近日也获批上海市第三批的特色产业园区,重点打造氢燃料电池汽车核心零部件、氢能装备全产业链,探索氢能在新能源制氢储氢、管道供氢、分布式和热电联供等领域的率先示范地位。

二、 研发实力雄厚、硬核成果显著

动力领域具有典型的硬核技术特征,需要高水平创新资源的支撑。临港新片区拥有丰富的动力科研资源,集聚了一大批动力领域科研机构,实现了一系列动力领域技术的创新突破,总体技术创新能力处于国内领先地位。

在航空动力领域,上海交大航空发动机研究院在临港搭建了"航空发动机基础""测试验证中心""设计、分析和研究""流程管控体系"和"材料与制造工艺"等六大平台,承担首批立项"航空发动机与燃气轮机"国家重大科技专项中的4项课题。中国航发商发联合供应商先后突破了钛合金宽弦高空心率风扇叶片、铝合金大型薄壁风扇包容机匣、3D打印燃烧室燃油喷嘴等多项试制关键技术,攻克了大直径、长轴类单元体水平装配技术难关,成功研制出我国首台民用大涵道比涡扇发动机——长江1000A。

在航天动力领域,中科院微小卫星创新研究院(上海微小卫星工程中心)是我国航天卫星及相关技术领域的总体单位之一,是中科院启动率先行动计划的首批五个试点创新研究院之一。该研究院已成功发射新一代北斗导航卫星、暗物质粒子探测卫星(悟空号)、量子科学实验卫星(墨子号)、天宫二号伴随卫星、太极一号卫星等77颗卫星。

在船舶动力领域,汇集了中船动力研究院等科研院所,可为我国船用自主动力的发展提供一体化解决方案。中船动力研究院自主研发了全球最小缸径船用低速双燃料发动机(CX40DF)首台机,该型发动机的电控系统、增压器、油雾探测器等核心部件首次实现了自主配套,国产配套率达到80%;中船集团旗下温特图尔发动机有限公司(WinGD)自主研发了世界上最大的双燃料低速机(WinGD X92主机),以优异的性能和排放指标引领世界同类型发动机;中船动力研究院牵头,集合全国动力装备企业、科研院所,开展国家重大专项"船用低速机工程(一期)研制项目",加快提高我国低速机的自主化水平。

在能源动力领域,重型燃气轮机是能源动力装备领域的最高端产品。2019年,中国重燃总部园区、相关研发机构、燃气轮机国家创新中心落址临港新片区。上海浦东先进能源动力研究中心以建成总体技术水平和研究支撑能力位居世界前列的高效低碳燃气轮机试验装置为目标,将通过系列试验平台建设,突破燃气轮机核心关键技术。

三、 平台加快布局、生态逐步完善

动力领域由于制造的高精尖要求和工艺的复杂程度较高,需要多元化的功能性平台支撑,如研发设计平台、测试验证平台、工艺仿真平台、智能运维服务平台、大数据服务平台等,对于动力技术研发突破和产业发展十分重要。其中测试验证对于动力设备性能、可靠性、安全性至关重要。国外十分重视航空发动机、船舶动力、核电等领域的测试验证,专业化测试验证平台成为动力领域产业链中不可或缺的重要环节。近年来,临港新片区已在多个动力领域布局了测试验证等平台。

在航空动力方面,上海交通大学航空发动机/燃气轮机研发实验平台位于临港新片区,牵先建成国际先进水平的民用航空发动机、重型燃气轮机测试验证中心。在特种工艺、适航、检验检测等产业配套服务领域,临港新片区集聚了国家民用航空发动机产业计量测试中心、埃森博、普励认证等一批产业服务功能平台。

在船舶动力方面,中船集团牵头建设的船舶与海洋工程动力系统国家工程实验室,包含海洋工程双燃料发动机、燃气轮机、变频驱动、动力系统集成和自动控制等研发平台以及相关试验验证系统,具备世界先进水平的研发验证条件。中船集团筹建的国家海洋动力装备产业计量测试中心已正式获批,该中心是海洋装备领域第一家国家级产业计量测试中心。

在能源动力方面,上海浦东先进能源动力研究中心依托中国科学院工程热物理研究所实施管理,开展燃气轮机科学研究、设计开发、试验验证和人才培养,致力于打造具有全球影响力的燃气轮机研发基地;国内第一家开放专业的综合性核电装备验证测试试验平台——上海核能装备测试验证中心有限公司建成的系列化实验装置群,补齐了上海核电产业链中核能装备试验验证能力的短板,可为国内外核能研发、设计、运行、设备制造等企业和通用能源行业企业提供专业化测试验证技术服务。

四、开放水平领先、制度优势明显

临港新片区是我国实施高水平开放的桥头堡与试验田,拥有前沿开放制度、政策环境和体制机制综合优势,有利于吸引集聚国际动力龙头企业,促进国际动力领域最新技术、人才等多方面的交流合作。

在外资企业集聚方面,早在2007年,德国Lenze集团就在临港地区设立了全资子公司伦茨传动;位于临港的戴姆勒奔驰亚洲首个再制造中心(引擎和传动系统再制造),是全世界最大的再制造工厂。采埃孚等众多外资发动机和零部件企业集聚临港新片区。此外,中船集团与外资合作成立了中船三井、中船瓦锡兰等多家龙头动力企业,基本布局在临港新片区。

在国际交流合作方面,2020年,中日(上海)地方发展合作示范区落地临港新片区,同期还成立了"中日氢能产业联盟",将推动中日氢能领域的广泛交流合作。临港新片区还通过举办国际高峰论坛会议等方式,促进国内外航空、船舶等发动机研制、测试等方面的交流合作。

在开放制度环境方面,临港新片区在进口通关便利方面拥有较大优势,大飞机园被纳入洋山特殊综合保税区,同时,临港新片区正在建设面向"一带一路"沿线国家和地区的维修和绿色再制造中心,将与海关形成联动,为动力设备、核心零部件、材料进出口通关提供保税研发、保税制造政策优惠,积极创新保税监管政策。

当然,对标国际先进水平,按照打造上海全球动力之城核心区的目标定位,临港新片区动力产业发展还面临着一些短板问题,主要表现在:上游材料、关键零部件等核心环节对外依赖度仍较高,关键技术的硬核支撑能力还不够强;动力领域高端制造的国际竞争优势还有待提升,下游高附加值的维修检测服务以及各类专业服务还有待延伸拓展;高能级高层次的动力功能性平台布局还不够,不同动力产业领域之间缺乏协同,同时,彰显动力之城的"城"的功能和元素还不够突出,等等。

下一步,临港新片区要围绕五大动力领域,积极探索多元赋能、多管齐下的实施路径,努力实现核心技术攻关,营造平台赋能的最佳生态,实现更加有效的精准招商,强化制度创新的高效供给,增强产业发展的人才支撑,丰富科技人文的特色体验,全力加速产业集聚和功能塑造,助力上海全球动力之城成为长三角动力产业协同强链的引领者、动力产业"大国重器"创新升级的策源地、代表中国参与国际动力竞争的主力军。

作者:唐丽珠　许倩茹

参考文献:

①《献礼国庆!临港新片区首个千亿级产业集群诞生》,上海临港公众号,2021年9月30日,https://mp.weixin.qq.com/s/OQNzcBmxS_6_we5w6Ove1Q。

②《临港新片区两周年,硬核产业、制度创新有哪些突破?》,科Way公众号,2021年8月18日,https://mp.weixin.qq.com/s/bil1CgdOBVzgaNEccp04iA。

③宋薇萍:《临港新片区这份专项规划为大飞机产业加装新引擎!》,上海证券报公众号,2021年9月1日,https://mp.weixin.qq.com/s/RGr0nTIiqyhR5deFNqgkXw。

④祝越:《临港新片区:布局新赛道,促进新产业》,文汇客户端,2022年1月16日,https://info.whb.cn/mobile/2022-01-06/13768/detail-56289.html。

⑤张静:《上海"十四五"规划发布,临港新片区这张"王牌"这么打》,澎湃新闻,2021年1月31日,http://thepaper.cn/newsDetail_forward_11010046。

以上海为龙头打造长三角动力干线，
持续输出澎湃的"中国动力"[1]

动力是大国重器的重要组成部分，是衡量一个国家制造业实力和科技创新水平的重要标志。长三角作为我国重要的先进制造业基地，在航空动力、航天动力、汽车动力、海洋动力、能源动力等领域也具有扎实的产业基础。2022年6月28日，上海发布了《聚焦临港核心区打造上海"全球动力之城"实施方案》，明确提出"核心牵引与统筹布局"相结合的思路，加强与长三角区域协同，形成动力产业发展新格局。上海全球动力之城建设，要实现与长三角区域的有效分工，实现机制、创新和供应链的联动协同，共同打造具有全球影响力的动力磁场。

一、从长三角动力基础看区域集群竞争力

(一) 航空动力：上海领航发展，无锡集聚明显

航空发动机——飞机的"心脏"，是人类有史以来最复杂、最精密的工业产品之一。我国虽然研发出了自己的大飞机，但是国内民用大涵道比涡扇发动机研制起步晚、底子薄、难度大、周期长，与世界一流发动机差距较大，C919大飞机的"心脏"仍然首选美法合资公司CFM国际的LEAP-1C涡扇发动机。

为攻克航空发动机难题，国家启动实施"两机"重大专项项目，在上海成立中国航发商发，正式开启了民用航空发动机型号的研制进程。目前我国第一款商用航空发动机产品——长江1000A发动机已经进入测试阶段，预计2025年前交付。

一台航空发动机由35 000余个零组件构成，需开展多种类型、数十万个小

---

[1] 本文曾发表于澎湃新闻·澎湃研究所。

时试验，涉及的试验环节数远高于绝大多数装备制造业，实现难度堪称工业之最。国产的航空发动机虽然尚未量产制造，但以上海航发商发为核心，配套产业链已经在长三角布局，尤其在无锡，企业集聚明显，航亚科技、派克新材、航发控制均为国内上市龙头企业，无锡透平亦是香港上市公司集优机械核心全资企业。

(二) 航天动力：上海优势明显，多地竞相布局

SpaceX掀起蝴蝶效应，卫星互联网纳入"新基建"，低成本运载火箭、卫星等商业航天迎来新蓝海，以"国字号"为主的航天领域也注入了民营经济的活力，火箭发动机、卫星推进系统等航天动力也成为民企研发、资本关注的重点领域。

上海航天历史悠久，1961年8月1日，上海航天技术研究院的前身上海市第二机电工业局正式成立，奏响了上海航天"铸国之重器，赴星辰之约"的序曲。依托闵行商业航天基地和临港卫星产业基地两个核心聚集区，上海航天动力集聚了上海航天技术研究院、上海空间推进研究所、中科院微小卫星创新院以及下属相关企业埃依斯、上海格思、欧科微等一批实力强劲的"国家队"选手，其中上海航天技术研究院下属上海航天动力技术研究所是我国航天领域唯一集固体火箭动力系统与推进剂配方设计、研制、生产、试验为一体的专业研究所，上海空间推进研究所是我国唯一专业从事空间推进系统和中小推力姿轨控液体火箭发动机研发的航天高科技专业研究所。此外，欧比特、九天微星、时空道宇等民营企业也纷纷落"沪"。

基于长三角雄厚的制造业基础，苏州、宁波、南通等城市也纷纷抢占商业航天新赛道，九州云箭、蓝箭航天、天兵科技等国内火箭"独角兽"纷纷在长三角布局火箭发动机及总装制造基地。尤其是宁波将建设国内第五个航天发射基地——宁波国际商业航天发射中心，弥补长三角商业航天发展短板，将会吸引更多航天动力相关企业集聚。

(三) 汽车动力：锂电、氢燃料并行，集聚效应明显

长三角是中国六大汽车产业集群区之一，有国内最大的汽车制造集团上汽，有国际新能源汽车龙头特斯拉，有本土新能源汽车龙头蔚来汽车，有国内民营造车的领头企业吉利汽车。依托汽车产业优势，长三角汽车动力企业集聚效应明显，在汽车发动机传统动力领域，浙江吉利、上海大众动力总成、安徽

以上海为龙头打造长三角动力干线,持续输出澎湃的"中国动力"

奇瑞 2021 年汽车发动机生产量均位居全国前十,而在新能源汽车动力领域长三角亦处于领先地位。

在锂电池动力领域,集聚了国轩高科、中航锂电、力神、孚能科技、上汽时代、欣旺达等国内龙头企业,国内排名第一的宁德时代也在常州、上海布局生产基地,除比亚迪外,全国前十锂电池企业均在长三角布局,尤其常州正成为全球动力电池中心,有"世界看中国,中国看常州"之称,已建、在建产能超 260 GWh,装机量全球占比近 20%,产量占全国 1/3,位列全国第一。

在氢燃料电池动力领域,江苏和上海氢燃料电池相关企业数量位居全国第一、第二位,长三角企业数量合计占全国比重高达 46%。根据广东佛山发布的《2021 全球氢能企业排行榜 TOP 100》,上海至臻、上海捷氢科技、上海重塑能源、江苏清能、上海汉兴等企业位居国内氢能前二十。可以看出,上海、苏州氢燃料电池动力布局已经走在前列。

在电机电控领域,在特斯拉、蔚来、极氪汽车、上汽等新能源汽车整车带动下,长三角各城市吸引了大量的电机、电控、电驱动企业集聚,全国前十企业中,除弗迪动力、小鹏汽车外,均在长三角布局,尤其上海、常州、宁波凭借发达的制造业基础,企业集聚明显。此外,作为电机控制器的核心部件 IGBT 芯片,全球前五均为外企,市场占有率合计占比 62.1%,集中度较高,国内企业与其差距较大,少有企业能生产,但全球第六、国内第一的 IGBT 龙头斯达半导体、国内领军企业闻泰科技、士兰微、比亚迪均落户于长三角。

(四)船舶动力:上海迈入全球领先行列,集聚优势明显

国内船舶动力巨头——中船动力集团旗下三家控股子公司分别为沪东重机有限公司、中船动力有限公司、中船动力研究院有限公司,均落户上海,其多项机型均为世界首台套,产品多领先于国内外。作为船舶"心脏",全球 90% 以上的远洋船舶采用低速发动机,该技术一直被德国曼恩和芬兰瓦锡兰等国外巨头垄断。经过多年努力,2016 年中船动力集团完成了对瓦锡兰低速柴油机业务 100% 收购,助力其技术水平达到全球领先行列。未来,伴随船舶发动机国内配套率提升(日、韩关键零部件本国配套率达到 90%,我国仅为 60%),以上海为核心,大批配套企业将在长三角布局。

(五)能源动力:大国重器"重型燃气轮机"落户,核、光、风、氢均具优势

在重型燃气轮机方面,上海勇啃"硬骨头"。重型燃气涡轮机作为尖端制

造的代表，目前只有少数国家可以独立研制出燃气涡轮机，全球市场一直被通用电气、德国西门子、日本三菱日立所垄断。重型燃气轮机是国家"两机"重大专项之一，其承担单位中国重燃总部落户上海临港，国家重大科技基础设施——高效低碳燃气轮机试验装置正加快建设。重型燃气轮机与大涵道比涡扇发动机结构相似、工作原理基本相同，诸多核心技术、零部件存在共通性，其在长三角产业链配套布局与航空发动机亦是相同，江苏永瀚等均是其配套企业。

在核电方面，围绕上海电气形成配套链条。以上海为主的长三角区域奠定了中国核电事业的发展基础，中国大陆第一座30万千瓦核电站——杭州秦山核电站，由上海承担主要设计，全部设备70%国产，主要设备一半来自上海。"华龙一号"是中国研发设计的具有完全自主知识产权的、世界领先的三代压水堆核电技术，上海电气、上海核工院等长三角机构是重点研发参与单位，"百年老店"上海电气也是国内唯一覆盖所有技术路线，拥有核岛和常规岛主设备、辅助设备、核电大锻件等完整产业链的核电装备制造集团，其核岛主设备市场份额一直保持领先地位。此外，长三角还集聚了上海自动化仪表、应流股份、江苏神通、久立特材、纽威股份等核电配套龙头企业。

在太阳能光伏方面，江苏位居全国第一。长三角是中国光伏制造产业链最完整、产量最大、企业和从业人员最集聚的区域，尤其江苏省几乎占据中国光伏制造业半壁江山，素有"世界光伏看中国，中国光伏看江苏"之称。根据工信部发布的符合《光伏制造行业规范条件》企业名单，共186家企业上榜，长三角区域拥有103家，占比55.4%，其中江苏省已形成从硅料提取、硅锭制备、电池生产到系统应用于一体的完整产业链，集中了全国一半以上的重点光伏制造企业，多晶硅、硅片、电池片、组件等产量占全国比重均超过40%。2021年全球组件出货前十，长三角占据7席，天合光能、协鑫能源等大多数企业已经成为集制造、服务于一体的智慧能源集成服务商。

在风能方面，上海受到全球巨头青睐。根据GWEC《全球风电市场——供应侧报告》，2021年全球风机制造商前十五强中，有10家中国公司，其中长三角占3家，分别为远景能源、运达风电、上海电气，市场份额合计占全球份额20.8%。全球第二大风机制造商在上海、全球第三大风机制造商金风科技在无锡、盐城亦有布局。此外，长三角集聚了恒润重工、振江股份、日月股份、泰胜风能等一批上市企业，是全国风电制造领域上市企业数量最为集聚的区域。

在氢能方面，上海、苏州优势明显。氢能被称为21世纪的终极能源，从制氢端看，全球范围内主要是天然气制氢为主，但我国由于煤炭矿产丰富，主要是煤制氢路线，占全国制氢60%以上，长三角区域凭借化工产业优势，主要以化工副产氢为主，上海、苏州等地拥有一批龙头企业；从储氢、加氢端看，长三角多个城市均有布局，但上海领先优势明显，上海舜华、上海氢枫等企业均位居国内氢能企业前五十。

二、以上海建设全球动力之城为牵引打造更具竞争力的长三角动力干线

长三角地区良好的动力产业基础，丰富了上海打造全球动力之城的目标内涵，也拓展了上海全球动力之城的发展空间，上海可与长三角城市之间通过延伸产业链、协同创新链、拓展服务链、完善生态链的方式深化多维度的合作，共同打造具有世界影响力的动力干线。

(一) 延伸产业链

动力产业覆盖领域广、细分领域产业链较长。由于上海相对较高的商务成本和相对稀缺的土地资源，很难承载全产业链的布局，包括一些验证测试平台上海也缺乏承载空间，因此，需要加强与长三角城市之间产业链不同环节的分工，形成核心技术研发、高端环节生产、高附加值服务在上海，生产基地在周边的产业分工格局。建议研究成立一市三省动力产业发展联盟，推动长三角地区央企、国企、民企信息畅通和资源共享，三省一市工信部门支持链主企业牵头举办主题式供应链对接会，促进研发、生产、配套需求有效对接，共建安全、有韧性的动力产业链、供应链。

(二) 协同创新链

建议由三省一市科技部门，联合发布一批动力领域的重大科技攻关专项，面向长三角内动力领域的科研院所、社会化研发机构、主要企业进行"揭榜挂帅"，突破一批接近乃至超越国际先进水平的重大动力核心。设立"长三角动力明珠奖"，奖励区域内动力领域的重大创新成果，打造成为国内动力领域的顶尖奖项，并不断向全国领域拓展。发挥长三角在五大动力领域的科研院所和创新平台力量与作用，加快开展创新协同，支持跨区域机构的创新合作，引导长三角动力领域产业链上下游企业围绕一批基础、共性、关键技术开展联合

攻关,加快进口零部件的国产化替代。

(三) 拓展服务链

长三角发展动力产业集群,不仅在于要形成高端动力装备的产业集群,也要形成完备和专业的服务体系。专业高端的服务业可以提高动力产业的附加值,也是长三角占据动力产业链价值链高端环节、彰显增值服务能力的重要支撑。对于长三角区域而言,深化拓展服务链,要支持专业的研发设计、检测认证、运营维修、展览展示、海外贸易多元服务发展,培育市场化的专业服务机构,支持动力产业链企业面向新产品开发设立工程技术服务中心,提供高端产品设计服务;建设一批动力领域专业检测认证机构,建立材料、零部件、整机的检测认证能力;加大国产动力装备产品推广应用力度,培育行业维修再制造服务企业;促进制造业与服务业融合发展,构建立足长三角、服务全国、辐射全球的动力服务链。

(四) 完善生态链

动力产业的发展需要特殊的生态支撑,对于长三角而言,构建区域化的产业生态圈也是重要的路径和手段。具体来讲:一是推动公共服务平台的共享。建立协同机制,联合创建专业化、市场化、国际化的动力集群促进机构。鼓励重点城市和龙头企业合作建设产品检验检测平台、工艺仿真平台、智能运维服务平台、大数据服务平台等功能性平台,实现区域公共服务平台资源共享。二是深化产学研用合作。推动区域内高校、科研院所、研发机构与企业之间的产学研合作,加大区域内动力核心装备、产业链上下游核心零部件的政府及国有企业采购力度,推动动力创新产品应用。三是探索数字赋能区域动力产业发展。依托专业的集群促进组织,搭建数字供应链平台,建立区域内链主企业、产业链上下游企业的信息共享和对接平台;联合发起区域"数字工厂标杆工程",形成一批动力领域的数字标杆工厂和一批数字化集成服务解决方案,提升动力产业发展能级。四是拓展丰富长三角动力文人体验功能。策划举办"全球动力大会"等主题展会,依托进博会、工博会等平台,搭建区域动力展示窗口和交流平台,打响动力品牌。整合区域航空动力、航天动力、海洋动力等领域的博物馆、特色工业基地等资源,串联打造"长三角动力之旅"特色旅游线路。

作者:李光辉　丁国杰　唐小于

以上海为龙头打造长三角动力干线,持续输出澎湃的"中国动力"

参考文献:

① 刘锟:《上海航天:铸国之重器,赴星辰之约》,上观新闻百家号,2022年8月23日,https://export.shobserver.com/baijiahao/html/398047.html。

② 孙东青、董心悦:《打造全球动力电池中心,常州未来可期!》,《常州日报》2022年8月1日。

③ 宰飞:《中国航发商发:"铸心"共建构筑安全稳定的现代产业链》,上观新闻百家号,2022年6月1日,https://export.shobserver.com/baijiahao/html/493135.html。

航空动力产业的全球趋势、竞争格局及上海对策建议[①]

航空动力是航空器的"心脏"和动力之源,也是整个航空产业的重要推动力,具有研发投入大、开发周期长、单位价值高、产业带动面广等特点,是一国高端制造能力的重要体现。航空动力未来20年仍处于快速发展期,其基础材料、加工工艺、动力系统将持续创新发展。从全球竞争格局来看,航空动力产业主要集中在欧美少数国家,上海航空发动机总体集成能力突出、科研实力雄厚,在全国航空动力领域具有较强的竞争优势,但与国外相比还有明显差距。下阶段,上海要强化航空动力研发创新能力、增强企业集群竞争力、构建多元专业服务生态体系,为建设全球动力之城提供坚实支撑。

一、航空动力产业链全景

航空动力是指航空器得以飞行的各种作用力,把各种动力转换为飞行所需作用力的装置就是航空动力装置,包括航空发动机以及保证发动机正常工作所必需的系统和附件。按构造原理,航空发动机分为活塞式、涡轮喷气式和冲压式。其中涡轮式发动机因推力(功率)高,广泛应用于大型客机和高性能战斗机。按照动力涡轮连接部位,涡轮式发动机又可分为涡轴发动机、涡桨发动机、涡扇发动机和涡喷发动机。其中,涡扇发动机因高效率、低油耗、大推力等优势,成为全球应用最广的航空发动机。

航空发动机产业链长、覆盖面广,目前以涡扇发动机为主流的航空动力产业链主要包括上游研发设计、高端材料供应、核心零部件制造,中游分系统制造、整机制造,下游维修服务、再制造。其中,航空发动机高端材料主要包括高温合金、钛合金、先进复合材料三大类,核心零部件主要包括叶片、机匣、轮盘、

[①] 本文曾发表于澎湃新闻·澎湃研究所。

喷管、燃烧室等。总体来看,航空发动机可以带动和辐射上游机械加工、材料制备、电子元器件等一大批行业发展。

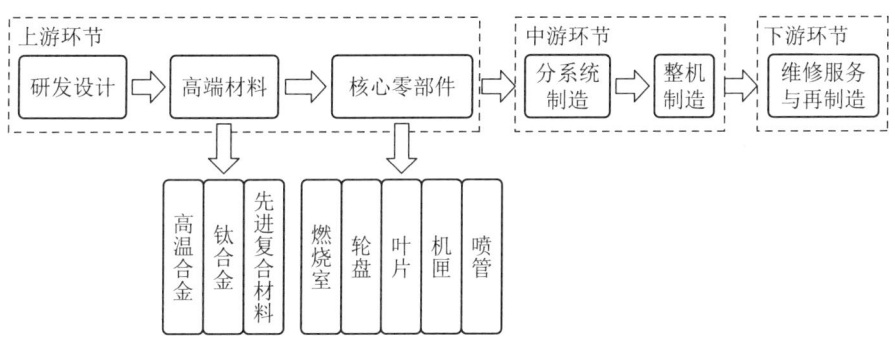

图1 航空发动机产业链

以航空发动机为核心的动力价值约占航空器整机制造价值的20%—30%。根据产业链拆分航空发动机全寿命周期价值,研发设计环节占发动机全寿命价值的8%—12%,制造环节(高端材料、核心零部件、整机制造)占全寿命价值的40%—45%,后服务市场则占全寿命价值的45%—50%。进一步拆解细分产业链价值,高端原材料约占航空发动机制造成本的50%(高温合金占其中的35%,钛合金占30%,其他合金及复合材料约占35%);叶片占航空发动机整体价值的35%,燃烧室约占其价值的10%,轮盘、齿轮、机匣等核心零部件占整体价值的37%。

研究发展阶段	发动机制造阶段	使用维护阶段
8%—12%	40%—45%	45%—50%
	其中 • 叶片占35% • 燃烧室占10%	其中 • 零部件更新占50% • 维修与服务占50%

图2 航空发动机全寿命周期价值链

资料来源:中国航空新闻网、《航空发动机结构设计分析》。

二、航空动力产业发展趋势

航空发动机具备高科技、高附加值的属性，经济效益巨大。据相关统计，按照产品单位重量创造的价值计算，航空发动机是船舶的 1 400 倍、汽车的 150 倍。2020 年全球暴发的新冠肺炎疫情给航空业带来前所未有的挑战，虽然当前并没有走出疫情影响，但全球航空运输业正在有力复苏。波音预计在 2023 年至 2024 年长途航空旅行市场将恢复到疫情前的水平。

从长期来看，据波音预测，到 2040 年，全球民航市场将新增超过 4.35 万架新飞机，总价值达 7.2 万亿美元，全球民用航空机队规模将超过 4.9 万架。中国、欧洲、北美、其他亚太国家以及其他新兴市场将各自占据新飞机交付量的 20％。按照航空发动机占整机价值 20％—30％粗略估算，预计未来 20 年内，全球航空发动机市场规模将达到 1.4 万亿—2.2 万亿美元，中国市场规模将达到 2 880 亿—4 320 亿美元。

航空发动机对基础材料、加工工艺、装配工艺、基础试验等有着苛刻的要求。总体来看，商用航空发动机主要呈现以下发展趋势：

一是发动机材料向复合化、轻量化方向发展。材料是发动机产业的物质基础。基于航空发动机向推力更大、更省油、更可靠、更耐久、更便于维修、成本更低等方向演进，树脂复合材料、金属基复合材料、新一代陶瓷基复合材料、碳/碳复合材料等"更强""更耐热""更轻"的新材料将成为未来航空发动机材料研发的重点趋势。

二是工艺技术向精准、高效、低成本方向发展。随着航空发动机越来越依赖高强度比、低密度、高刚度和耐高温的材料，数控切削技术、高能束流加工技术、摩擦焊接技术、浮壁式燃烧室制造技术、航空涡轮叶片激光制孔工艺等先进工艺技术正逐步支撑先进航空发动机的研发和制造。

三是动力系统向混合动力甚至电动力方向发展。航空运输减碳关键在于降低与航空燃料相关的碳排放，技术路径主要是提升燃油效率和采用新型动力能源，其中新型动力能源变革更具可行性。在全球"脱碳"背景下，混合动力推进系统与全电推进系统正在创造全新的航空交通市场。全电推进系统已经应用于轻型/超轻型螺旋桨飞机，2021 年罗罗公司的 ACCEL 全电动飞机成功首飞。混合动力最有可能率先改变现有民用支线飞机的格局，美国、英国、法国、俄罗斯都在加紧研制油—电/电—电混合动力系统。氢能燃料推进技术也逐步被关注,2022年3月,英国航空航天技术研究院(ATI)发布了"零碳飞行"(FlyZero)项目研究报告,明确了绿色液氢是未来零碳飞行最为可行的燃料选项,并给出了在2050年前氢动力支线飞机、窄体飞机和中型宽体飞机的设计概念。同时,FlyZero也认可渐进式碳中和的发展路径,中短期内以可持续航空燃料为代表的全生命周期低碳/净零碳方案有助于实现航空业的可持续发展。

三、 航空动力产业区域竞争格局

航空发动机具有高技术壁垒以及高资金投入的特征,全球航空发动机产业主要集中在欧美少数国家,我国围绕发动机整机制造呈现点状式布局,主要集中在北京、西安、沈阳、上海、无锡、苏州、贵阳等城市。

(一) 全球竞争格局

全球仅美国、俄罗斯、英国、法国等少数国家能够独立研制高水平的军用和民用航空发动机。这些国家之间也在加强合作,共同构筑航空动力技术壁垒,保障自身核心利益,压制市场"后发者"的发展势头。包括我国和印度在内的一些新兴市场国家近年来加快了航空发动机研制步伐。

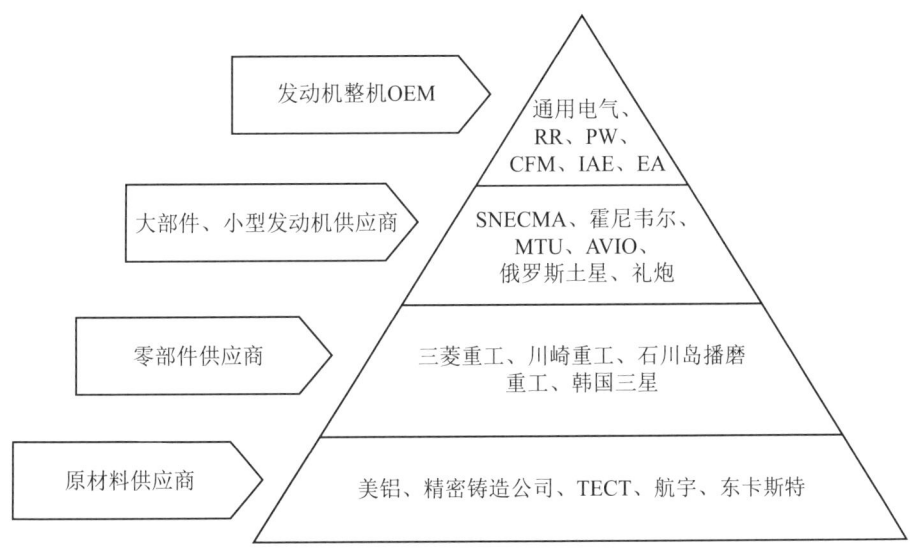

图3 全球航空动力产业链协同分工格局

资料来源:课题组整理绘制。

从企业来看,基本形成六大巨头垄断全球90%市场的格局,分别是美国的通用电气(GE)、美国普惠(PW)、英国的罗罗(RR),以及这三家公司等相互合资成立的CFM(Safran/GE)、IAE(RR/PW)和EA(GE/PW)三家合资公司。这六家公司不仅具备独立研制航空发动机整机的能力,还主导控制全球大型民用航发的核心技术、总装集成、销售及客户服务等全产业链。围绕GE、普惠、罗罗等龙头整机制造商,全球航空产业链形成上下游协同布局,其中大部件、小型发动机供应商主要包括俄罗斯的土星公司和礼炮公司、法国的SNECMA、美国的霍尼韦尔(Honeywell)、德国的MTU以及意大利的AVIO公司;零部件供应商主要集中在日本和韩国,包括三菱重工、川崎重工和韩国的三星科技公司等。

(二)国内竞争格局

1954年新中国第一台航空发动机试制成功,经历了近70年的发展,我国航空发动机产业发展取得重大进展,从最初的仿制改型到如今突破了航空发动机多项核心技术。国内航空发动机产业链围绕发动机整机制造呈现点状式布局,相关龙头企业主要集中在北京、西安、沈阳、上海、无锡、苏州、贵阳等城市。

北京是国内航空动力人才与科技资源最为集中的地区,拥有北京航空航天大学、北京航材院、钢研院等众多高校、科研院所,集聚了中国航空发动机集团等央企,核心研发能力和高端制造能力突出。西安在航空发动机制造方面优势明显,拥有中国航空动力装置首家整体上市企业中国航发西航(以研制大中型军用航空发动机为主),集聚了航发动力、西部超导、西部材料、三角防务等发动机材料和关键零部件龙头企业。沈阳是中国航空工业的摇篮,集聚了沈阳金属所、沈阳发动机设计研究所、沈阳黎明航空(410厂)发动机等航空发动机设计、总装、测试环节的重点企业和科研院所。上海主要以央企为主,集聚了中国航发商发为代表的龙头企业,在商用航空发动机总装、关键基础材料以及产业基础协同方面有较好的基础,同时科研创新实力雄厚。无锡叶片制造国内领先,已经形成了以无锡透平(罗罗公司"亚太地区锻件战略供应商")、航亚科技为主的企业集群。苏州全力打造航空产业新高地,引进了空中客车中国研发中心、俄罗斯克里莫夫航空发动机总部等。贵阳拥有四大航空发动机主机厂之一的中国航发黎阳(460厂),以及中航重机、航宇科技等发动机零部件企业,重点发展发动机叶片类零件抛光、发动机转动件、机匣、零部件热表处理等。成都则以后市场维修为主,集聚了海特高新、四川斯奈克玛等重点企业。

四、上海发展航空动力产业的优势、不足与对策建议

上海集聚了中国航发商发、中国航空研究院上海分院等代表企业和科研院所,在产业总体集成、研发创新突破、功能平台集聚等方面具备较强优势,但与国外一流水平相比仍存在明显差距,需要加快突破发展,为上海打造世界级动力产业集群作出贡献。

(一) 主要优势

一是航空发动机总体集成能力突出。上海集聚了中国航发商发、中国商飞、宝钢特钢等为代表的龙头企业,在商用航空发动机总装、关键基础材料以及产业基础协同方面具备较好的基础。其中,中国航发商发是大涵道比涡扇商用航空发动机总设计师单位和总承制商单位,专业从事商用飞机动力装置及其相关产品的设计、研制、生产、总装、验证、维修等业务(研发设计在闵行,生产总装在临港),具备商用航空发动机的总体集成能力。

二是航空动力研发创新实力雄厚。上海已经集聚了若干领先的动力领域科研机构,2012年,中国航空研究院首家直属地方分院在上海揭牌成立,主要进行中航工业商用发动机技术工程应用技术研究以及下一代前瞻性技术研究。上海交大航空发动机研究院作为教育部工程研究中心,致力于大涵道比涡扇发动机部件级应用基础研究和测试验证技术研究。中国航发商发等龙头企业加强与科研院所的合作,联合供应商先后突破了钛合金宽弦高空心率风扇叶片、铝合金大型薄壁风扇包容机匣、3D打印燃烧室燃油喷嘴等多项试制关键技术,攻克了大直径、长轴类单元体水平装配技术难关,我国首台民用大涵道比涡扇发动机长江1000A研制取得突破。

三是产业服务功能平台优势明显。专业化测试验证平台、研发设计平台等功能平台是航空动力产业链中不可或缺的重要环节。上海交通大学航空发动机/燃气轮机研发实验平台位于临港新片区,率先建成国际先进水平的民用航空发动机、重型燃气轮机测试验证中心。在特种工艺、适航、检验检测等产业配套服务领域,临港新片区集聚了国家民用航空发动机产业计量测试中心、埃森博、普励认证等一批产业服务功能平台。

(二) 短板瓶颈

当然,对标国际一流水平,上海航空动力发展还存在一些短板瓶颈。一是

航空动力领域设计、制造、验证等基础能力还需进一步提升，自主研发设计流程不完善，科研成果转化不够，核心技术较为缺乏。二是上海动力领域集聚了一批代表企业，但高端高附加值领域主要被国外企业掌控，如航空发动机领域的适航取证和市场经营基本还是空白。三是上海在航空动力领域的优势企业、科研院所多以央企和国企背景为主，总体缺乏具有较强创新能力、较高市场份额和品牌影响力的代表性民营企业。

（三）主要建议

下一个阶段，上海要把握全球航空动力产业的发展趋势，着力拉长板、补短板，重点发展大飞机涡扇发动机、通航飞机涡轴和涡桨发动机、无人机驱动电机，打造航空发动机大中小全系列研发制造基地，为上海打造全球动力之城提供坚实支撑。具体来讲：一是强化航空动力研发创新能力。突破飞发一体化设计与集成验证等关键核心技术，加快突破研发航空动力基础材料、基础工艺、基础零部件和基础软件，加快筹建商用航空发动机国家级制造业创新中心。二是增强企业集群竞争力。围绕重点领域断链风险较高、产业链缺失环节，坚持"增量集聚+存量裂变"双向发力，实现精准招商，壮大航空动力企业集群。三是构建多元专业服务生态体系。延伸高端制造优势，拓展航空动力研发设计、检测认证、运营维修、展览展示、海外贸易服务。

作者：唐丽珠　许倩茹

参考文献：

① 《波音预测未来20年全球航空货运量将翻番》，北青网，2022年11月21日，https://t.ynet.cn/baijia/33597834.html。

② 黎韬扬：《崇山竞秀、动力攀峰——航发产业链系列深度报告一》，中信建投证券研究公众号，2022年6月7日，https://mp.weixin.qq.com/s/xi-nbwkSNv_5gXRwA0scHw。

③ 黎韬扬：《贡金九牧、勠力铸心——航发产业链系列深度报告二》，中信建投证券研究公众号，2022年6月19日，https://mp.weixin.qq.com/s/u6fh2Q7XFSRuxQipkMwE-Q。

④ 黎韬扬：《航发控制：航发控制系统龙头，聚焦主业拐点已现》，中信建投证券研究公众号，2021年3月17日，https://mp.weixin.qq.com/s/sr5Exp7OL4DB7O9eLjPoKA。

⑤ 黎韬扬：《水到渠成、禾硕可期——航发产业链系列深度报告三》，中信建投证券研究公众号，2022年6月24日，https://mp.weixin.qq.com/s/vrMYLobU1xSYssxhoi6VXw。

航天动力产业的全球趋势、竞争格局及上海对策建议[①]

全球正在进入大航天时代,太空资源的开发与利用成为衡量一国国力的重要标志。近几年,随着航天技术深入发展,运载火箭、卫星等商业航天领域迎来新蓝海,火箭发动机、卫星推进系统等航天动力研制也成为国内外战略布局重点。上海航天动力历史悠久,创新实力强劲,产业基础雄厚。面向未来,上海要依托闵行商业航天基地和临港新片区卫星研制基地两大核心集聚区,加快打造商业航天智能化制造基地,在上海建设全球动力之城中彰显应有的作为与担当,在探索浩瀚宇宙,建设航天强国中贡献"上海力量"。

一、航天动力产业链分析

商业航天主要以火箭和卫星为主。根据火箭推进剂的形态,现代火箭发动机包括固体推进剂和液体推进剂发动机,两类发动机各有特点,产业链环节略有不同。

固体推进剂发动机具有结构简单、发射准备周期短、发射点选择灵活等特点,但比冲小,重复启动困难,不利于载人飞行。火箭固体推进剂发动机的产业链核心环节包括燃烧室、喷管组件、点火装置和火药柱。

液体推进剂发动机采用液氧煤油、液氢液氧等液体推进剂,虽然发射前准备时间长,但运载能力更强、可控性更高,主要用作航天器发射、姿态修正与控制、轨道转移等。液体推进剂发动机的产业链核心环节包括点火器、涡轮泵、推力室、燃气发生器、燃烧剂与氧化剂贮箱和阀门。

卫星被运载火箭送入相对应的轨道之后,需要推进系统为卫星的轨道转移和位置保持提供推力,为卫星姿态控制提供控制力矩,以维持其在轨的正常运行。

[①] 本文曾发表于澎湃新闻·澎湃研究所。

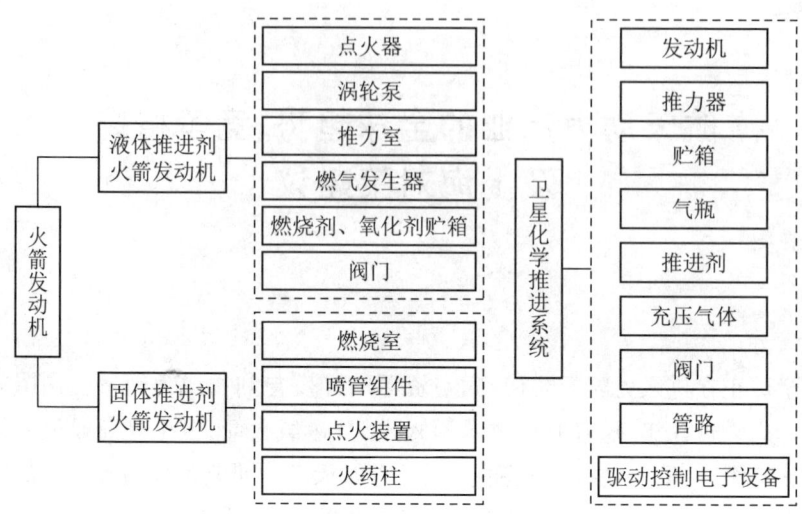

图 1　航天动力产业链组成部分

目前常用的卫星推进系统主要是化学推进系统和电推进系统两大类,化学推进系统又包括两类,一类是和火箭非常相似的燃烧推进器,另一类是早期的高压冷气推进系统。卫星化学推进系统产业链核心环节由发动机、推力器、贮箱、气瓶、阀门、管路、驱动控制电子设备、充压气体和推进剂组成。电推进系统利用太阳能转化为电能,然后电能转化为机械能,不再需要使用固体或液体燃料,是航天大国着力研制的主要系统。电推进系统一般包括电源处理单元、推进剂工质贮存与供应单元、推力器。

二、航天动力产业发展趋势

从全球来看,未来运载火箭传统发射任务仍将维持稳定增长,商业小卫星发射需求即将爆发,军用卫星小型化也将成为重要趋势,小卫星发射市场空间巨大。"发展航天,动力先行",航天器能否有效地进入空间和利用空间并探索空间,在很大程度上取决于空间飞行器上的动力装置能否可靠工作。基于空间推进技术的重要性,世界各航天大国都在大力发展轻质化、集成化、低成本、小体积、高性能和长寿命的先进空间推进技术,致力于推动空间推进技术的不断革新。

具体来看,航天动力领域未来发展趋势主要有以下几点:

一是中大型火箭将仍以推力更大的液体燃料发动机为主。在化学推进技术方面，与固体发动机相比，液体发动机技术难度更大，运载能力更强，在卫星组网、空间站建设、深空探索等领域应用更加广泛。未来中国和国际主流火箭主要以液体燃料发动机为主，其中的全流量分级燃烧循环发动机被认为是全球最先进、最高效、具有最高技术难度的发动机，能够大大提高火箭性能。支持 SpaceX"猎鹰9号"和"星舰"火箭发射的"猛禽"发动机即为此类。

二是燃料向更加安全、高效和清洁的方向发展。相较于现在使用的偏二甲肼/四氧化二氮、液氧煤油和液氢液氧这三类液体火箭推进剂，甲烷推进剂具有比冲更高、冷却性能更好、积碳最少、更加清洁等优势，而且甲烷成本仅为煤油的1/5。甲烷密度低于煤油，在同等加注量的情况下，采用甲烷燃料贮箱稍大。未来以甲烷作为主燃料的火箭发动机将更多出现。美国的 SpaceX 公司、蓝色起源公司等，其火箭发动机的推进剂选择的是液氧甲烷推进剂。2019年，具有30%—100%推力调节能力的液氧甲烷发动机进入了我国重大技术装备指导目录，中国九州云箭当年已经成功研制了液氧甲烷火箭发动机。

三是可重复使用运载火箭成为研制热点。相比一次性使用运载火箭，具备可重复使用能力的新型运载器具有降低航天运输成本、提高安全可靠性、缩短发射准备时间等明显优势，是各国商业火箭发动机研制的重要方向，也代表了当今航天科技领域的最高水平。其中涉及火箭发动机深度推力调节技术、发动机多次启动技术等关键技术的突破。美国 SpaceX "猎鹰9号"火箭是世界上第一款轨道级可重复使用火箭（部分重复使用两级中级运载火箭），2021年，我国亚轨道重复使用运载器首飞试验成功。可以预见，未来各国将持续开展重复使用航天运输系统关键技术攻关和演示验证。

四是卫星推进系统向电推进技术方向发展。与传统的化学推进技术相比，电推进技术（包括电热、静电、电磁等类型，静电型包括离子电推和霍尔电推）更大的优势是比冲高一个数量级，可以节省大量推进剂，所占空间小，能增加有效荷载，延长工作寿命，使航天器在无重力的太空状态下连续工作几年时间。电推进技术将给航天器的导航、制导与控制技术带来颠覆性改变。对于频繁变轨和长期轨道保持、探月、深空飞行、载人深空飞行等航天飞行总冲量大的任务，电推进是最适用的推进方式。

三、航天动力产业竞争格局

2021年美国媒体评选出当今世界四大航天强国，分别是美国、中国、日本和俄罗斯。美国是世界上较早开展航天活动的国家，航天产业规模和技术水平长期位居世界前列，且近年来商业航天发展迅猛，拥有 SpaceX（太空探索技术公司）、Aerojet Rocketdyne（洛克达因）、Northrop Grumman（诺思罗普·格鲁曼）、Blue Origin（蓝色起源）等全球头部企业。中国已取得载人航天、月球探测、火星探测、天宫空间站、长征系列运载火箭等一系列重大成就。日本具有先进的空间探测技术，俄罗斯大推力运载火箭在全球保持明显竞争优势。此外，法国、德国、英国、印度航天综合实力在全球也排在前列。

从国内来看，我国航天动力主要布局在北京、上海、西安、成都、武汉等城市。北京形成了"南箭北星"发展格局，航天产业规模全国居首，不仅拥有航天科技、航天科工等大型央企，还汇集了一批知名的商业航天企业，如蓝箭航天、星际荣耀、宇航推进等。2021年商业航天30强中，北京独占19席。上海航天历史悠久，依托闵行航天基地和临港新片区卫星研制基地两个核心区域，集聚了上海航天动力技术研究所、上海空间推进研究所等研究机构以及一批代表企业，在航天强国建设中具有重要担当。西安航天科研实力雄厚，航天六院是我国唯一的从事大型液体火箭发动机的研究、设计、生产、试验中心，但西安缺少商业航天独角兽企业。成都在卫星电子器件研制、火箭制造等领域具有部分全国领先的技术和产业化能力。武汉国家航天产业基地是我国除上海、西安之外的第三个国家级航天产业基地，已聚集了航天科工火箭公司、空间公司等多个航天"国家队"。

此外，基于长三角雄厚的制造业基础，苏州、宁波、合肥等长三角城市也纷纷抢占商业航天新赛道，九州云箭、蓝箭航天、天兵科技等国内火箭"独角兽"纷纷在长三角布局火箭发动机及总装制造基地。

四、上海发展航天动力产业的优势与短板

上海发展航天动力具有深厚的历史积淀，依托闵行航天城和临港新片区两个核心区域，集聚了一批科研院所和龙头企业，创新水平和产业发展在全国领先，充分展现了航天强国建设的"上海力量"。但按照上海建设全球动力之城的目标要求，对标国际一流水平，上海航天动力发展面临几方面短板，亟待突破。

（一）优势条件

一是航天历史底蕴深厚。早在1958年，承担发射人造卫星所需运载火箭

研制任务的中科院第一设计院迁往上海,并被命名为上海机电设计院。1960年,中国第一枚探空火箭 T-7M 在原南汇老港发射成功,是我国火箭技术史上第一个具有工程实践意义的成果。1961年,上海航天技术研究院的前身上海市第二机电工业局正式成立,奏响了上海航天"铸国之重器,赴星辰之约"的序曲。1965年,上海空间推进研究所(六院801所)成立,该研究所是我国唯一专业从事航天空间动力的高科技研究所,推进技术处于国际领先水平。

经过多年积淀,上海具备中、小型固体火箭发动机设计、试制、配方设计、总装、发动机试验及型号发动机批产能力,大、中、小液体火箭发动机及空间推进系统的研究设计、生产制造、试验测试和发射服务能力突出。

二是双核载体引领发展。上海航天动力产业主要布局在闵行和临港新片区两个核心集聚区。

位于闵行的上海国家民用航天产业基地是我国首个获批的国家级航天产业基地,基地以上海航天技术研究院为核心,集运载火箭、应用卫星、载人飞船、防空武器等航天产品研发、研制、试验于一体,成功突破一批航天动力领域关键核心技术,顺利完成嫦娥五号探测器、天问一号、新一代载人飞船试验船等国家航天重大战略任务,有力提升了中国航天国际影响力。

临港新片区以卫星研制为主,着力建设中科院微小卫星创新院卫星研制基地,目前,临港卫星研制基地北区的卫星总装厂房已具备承担 30—50 颗吨级卫星研制生产能力,南区项目建成投产后将具备承担 600 颗商业微纳卫星的研制生产能力。

三是龙头企业加快集聚。依托闵行商业航天基地和临港卫星产业基地两个核心聚集区,上海航天动力集聚了航天科技集团以及科研院所一批下属企业,包括上海空间推进、上海航天动力科技、航天电源、利正卫星、埃依斯、上海格思、欧科微等一批实力强劲的"国家队"选手。同时,欧比特、九天微星、时空道宇等民营航天企业也先后落户上海。龙头企业的集聚奠定了上海航天动力产业在全国的领先地位,是上海建设全球动力之城的重要基础与核心竞争力。

四是科研创新实力领先。上海集聚了上海航天动力技术研究所(八院806所)、上海空间推进研究所(六院801所)、中科院微小卫星创新研究院等多所研究机构,在航天发动机研制方面具有明显优势。

其中上海航天技术研究院下属上海航天动力技术研究所是我国航天领域唯一集固体火箭动力系统与推进剂配方设计、研制、生产、试验为一体的专业研究所。上海空间推进研究所是我国唯一专业从事空间推进系统和中、小推力姿控轨控液体火箭发动机研发的航天高科技专业研究所。中科院微小卫星创新研究院（上海微小卫星工程中心）是我国航天卫星及相关技术领域的总体单位之一，已成功发射新一代北斗导航卫星、暗物质粒子探测卫星（悟空号）、量子科学实验卫星（墨子号）等77颗卫星。

（二）短板瓶颈

上海发展航天动力还面临几方面瓶颈：

一是关键核心技术硬核支撑不强。航天动力需使用耐高温高压抗氧化的贵金属材料，但材料来源、提炼、深加工和制造都还是短板，在工艺、检测、试验等领域也易被"卡脖子"，固体推进剂发动机机理、规律、基础研究偏弱。下游的维修检测服务、系统解决方案等还缺乏竞争优势。

二是商业航天动力企业集聚不足。当前，全球航天动力设备正在从军用市场向军用+民用市场拓展，越来越多私营企业成为动力设备领域发展的重要力量，如美国SpaceX、贝索斯太空冒险公司等成为航天商用领域的佼佼者。上海也吸引了一批民营航天动力企业落户，但总体数量较少，未来要在军民融合、军转民领域加快转型，更加注重民营企业的引进和培育。

三是产业发展生态还不健全。高能级高层次的航天动力功能性平台目前布局还不够，难以满足企业进行共性技术研发、开展测试验证等方面的需求。同时，航天动力设备制造、试验、验证等环节用地需求大、用电需求高，而上海土地资源空间有限，生态环保底线约束严格，一些环节受到限制无法落地或扩建，产业链无法实现完整布局，如上海空间推进研究所（六院801所）原有的佘山试验站占地面积不足，难以适应目前多条产品线多型号任务测试需求。

五、上海发展航天动力产业的对策建议

下一个阶段，上海要依托现有创新平台和企业，大力发展低成本、高性能运载火箭发动机和卫星等空间飞行器推进系统，形成航天动力设计、制造、测试、评估体系化研制能力，打造商业航天智能化制造基地，支撑上海全球动力之城建设。

一是加强航天技术工艺攻关突破。攻关固体推进剂发动机、卫星推进系统虚拟验证等技术，着力布局液氧甲烷火箭、可重复回收利用商业运载火箭、低成本卫星组网、卫星电推进等新技术。以终端产品企业应用为引领，推动零

部件、基础材料生产企业联合高校科研院所,加强航天燃气发生器、阀门等关键基础零部件和航天超高温长寿命铼、铱材料和低漏率异种金属材料等基础材料研发。发挥"大国工匠"等高技能人才核心作用,加强航天新型碳基复合材料焊接工艺等基础工艺突破。

二是培育引进优质航天动力企业。支持航天八院等单位积极争取军工企业混合所有制改革试点,推进军工企业对民品等业务领域实施股份制和混合所有制改革。积极对接航天科技集团、航天科工集团、中船重工、航空工业集团等大型企业,大力吸引相关子公司、分公司及功能机构落户。积极引进民营航天动力企业,建立"初创企业—瞪羚企业—独角兽企业—上市企业"梯度培育库,加强对航天动力入库企业靶向服务。

三是优化航天动力产业生态。针对航天动力产业链重点项目,确保土地、人才等关键性生产要素供给保障,着力解决环保能耗指标。提升现有平台服务能级,进一步吸引航天动力相关的国家级研发机构、工程实验室、工程技术中心等平台落户。强化研发设计平台、测试验证平台、工艺仿真平台、智能运维服务平台、大数据服务平台等功能性平台支撑。

作者:唐丽珠　唐小于

参考文献:

① 黎韬扬、鲍学博:《商业航天产业链深度之五:深度解析低轨互联网卫星制造产业链》,中信建投证券公众号,2020 年 3 月 12 日,https://mp.weixin.qq.com/s/B14I4u88vqxX3MZd-OnGoA。

② 李佩:《迈向航天新时代——中国商业航天产业全景分析》,火石创造公众号,2022 年 5 月 25 日,https://mp.weixin.qq.com/s/bBu2XaLxv42oULM1lwmAoQ。

③ 宋辉、柳珏廷:《卫星系列之一:好风凭借力,扶摇九万里》,华西研究公众号,2021 年 4 月 19 日,https://mp.weixin.qq.com/s/QR3rHY8Nh5YOmz12s9D0VA。

④ 杨畅:《21 家中国公司 PK 马斯克! Q1 融资超 37 亿,冲刺商业航天》,智东西公众号,2022 年 4 月 18 日,https://mp.weixin.qq.com/s/ZcM1lq7LGPuKcetRdQCekQ。

汽车动力产业的全球趋势、竞争格局及上海对策建议[①]

"汽车好不好,关键看动力",无论是内燃机"一统天下"时代还是电动汽车高歌猛进、燃料电池汽车正在孕育的当前,汽车动力永远当之无愧占据C位,作为汽车产业发展的基础核心,也是一个国家汽车产业竞争力的标志。在汽车"新四化"大趋势下,以"三电"为核心的汽车动力新技术新材料迭代更新加快,汽车动力产业发展趋势和竞争格局不断发生变化。上海正聚焦临港核心区打造"全球动力之城",汽车动力作为核心支撑,又当如何作为?

一、汽车动力产业链分析

当前正处于新能源汽车与传统燃油车并存的时期,汽车动力也呈现出两套体系,本文将重点介绍新能源汽车动力体系。

一是以动力电池、驱动电机、电控"三电"为主的新能源汽车动力体系。当前,动力电池作为新能源汽车核心又可分为动力锂电池和氢燃料电池。

锂电纯电动汽车是当前新能源汽车主流,锂电池占整车成本40%左右,核心部件包括正极材料、隔膜、电解液以及负极材料等。电控占整车成本15%—20%,而IGBT功率模块占电控成本37%,国内70%以上的IGBT器件市场,尤其是高端市场基本被美日企业占据。电机约占整车成本10%左右,核心零部件包括定子、转子以及轴承等机械结构,而国内驱动电机轴承主要仍依赖进口。

[①] 本文曾发表于澎湃新闻·澎湃研究所。

汽车动力产业的全球趋势、竞争格局及上海对策建议

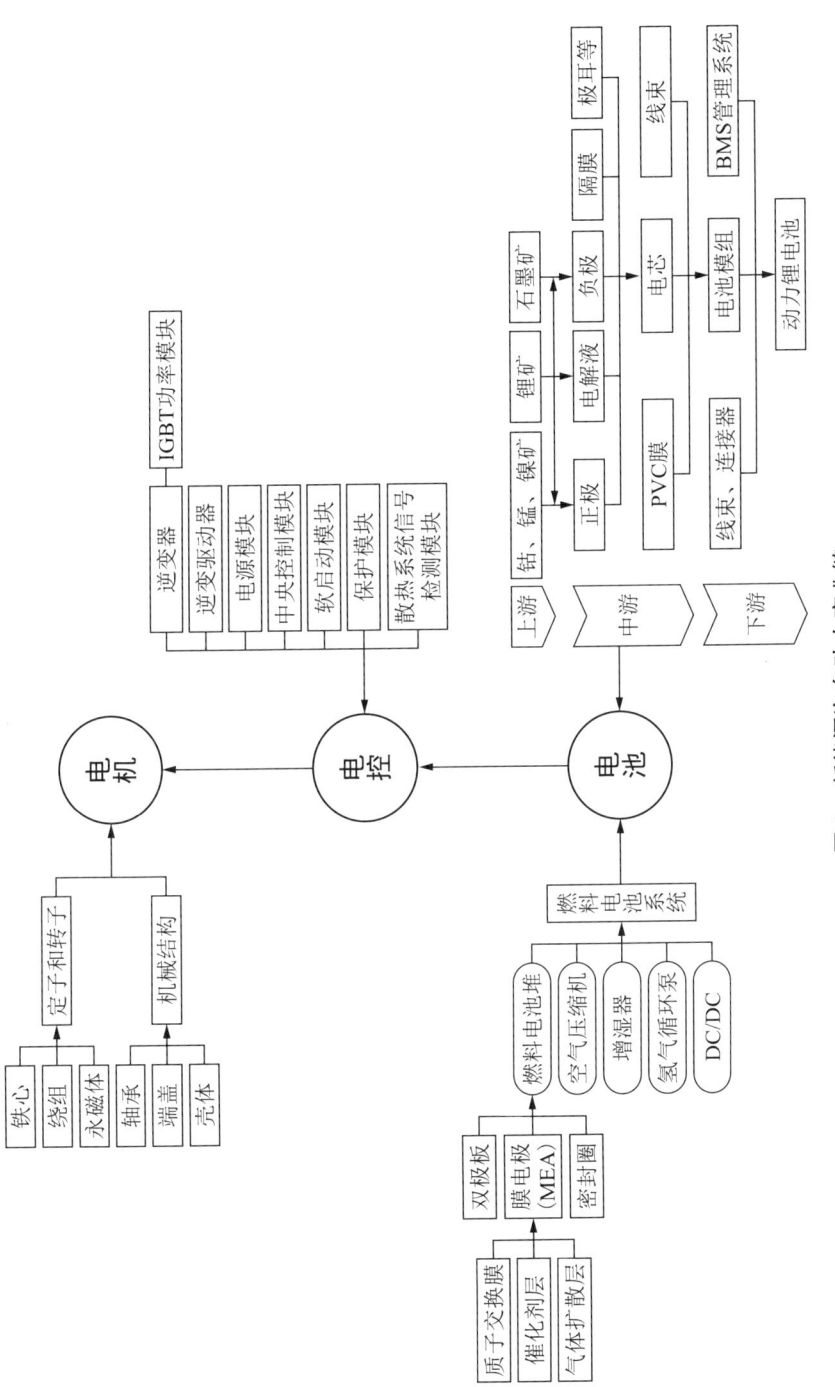

图 1　新能源汽车动力产业链

077

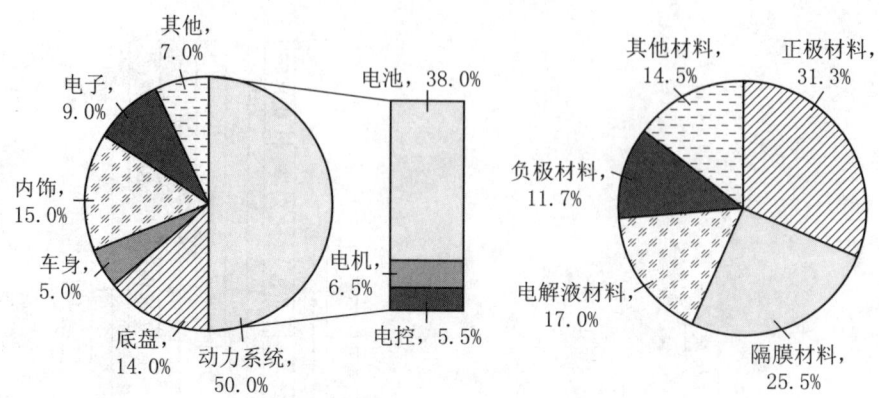

图2　纯电动汽车成本构成以及锂电池成本构成

资料来源：前瞻产业研究院、天鸽智库。

氢燃料电池车被看作新能源汽车的终极目标，氢燃料电池系统由电堆、供气系统、控制系统等部件共同构成，其中电堆作为核心部件，占系统总成本60%左右，主要包括膜电极、双极板等部件，而膜电极（质子交换膜＋催化剂＋气体扩散层）又是电堆的核心部件，成本约占电堆总成本36%。目前商用催化剂为铂，其成本约占系统成本的23%，是氢燃料电池成本的主要来源。

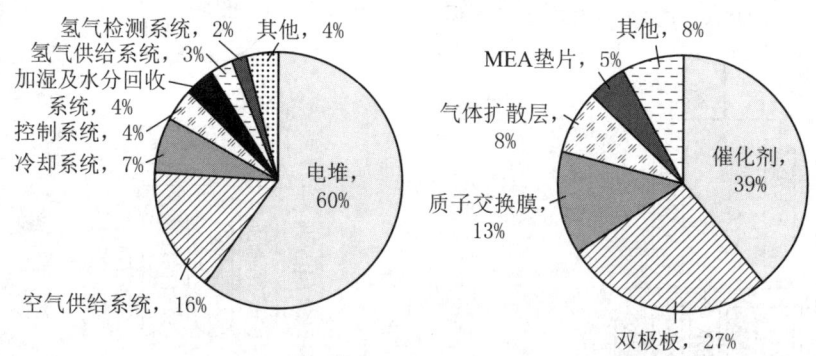

图3　氢燃料电池系统成本构成以及电推成本构成

资料来源：全球氢能网。

二是以发动机、变速箱为核心的内燃机动力体系。新能源汽车技术不断革新对燃油车的替代效应逐步显现，燃油汽车与新能源汽车将共存很长一段时间，但颓势无法改变，因此，适应混合动力、提高热效率的小型化、高性能内燃机仍将具有一定市场空间。

二、新能源汽车动力产业发展趋势

在汽车"新四化"大趋势下,伴随新技术不断应用,汽车动力系统也呈现新的发展趋势。

一是新能源汽车渗透率逐渐提升,"三电"动力体系迎来万亿市场空间。2021年传统燃油汽车销售同比下降6%,而新能源汽车销售同比增长169%,新能源汽车已经成为市场主流;混合动力作为过渡产品,终将被纯电动替代,氢燃料电池汽车仍处于探索阶段。在全球减碳背景下,世界诸多国家以及汽车企业已经明确禁售燃油汽车的具体时间,国际能源署提出到2035年,全球大部分国家将禁售燃油汽车,全面进入新能源汽车时代;而英国、德国、荷兰等国家于2030年禁售,长安、北汽等车企将于2025年停售燃油车。中国新能源汽车规划提出:2025年中国新能源汽车新车销量占比将会超过20%;我国新能源发展技术路线图2.0版明确:2035年节能汽车与新能源汽车约各占50%。艾媒咨询预计2025年中国新能源汽车市场规模达23.1千亿元,按50%比例测算,"三电动力"市场规模超万亿元。动力电池领域,GGII预测,2025年全球动力电池出货量将达到1550 GWh,而中国科学院院士欧阳明高预测,2025年中国动力电池出货量将超过1 TWh,产值超过1万亿元。

表1 全球重点国家/地区以及车企燃油车停售时间

"禁燃"地区	实施时间	禁售范围	车企	实施时间	规划
意大利罗马	2024年	柴油车	沃尔沃	2019年	停产停售传统燃油车
挪威	2025年	汽油/柴油车	大众	2026年	发布最后一代内燃机车型
法国巴黎、西班牙马德里、希腊雅典、墨西哥墨西哥城	2025年	柴油车	戴姆勒	2022年	停产停售传统燃油车
美国加利福尼亚州	2029年	燃油公交车	宝马	—	未来产品均实现电动化
荷兰	2030年	汽/柴油乘用车	通用	2025年	实现不同程度电气化
德国	2030年	内燃机车	丰田	2025年	停产停售传统燃油车
印度、爱尔兰	2030年	汽油/柴油车	捷豹路虎	2020年	实现全部产品电气化
以色列	2030年	进口汽/柴油乘用车	FCA集团Jeep品牌	2021年	全部采用电动版本

续表

"禁燃"地区	实施时间	禁售范围	车 企	实施时间	规 划
中国海南	2030年	汽油/柴油车	福特林肯品牌	2022年	停产停售传统燃油车
英国苏格兰	2032年	汽油/柴油车	长安	2025年	停售传统燃油车
法国、英国	2040年	汽油/柴油车	海马	2025年	淘汰传统燃油车
西班牙	2040年	汽油/柴油/混合动力汽车	北汽	2025年	全国全面停售燃油车
加拿大不列颠哥伦比亚省	2040年	内燃机车	本田	2040年	全球停售燃油车；中国2030年停售

资料来源：电动之家及网络。

二是固态锂电池成为动力电池研发方向，新材料应用仍然在不断探索。应用新材料、研发新技术新工艺以追求更高密度、更低成本、更高安全性、更长寿命是动力电池的永久发展趋势。锂电池动力领域，三元锂电池和磷酸铁锂电池"二分天下"。凭借低成本、安全性，2021年国内磷酸铁锂电池产量对三元电池实现反超，占总产量比重达57.1%，但受磷酸铁锂材料理论比容量（170 mAh/g）的限制，LG化学、松下、SKI等日韩企业仍以三元路线为主。未来，固态锂电池有望实现量产的下一代电池技术，将成为动力电池颠覆者，也是各巨头的必争高地，而以硅碳复合材料与硅氧复合材料为代表的硅基负极材料有望成为下一代锂电负极材料。氢燃料电池仍将是全球各国终极追求的重点领域之一，但大规模商业化仍然很远，根据国际氢能委员会的估计，到2050年氢燃料电池汽车将占全球汽车的20%—25%。而成本过高成为推广的瓶颈所在，燃料电池系统和储氢系统占据整车成本的65%，远高于锂离子纯电动汽车的电池成本占比，未来寻求低铂、非铂催化剂等低成本材料降低膜电极、双极板成本是氢燃料电池技术突破点。

三是永磁同步电机市占率超90%，电机电控一体化、集成化成为新趋势。小型轻量化、高速、高密度、高效、低振动噪声、低成本是新能源驱动电机发展方向。伴随技术不断发展，永磁同步电机逐渐成为新能源汽车应用主流，市占率超过90%，而交流异步感应电机和开关磁阻电机主要应用于新能源商用车，特别是新能源客车，采用扁线绕组、油冷冷却以提升能量密度、工作功率成为未来趋势。伴随新材料、新技术应用，混合励磁型、轮毂型、双定子型、记忆型等新型永磁无刷电机、更高性能的非晶电机成为研发新方向。在小型轻量化趋势下,电机电控一体化趋势明显,从"二合一"(电机+减速器)、"三合一"(电机+减速器+电控)到"多合一"(电机+减速器+电控+OBC+DCDC+高压分线盒+部分VCU),集成化成为实现高效、小型、轻量化、低成本的重要路径,由此也出现了驱动系统安装在车轮内的轮毂电机、磁性齿轮永磁无刷复合电机等新产品。

表2 市场部分"多合一"电机电控产品

	华为DriveOne	比亚迪e3.0	长安超级电驱系统
集成部件	七合一:MCU(微控制单元)、电机、减速器、DC/DC(直流变换器)、OBC(车载充电机)、PDU(电源分配单元)、BCU(电池控制单元)	八合一:电机、电控、减速器、OBC、DC/DC、PDU、VCU、BMS	七合一:电机、电控、减速器、OBC、DC/DC、PDU、VCU、BMS
优势	体积减小20%,重量减轻15%	性能较上一代功率密度提升20%,整机重量和体积分别降低15%、20%	体积减小了5%,重量降低了10%,功率密度提升了37%,噪声下降了15%,整体效率提升了5%,成本下降了17%。
重量(kg)	<75	—	—
长×宽×高(mm)	410×400×330	451×455×450	—
峰值效率	93%	93%	95%+
综合效率	89%	89%	90%
功率(kW)	120—150@350 V	150 kW(高功率版)	160—300@240 V—800 V
搭载车型	暂无	海豹	长安C385

资料来源:中信证券研究部。

三、新能源汽车动力产业市场竞争格局

凭借庞大的新能源汽车整车应用带动,我国新能源汽车"三电"动力已经处于全球领先地位,国内企业装机量位居全球第一,但核心部件依然依赖于欧美等行业巨头。国内主要依赖的汽车产业基础分布于东部地区,宁德时代、比亚迪等巨头为分散化布局,长三角区域最为集中。

一是中国"三电"动力全球领先,但部分关键零部件仍依赖进口。动力电池市场主要由中日韩企业分享我国三元锂电池、磷酸铁锂电池的系统能量密

度处于国际领先水平,负极材料全球市场占有率达到90%,隔膜材料自主供给率超过90%,动力电池标准出台数量占全球比重超过40%。SNE Research 数据显示,装机量全球前十企业的合计市场份额90.5%,6家中国企业合计占56.4%,国外企业仅剩韩国LG新能源、SK On、三星SDI以及日本松下;前二十企业中,有15家是中国企业。驱动电机电控领域,国内凭借新能源汽车优势,其市场份额全球领先,总集成及技术水平与国外差距不大,但核心零部件仍依赖进口,如电机高速轴承主要由日本NSK、瑞典SKF等企业供应,扁线电机主要由联电、博世、博格华纳等供应;电控核心部件高端IGBT基本被欧美日垄断,MCU IGBT主要由英飞凌(德)、安森美(美)、三菱(日)、意法半导体(意/法)等国际巨头所掌控;BMS电压采集芯片主要由美信(美)、TI(美)、NXP(荷兰)等垄断。氢燃料电池国内与国外先进技术相差3—5年,产品价格高昂,其中日本专利申请量占全球燃料电池专利总申请量的30.87%,位居全球第一,中美韩位居其后,但与排名第一的日本专利申请量差距较大,高端催化剂和膜电极等材料以及储氢瓶等产品主要依赖进口。

表3 全球动力电池累计装机量(单位:吉瓦时)

排名	公司	2021年1—6月	2022年1—6月	同比增长	2021年份额	2022年份额
1	宁德时代	32.9	70.9	115.60%	28.60%	34.80%
2	LG新能源	27.3	29.2	6.90%	23.80%	14.40%
3	比亚迪	7.9	24	206.20%	6.80%	11.80%
4	松下	17.3	19.5	12.50%	15%	9.60%
5	SK On	6.2	13.2	114.40%	5.30%	6.50%
6	三星SDI	6.6	10	50.60%	5.80%	4.90%
7	中航锂电	3.3	8.4	152.70%	2.90%	4.10%
8	国轩高科	2.2	5.8	165%	1.90%	2.90%
9	欣旺达	0.4	3.1	663.30%	0.40%	1.50%
10	蜂巢能源	1	2.6	147.10%	0.90%	1.30%

资料来源:SNE Research。

二是国内产业主要分布于东部地区,长三角最为集聚。从国内产业布局来看,动力电池、电机、电控涉及上游原材料、中游零部件到下游终端产品,产业链较长,全国各地均有布局,如宁德时代在国内9个城市布局制造基地,但以长三角、珠三角以及京津冀为主的东部地区依托丰富的科研机构以及庞大的汽车制造、应用市场,企业较为集中,尤以长三角地区最为集聚。中国汽车技术研究中心报告显示,汽车动力关键零部件供应商中,位于长三角的企业占比均接近或超过50%。动力电池领域,江苏省落户企业超过30家,常州正成为全球动力电池中心,有"世界看中国,中国看常州"之称,已建、在建产能超260GWh,装机量全球占比近20%,产量占全国1/3,位列全国第一;电控核心部件IGBT领域,国内仅有比亚迪半导体、斯达半导、中车时代、士兰微、翠展微电子等企业设计生产,除中车时代外均在长三角布局。

四、上海新能源汽车动力产业发展现状及问题

上海汽车产量占全国10.86%,其中新能源汽车产量占全国新能源汽车产量17.83%。凭借上汽、特斯拉等整车制造带动,汽车内燃机动力已经形成完整产业链,新能源汽车"三电"动力布局初步完成,汽车动力在全国具有一定优势。

一是龙头企业集聚优势。传统内燃机动力领域,上海大众动力总成发动机产量位居全国前十,博世、博格华纳等国际巨头均在上海设立总部和研发生产基地。"三电"动力系统方面,特斯拉、蔚来驱动科技、上海电驱动、联合电子均位居全国电机电控装机量前十,宁德时代亦在上海布局。此外,凭借上海集成电路优势,电控核心部件IGBT拥有代工龙头中芯国际、华虹、积塔半导体以及IDM公司闻泰安世,斯达半导体也在嘉定成立子公司上海道之科技。此外,在氢燃料电池领域,2021年电堆出货量前十中,氢晨科技、神力科技、航天氢能(上海)位居其中。

二是技术研发创新优势。传统动力领域,上汽集团在发动机和变速器方面获得"中国心"年度十佳发动机大奖、第四届"龙蟠杯——世界十佳变速器"等国内外奖项。CB Insights中国发布中国新能源智能汽车创新企业榜单,上海电驱动上榜电机、电控领域,重塑科技上榜动力电池领域。在氢燃料电池领域,Incopat数据显示,上海是燃料电池技术的策源地和专利申请数最高的地区,以4 888件超过北京、江苏等地;上海神力科技位居全球专利申请量排名第16位,是前二十中唯一的中国企业;同济大学专利申请数在国内科研院所(校)中位居第一。

三是创新平台集聚优势。除同济大学、上海交通大学等全国知名高校外,上海还集聚了新能源汽车及动力系统国家工程实验室、国家燃料电池汽车及动力系统工程技术研究中心、国家燃料电池汽车及动力系统工程技术研发中

心等国家级科技创新功能平台以及上海汽车动力总成重点实验室等高水平实验室。

四是"黄金三角"产业格局。依托上海汽车产业发展基础,汽车动力产业形成了以嘉定、临港、金桥为主的"黄金三角"产业格局。嘉定因上汽所在,在汽车发动机等传统汽车动力领域优势明显,依托嘉定氢能港,氢能及燃料电池集聚了相关企业10多家。金桥依托上海通用金桥发动机厂、联合汽车电子等龙头,集聚了一批汽车发动机、电机电控等相关企业。临港新片区在传统汽车动力、"三电动力"、氢燃料电池领域均有布局,传统汽车动力拥有上汽临港发动机工厂,"三电动力"先后落户特斯拉、宁德时代等龙头企业,其中宁德时代上海工厂是宁德时代全球第三大生产基地,产能约为80 GWh。此外,临港新片区正积极布局氢燃料电池,临港氢能谷获批上海市特色园区,集聚氢能企业20多家,拥有氢晨科技、治臻新能源、上海唐锋等国内知名企业,形成了围绕电堆、双极板、膜电极、系统、空压机、储氢瓶、碳纸、PEM电解槽等环节的产业链体系。

以纯电、氢燃料电池为代表的新能源汽车已成必然趋势,上海无论在传统内燃机动力领域,还是新能源汽车动力体系均具有一定优势,但仍然面临短板问题:一是核心零部件受制于人,上海面临的问题与全国一样,高端轴承、电控IGBT以及氢燃料电池关键材料、部件仍依赖于国外巨头;二是缺乏本土成长的动力电池龙头企业。上海虽然集聚了一批锂电池企业,但与宁德时代、比亚迪、国轩高科等相比,市场竞争力不足,装机量前十中无一家上海本土企业;下一代电池技术固态电池及工艺专利前十中亦无一家上海企业。

五、 上海发展建议

下一个阶段,上海要进一步提升汽车动力产业优势,代表国家攻克关键零部件"卡脖子"难题,提升产业链安全稳定,在新技术新产品方面抢占制高点。

一是集中攻克关键零部件。重点攻克高端定转子、高端轴承等电机核心零部件。依托上海集成电路产业人才等资源集聚优势,进一步引育一批高端IGBT、MCU等电控芯片企业,加快国产替代进度。氢燃料电池领域,依托临港氢能谷、嘉定氢能港、金山化工区等区域,布局一批质子交换膜、碳纤维复合材料等关键部件及材料生产企业。

二是前瞻布局下一代技术。中国厂商占据全球70%的动力电池市场,但锂、钴、镍资源大量依赖进口,上海要重点关注钠离子、镁离子等新型正极材料以及硅碳等负极材料研发,加快研发废旧电池回收技术。同时,在全固态的全球电池专利方面,日本、韩国领先优势明显,上海要依托高校院所等研发机构集聚优势以及国内动力电池市场优势,加强技术研发攻关,抢占行业制高点。

三是通过整车企业带动产业发展。目前,上海"三电"动力主要依靠特斯拉和上汽两大整车企业带动,产业规模相对有限,下一步要依托临港新片区等区域,加大整车制造企业引进力度,本地消化"三电"相关产品同时,进一步提升龙头企业产能,扩大市场份额。同时,在氢燃料电池领域,要充分发挥上海领先优势,加强整车终端产品应用示范,推动氢燃料电池产业化发展。

作者:李光辉

参考文献:

① 新材料在线:《2022年中国新能源汽车&动力电池产业图谱及企业分布地图合集》,腾讯新闻,2022年10月10日,https://new.qq.com/rain/a/20221010A00FDK00。

船舶动力产业的全球趋势、竞争格局及上海对策建议[①]

船舶动力是船舶最核心的设备之一,具有高附加值、高技术特点。随着世界海运贸易逐步复苏、IMO环保政策趋严以及绿色低碳技术逐步成熟推动全球船舶向绿色低碳发展,全球船舶动力将迎来新的变革。从全球竞争格局来看,船舶动力高端品牌主要掌握在少数西方国家企业手中,上海船舶制造集成能力突出、龙头企业和研究院所以及平台集聚优势明显、领先技术突破动作频频,但对标国际一流水平,上海船舶动力产业还面临着一些短板问题。下一个阶段,上海要进一步提升自主创新能力攻克更多"卡脖子"难题,加强大功率绿色低碳发动机的前沿技术储备,不断健全动力服务体系,加快建设全球动力之城。

一、 船舶动力产业链全景

当前船用动力主要有低速、中速和高速内燃机,产业链主要由研发设计、零部件制造和整机制造三大块组成。其中零部件包括固定部件、运动部件以及动力和辅助系统,而关重零部件主要为机座、机架、曲轴、运动部件、供油及喷射系统、涡轮增压系统等。船用发动机是价值最高的配套设备,占总船价的12%左右,一般大型船用曲轴的造价能占到发动机总造价的1/3,涡轮增压器约占动力主机价值的近10%。

二、 船舶动力产业发展趋势分析

在世界贸易逐渐复苏和国际海事组织(IMO)环保政策趋严的背景下,造

[①] 本文曾发表于澎湃新闻·澎湃研究所。

船舶动力产业的全球趋势、竞争格局及上海对策建议

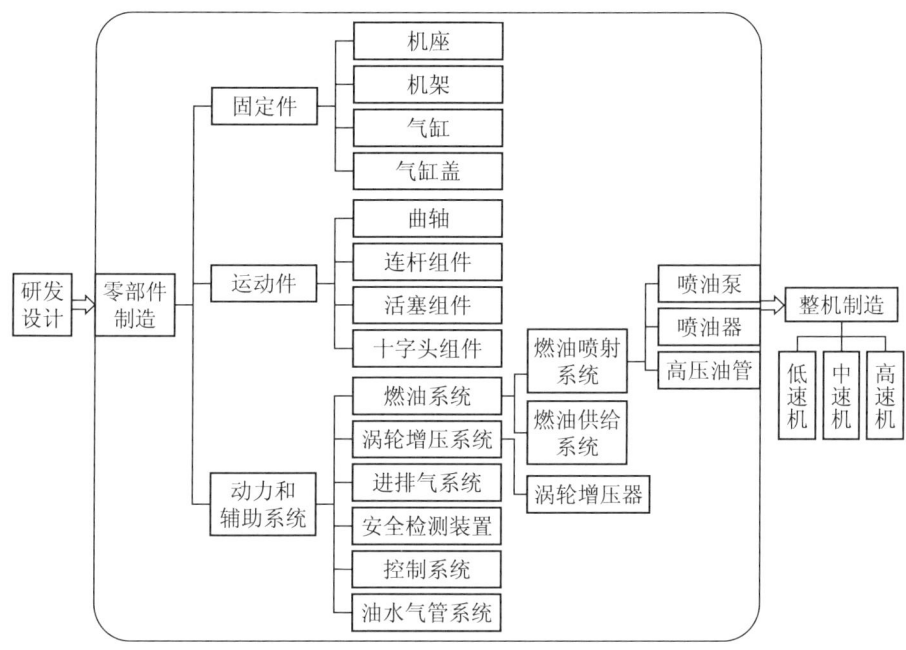

图 1　船舶发动机产业链

船业迎来久违的新一轮景气周期,碳中和对船舶技术及工艺的要求上了一个新台阶,全球船舶呈现绿色化低碳化发展趋势,也引发了船舶动力新的变革。

一是船用发动机市场未来仍有较大的增长空间。尽管新冠肺炎疫情对世界经济影响的不确定性依然存在,但造船行业信心因 2021 年全球新造船市场超预期回升已经得到明显提振,加上去碳化需求带来的市场机会,全球新造船市场需求仍将保持较高水平,而对应的高端化、大功率、绿色低碳的主发动机和多台辅助发动机的价值也将水涨船高,船用发动机市场有望进入高景气阶段。Fortune Business Insights 的数据显示,在当前和未来相当长时期内,船用发动机(内燃机)仍将是海洋商用船舶的最主要动力源,预计市场未来将增长到 2027 年的 145.1 亿美元,2021—2027 年复合年均增长率为 4.7%。

二是中国发动机的全球市场份额将进一步提升。随着国家部委领导的"船用低速机工程"等重大专项对船用低速机研发支持,依托中船动力、中船沪东重机、中船三井等行业龙头企业,中国船舶动力制造企业的全球市场份额将进一步提升,并推动全球市场竞争格局发生明显变化,逐渐缩小与韩国等领先国家的差距。随着中国中、高速机研发体系的建立和完善,依托中船动力、潍柴动力、玉柴股份等行业龙头企业,中国的中高速机品牌将加快占领高端市场

以及"走出去"步伐。

三是船舶发动机将加快绿色低碳化转型。2022年上半年,中国船舶业新承接订单中绿色动力船舶占比从2021年的24.4%快速提升至44.8%,燃料类型包括LNG、甲醇、生物质能、氢。目前,以LNG为主的双燃料动力已逐渐成为市场的主流,未来有望逐渐向甲醇、氨以及生物质燃料等双燃料动力发展。MAN Energy表示:到2025年,全球将有一半以上的新造船舶规定使用双燃料发动机。瓦锡兰提出未来将推进大功率氨燃料低速机的研制工作,711所也表示将陆续推出甲醇和氨燃料等绿色低碳船用发动机自主机型。

三、船舶动力产业区域竞争格局

船舶动力经过百年竞争发展,低速、中速和高速三类发动机因多方面不同特性形成了不同的全球产业格局,但高附加值部分仍主要集中在欧、美、日船舶动力企业手中,中国围绕发动机及其关重零部件的研制呈现沿海、沿江分布,主要集中在上海、大连、潍坊、武汉、重庆等城市。

(一) 全球竞争格局

西方船舶动力企业通过长期持续投入技术与产品创新,获得了技术领先,从而占据了大部分市场份额。从国际产业布局来看,目前全球低速机被三大品牌(MAN、瓦锡兰、J-Eng)垄断,其余厂商多为专利授权生产,主要集中在韩中日。低速机制造代表企业有韩国现代重工发动机(全球市场30%左右份额)、中船动力集团(全球市场20%份额)以及韩国斗山发动机等。中、高速发动机方面,国际一线高端品牌有芬兰瓦锡兰、德国MAN、德国MTU、英国罗罗、美国卡特彼勒、美国康明斯等,二线品牌有日本洋马、日本大发、日本阪神、韩国现代、韩国斗山等。

在关重零部件配套方面,曲轴的龙头企业主要有日本神户制钢、德国MIBA、韩国现代重工等;涡轮增压器的代表企业为德国MAN、瑞士ABB、美国康明斯、川崎重工等;燃油喷射系统的龙头企业有英国罗罗、美国卡特彼勒、德国博世等;活塞环的代表企业为美国辉门、德国马勒、德国KS等。

(二) 国内竞争格局

2015年,中船集团成功收购瓦锡兰旗下低速机业务,随后在上海成立了中船温特图尔发动公司,为提升中国船用柴油机研发、设计、制造、服务全产业链的能力与水平落下重要一子。中国船用发动机基本上由 MAN、瓦锡兰、MTU 等公司进行专利授权生产,其中低速机自主研发仍然依赖瓦锡兰的研发体系、标准规范和数据知识库,其关重件研制配套能力离"自主可控"仍有较大差距;中、高速机研发体系已基本建立,主要集中于内河运输船等领域,其关重件自主配套可达 80%。

从国内企业分布来看,船舶动力产业链龙头企业分布集中,主要集聚在上海、大连、潍坊、武汉、重庆等沿海、沿江城市。

上海船舶动力产业基础和实力最为雄厚,已经在发动机设计、研发、制造以及关重零部件制造方面集聚了一批行业龙头企业,包括中船 711 所、中船动力研究院、中船沪东重机、中船三井、中船瓦锡兰、昌强重工等。

大连海洋装备制造业实力强大,拥有大连船柴、大连华锐重工等发动机制造和关键部件配套企业,大连船柴成功建造了全球首台机载选择性催化还原系统(SCR)船用低速机 CSSC WinGD X52,大连华锐重工成功研制全球首支、世界最大 22 000 标箱集装箱船用曲轴,填补了世界空白。

武汉、宜昌和洛阳分别拥有中国动力旗下的武汉船柴、宜昌船柴和河柴重工,中国动力在船用低速机国内市场份额达到 30%,公司在大功率柴油机等方面长期与军方合作,武汉船柴、河柴重工均为首艘国产航母提供配套产品。

重庆船舶动力配套行业优势明显,江增重工自主研制的部分涡轮增压器产品连续三年接单量全国第一,市场占有率超过 50%;重庆红江在低速机电控系统方面先后突破多项"卡脖子"关键技术,多项核心技术打破国外技术垄断,填补国内空白。

潍坊、青岛等海洋动力装备产业实力不容小觑,潍坊拥有中国内河航运船用发动机龙头企业潍柴重机,其内河航运中速柴油机市场占有率居国内第一;青岛海西曾生产出了中国造船业的第一个大型船用曲轴。

江苏船舶与海工装备产业已连续 13 年位居全国第一,南京、镇江等在船舶发动机制造以及配套产业集聚了中船动力镇江、南京船配、恒泰重工、威孚高科等重点企业,南京船配在新造机配套市场的占有率已达到 15%,已经逐步成为中国船舶集团所属沪东重机、中国船柴、中船三井等造机龙头企业的重要合作伙伴;中船动力镇江的在手订单量和累计承接订单量在国内中速机生产厂商中处于领先地位。

四、上海发展船舶动力产业的优势、短板与对策建议

上海是中国最大的工业城市,在船舶动力领域拥有深厚的工业基础,早在1958年,一机部九局产品设计四室、上海沪东造船厂、上海船舶修造厂、上海交大、新中动力机厂等5家单位开始设计制造国内首台万吨远洋船主机——8 820马力大缸径二冲程船用重型低速柴油机7ESDZ75/160型。如今上海在船舶制造集成、龙头企业和研究院所集聚、领先技术突破和动力研制实力等方面具有明显优势,但对标国际先进水平,上海船舶动力产业还面临着核心技术差距明显、产业链条不完整、绿色低碳前沿技术储备不足等短板问题。

(一) 主要优势

一是船舶制造集成能力突出。上海船舶制造规模全球领先,拥有外高桥造船、江南造船、沪东中华造船等全球知名船企,中国船舶重工集团公司711研究所已发展成为集研发、生产、服务、工程承包为一体的现代企业集团,中船动力(集团)有限公司形成以船用柴油机和船舶动力装置为主业,动力集成系统、电气集成系统、机械成套与海工设备三大板块及全球技术服务的业务格局,集成优势明显。

二是龙头企业、科研院所和平台集聚优势明显。上海船舶动力主要以中外合资企业以及央企为主,部分民企研发实力较强,集聚了中船三井、中船瓦锡兰、沃尔沃遍达、斯贝克玛液压机械(上海)、中船沪东重机、上海船用曲轴等龙头企业,昌强重工作为国内民企代表,自主研发的大型船用曲轴制造技术填补了国内空白。另外,上海还汇集了上海船用柴油机研究所(711所)、中船动力研究院等研究院所,拥有全国80%船用动力研发设计能力,拥有国家重点学科船舶与海洋工程(上海交大),在建的海洋动力实验中心具备世界先进水平的研发验证条件。

三是动力领域领先技术突破亮点频现。中船动力研究院自主研发全球最小缸径船用低速双燃料发动机(CX40DF)首台机,该型发动机的电控系统、增压器、油雾探测器等核心部件首次实现了自主配套,国产配套率达到80%。中船动力公司成功研制全球首台新一代智能控制废气再循环(iCER)系统的双燃料主机7X62DF-2.1,可减少28%以上温室气体排放,未来有望成为市场青睐的新型主机。中船集团旗下温特图尔发动机有限公司(WinGD)成功交付世

界首台采用 Scheme B 模式验证、满足 IMO Tier III 标准的低速二冲程发动机选择性催化还原（SCR）装置。中船动力研究院牵头，集合全国动力装备企业、科研院所，开展国家重大专项"船用低速机工程（一期）研制项目"，加快提高我国低速机的自主化水平。

（二）短板之处

上海在船舶动力领域已经具备一定国际竞争实力，但对标全球一流水平，上海船舶动力发展仍面临一些短板问题：

一是上海动力领域集聚了一批代表企业，但高端高附加值领域仍然一定程度上被国外企业掌控，世界船用低速机的专利许可和售后服务的高附加值领域主要被德国、芬兰和日本公司垄断，中速机国产品牌尚未打开国际市场。

二是船用发动机部分关键零部件仍然有较高的对外依存度，如轴瓦、活塞环、喷油器、电控系统、燃油系统、传感器等还一定程度上依赖国外企业供应。

三是上海在氢、氨等多种绿色低碳气体燃料前沿技术与新产品开发方面储备不足。早在 2018 年国外船舶动力头部企业 MAN 就与现代重工开展合作，提升其双燃料燃气发动机的开发能力，2020 年 MAN 还有日本 5 家企业签署氨燃料船舶联合开发协议。上海头部船舶动力企业需要高度重视产业链上下游合作，加强与重点科研院所等合作，开展未来燃料新技术的合作和研究。

（三）发展建议

下一阶段，上海要进一步巩固船舶动力产业优势，不断提升自主创新能力攻克更多"卡脖子"难题，并争取在国际高端市场以及绿色低碳领域取得更多突破。具体包括：一是提升动力主机研制能力。聚焦船用大功率低、中速环保发动机、柴油机的技术研发、总装制造、试验验证、维修服务等环节，使关键核心技术自主可控，打造世界一流的船舶动力研发制造中心。重点突破双燃料发动机等核心设备。二是加强核心零部件制造突破。围绕活塞环、曲轴、增压器、油雾探测器等关重零部件技术短板重点领域，加快提升国产化关重件的自主研制和自主配套能力。三是发展新型船用动力燃料。围绕 LNG 燃料、氨燃料、氢燃料等清洁能源动力在燃料供给系统设计、推进系统设计等领域的前沿研究，加强绿色低碳燃料技术和产品开发的技术储备。

作者：许倩茹

参考文献：

① 付玉辉、翁鱼波:《困境下的船用低速机产业》,《船舶物资与市场》2017 年第 3 期。

② 刘博、吴朝晖、钱跃华:《船用低速发动机技术现状及发展趋势》,中国船舶报公众号,2020 年 6 月 11 日,https://mp.weixin.qq.com/s/HGU6hQktZz0nEQsOMEwYhA。

③ 魏志威、王立健、江文成:《用"合作、创新和售后服务"打造品牌影响力——国外船舶动力装置制造企业质量品牌发展路径与启示》,《船舶经济贸易》2021 年第 8 期。

④ 吴朝晖:《船用低速机动力绿色发展技术》,《船舶工程》2022 年第 1 期。

⑤ 吴秀霞:《船舶"中国芯"！开花结果》,中国船舶报公众号,2021 年 4 月 28 日,https://mp.weixin.qq.com/s/_yJoNKZopi0gzqydbvEzFQ。

能源动力产业的全球趋势、竞争格局及上海对策建议[①]

能源是社会发展的重要物质基础和经济驱动力,"碳中和"背景下,中国以电力供应为核心的能源动力将迎来重大变革,重型燃气轮机成为重要支撑,光伏、风电、核能等新能源再次站在风口,氢能等新型能源技术加快突破。上海能源动力主要集中于临港新片区,作为打造全球动力之城的重要支撑,当如何作为?

本文将对重型燃气轮机、核电装备、太阳能光伏、风电装备和氢能源五个领域进行重点分析。

一、装备制造业"皇冠上的明珠":重型燃气轮机

重型燃气轮机是能源领域的核心动力装备,被誉为装备制造业"皇冠上的明珠",关乎国家能源安全和国防安全,是国家科技水平和综合国力的象征。

(一) 竞争格局

重型燃气轮机作为航空发动机衍生出来而后独立发展的高技术产品,与燃气涡轮航空发动机存在80%相似度,但更加注重热效比。重型燃气轮机由压气机、燃烧室、透平三大核心部件和数万个零部件构成,部件制造可按冷端部件和热端部件进行分类,其中冷端部件主要包括各类气缸、压气机静叶片、压气机动叶片、压气机轮盘、压气机持环、拉杆等;热端部件主要包括透平叶片、燃烧室部件、透平轮盘,技术关键包括母合金冶炼、精密铸造、叶片精加工、热障涂层等,技术、性能要求较高,产业链相关企业与航空发动机有许多共同点。

---

① 本文曾发表于澎湃新闻·澎湃研究所。

重型燃气轮机的技术水平主要体现在压气机压比和透平进口燃气温度这两项指标,尤其是透平进口温度直接影响燃气—蒸汽联合循环的热效率,因此国际上通常根据透平进口燃气温度把重型燃气轮机分为 E 级、F 级和 H 级等。其中,E 级透平进口温度约 1 200 ℃,F 级透平进口温度约为 1 400 ℃,目前最先进的 H 级透平进口温度达到 1 430—1 600 ℃。温度越高,发电效率越高,技术等级越高。

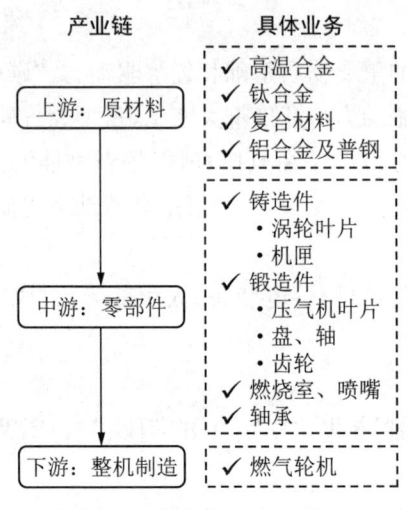

图 1　燃气轮机产业链

资料来源:由作者自制。

欧、美、日国际巨头垄断,国内技术差距明显。燃气轮机市场长期被国际巨头占据,其中美国 GE 占据全球近 50%的市场份额,德国西门子占据 26.13%,日本三菱占据 12.36%,合计占全球 90%的市场份额,并且在热部件以及设计、制造技术、母合金基材上均有完整的产业链。目前世界上最先进的 H 级重型燃气轮机有:日本三菱制造的 M701JAC 燃机,美国通用 9HA.02 型燃气轮机以及德国西门子的 SGT5-8000H 型燃机。除国际"三巨头"外,意大利安萨尔多通过收购法国阿尔斯通的先进重型燃气轮机业务(包括 GT26 和 GT36 H 级重型燃气轮机的所有知识产权),具备竞争燃机第一梯队的实力。上海电气通过国际并购,拥有安萨尔多 40%的股权,其研发的 GT36-S5H 型重型燃机,可与 GE、西门子和三菱的 H 级重型燃气轮机相媲美,将应用于上海闵行电厂燃气—蒸汽联合循环发电机组示范工程 3 号机组。

表 1　全球 H 级燃机参数对比

燃气轮机型号	9HA.01	9HA.02	SGT5-8000H	M701J	M701JAC	GT36-S5
ISO 单循环基本功率	448 MW	571 MW	450 MW	478 MW	448 MW	538 MW
单循环效率(%)	42.9	44	41	42.3	44	42.8
压比	23.5	23.8	19.2	23	23	23
压气机级数	14	14	13	15	15	15
燃烧器数	16	16	16	22	22	16
透平级数	4	4	4	4	4	4

资料来源：中国能建广东院、中国能建西南院、广东云浮市节能中心：《H 级燃机联合循环发电》，《南方能源建设》2021 年第 2 期。

中国早期以"打捆招标、市场换技术"方式引进美德日 F/E 级重型燃气轮机，但是美、德、日坚持不转让燃气轮机任何设计技术、热端部件制造技术。2019 年，东方电气集团自主研发的国内首台 F 级 50 MW 重型燃气轮机，使中国成为世界上第 5 个具备重型燃气轮机研究制造能力的国家，目前国内 F 级燃机的制造零部件数量国产化率可达到 80%—90%，但零部件价值的国产化比重不到 70%，透平叶片、燃烧室陶瓷片等关键零部件依然依赖进口，总体水平与国际先进企业相比差距在 30 年以上。

国内"四大电气"集团支撑，中国重燃勇担重任。国内重型燃气轮机生产主要有上海电气、四川东方电气、哈尔滨电气、南京汽轮机电。2001 年，国家发改委发布《燃气轮机产业发展和技术引进工作实施意见》，决定以市场换取技术的方式，引进、消化、吸收燃气轮机制造技术。2001—2007 年，中国主要由哈气—美国通用、东气—三菱重工、上气—西门子、南气—美国通用等 4 个联合体进行重型燃气轮机国产化制造，经过多年发展初步获得了重型燃机高温部件制造技术能力，初步具备了自主研制 E 级/F 级重型燃机的全过程能力。为进一步攻克"卡脖子"技术，国家采用举国体制实施燃气轮机重大专项，由工业和信息化部规划引领，由国家电投、哈尔滨电气、东方电气、上海电气共同出资入股成立中国联合重型燃气轮机技术有限公司，力主研制具有完全自主知识产权的 300 MW 级 F 级重型燃气轮机产品。国内零部件企业主要围绕上海电气、四川东方电气、哈尔滨电气、南京汽轮机电进行布局。

(二) 发展趋势

由于燃气轮机能够取代煤炭、石油等热动力设施，并且因天然气的碳密度低于其他传统燃料，在世界各国减少碳排放的大背景下，未来全球燃气轮机市场规模仍将保持增长,预计到2026年全球燃气轮机市场的规模将达到283亿美元,而氨燃料、氢燃料燃气轮机也正在加快研发应用。

提高燃气轮机热效率仍是永恒追求。碳氢化合物的燃烧温度为2 000 ℃,重型燃气轮机透平进口燃气温度与其相比还有较大的提升空间,燃气初温的下一个目标是1 700 ℃,目前三菱、GE等巨头都有在研产品,以此来进一步提高燃烧效率和透平气动效率。国内在"碳中和"目标下,火电将大幅减少,燃气轮机需求加大,高端部件以及维修、控制技术的国产替代将加快,以推动更高能级重型燃气轮机研发。根据国家规划,到2023年完成300 MW级F级重型燃气轮机产品研制和定型,到2030年完成400 MW级G/H级产品研制研发进度将稳步推进。

清洁燃料燃气轮机成必然选择。"减碳"已经成为全球共识,多个国家和国际机构也已经制订了氢燃气轮机和氢能相关研究计划,如美国能源部于2005年启动"先进IGCC/H2燃气轮机"项目和"先进燃氢透平的发展"项目;欧盟于2007年启动以氢燃料燃气轮机为主要研究对象的"高效低排放燃气轮机和联合循环"重大项目,2008年又把"发展高效富氢燃料燃气轮机"作为一项重大项目;日本将高效富氢燃料IGCC系统的研究列入为期28年的"新日光计划"中。

目前,多家燃气轮机厂商已开展掺氢燃烧相关研究工作,如GE的9HA.01、9HA.02以及7HA.03燃气轮机机组已经具备50%掺氢燃烧的能力,HA级燃机计划在2030年实现100%掺氢燃烧;西门子SGT-600燃气轮机已实现60%掺氢燃烧,已在巴西和欧洲商业化运行,计划到2030年做到100%氢气驱动;三菱日立多款重型燃气轮机能够使用高达30%的可再生氢燃料。而中国氢燃烧技术与国外的技术水平相差不大,目前混氢浓度达到60%的燃氢轮机的国产化率已达到100%,上海、四川均提出开展燃气轮机领域掺氢/氢燃气轮机关键技术研究。

除此之外,燃气轮机的烧氨技术日益进入视野并受到广泛关注,日本一直走在世界前端,并取得了具有一定工程应用价值的研究成果,三菱正在开发使用100%含氨燃料的40 MW的燃气轮机,计划2025年进入商业化阶段。

二、核电作为"国家名片"的核心体现:核电装备

随着全球能源短缺和环境保护的双重挑战,核能发电因其技术成熟、低碳高效,在全球能源转型中发挥着越来越重要的作用,成为能源动力装备的重要领域。中国已进入核能规模化发展的新时期,"碳中和"战略背景下,发展核电是中国能源供给侧改革的必然选择,提升核电装备制造能力也是核电作为"国家名片"的核心体现。

（一）竞争格局

核电装备制造业是典型的技术密集型和资金密集型行业。核电装备总体上由三大类组成：核岛设备（NI）、常规岛设备（CI）和辅助系统（BOP），而作为核心的核岛设备包括反应堆压力容器、稳压器、蒸汽发生器、汽轮发电机、主冷却剂泵等零部件，是承担热核反应的主要部分，技术含量最高，对安全设计的要求也最高，占据核电设备投资成本的58%。

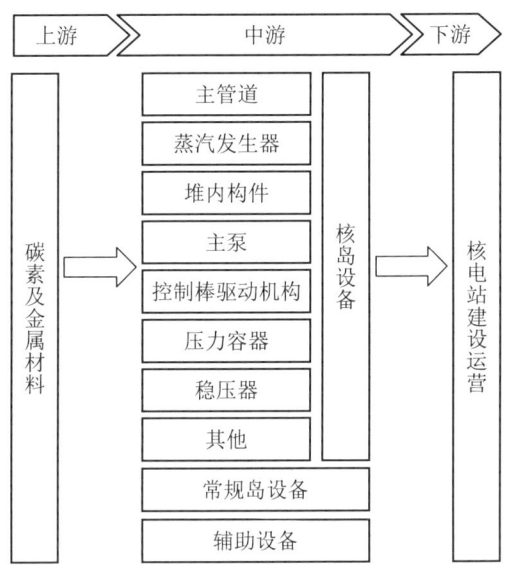

图2 核电装备产业链

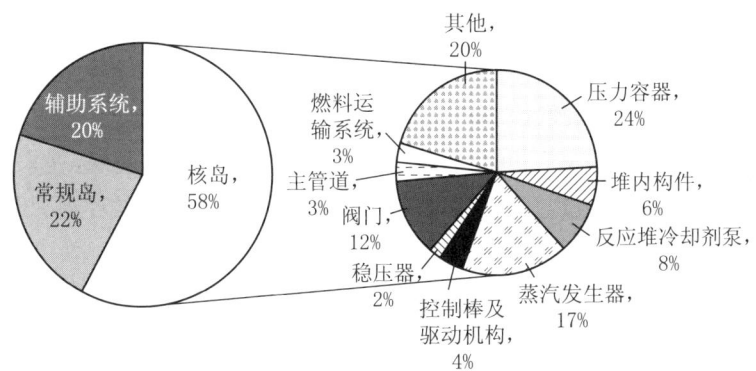

图3 核电设备投资成本构成以及核岛设备成本构成

资料来源：观研天下、国信证券。

全球仅六国具备核电出口实力,中国已跻身世界先进行列。第三代核电技术已成熟落地进入商业化运营阶段,第四代核电站强化了防止核扩散等方面的要求,目前处在原型堆技术研发阶段。目前,世界上仅有俄罗斯、美国、法国、中国、韩国、日本六个国家具备出口三代轻水堆核电机组实力,由于早期核电技术的积累和发展,美国、俄罗斯、法国在三代核电领域仍然具备一定技术优势。中国核电历经30多年,通过引进消化吸收和自主攻关,实现了从跟跑到并跑再到领跑的跨越,最终跻身世界先进行列。"华龙一号"建设完工和CAP1400成功研发标志着中国成为继美、法、俄等核电强国后又一个拥有独立自主三代核电技术和全产业链的国家,其设备国产化率超过90%,有力支撑中国由核电大国向核电强国跨越。同时,中国也已掌握第四代先进核电技术,其首个示范工程——全球首座球床模块式高温气冷堆核电站(山东荣成石岛湾高温气冷堆核电站)已经并网发电,设备国产化率高达93.4%,技术处于全球领先水平。

国内围绕四大国企布局,配套民营竞争激烈。由于设备制造难度大、核电站建设周期长,又事关国家核安全问题,国内核电装备基本由上海电气、东方电气、哈电集团、中国一重四大国企供应,尤其是核岛设备,毛利超过45%。民营企业在细分产品如阀、泵管道、风机制冷设备等通用零部件领域占据了主要供应地位,行业的竞争较为激烈,毛利率一般只有10%左右。从区域竞争格局来看,核电装备企业围绕四大国企主要分布在长三角、东三省以及四川等地。

(二)发展趋势

在全球能源结构改善需求驱动和全球减碳背景下,核电作为清洁能源,将成为全球减碳的主要贡献者,未来可发挥更大作用,世界核电发展的中心正从欧洲、北美向亚洲转移,尤其中国核电发展迎来重要战略机遇期,迎来更广阔发展空间,国信证券报告显示,每年有望核准6—8台核电机组,到2025年前核电设备市场规模将超过2185亿元。

第四代核电技术加快进入商业应用。第四代核电技术在反应堆和燃料循环方面有重大创新,具有更好的安全性、经济竞争力,核废物量少,可有效防止核扩散的先进核能系统,代表了先进核能系统的发展趋势和技术前沿,现处在原型堆技术研发阶段,预计2030年后开始商业应用。目前,国际上公认有六种第四代裂变核反应堆型：超高温堆、超临界水堆、气冷快堆、铅冷快堆、钠冷快堆和熔盐堆。中国重点研发（超）高温气冷堆、钍基熔盐堆，并具有领先技术优势，其中高温气冷堆已正式商业运营，甘肃武威钍基熔盐堆已进入试运行。

多用途模块式小型堆市场前景广阔。根据国际原子能机构（IAEA）的定义，小型堆是发电功率小于 300 MW 的核反应堆动力装置，可分为陆上小堆和海上小堆，在满足岛屿、海洋平台、远洋运输、偏远地区等特殊环境下的电力或动力供应方面将发挥独特作用。随着中小型反应堆技术的发展和成熟，模块式小堆因具有核电清洁、供电稳定、高安全性、更灵活、用途更广泛等特点，将迎来广阔市场前景。

美国能源部支持 mPower、Nuscale 两种模块化小型堆设计；俄罗斯建造出全球首台海上浮动核电站，并于 2020 年进入商业运营；韩国 SMART 模块化小型堆完成设计，正在开展工程可行性研究。国内中核、中广核均已自主研发小堆技术，具备建造实力，海南昌江已开工建设全球首个陆上商用模块化小堆项目，国内首个海上小堆项目在山东烟台启动。

可控核聚变是人类终极梦想。当前，人类核电站技术主要利用核裂变机理，而被称为"人造太阳"的可控核聚变，因能量更高、无污染、无辐射、原料充足，为人类解决未来能源大规模安全稳定供给提供了长远的解决思路。

中国的可控核聚变技术在世界上遥遥领先。目前全球规模最大、影响最深远的国际科研合作项目——国际热核聚变实验堆（ITER）计划，其超导托卡马克装置由欧盟、中、美、俄罗斯、日、韩、印七方共同出资 100 亿欧元在法国建设，中国承担约 9% 建造任务，并 100% 共享其中的科技成果。2020 年 12 月 4 日，中国环流器二号 M 装置（HL-2M）在成都建成并实现首次放电，标志着中国自主掌握了大型先进托卡马克装置的设计、建造、运行技术，为中国核聚变堆的自主设计与建造打下坚实基础。国家重大科技基础设施——全超导托卡马克核聚变实验装置（EAST）落户合肥，实现了 1 056 秒的长脉冲高参数等离子体运行，是目前世界上托卡马克装置高温等离子体运行的最长时间，创下了世界新纪录。

三、 全球最完善的产业链：太阳能光伏

光伏产业是当前国际能源竞争的重要领域。国际能源署发布的《世界能

源展望》预测到2030年,太阳能光伏发电占全球发电量比例将达13%;随着碳中和目标的逐步推进,到2050年将占全球发电量将提高到50%左右。

(一) 竞争格局

太阳能光伏产业链主要包括硅料、硅片、光伏电池片、光伏组件、光伏系统等环节,各环节产业集中度差异较大,分别为:73%(硅片)、69%(硅料)、43%(组件)、38%(电池片)。

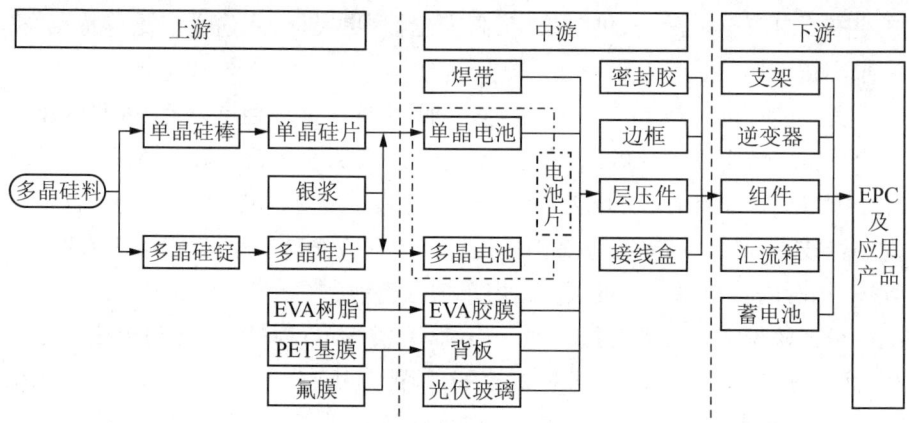

图4 晶硅太阳能光伏产业链

中国光伏位居全球第一,欧美实现高增长。经过多年发展,中国已经成为光伏大国,形成了全球最完善的光伏产业链,全产业链也基本实现国产化。2021年,中国新增装机54.9 GW,再创纪录,新增装机容量是第二大市场美国的两倍,连续九年全球第一,累计装机也实现连续七年全球第一;印度以14.2 GW的装机容量重新排名第三。虽然中国和印度新增装机达到创纪录水平,但是亚太地区太阳能在全球的份额却下降了6个百分点;欧洲连续四年保持增长,累计装机占比21%,同比增长3%;美洲由于美国和巴西等拉动,累计占比16%,同比增长1%。从全球光伏企业排名看,营收前二十中,中国占17家,美国仅2家,韩国1家;产业链全球前十中,中国企业硅料占6家、电池片占8家、组件占8家,尤其硅片,全球生产规模前十均为中国企业,产能占全球光伏供应能力的80%以上。

表2　2021年太阳能光伏装机量全球排名（来源：IEA PVPS）

	年装机容量			装机总容量	
1	中　国	54.9 GW	1	中　国	308.5 GW
2	美　国	26.9 GW	(2)	欧　盟	178.7 GW
(3)	欧　盟	26.8 GW	2	美　国	123 GW
3	印　度	13 GW	3	日　本	78.2 GW
4	日　本	6.5 GW	4	印　度	60.4 GW
5	巴　西	5.5 GW	5	德　国	59.2 GW
6	德　国	5.3 GW	6	澳大利亚	25.4 GW
7	西班牙	4.9 GW	7	意大利	22.6 GW
8	澳大利亚	4.6 GW	8	韩　国	21.5 GW
9	韩　国	4.2 GW	9	西班牙	18.5 GW
10	法　国	3.3 GW	10	越　南	17.4 GW

长三角光伏组件全球第一，晶硅集聚四川。2005年，中国很多民营企业家开始陆续进军光伏，多年发展更迭，中国光伏行业已具有极强的国际竞争力，实现了"全球光伏看中国"。从区域竞争格局来看，长三角地区是中国光伏制造产业链最完整、产量最大、企业和从业人员最集聚的区域，2020全球组件出货前十中，长三角占据7席，尤其江苏省几乎占据中国光伏制造业半壁江山，占全球产量超过1/3，素有"世界光伏看中国，中国光伏看江苏"美称。以四川为主的中西部地区是全球光伏晶硅主要产地，目前四川多晶硅产量约占全国产量的13%，5家全球晶硅光伏领域头部企业落户，预计未来2年，全国多晶硅产能约一半将出自四川。四川已成为全球最大硅料生产基地、"中国绿色硅谷"，基本实现"全球晶硅看中国，中国晶硅看四川"。

(二) 发展趋势

近几年来，光伏发电技术持续进步，迭代速度加快，由常规铝背场（BSF）太阳电池技术转向背钝化（PERC）太阳电池技术、由砂浆切割技术转向金刚线切割技术、由多晶硅太阳电池转向单晶硅太阳电池，太阳能光伏技术变革一直在进行。

更高转换效率仍是太阳能光伏电池追求，N型电池片将成为未来主流。

光伏产业已经基本形成寡头垄断局势,更低度电成本成为企业追求,这也要求电池、组件转换效率不断提升。单晶硅电池较多晶硅电池因具备更高的光电转换效率成为市场主流,但 PERC 电池技术转换效率提升已经接近天花板,以 IBC、HJT、TOPCon 等新技术工艺为代表的 N 型电池片或将成为未来进一步提升转换效率的主流产品。

经德国哈梅林太阳能研究所(ISFH)测试,隆基绿能硅异质结光伏电池(HJT)光电转换效率达 26.50%,创造了大尺寸单晶硅光伏电池效率新的世界纪录;HJT 单晶硅太阳电池技术有望在未来 2—3 年内实现量产。n-TOPCon 单晶硅太阳电池工艺产线可与 PERC 晶体硅太阳电池的高温制备工艺产线相兼容,性价比优势更明显,且其与 HJT 单晶硅太阳电池的光电转换效率之间差距不明显,有望更快实现大规模量产。长期看,IBC 单晶硅太阳电池似乎更具潜力,但由于生产工艺复杂、生产成本高,量产难,全球仅有美国 SunPower 及国内 TCL 中环、隆基绿能和爱旭股份等少数企业研发量产。

钙钛矿太阳电池发展潜力大,产业化落地正在加快。钙钛矿电池是第三代非硅薄膜电池的代表,单结钙钛矿电池理论最高转换效率达 31%,多结理论效率超过 50%,远高于以 TOPCon 电池、异质结(HJT/HIT)电池为代表的传统晶硅电池的 29.4%;目前单结钙钛矿电池最高认证效率为 25.7%,钙钛矿/硅叠层电池最高认证效率达 31.3%。成本方面,成熟期的钙钛矿电池单位产能成本约为晶硅电池的 50%。同时,钙钛矿太阳电池还兼具原材料丰富、成本低、技术工艺相对简单、制造过程低碳环保等优势,成为最令人期待也是最重要的技术新方向之一。

四、实现"碳中和"道路上的主力军:风电装备

风电低碳排放的特性,将成为实现"碳中和"道路上的主力军,成为构建新型电力系统的主体能源。

(一) 竞争格局

风电机组产业链相对简单,零部件主要包括叶片、主轴、轴承、齿轮、风塔等,不同零部件之间差异较大,行业分化程度高。叶片是风电机组核心部件,决定了机组的风能转换效率,也是风电降本增效的关键突破点,是风机零部件

成本占比最高的零部件,占总成本比重超过20%,尤其纤维材料占比较大,超过一半。齿轮箱和主轴承竞争格局相对集中,排名前五的企业所占市场份额达到80%以上。叶片和发电机、变流器集中度也超过一半。

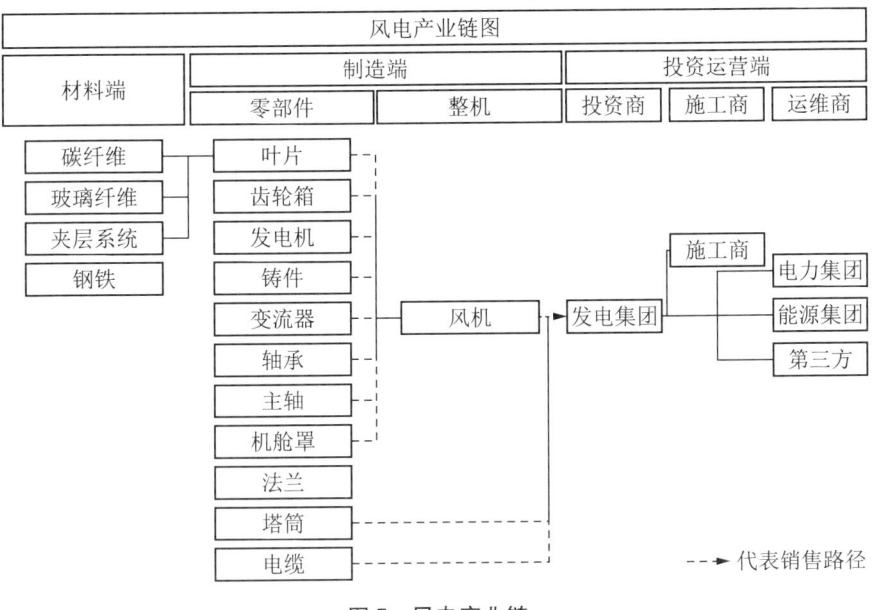

图5 风电产业链

资料来源:wind、华创证券。

中国位居全球首位,欧洲实力强劲。中国已经是名副其实的风电大国,新增装机容量一直稳居全球首位,总机容量占全球1/3,风机制造基本实现国产化,全球风机制造商前十五中,金风科技、远景能源、明阳智能、运达股份、上海电气等国内企业占据10席,合计市场份额达53.5%,但风机零部件中的高端轴承尤其是轴承滚动体仍依赖SKF、FAG、铁姆肯等国外厂商。欧洲风机制造依然具有较强实力,2021年全球30家整机制造商中有9家来自欧洲,丹麦维斯塔斯以17.7%的市场份额继续保有全球最大整机供应商的位置,西班牙西门子歌美飒以9.7%位居全球第三。从风电累计装机容量来看,中国、美国分别以40.4%和16.05%位居第一、第二,德国、印度、英国位居其后,全球前五合计占比达72.12%。

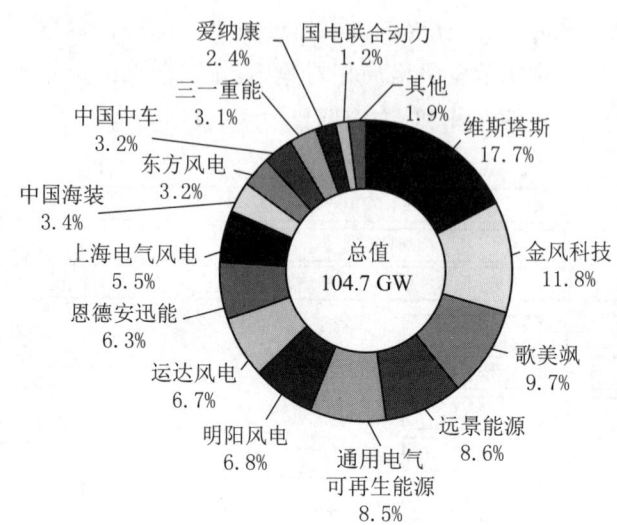

图 6　2021 年全球风电整机制造商 TOP 15

资料来源：全球风能理事会（GWEC）。

全国分散布局，长三角相对集聚。风电产业链除叶片、轴承等少数技术壁垒高、存在技术门槛外，其他零部件分化程度高、市场壁垒较低，造就了风电产业链中企业相对分散、集中度不高。长三角地区因有远景能源、运达风电、上海电气等全球知名风机整机制造企业，吸引了较多的配套企业集聚，其中江苏公司最多，中材科技是风电叶片的绝对龙头，天顺风能塔筒市场占有率达10％，位居国内第一；远景科技整机制造位居全球第四。

（二）发展趋势

"双碳"战略下，风电需求明显，但电价过高导致风电竞争力不足，"风电去补贴"和光伏电价下降明显等多重压力推动风电加快技术革新速度。

风机大型化、轻量化、智能化趋势明显，叶片新技术、新材料应用仍是关键。根据全球能源互联网发展合作组织发布的数据显示，"十四五"期间中国规划风电项目投产约 2.9 亿千瓦，2025 年规划风电总装机达 5.36 亿千瓦（其中陆上风电装机约 5 亿千瓦），年均增加超过 0.5 亿千瓦，风电仍有大幅增长空间。综合平衡发电效率、成本控制等因素，风机大型化、轻量化成为重要方向，以碳纤维代替玻璃纤维成为重要方向。目前国内已吊装的最大容量机型为 5.5 MW，而发达国家已主要集中在 6 MW—8 MW；海外在大兆瓦领域已实现14 MW容量且量产在即，Vestas 15 MW型号预计于2024年实现量产；国内领先量产进度为10 MW，领先研发进度已经步入12 MW以上领域。

此外，通过运用智能传感器、人工智能等技术，使风电机组获取感知信息，实现自我调节，达到最优的发电效率水平，以及通过大量的数据测算风机的寿命，进而找到最优的运行模式，降低运维成本，将成为风机智能化发展重要趋势。

海上风电成为增长新蓝海，大兆瓦用直驱和半直驱风机成为最佳选择。近年来，全球各国纷纷加强海上风电建设，2021年全球海上风电实现了21.1 GW的新增并网，是2020年的三倍多，创造了历史纪录。中国一枝独秀，海上风电增量占全球的80%，超越英国成为全球海上风电累计装机最多的国家。多家机构根据"十四五"各省规划预测，2025年中国海上风电累计装机量有望达到60 GW，复合年均增长率达22.8%，海上风电迎来广阔空间。

当前，路上风电机组的双馈异步技术虽然成熟度较高，具有运输维护成本低、供应链成熟等优势，但齿轮箱可靠性较低，不适合远海项目，而结构简单、故障率低、维护量少、可靠性与发电效率较高的直驱和半直驱永磁同步机组更可能适应海上风机大型化趋势，尤其半直驱同步风电机组比直驱型的体积小、质量轻，机组整体结构更为紧凑，有利于运输和吊装，更适合海上风电。

五、 21世纪的终极能源：氢能源

氢是目前公认的最为理想的能量载体和清洁能源提供者，也是中国能源革命的重要媒介，对于解决中国能源安全问题，实现"碳中和"目标将发挥不可替代的作用。

(一) 竞争格局

从氢气生产到下游应用的过程，主要包括制氢(电解水制氢、工业副产氢等)、储氢、运氢、加氢(加氢站加氢)等环节。就中国产业链成本来看，制氢成本占比最重，达到了55%，储运氢成本占30%，加注氢占比15%。

全球发达国家竞相布局，中国基本与世界同步。被誉为"21世纪的终极能源"的氢能凭借着出色的储量、比能量密度优势及广泛的技术适应性，被

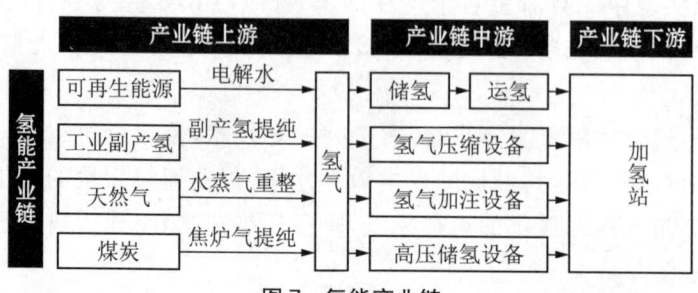

图 7　氢能产业链

世界各国视为未来最具发展前景的新能源之一。据统计,全球已有 30 多个国家和地区发布了氢能发展战略,尤其欧、美、日、韩等发达国家(地区)纷纷发布国家战略,抢占氢能技术发展高地,如美国能源部日前发布《氢能项目计划 2020》、日本发布《氢与燃料电池战略技术发展战略》、欧盟委员会发布《欧盟氢能战略》等,澳大利亚、德国、法国等国家也纷纷出台本国的《国家氢能战略》。

根据国际氢能委员会统计,2021 年全球范围内氢能产业链有 228 个已建、在建及规划项目,其中欧洲占比超过 55%。从科技创新水平来看,《日经亚洲》(*Nikkei Asia*)报道显示,氢能专利方面,日本凭借其大量的燃料电池专利位居全球专利数第一,中国位居第二,其次是美国、韩国和德国,但中国在制氢、储藏氢气、运输氢气和安全问题四个领域超过日本。在电解水制氢方面,2018—2020 年,中国的国际专利申请数量在三年间增长了 38%。与欧、美、日等国家(地区)尖端技术相比,中国在绿色氢能技术等方面大约落后五年,但差距正逐渐缩小。总体看来,中国氢能产业虽然起步较晚,但投资及应用力度大,发展较快,基本与国际保持同步。

国内重点集聚于东部地区,长三角数量最多。中国氢气供应目前主要依赖于煤制氢和化工副产氢,制氢方面企业分布有明显的地域特征,氢能产量主要集中在西北和华北等资源丰富地区,但产业链企业主要集中在东部地区,其中以江苏省、广东省、上海市、山东省、北京市企业最为集中。根据启信宝《氢能产业研究报告》,2011 年 1 月—2022 年 6 月,氢能产业企业总数量已超过 1 600 家,江苏省(254 家)、广东省(190 家)在全国占比均已超过 10%,呈"双雄并立"局面;北京、苏州、上海、深圳、成都五个城市在氢气制取、提纯、储存及运输领域企业数量位居全国前五。

能源动力产业的全球趋势、竞争格局及上海对策建议

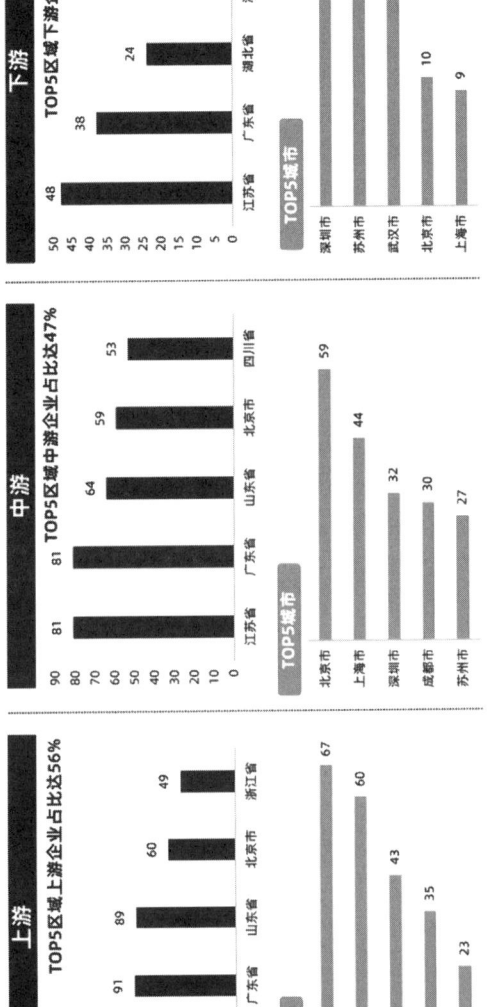

图 8 氢能产业链企业数量基本情况

注：上游以氢气制取、提纯为主，中游为储存运输，下游为交通、工业、电力等应用。
资料来源：启信宝《氢能产业研究报告》。

(二) 发展趋势

历经 40 多年发展,全球氢能产业仍处于商业化早期,但全球氢能投资呈现加速趋势,技术加快突破。据国际氢能理事会预测,到 2030 年,全球氢能产业链的投资总量将超过 3 000 亿美元;据中国氢能联盟预计,到 2025 年,中国氢能产业产值将达到 1 万亿元。

绿氢将成为未来主流制氢技术。根据制取方式,氢气可分为化石能源燃烧产生的灰氢、通过碳捕集和封存技术减少碳排放制取的蓝氢,以及由清洁能源和可再生能源制取的绿氢。

当前,灰氢占全球氢气产量比重超过 95%,绿氢只占 4% 左右。

短期来看,煤制氢、工业副产氢等方式具有成本优势,仍将是氢气的主要来源。在全球减碳大趋势下,可再生能源电解水产生绿氢是最理想技术,美、日、韩和欧洲均将电解水制氢技术视为未来的主流发展方向,但高成本成为主要挑战,其成本比化石燃料制氢和工业副产制氢高出 2—3 倍。

在电解水制氢主要三种技术路线中,碱性电解(AE)制氢已逐步进入成熟的工业化应用阶段,制氢效率仍将持续提高;质子交换膜(PEM)电解制氢是较

表3 几种常见的制氢方法

氢气	工艺路线	技术成熟度	生产规模 (标准立方米/小时)	碳排放 (千克二氧化碳/千克氢气)	制氢成本 (元/千克)
灰氢	煤制氢	成熟	1 000—20×10⁴	19	6.77—12.14
	天然气制氢	成熟	200—20×10⁴	10	7.5—24.3
蓝氢	煤制氢+CCS	示范论证	1 000—20×10⁴	2	12—24
	天然气重整制氢+CCS	示范论证	200—20×10⁴	1	
	甲醇裂解制氢	成熟	50—500	8.25	
	芳烃重整副产氢	成熟	—	有	13.75—19.8
	焦炉煤气副产氢	成熟	—	有	9.13—14.63
	氢碱副产氢	成熟	—	有	13.2—19.8
绿氢	水电解制氢	初步成熟	0.1—4×10⁴	—	21.6—31.7
	核能制氢	基础研究	—	—	
	生物质制氢	基础研究	—	—	
	光催化制氢	基础研究	—	—	

资料来源:《中国氢能技术发展现状与未来展望》wind、东海基金。

优的制氢技术,虽受投资和运行成本高制约,但正成为主流;固体氧化物(SOEC)电解制氢技术尚处于实验研发中,有望迎来实质性发展阶段。

此外,各国对生物、阳光水分子裂解等新型制氢研发的投入将不断增大,可能迎来颠覆性技术出现。

储运氢技术多路并进,高密度低成本是目标。储运氢作为氢能产业的基础设施,是关系氢能产业发展和高效利用的核心关键,其成本占总成本约30%,成为当前影响产业链成本"最难啃的骨头",经济高效成为氢能储运未来发展趋势。国家《氢能产业发展中长期规划(2021—2035年)》提出,中国将逐步构建高密度、轻量化、低成本、多元化的氢能储运体系。

目前全球主要有三种储氢方法:高压气态储氢、液态储氢和固态储氢,其中高压气态储氢比较成熟,也是国内主推的储氢方式,正由Ⅲ型(金属内胆全缠绕气瓶)35 MPa向Ⅳ型(塑料内胆全缠绕气瓶)70 MPa技术过渡。液氢储运的效率高但能耗高,低温液态储氢技术在美、日等发达国家已初步实现商业化应用,液氢运输比例占70%左右,也是中国未来重要发展方向。固态储氢、有机液体储氢等方式储氢效率高于气态储氢,但尚有较多技术难题亟待突破,长期来看发展潜力比较大。

此外,管道输氢因具有输氢量大、距离长、能耗小和成本低等优势,在欧美等国家已具备一定规模,正在中国逐渐推进示范。

六、 上海能源动力领域的现状与发展建议

依托深厚的工业基础和完整的工业体系,上海在能源动力各领域均有布局,尤其在燃气轮机、核电、风电领域优势明显。

在重型燃气轮机领域,中国重燃落户临港,推动建设总部基地、研发创新基地、试验验证基地,以创建国家制造业创新中心为目标建设"上海燃气轮机制造业创新中心",上海浦东先进能源动力研究中心承担建设国家重大科技基础设施"高效低碳燃气轮机试验装置"。上海电气与意大利安萨尔多共同投资组建的合资公司——上海电气燃气轮机有限公司,具备E、F级重型燃机轮机生产能力。

在核电领域,"百年老店"上海电气核电集团是国内历史最久、产品业绩最多、综合实力最强,唯一覆盖第二代、第三代、第四代核电所有技术路线,拥有核岛和常规岛主设备、辅助设备、核电大锻件等完整产业链的核电装备制造集

团，其核岛主设备市场份额一直保持领先地位。上海还集聚了上海自动化仪表、上海阀门厂、上海核工院等一批关联企业，推动中国核建核电、中核集团上海总部在沪布局，形成了国内最完整、综合实力最强的核电产业链。

在太阳能光伏领域，上海交大、复旦大学、上海太阳能所、中科院上海技术物理所、上海光机所等科研机构都是国内最早从事光伏研发的机构，国内知名企业晶澳、正泰、晶科等均在上海落子布局；在应用方面，上海地铁光伏装机规模居全国首位，发布《上海市碳达峰实施方案》明确推进适宜的新建建筑安装光伏、推动既有建筑安装光伏，到2025年，公共机构、工业厂房建筑屋顶光伏覆盖率达到50%以上；到2030年，实现应装尽装。

在风电领域，2021年上海电气风电集团位居全球风电整机商第九、海上风电整机制造第一，连续7年蝉联中国海上风电新增装机量第一；全球第三的西门子歌美飒、艾郎科技等企业也在临港布局制造基地。

在氢能领域，上海发布《上海市氢能产业发展中长期规划（2022—2035年）》等政策文件，推动嘉定氢能港、临港国际氢能谷等市级特色园区建设，大力推动产业发展。启信宝显示，上海制氢企业数量位居全国第三、储运氢企业数量位居全国第二；上海舜华、上海氢枫等企业位居国内氢能企业前五十。

下一阶段，上海在能源动力领域要把握"双碳"战略背景下新能源发展机遇，进一步提升核电、风电、重型燃气轮机等领域优势，加大氢能应用示范推广，积极补齐光伏领域发展不足，重点以临港新片区为核心，全力打造新能源动力产业及应用示范基地。

一是加快能源动力核心技术攻关突破。重型燃气轮机重点突破叶片、材料、传感器等核心技术，加快研制具有自主知识产权的300 MW级F级、400 MW级H级燃机装备，积极开发氢燃料、氨燃料等清洁能源燃气轮机。核电领域有序推进钍基熔盐实验堆和示范堆、多用途小型模块化反应堆、高温气冷堆等第四代核电设备研制，积极跟踪可控核聚变国内外技术研究，前瞻研发相关设备。风电领域重点突破提升10 MW和15 MW大型海上风机技术、深远海风电技术。光伏领域重点布局钙钛矿太阳能电池，改变硅基太阳能电池落后局面。氢能领域攻克PEM、SOEC等电解水低成本制氢关键技术，加强光解水制氢等前沿领域研究，加强有机液态储氢、固态储氢等新技术研发。

二是加强新技术应用示范。探索核能与风电、光伏、储能、氢能等多能互补综合能源系统解决方案，布局一批兆瓦级风力、光伏等新能源发电与电解水制氢、氢储能发电集成示范项目，实现绿氢制备装置与可再生能源发电系统的高效耦合,建立完善的绿氢生产、储存、运输和应用场景等全产业链配套的工业体系。把握长三角一体化战略实施机遇,联合长三角主要城市加快启动建设城际快速G15(沈海高速)、G42(沪蓉高速)、G50(沪渝高速)、G60(沪昆高速)等氢高速示范线路,加快完善沿线氢气补给设施,推进燃料电池客运包车和城际物流的示范应用。积极利用厂房、商业建筑屋顶等,推动光伏建筑一体化(BIPV),建设分布式光伏电站。

作者:李光辉

参考文献:

① 陈慧:《中国燃气发电机组行业深度调研与投资战略规划分析报告》,前瞻产业研究院,2020年9月9日,https://qianzhan.com/analyst/detail/220/200907-8e869596.html。

②《干货满满,风能最全产业链一览》,华叔聊科技公众号,2021年8月11日,https://mp.weixin.qq.com/s/pU5JsjhtUUXm9Xh5R7fBxw。

③ 石康、吴帆:《大风起兮——两机专项背景下的航空发动机与燃气轮机行业分析》,方正证券研究公众号,2016年7月13日,https://mp.weixin.qq.com/s/duM8uXSX-Vp8MhRTxW_5NeA。

第三部分

全面推动城市数字化转型

全球数字化浪潮的演进阶段与发展趋势

当今时代,伴随新一轮科技革命和产业变革的突飞猛进,数字化浪潮正在以不可逆转的趋势席卷全球,更快速度、更广范围、更深程度地影响世界发展走向和人类文明进程。回望历次数字化浪潮,展望未来变革趋势,是把握数字化转型方向的关键所在。

一、全球数字化浪潮的"三个阶段"

从大的脉络看,全球数字化浪潮的孕育兴起,大致经历了三个阶段。

第一阶段是构建网络"赛博空间"[①]。从1946年第一台计算机的发明,到1969年阿帕网的诞生,再到20世纪90年代因特网开启商业化进程,计算机成为人类信息的主要载体,"赛博空间"在全球范围内实现连接和共享,数字世界的主体框架逐渐形成。

第二阶段是万物互联、实时在线。进入21世纪,移动互联网、大数据、云计算、人工智能等现代信息技术蓬勃发展,打破了数据大容量、低延时传输和实时计算等瓶颈,越来越多的个体和终端接入网络并实现在线,人类社会的生产、生活、治理等领域都逐步从"线下"向"线上"拓展迁移。

第三阶段是软件定义智能世界[②]。随着数字技术在物理世界和人类社会的加速应用,软件不仅能对物理空间进行描述、诊断和预测,也能为物理实体定义新的形态、功能与边界,进而实现数字空间与物理空间的有机互动。展望

---

① "赛博空间"(Cyberspace)是加拿大科幻作家威廉·吉布森于20世纪80年代提出的概念,指在计算机以及计算机网络里的虚拟现实空间。随着计算机技术、网络通信技术和虚拟现实技术的深入发展,赛博空间已从技术层面的概念转变成为一个广义的数字化社会生活和交流空间。

② 软件定义世界(Software Define Anything,简称SDX)由国际知名咨询机构Gartner在2014年10大战略技术趋势中首先提出,该机构认为软件正在重新定义网络(SDN)、数据中心(SDDC)、存储(SDS)和基础架构(SDI)。随着人类社会进入全面数字化时代,软件定义世界、数据驱动一切的特征更加凸显。

未来,全球数字化浪潮的发展演进将呈现许多新的趋势和特征,对经济社会发展带来更全面、更深刻、更具颠覆性的影响变革。

二、科技创新维度:组合式创新迸发巨大动能

从科技发展层面看,数字技术正在牵引组合式创新迅猛突破,将进一步释放历次科技革命和产业变革积蓄的巨大能量,并创造新的强大引擎、催生新的无限可能。全球数字化已进入加速创新、快速迭代、跨界融合、全面渗透的发展阶段。数字技术作为引领未来的战略性技术和先导性力量,正在引发链式突破,推动科技创新从单点突破向群体跃升加速迈进,推动科学技术同经济社会发展加速融合,推动创新潜能加速实现裂变式释放、指数级增长。

一方面,以5G、大数据、云计算、区块链、人工智能等为代表的新一代信息技术族群融合裂变,大大拓展了时间、空间和人们的认知范围,大大突破了技术边界,"技术—产业"交互迭代效应持续增强,数字技术对经济发展的放大、叠加、倍增效应进一步显现;另一方面,海量数据、超级算力、人工智能等数字技术,与基因编辑、量子科学、能源、材料等技术领域交叉融合,跨界融通推动技术创新范式向人机协同、群体智能变革进化,基因治疗、类脑计算等新兴技术不断涌现,基础科学、前沿技术持续突破,全球科技创新进入空前密集活跃期(比如,信息技术与生物技术结合催生出基因存储,DNA核苷酸成为最新的计算介质①,很多专家认为可作为云基础设施的一个可行选择,打造具有超高加密性能的零碳IDC)。世界主要经济体和全球城市都把加快数字技术创新、最大限度释放数字红利作为提升核心竞争力的优先战略选择。可以说,谁能抢占数字技术创新的先机,谁就能掌握国际科技竞争的话语权。

三、生产生活维度:数字化驱动传统方式加速变革

从生产生活方式层面看,数字化正在重新定义人类生产生活方式,将进一步重构经济活动各环节、社会生活各方面,成为引领和推动经济社会变革的核心驱动力量。数字经济作为新的经济范式,以数据驱动引发生产要素重组,以

---

① 用核苷酸的碱基来代表0、1数字位,通过分子反应合成DNA实现计算和信息存储。

数字技术推动生产函数①重构,通过数字产业化和产业数字化"双轮驱动",对传统产业进行全方位、全角度、全链条的改造,不断颠覆现有产业的形态、分工和组织方式,不断催生大量新产业、新业态、新模式,个性定制、柔性生产、网络协同、智能调度成为主流,带来生产效率极大提升、服务供给极大丰富。

国际数据公司预测,2025 年全球数字经济占比将从目前的 40% 提升至 58% 以上。特别是数据资源,具有可复制、可共享、可无限供给、非排他性、非独占性等特征,已成为驱动经济社会发展的关键生产要素,为劳动、资本、技术等传统要素带来全新组合和倍增效应,为生产力和生产关系带来巨大变革(据国际权威机构 Statista 研究,2020 年全球数据产生量为 47 ZB②,而到 2035 年将突破 2 000 ZB,约为今天的 50 倍)。与此同时,数字化将进一步打破时空界限,人类进入一个"人机物"三元融合的万物智能互联时代,"在线"与"在场"紧密交融,供给与需求精准对接,大规模、排浪式的消费日益式微,个性化需求、多样化供给迅速发展,每个人都有机会享受优质普惠的服务,都有机会获得平等发展的权利。

四、 社会治理维度:规则体系将发生深刻改变

从社会治理层面看,数字化正在全面重塑治理规则体系,将进一步深刻影响政府管理、经济安全、社会稳定乃至全球治理。数字时代的人类社会将呈现虚拟世界与真实世界互为镜像③的全新格局,人们不再仅仅是数字技术的被动接受者,而是成为自带数字属性的"终端个体",社会组织方式呈现分布式、去中心化的特征,迫切要求重建数字信任体系和社会治理规则,数字空间成为社会思潮和利益诉求表达的重要舞台,共建共治共享变得更加重要。

数字孪生赋予城市物联感知操控能力、数字化表达能力、可视化呈现能力、虚实映射交互能力,将全方位赋能规划、建设、管理各个环节,推动城市治理模式从单向管理转向双向互动、从线下转向线上线下融合、从单纯的政府监

---

① 作为现代创新理论的提出者,著名经济学家熊彼特认为,所谓创新就是要"建立一种新的生产函数",即"生产要素的重新组合"。
② 泽字节,计算机内存储容量单位,英文 Zetta Byte,简称 ZB。1 泽字节约等于 10 万亿亿字节。
③ 《连线杂志》联合创始人凯文·凯利认为,在未来的世界里,真实世界里的每个东西都会有一个芯片,整个世界都将被数字化,一切都将在虚拟数字世界里有一个复制品,像是现实世界的一面镜子。

117

管转向更加注重社会协同治理。

同时也要看到,数字化带来的万物互联、虚实映射、实时交互,扩大了风险波及范围,提升了风险扩散速度,可能带来就业结构改变,既有法律与社会伦理受冲击、个人隐私被侵犯、国际关系准则受挑战等一系列问题,资本垄断、算法剥削等弊端可能会更加凸显,信息壁垒、"数字鸿沟"等问题不容忽视,数据跨境流动、数据资产权属等挑战日益突出(研究发现,未来几十年,47%的工作岗位会受到威胁。但数字化每摧毁一个就业岗位,就会创造 2.6 个新就业岗位[①])。必须弘扬"科技向善"理念,全面提升数字治理水平和风险防范能力,确保数字技术安全、可靠、可控发展,确保数字化智能化更好地造福社会、造福人民。

综合判断,顺应数字化浪潮、推进数字化转型,已不是可有可无的"选择题",而是事关生存和长远发展的"必修课"。我们所要推进的城市数字化转型,不是某几个领域的"单兵突进",而是涵盖城市生产、生活、生态方方面面的整体性转变;不是一般意义上的"微更新",而是提升城市产出效率、配置效率和运行效率的全方位变革;不是单纯的技术手段迭代,而是倒逼城市治理理念、模式、手段深层次变革的革命性重塑。在推动网络强国、数字中国建设的进程中,应当综合把握技术演进趋势和产业发展规律,从而在全球数字化浪潮中抢抓机遇、立于潮头。

作者:杨宏伟　蒋英杰　王珏　等

参考文献:

① 马丽:《数字技术推进社会治理共同体建设》,中国社会科学网,2022 年 10 月 12 日,http://www.cssn.cn/zx/202210/t20221012_5547975.shtml。

② 张轩婷:《麦肯锡报告:2030 年近 1 亿中国人或面临职业转换》,澎湃新闻,2017 年 12 月 3 日,https://www.thepaper.cn/newsDetail_forward_1888177。

③ 赵良毕:《ICT"双碳"新基建,IDC 温控新机遇》,中国银河证券研究公众号,2022 年 6 月 21 日,https://mp.weixin.qq.com/s/uCaw8dOs82XKCIi3kksIQ。

④《周鸿祎:软件在重新定义这个世界》,央视网百家号,2022 年 3 月 1 日,https://baijiahao.baidu.com/s?id=1726067725206606040&wfr=spider&for=pc。

---

① 麦肯锡全球研究院曾对全球 13 个经济体的 4 800 家中小企业的调研显示,随着中小企业互联网技术的普及,每失去 1 个岗位,就会创造出 2.6 个新的工作机会。

数字文明建设应成为中国式现代化的重要组成部分

党的二十大报告指出,"中国式现代化的本质要求是:坚持中国共产党领导,坚持中国特色社会主义,实现高质量发展,发展全过程人民民主,丰富人民精神世界,实现全体人民共同富裕,促进人与自然和谐共生,推动构建人类命运共同体,创造人类文明新形态"。同时,报告在建设现代化产业体系部分提出要加快建设网络强国、数字中国,并对加快发展数字经济提出明确要求。综合近年来习近平总书记关于数字技术、数字经济的一系列重要讲话精神和党中央、国务院制定发布的关于数字经济、数字政府、数据要素的一系列规划和政策文件,笔者认为数字中国建设并不仅仅局限于经济领域,而是一个事关中国式现代化的时代命题和宏大叙事,数字文明未来将有望成为人类文明新形态的重要组成部分。

一、对数字文明建设重大意义的认识体会

党的十八大以来,以习近平同志为核心的党中央高度重视数字经济,明确提出了网络强国、数字中国战略。我国"十四五"规划和 2035 年远景目标纲要提出,迎接数字时代,激活数据要素潜能,推进网络强国建设,加快建设数字经济、数字社会、数字政府,以数字化转型整体驱动生产方式、生活方式和治理方式变革。习近平总书记在《求是》杂志发表的文章《不断做强做优做大我国数字经济》指出,面向未来,我们要站在统筹中华民族伟大复兴战略全局和世界百年未有之大变局的高度,统筹国内国际两个大局、发展安全两件大事,充分发挥海量数据和丰富应用场景优势,促进数字技术和实体经济深度融合,赋能传统产业转型升级,催生新产业新业态新模式,不断做强做优做大我国数字经济。为此,笔者认为有必要从实现中华民族伟大复兴、创造人类文明新形态的高度,更加充分认识数字文明建设的重要意义。

数字文明是人类文明发展演进的崭新形态。习近平总书记曾指出,"人类经历了原始文明、农业文明、工业文明,生态文明是工业文明发展到一定阶段的产物,是实现人与自然和谐发展的新要求"。笔者认为,与生态文明相类似,数字文明也同样是工业文明发展到一定阶段的产物。特别是近年来,互联网、大数据、云计算、人工智能、区块链等数字技术加速创新,日益融入经济社会发展各领域全过程,发展速度之快、辐射范围之广、影响程度之深前所未有。据统计,2020年全球数字经济规模已经达到32.6万亿美元,占GDP比重达到43.7%。可以预见,数字文明未来将成为工业文明的高级阶段,甚至有可能成为超越工业文明的新形态。

数字文明是五个文明协调发展的必然要求。习近平总书记在庆祝中国共产党成立100周年大会上指出:"我们坚持和发展中国特色社会主义,推动物质文明、政治文明、精神文明、社会文明、生态文明协调发展,创造了中国式现代化新道路,创造了人类文明新形态。"笔者认为"五个文明"是对人类社会发展本质的高度概括,是相辅相成、辩证统一的逻辑关系。当前数字技术正在全面融入人类经济、政治、文化、社会、生态文明建设各领域和全过程,对人类社会发展带来广泛而深刻的影响。因此,数字文明作为一种新的文明形态,既有可能自成体系,也有望成为赋能"五个文明"协调发展的重要变革力量。比如,数字化赋能物质文明,将带来生产方式和生活方式的变革;数字化赋能政治文明,将带来国家治理方式、人民民主形式的优化;数字化赋能精神文明,将进一步激发文化创新活力,带来意识形态的多元丰富;数字化赋能社会文明,将重建数字信任体系和社会治理规则,为实现共建共治共享提供新路径;数字化赋能生态文明,将有效发挥数字技术在生态环境保护中的"助推器"作用,促进人与自然和谐共生。

数字文明是落实全球发展倡议的重要路径。中共中央党校马克思主义学院陈曙光教授认为,当前西方主导建构的人类文明,已经由世界历史的推动力沦为全球化转型升级、国际合作共赢的文化阻滞力。与此同时,全球范围内地缘冲突、气候变化、自然灾害、新冠疫情、粮食危机、能源安全等问题也在严重威胁着人类社会的健康发展。而这些问题的解决迫切需要世界各国重塑共识、共担责任,通过科技创新共同探索解决途径和方法,通过加强数字技术开放合作提升全球发展的公平性、有效性和包容性。为此,2021年9月,习近平总书记在第七十六届联合国大会一般性辩论上提出了全球发展倡议,并将数字经济作为重点合作领域之一,进一步凝聚各方共识,构建全球发展命运共同体。

二、探索构建数字文明"六大体系"的初步思考

目前,国内外对数字文明建设的理论研究仍处于起步阶段,世界各国虽然竞相制定数字经济发展战略、出台鼓励政策,但对于数字文明的基本内涵、核心理念尚未形成统一共识,对数字文明相关的数据跨境流动、个人信息保护、知识产权保护、数字税等治理规则的话语权争夺日趋激烈,在这个过程中谁能占据先机,谁就能掌握未来发展的战略主动。

近年来,我国数字经济保持迅猛发展势头,数字经济规模从2012年的11万亿元增长到2021年的45.5万亿元,连续多年位居全球第二,数字经济占国内生产总值比重由21.6%提升至39.8%。为此,加快构建具有中国特色、体现全球视野的数字文明体系,对于我国牢牢把握数字经济发展自主权,构筑国家竞争新优势,积极参与全球治理体制变革,一定程度上引领和构建全球发展命运共同体都具有重要战略意义。

习近平总书记在2021年世界互联网大会乌镇峰会的贺信中提出:"中国愿同世界各国一道,共同担起为人类谋进步的历史责任,激发数字经济活力,增强数字政府效能,优化数字社会环境,构建数字合作格局,筑牢数字安全屏障,让数字文明造福各国人民,推动构建人类命运共同体。"初步考虑,习近平总书记提出的数字经济、数字政府、数字社会、数字合作和数字安全,再加上对数字化发展至关重要的数字制度,这"六大体系"可以成为我国推进数字文明建设的基本框架。

一是构建数字经济体系。我国《"十四五"数字经济发展规划》提出,数字经济是继农业经济、工业经济之后的主要经济形态,是以数据资源为关键要素,以现代信息网络为主要载体,以信息通信技术融合应用、全要素数字化转型为重要推动力,促进公平与效率更加统一的新经济形态。具体来看,就是要以数据为关键要素,以数字技术与实体经济深度融合为主线,加强数字基础设施建设,充分发挥数据要素作用,协同推进数字产业化和产业数字化,提升公共服务数字化水平,健全完善数字经济治理体系,不断做强做优做大我国数字经济,为构建数字中国提供有力支撑。

二是构建数字政府体系。近年来,我国大力推动政府数字化、智能化运行,"最多跑一次""一网通办""一网统管"等创新实践不断涌现,为迈入数字政府建设新阶段打下了坚实基础。2022年6月国务院印发的《关于加强数字政

府建设的指导意见》指出,加强数字政府建设是建设网络强国、数字中国的基础性和先导性工程,是推进国家治理体系和治理能力现代化的重要举措。主要目标在于基本建成整体协同、敏捷高效、智能精准、开放透明、公平普惠的数字政府,为基本实现社会主义现代化提供有力支撑。具体包括:构建协同高效的政府数字化履职能力体系;构建数字政府全方位安全保障体系;构建科学规范的数字政府建设制度规则体系;构建开放共享的数据资源体系;构建智能集约的平台支撑体系等内容。

三是构建数字社会体系。中共中央宣传部2022年8月在"中国这十年"系列主题新闻发布会上表示,2012年至2021年,我国网民规模从5.64亿增长到10.32亿,互联网普及率从42.1%提升到73%,形成了全球最为庞大、生机勃勃的数字社会。我国"十四五"规划和2035年远景目标纲要对数字社会的建设目标和内容做了阐述,即适应数字技术全面融入社会交往和日常生活新趋势,促进公共服务和社会运行方式创新,构筑全民畅享的数字生活。具体包括:聚焦教育、医疗、养老、抚幼、就业、文体、助残等重点领域,提供智慧便捷的公共服务;分级分类推进新型智慧城市建设,推进城市数据大脑建设,探索建设数字孪生城市,加快推进数字乡村建设;推动购物消费、居家生活、旅游休闲、交通出行等各类场景数字化,打造新型数字生活。同时,还应积极倡导正确的数字社会道德和伦理观念,推动数字社会信任体系建设,强化数字时代的劳动权益保护,有效弥合"数字鸿沟"。

四是构建数字制度体系。近年来,我国先后制定了《网络安全法》《数据安全法》《个人信息保护法》,从法律层面为数字经济发展保驾护航。但是随着数字化转型的全面深化,很多新情况新问题对传统的法制规范提出了前所未有的挑战,特别是在某些新兴领域,制度供给并无先例可循。为此,对内,要面向政府治理、产业发展和社会运行,加快建立完善数据要素基础制度,通过综合性立法和重点领域专项立法,优化数字经济市场准入和监管制度,形成包容审慎、支持创新的监管体系,同时加快创设一批数字化标准规范,确保数字文明健康发展。对外,要积极参与数据安全、数字货币、数字税等国际规则和数字技术标准制定,一方面争取与国际先进规则实现高水平衔接,另一方面避免在全球数字治理重构中再度受制于人,从而造成新的数字发展国际失衡。

五是构建数字合作体系。数字经济发展的最大特征就在于打破了时空界限,通过数字连接和信息共享实现跨越国界的全球资源配置,重构目前的全球产业链和价值链分工格局。为此,推动数字文明建设必须把加强国际交流与合作作为重要内容，推动建立多边、民主、透明的全球数字治理体系。一方面，加快推动数字贸易发展，深化"数字丝绸之路"建设，与"一带一路"国家和地区共同拓展数字领域前沿合作，向欠发达国家提供技术、设备、服务等数字援助，使各国共享数字时代红利。另一方面，深化政府间数字政策交流对话，建立多边数字合作伙伴关系，主动参与国际组织数字治理议题谈判，开展数字经济国际协调和治理合作。

六是构建数字安全体系。近年来，国际上针对网络基础设施、关键基础数据的安全攻击事件呈高发态势，"万物互联"扩大了安全风险的波及范围，"即时传输"则提升了安全风险扩散速度，用户隐私保护、基础网络环境、国家网络安全等方面的挑战日益突出。为此，对于构建数字安全体系，应当站在国家安全重要组成部分、经济社会持续健康发展重要保障的战略高度来认识其重要性。《"十四五"数字经济发展规划》指出，要从强化网络安全基础设施、提升网络安全应急处置能力等方面增强网络安全防护能力；要从建立数据分类分级保护制度、健全数据跨境流动安全管理制度、强化个人信息保护等方面提升数据安全保障水平；要从防范数字金融衍生风险、防范产业链供应链断链风险、防范数字技术应用风险等方面切实有效防范各类风险。此外，针对数字经济跨国界、虚拟化等特点，还应构建保护数据要素、处置网络安全事件、打击网络犯罪的国际协调合作机制，共同构筑数字安全防线。

以上对数字文明建设的初步思考，仅为笔者学习党的二十大报告精神以及习近平总书记关于数字经济、数字中国重要论述的粗浅学习体会。数字文明建设是一个复杂的系统工程，也面临不少的前沿问题挑战和诸多的不确定性，但笔者坚信数字文明的时代正在加速到来，也期待能有更多专家、学者围绕数字文明的基本概念、精神实质、核心内涵、理论框架和实践要求等开展深入研究、论证和探讨，不断丰富数字文明建设的理论体系，为数字中国建设贡献智慧。

作者：高　平

参考文献：

①《国务院关于加强数字政府建设的指导意见》，2022年6月23日，中华人民共和国人民政府官网，http://www.gov.cn/zhengce/content/2022-06/23/content_5697299.htm。

②《国务院关于印发"十四五"数字经济发展规划的通知》，中华人民共和国人民政府

官网,2022 年 1 月 12 日,http：//www.gov.cn/zhengce/zhengceku/2022-01/12/content_5667817.htm。

③ 秦宣:《中国式现代化是"五个文明"相协调的现代化》,《光明日报》2022 年 5 月 27 日,第 11 版。

④ 邱勇:《中国式现代化创造人类文明新形态》,光明网百家号,2022 年 1 月 26 日,https：//m.gmw.cn/baijia/2022-11/02/36133110.html。

⑤ 习近平:《不断做强做优做大我国数字经济》,《求是》2022 年第 2 期。

⑥ 习近平:《坚持节约资源和保护环境基本国策　努力走向社会主义生态文明新时代》,人民网,2013 年 5 月 24 日,http：//politics.people.com.cn/n/2013/0524/c70731-21608755.html。

⑦ 习近平:《坚定信心　共克时艰　共建更加美好的世界》,新华网,2021 年 9 月 22 日,http：//www.news.cn/politics/leaders/2021-09/22/c_1127886754.htm。

⑧ 习近平:《2021 年世界互联网大会乌镇峰会贺信》,新华网,2021 年 9 月 26 日,http：//www.xinhuanet.com/2021-09/26/c_1127903074.htm。

⑨ 习近平:《在庆祝中国共产党成立 100 周年大会上的讲话》,新华网,2021 年 7 月 1 日,http：//www.xinhuanet.com/politics/leaders/2021-07/01/c_1127615334.htm。

⑩ 张瑞才、李达:《论习近平生态文明思想的理论体系》,光明网百家号,2022 年 7 月 11 日,https：//m.gmw.cn/baijia/2022-07/11/35874462.html。

⑪ 支振锋:《彰显数字文明的中国向度》,《光明日报》2022 年 9 月 1 日,第 2 版。

⑫《中华人民共和国国民经济和社会发展第十四个五年规划和 2035 年远景目标纲要》,新华社,2021 年 3 月 12 日,http：//www.gov.cn/xinwen/2021-03/13/content_5592681.htm。

⑬《抓住数字机遇　共谋合作发展(命运与共·全球发展倡议系列综述)》,《人民日报》2022 年 4 月 30 日,第 3 版。

临港新片区打造高水平数字贸易枢纽港研究[①]

近年来,数字贸易已成为全球经贸新的增长点,也是全球经贸规则争夺的焦点所在。临港新片区作为国家级特殊经济功能区,发展数字贸易、打造高水平数字贸易枢纽港,不仅是培育新型贸易业态、支撑上海国际数字之都建设的战略举措;也是抢占数字贸易规则话语权、代表中国参与全球数字竞争的重要手段,是新片区制度型开放和构建开放型经济新体制的突破口。

一、临港新片区建设数字贸易枢纽港的基础优势

临港新片区作为处于开放前沿的特殊经济功能区,在发展数字贸易、打造数字贸易枢纽港方面具备区别于一般区域的基础优势。

(一) 数据场景资源积淀深厚

临港新片区是上海产业体系最为完备的区域之一,已初步形成"2+3+4"产业体系,积累了丰富的数字贸易领域的数据资源。一是智能网联汽车产业快速发展。新片区已集聚特斯拉、图森未来等多家智能网联车企,产生大量自动化驾驶数据。据测算,若按照每辆车每天运行3小时计算,则每1 000辆车每年可产生1.8 TB的自动化驾驶数据。目前,智能网联汽车在智能技术跨境展示、汽配产品境内外协同研发与制造等主要场景具有大量数据的跨境流动需求,需要实时展示汽车运行状况以推广技术产品,或是需要大量研发数据交互以达到最佳效果。二是工业互联网形成独特优势。临港新片区引进中国云计算服务商第一方阵的独角兽企业华云数据集团并组建特色云服务商,为企业打造互联互通、万相融合的工业互联网云平台提供强力支撑,集聚了一批人工智能技术研发平台和企业,涵盖硬件、算法、应用等多个重要环节,支撑工业

[①] 本文曾发表于《科学发展》2022年第9期。

互联网领域发展。在工业互联网平台运行过程中,需要持续对工厂数据进行实时分析与反馈,这对信息交互效率和数据传输速度提出更高要求。三是数字内容不断丰富。临港新片区已引进喜马拉雅、阅文集团、哔哩哔哩、智联招聘等一批视听、影音等数字内容企业,在向海外用户提供数字产品或是开展境外培训时,均需进行数据的跨境交互。除此之外,以上海银行为代表的金融服务类企业,为新片区企业提供跨境交易数据真实性审核等服务;亚马逊作为全球最大的电子商务公司,在新片区继续开展跨境电商业务等。众多数字贸易相关领域逐渐发展壮大,极大地丰富了新片区的跨境数据流动场景和需求(表1)。

表1 临港新片区数字贸易相关产业领域代表性企业

主要产业领域	代表性企业	数据跨境业务	数据跨境流动需求
智能网联车企	特斯拉	无人驾驶数据跨境流动,数据平台展示,跨境无人物流车路协同,国际出口直连、跨境数据中心	跨境展示智能网联汽车最新技术成果,境内采集、处理的数据在国外某些大型会展中心展示、演示;境内外团队协同研发汽车零配件,境外采集、处理的数据直接存储至国内进行分析、建模、形成成果;国内技术专家及相关人员可以远程检测数据变化、对数据进行现场分析、监督、转化应用
	图森未来		
	上研智联		
	上汽集团		
工业互联网	华云数据集团	为国际用户提供私有云以及一站式公有云服务	需要持续对产品运行时产生的数据进行分析反馈;设备运行数据、故障数据需要向国内数据中心进行实时传输,国内研发部门需要对这些数据进行实时分析,指导海外设备产品的销售、维修和国内研发
	优刻得	工业数据跨境流通平台	
	达华智能	互联网工业数据操作系统平台	
	工业互联网创新中心(上海)	工业互联网标识解析国家顶级节点	
	中科云谷	物联网智能管理软件	
数字内容	喜马拉雅	向海外用户展示音频内容	跨境交互平台软件使用信息,相应视频数据、文字、视频等内容信息,用户注册的信息,平台互动和学习数据等均需要进行跨境交互
	印象笔记	产品国际化	
	哔哩哔哩	向海外用户展示视频内容	
	智联招聘	通过国际数据港引入与国外高校联合开发课程	
其他	亚马逊	跨境电商	交易数据跨境传输,整合国际交易订单
	上海银行	金融信息平台	贸易真实性分析,交易订单去重
	腾龙控股	跨境互联网数据中心	收集或提供国际数据,提供全球分布式数据中心深度定制服务

（二）数字贸易平台赋能凸显

临港新片区加快推进一批高能级功能性平台落地发展，为新片区的数字贸易发展提供良好支撑。上海数字贸易交易促进平台临港新片区分站增设运行，实现市级主站和新片区分站两级站点架构体系，为新片区企业提供版权、金融、翻译、培训、资讯等多类型的公共服务。截至2019年底，喜马拉雅、支付宝、阅文集团、咪咕视讯、哔哩哔哩科技等近百家数字领域知名企业完成入驻，用户访问量已过万。2020年启动平台二期建设，继续深化与版权部门对接，解决数字版权存证、确权、纠纷处理以及跨境资金结算和融资等企业痛点问题，进一步增强平台服务功能。国家工业互联网创新中心落地新片区，切实发挥桥梁纽带作用，为航空航天、电子信息、汽车装备、船舶海工等重点行业企业提供全方位服务，深度赋能制造业并带动整个产业链升级。

（三）数字经济载体品牌鲜明

临港新片区持续发挥数字经济产业优势，不断推动数字经济产业载体加速建设。"信息飞鱼"全球数字经济创新岛建设有序推进，着力打响"数联智造"品牌，在人工智能、生物医药、智能制造、总部经济等关键领域，探索国际化数据流通机制，加强数据资源汇聚特色，推进数据便捷联通。依托国内首个"跨境数字新型关口"试验站，重点发展云计算、智能网联汽车、金融科技、工业互联网等产业，涵盖数据服务、算力设施、芯片研发、智能技术和场景应用等方面内容。"东方芯港"聚焦超越摩尔技术突破、装备材料补短板，依托集成电路特色产业载体纳米园，集聚了60余家亿元以上规模的集成电路企业，标志性的地标载体为新片区发展数字贸易提供了良好支撑。

（四）数字贸易政策先行先试

临港新片区自成立以来，一直对标国际公认的竞争力最强的自由贸易区，将开放创新打造成新片区最大的优势，多项试点探索举措走在全国前列。数据跨境流动方面，2020年8月上海成为国内4个数据跨境流动试点城市之一，《中国（上海）自由贸易试验区临港新片区总体方案》明确提出试点开展数据跨境流动的安全评估，目前正积极向国家争取率先建立数据流动事前安全评估机制。增值电信业务开放方面，"新片区总体方案"提出要在电信等重点领域加大对外开放力度。2021年4月14日发布的《南汇新城"十四五"规划建设行动方案》《临港新片区数字经济产业创新发展"十四五"专项规划》等文件，均提出要在增值电信业务方面做出政策突破，具体包括争取外资控股公司实现B11类（互联网数据中心业务）等在华运营资质试点。金融开放方面，数字人民币服务国家战略首次试点落地，中国太保为临港集团旗下项目签发上海第一张数字人民币保单。临港集团成功搭建临港首个本外币合一跨境资金池，实现跨境人民币结算便利化，数字货币与数字贸易叠加优势进一步显现。

（五）基础设施硬件加快布局

临港新片区全面推进国际化新型信息基础设施建设，以国际数据港为代表的国际数据产业加速发展，"先行先试"数据跨境流动。通信综合局房和互联网云计算数据中心方面，新片区已建成综合局房1个、互联网云计算数据中心2个、机房62个，用于部署服务于新片区的各类交换、数据和传输网元。国际通信方面，上海（临港新片区）国际互联网数据专用通道已正式发布，同时新片区还拥有国际海缆登陆站2个，共接入海底光缆7条。中国移动在新片区建设的国际海缆登陆局，是国内首个国际海底光缆与超大型数据中心联动的一体化布局。城域网络方面，数据网已实现万兆链路直达上海核心节点，千兆宽带网络覆盖率超过99.5%，部分端口已具备万兆能力。移动通信和物联网建设方面，已建5G室外基站981个，NB-IOT站点超1 000个，基本实现室外连续薄覆盖，新型互联网交换中心正在积极建设中。

二、临港新片区建设数字贸易枢纽港面临的问题

（一）数字贸易枢纽港功能尚未形成

1. 数字贸易功能内核的"具象化"支撑不足

一是数字服务领域业态发展比较薄弱。一方面，新片区在视听、影音、游戏等数字内容领域引进企业数量不足，需继续引入一批国内外龙头企业，如腾讯、Netflix等重量级企业；另一方面，新片区虽已引入一批数字内容龙头企业，但目前开展的业务数量较少，大部分企业仅挂牌成立。二是应用场景有待拓展。新片区在数字贸易、数字服务等产业领域应用场景尚显单薄。在数字产业化方面，需进一步运用大数据、云计算等前沿技术推动管理手段、模式创新，实现从数字化到智能化再到智慧化的转变。在产业数字化方面，应将城市运

行、服务、生活与智能应用、智能基础设施相融合,加快智慧医疗、智慧教育、智能制造、智能交通等场景落地实施,尤其是与跨境数据服务相关的应用场景需进一步拓展。

2. 数字贸易生态有待完善

一是数字贸易平台显示度有待提升。新片区现有数字贸易平台数量较少,且缺乏有影响力的功能性平台和综合性跨境电商服务平台。新增设的上海数字贸易交易促进平台临港新片区分站访问量与主站仍存在一定差距,同时还缺少类似虹桥进博会溢出效应转化中心、长三角数字贸易促进中心等新型数字贸易促进平台。二是企业及专业服务机构集聚度不高。新片区虽然已在跨境电商、数字内容、高端制造等领域拥有一些头部企业,但数量不多,且缺少在线支付、税务办理、金融保险、仓储物流、关税申报等相关专业服务机构。三是缺乏完善的跨境数据管理体系。新片区尚未建立起一套能够适应开放需求的跨境数据管理体系,在跨境数据分类分级、数据的权属确认、数据流动风险管控等方面尚未明确具体规则。四是数据跨境互认机制亟待确立。目前,美国、欧盟等均已建立数据跨境互认协定,其中欧盟与日本签订的数据跨境充分性互认决定,实现个人数据的双边自由传输,催生了全球最大的数据安全流动区域,但目前国内还没有与其他国家或地区建立明确的互认机制,这使新片区在进行数据跨境传输时需要克服更多困难。

(二) 企业开展业务仍面临诸多限制

1. 云服务商境内外服务无法互通

大多数工业互联网平台企业须将海量物联网基础信息、数据库以及知识库进行跨境交互,以便及时获得人、机器、系统的运行信息并给出反馈。这一过程需借助公有云服务器的支撑。部分企业反映,目前主流的公有云服务商在国内外的服务上不能互通,如存储、信息抓取、防火墙等服务,这影响了信息交互的效率并增加了企业的额外成本。

2. 版权限制导致数字内容业务无法顺利开展

新片区内不乏喜马拉雅、哔哩哔哩、智联招聘等一批以视听影音为主要业务的数字内容企业,这类企业在跨境传输视频、文字、图像数据和用户信息交互方面有大量需求。但由于版权限制,企业无法对数据进行镜像缓存并引进国内。

3. 电信领域开放进展缓慢

逐步放开基础电信业务这一问题已被多次提及,全国两会期间人大代表也建议工信部支持新片区安全有序放开基础电信业务,赋予新片区经营基础电信业务的外商投资电信企业的审批权限,放宽增值电信业务领域的外资股比限制。但目前新片区仍未出台具体配套细则和实施方案,外商直接投资数据服务领域受到准入限制,仅将经营类电子商务外资股权比例放宽至100%,而基础电信业务仍规定必须由中方控股,尚未放开,而海南自贸港已在这方面着手探索。

4. 数字产品和服务监管有所滞后

在产业数字化发展方面,新片区也面临一些创新应用的制度约束。例如,在远程医疗领域,"互联网医院"等新兴业态的出现在惠及大众的同时也带来一定的监管压力,全国各地对于互联网医院的准入认定、在线问诊平台信息数据与监管平台的对接等具体问题仍处于细化探讨阶段。在跨境电商领域,新片区金融服务类企业反映,在审查客户跨境贸易数据的过程中,尚未建立有效的跨境贸易真实性核验系统,仍面临跨境跨企业数据分析难度大、重复数据多、准确性无法保证等问题,这严重制约了业务开展。

5. 带宽限制导致网络延迟明显

部分企业需要进行数据实时回传处理,但目前新片区内的带宽不能保证企业安全有效地进行这一操作。一些智能网联汽车和工业互联网平台企业均反映网络延迟明显、数据传输不够及时,甚至需要在当地组建团队获取信息,这增加了不必要的成本。倘若采购运营商国际数据专线服务,则价格昂贵。

三、临港新片区打造高水平数字贸易枢纽港的定位和目标

(一) 发展定位

一是成为全球数字资源的配置枢纽地。临港数字贸易枢纽港对全球数字资源的汇聚、存储和交易功能不断完善,实现数据资源的畅通流动和高效配置;形成高速、泛在、安全、智能的数字基础设施体系,为数字资源的汇聚、存储和流动打造基础支撑,打造全球领先的世界级数字基础设施标杆。数字要素市场体系不断完善,数字的资源化、资产化、资本化实现突破,将临港新片区建设成为数字要素高度集聚、数字资源跨境流动顺畅便利、数据资源价值化形成有效路径的数字贸易先行区。

二是成为全球数字贸易的新兴增长极。临港数字贸易枢纽港整合全球数

字贸易价值链、引领全球数字贸易发展的重要作用不断提升,打造具有全球竞争力的数字贸易优势领域,成为全球数字贸易的新兴增长极。依托新片区在新能源汽车、智能制造和数字经济等领域的产业基础优势,增强在数字贸易领域的国际竞争力,集聚一批具有全球影响力的龙头企业,形成产业链上下游和跨行业融合的数字贸易产业生态,提升在全球数字贸易网络中的影响力和控制力。

三是成为数字贸易规则的先行试验田。提升临港数字贸易枢纽港在构建全球数字贸易新规则、新秩序中的地位和作用,从主动接轨向积极参与和引领国际规则标准的制定转变,成为我国开展数字贸易规则先行先试的试验田。对标国际高标准数字贸易规则,结合中国特色和临港特点,先行探索数字贸易领域的立法、规则和标准制定,在数据跨境流动、数字服务开放、知识产权保护、隐私保护等方面进行压力测试,按照可管可控的原则探索跨境数据流动的分类开放机制,形成一批可复制可推广的经验成果,为我国积极抢占数字贸易话语权发出"临港声音",成为我国探索新型数字贸易方式的高水平试验场。

(二) 发展目标

一是数字贸易规模进一步扩大。到 2025 年,临港新片区数字贸易额年均增速达到 15% 以上,数字贸易总额占服务贸易总额比重持续提升。加快传统服务贸易数字化转型,拓展数字贸易新业态、新模式。

二是数字贸易企业进一步集聚。集聚一批数字贸易龙头企业和总部机构,培育一批行业细分领域的独角兽企业和具有潜力的成长型企业。打造一批估值百亿美元以上的数字贸易龙头企业,引进和培育 100 家国际竞争力强、发展潜力大的规模以上数字贸易重点企业。

三是数字基础设施建设进一步加强。到 2025 年,实现千兆宽带和 5G 网络在临港新片区全覆盖,建设一批高性能公共算力中心、大数据中心等,打造云计算、区块链、工业互联网等数字平台,为数字贸易发展提供基础支撑。

四是数字贸易规则体系进一步完善。对标全球高标准数字贸易规则,基本形成数据跨境流动、数据确权、数据交易和数据安全等重点领域的规则和标准,推动数据交易规范化发展。探索完善数字贸易统计监测和监管制度体系。

四、临港新片区打造高水平数字贸易枢纽港的突破口

临港新片区打造数字贸易枢纽港功能,最核心的是要形成具有特色和优

势的数字贸易领域,率先突破企业跨境数据业务开展面临的制度瓶颈,着力提高新片区数字贸易集聚度、显示度和竞争力;重点聚焦智能网联汽车、工业互联网、电信业务、数字内容等四大重点赛道持续发力,推出一系列创新举措。

(一)聚焦智能网联汽车领域,探索数据跨境流动模式创新

目前,智能网联汽车企业在数据跨境流动方面面临的主要问题是:现行数据管理办法和现有数据传输设备不能完全满足车企进行跨境数据流动的需求。在智能网联汽车研发制造过程中,企业经常需要进行智能技术的跨境展示,以及汽车零配件的跨境协同研发制造,然而目前国内法律法规对网联汽车数据采集安全的监管要求较高,再加上新片区的通信设施不能完全实现数据的高效传输,导致企业不得不在海外重新组建团队,在当地直接获取数据,这增加了企业的运营成本。因此,建议临港新片区从探索政策突破、优化合作模式、加强基础设施建设等三个方向入手,提高智能网联汽车数据跨境流动效率。

一是在新片区探索试点网联车企数据传输模式。积极引进中国汽车工业协会,合作试点数据代理模式推动汽车行业数据跨境流动。选定1—2家具有国资背景的智能网联龙头车企进行合作,探索"数据监管沙盒"模式,在保证原始数据不出境的同时,为外部机构提供业务所需的结果数据。

二是加强数据流动风险管理。对智能网联汽车数据按照重要等级进行划分,针对各个等级制定相应的管理原则。参考美国等发达国家和地区的数据管理要求,对自动化驾驶数据进行类别划分并进行相应的风险评估,便于为未来双边或多边合作奠定基础。

三是加强建设智能网联汽车产业数据基础设施。依托"信息飞鱼"创新岛建设,谋划建设"临港智能汽车产业云"、智能网联汽车大数据存储中心和智能网联汽车大数据平台等一批智能网联汽车产业数据基础设施项目。进一步加强国际光缆信息通道建设,推动建设、扩容直达亚太各国、通达全球的海底光缆系统,提升网络连通性和承载能力。

(二)聚焦工业互联网领域,增强"工赋国际制造"服务能力

工业互联网领域数据跨境流动同样面临通信基础设施水平与主要需求不相匹配的问题,除此之外,缺乏工业互联网公共服务平台也同样给数据跨境传输带来一定限制。对此,提出以下建议:

一是探索工业互联网数据跨境流通试点。在符合国家相关法律法规的前提下，对标国际高标准规则要求，探索建立跨境工业互联网平台，结合工业和信息化部《工业数据分类分级指南》，在确保安全可控的前提下，探索工业企业在研发设计、生产制造、经营管理、运维服务等环节中的工业大数据跨境流通，实现跨境企业之间工业数据、工业服务的互联互通。在数据跨境流通模式上，依托新片区的"跨境数据流通公共服务平台"，实现海外设备数据与国内数据中心的数据实时互通，实现全球用户的设备运行数据、故障数据向国内数据中心的实时传输，以及国内企业对海外设备产品的销售、维修和研发的全过程管理，实现跨境数据的安全有序流通。

二是吸引集聚平台型龙头企业和工业互联网 App 平台。培育制造业数字转型的集成服务提供商，推动数字化、网络化、智能化等新技术与产品研发设计、生产制造、仓储物流、运维服务等环节深度融合，围绕"平台＋5G、平台＋区块链、平台＋AR/VR"等技术融合方向，打造一批平台创新解决方案和一批高价值工业 App。依托国际化的工业互联网平台，汇聚源自工业设备、业务系统等领域的研发设计、生产制造、运行维护、软件工具等关键数据资源，依托数字贸易枢纽港推动平台拓展跨境工业大数据服务，支撑制造业数字化应用创新。

三是推进数据跨境流动公共服务平台建设。加快推进数据跨境流动公共服务平台建设，针对不同行业和技术模式的企业跨境数据传输类型、特点和需求，结合 5G、人工智能、区块链、大数据等数字技术在产业领域的融合应用，通过公共服务平台为企业提供多种数据跨境流动模式。完善公共服务平台对数据跨境流动的事前评估、事中审查和事后追溯等功能，探索开展数据跨境流动的安全评估，建立数据保护能力认证、数据流动备份审查、跨境数据流通和交易风险评估等数据安全管理机制。

（三）聚焦电信业务领域，探索加大电信业务对外开放力度

电信业务关系国家政治、经济安全，我国对电信业务领域的开放一直持审慎态度，渐进式开放虽更容易控制风险，但也拉长了开放进程。另外，我国电信市场对外资开放的范围也较窄，与发达国家相比存在明显差距。在全球电信服务贸易自由化进程加快和数字经济蓬勃发展的背景下，加快开放电信业务领域，激发市场主体活力显得更为迫切。新片区要打造数字贸易枢纽港，更须积极探索电信业务进一步扩大开放的有效路径。基于此，提出以下建议：

一是安全有序地推进基础电信业务领域对外开放。借鉴海南、深圳在基

础电信领域开放的主要做法，探索安全有序、分类分步开放基础电信业务，适度放宽经营基础电信业务的外商投资电信企业中外方投资者的出资比例。同时，进一步完善相关法律法规，为电信业开放发展和监管提供法律保障。加快完善网络信息安全监管体系，构建高效有力的安全保障制度。

二是进一步加大增值电信业务领域对外开放力度。在上海互联网数据中心、内容分发网络、在线数据处理与交易处理（除电子商务）、信息服务业务（除应用商店）类业务对外开放率先试点的基础上，加快总结试点经验、固化制度成果，适时在全国范围内复制推广。研究探索突破国内互联网虚拟专用网、编码和规程转换业务50%外资股比限制，选取新闻、社交、购物、视频等若干领域先行试点，分步骤、分阶段地开放部分网络管制，推动数据更加顺畅高效地跨境流动，形成增值电信业务领域开放的"上海经验"。

（四）聚焦数字内容领域，提升数字内容服务的竞争力

数字内容领域在进行数据跨境流动的过程中，面临的主要阻碍是版权限制，这导致数字内容不能顺畅传输，制约了数字内容方面的跨境服务业务开展。一方面，如智联招聘等企业反映在其引进海外优质教育资源时，境外内容提供商要求不能将内容缓存于中国国内，企业不得不采取转存等其他方式向用户提供音视频内容；另一方面，我国现行法律、法规均对数据跨境传输进行管控，对海外图片、影像等的审查较为严格，这也导致企业引进海外数字内容等业务无法落地。对此，提出以下建议：

一是制定数字内容开放领域负面清单。进一步扩大数字内容领域的开放程度，探索建立数字贸易枢纽港的数字内容开放负面清单，针对外商投资实行负面清单管理模式，明确禁止和限制外商投资经营的数字内容行业、领域、业务等，清单以外的行业、领域、业务等，国企、民企、外资等各类市场主体可以依法平等进入。同时，加强对数字内容的事中事后监管，探索更加灵活的政策体系、更加高效的监管模式和管理体制，针对数字内容的不同特点进行分类监管、精准监管和信用监管。

二是加快数字文化内容"走出去"。围绕数字出版、网络视听、动漫游戏、音乐影视等新兴数字内容领域，打造原创数字内容IP。推动5G、大数据、人工智能等新兴数字技术与文化创意产业融合发展，以数字为载体，发展长视频、短视频、网络直播等视频流媒体和电子竞技等新兴业态。积极开拓国际市场，支持文化创意企业参加境外艺术节，以及动漫、影视、游艺游戏等国际展会活

动,加大原创数字内容 IP 的宣传推介力度,助力数字文化内容 IP"走出去"。

三是探索更多数字内容开放的应用场景。针对数字内容服务企业的实际需求,开放更多不同种类的数字内容跨境服务应用场景,探索数字内容跨境流动新模式。例如,针对境外机构由于保护版权不允许在境内保存缓存的职业培训类视频数字内容,在境外传入数据来源地相对固定的情况下,在现行法律法规允许的范围内,可考虑以视频托管和访问中转等方式,如通过将海外视频内容保存在我国香港地区的服务器进行托管、建立香港云平台作为访问中转站等,引入优质海外职业培训内容。

五、 临港新片区打造高水平数字贸易枢纽港的保障措施

临港新片区打造数字贸易枢纽港,需进一步加强数字基础设施建设,培育数字贸易生态,率先探索数字贸易规则先行先试,并完善数字贸易的统计监测体系,更好地支撑数字贸易发展,助推新片区数字贸易枢纽港建设。

(一) 筑牢数字基础设施的底层支撑

数字基础设施是支撑数字贸易发展的硬件基础和关键条件,新片区要着力增强数字基础设施国际化的枢纽性和链接度,打造世界级信息基础设施标杆,重点建设国际海底光缆、国际互联网专用通道等枢纽设施,扩容亚太互联网交换中心、推进人工智能公共算力平台建设,为数据汇聚流转提供充足的硬件基础。

(二) 强化数字贸易生态的多元赋能

数字贸易平台是整合数字贸易价值链、配置数字贸易资源的重要基础。新片区要搭建跨境数据服务公共平台,完善数字贸易促进平台功能,提供跨境贸易、跨境数据业务真实性核验服务、数据评估服务等,持续发布并动态更新海外网站访问、数据存储节点的"白名单"和新片区跨境数据流动的负面清单。

(三) 践行数字贸易规则的先行先试

随着数字贸易对全球价值链分工的颠覆式改变,数字贸易规则竞争成为当前大国博弈的前沿领域。新片区要在数据跨境流动分类管理、知识产权保护以及数据确权、数据安全审查等方面率先探索,率先探索推行"数据监管沙

盒"，与欧美、东盟等实现机制对接、城市互信，主动参与和引领数据流通国际标准和规则设置。

（四）完善数字贸易发展的统计监测

数字贸易作为新兴领域，目前的统计体系还不健全，新片区在数字贸易方面也未建立起合适的统计体系。新片区要着手建立数字贸易企业目录，对新片区从事跨境数据服务业务的企业进行系统梳理，并开展季度或半年度分析监测，同时建立对重点数字贸易企业的跟踪制度，及时了解数字贸易企业对业务开展的制度创新需求，形成年度制度创新突破清单。

作者：丁国杰　韩　佳　刘梦琳　唐小于

参考文献：

① 方亚南：《数字化赋能跨境贸易便利化：问题与方案设计》，《信息技术与网络安全》2021年第7期。

② 付晓：《全球数字贸易白皮书》，《中国会展（中国会议）》2021年第20期。

③ 黄家星：《国际数字贸易中强制披露源代码措施研究》，《新经济》2021年第7期。

④ 黄庆平：《数字内容产业在探索建设自由贸易港中的发展策略》，《科技管理研究》2020年第23期。

⑤ 覃庆玲：《车联网数据安全风险分析及相关建议》，《信息通信技术与政策》2020年第8期。

⑥ 王春晖：《信息通信业在海南自由贸易港的作用》，《中国电信业》2020年第7期。

⑦ 王亚婵：《海南自由贸易港发展数字经济的创新路径探析》，《对外经贸实务》2021年第7期。

⑧ 于成丽：《2020年工业互联网数据安全态势分析及相关对策建议》，《保密科学技术》2020年第12期。

⑨ 张浩：《我国智能网联汽车数据跨境流动的法律规制》，《人工智能》2020年第4期。

⑩ 周千荷：《关于欧盟〈车联网个人数据保护指南〉的几点思考》，《智能网联汽车》2021年第2期。

⑪ 朱扬勇：《数据跨境监管初探》，《大数据》2020年第1期。

透视两会分析数字新生活的趋势、瓶颈和对策

2021年的全国两会如火如荼地举办,"数字"成为两会热词。全国"十四五"规划纲要提出要"加快数字社会建设步伐";不少人大代表围绕数字发展纷纷贡献出自己的真知灼见:推进生活服务业数字化转型实现高质量发展,运用智能技术帮助老年人融入数字生活,互联网企业尤其是平台企业应该将发展置于安全底线之上、将创新置于有效监管之下……早在2020年9月,国务院办公厅发文明确提出要"提供全方位数字生活新服务"。数字生活的全面加速发展正不断地激发新服务,深远地影响着我们的生活方式。在此大势之下,梳理和分析数字化转型对生活服务的影响、瓶颈和对策有非常重要的意义。

一、数字新生活已经势不可当

(一) 服务业数字化转型是大势所趋

未来全球产业结构变迁与经济转型升级将以服务业为主导。世界银行数据表明,目前全球服务业增加值占GDP比重超过60%。中国也已步入服务经济时代,2015—2019年全国服务业增加值年均增速达11.5%,2019年占GDP比重达53.9%,对国民经济增长贡献度达59.4%,服务业就业人数占比达47.4%,比二产高20个百分点。

服务业数字化时代正加速到来。从发达国家的发展路径来看,在从工业经济迈入服务经济过程中整体经济增速将显著放缓,但我国总体上仍保持较快增长,一定程度上得益于数字化在服务转型升级中的助力。互联网、大数据、人工智能等数字技术极大驱动了服务业线下场景线上化,我国服务业在三次产业中数字化水平最高、转型速度最快。2019年我国服务业数字化渗透率(服务业数字经济占行业增加值比重)达37.8%,比工业、农业分别高18.3、29.6个百分点。但纵观全球,与德(60.4%)、英(58.1%)等发达国家相比,我国

服务业数字化转型存在较大发展空间。

(二) 消费升级催生生活服务数字化浪潮

随着我国城镇化进程不断加快,居民生活水平显著提升,2020年全国人均可支配收入超过3万元。人们对于高品质、智能化、多样化的美好生活之向往愈加强烈,消费支出正从实物商品向多样化的生活服务拓展。2019年全国居民人均服务性消费支出达9 886.0元,占全国居民人均消费支出比重达45.9%。2013—2019年,全国居民人均服务性消费支出年均增速最高的类别为医疗保健(13.0%)、教育文化娱乐(10.3%)、交通和通信(9.9%)。

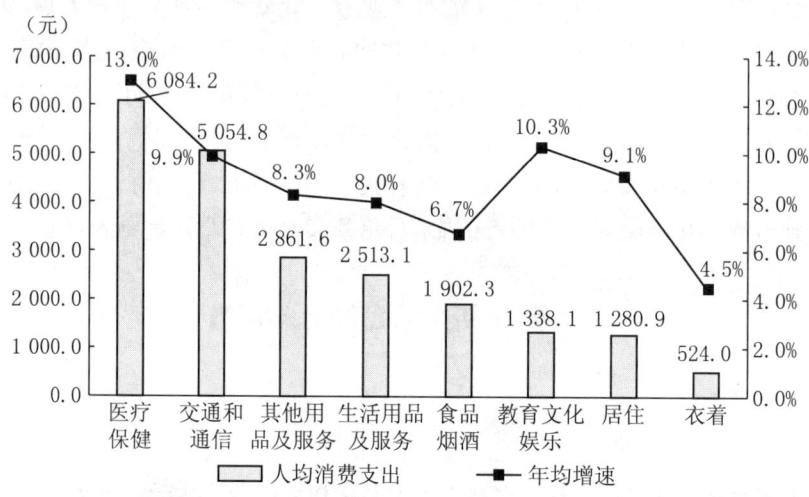

图1 2019年全国居民服务部分领域人均消费支出及2013年以来其年均增速
资料来源:国家统计局。

在此背景下,近年来我国数字化生活服务市场实现了飞速增长。2018年中国本地生活服务市场的线上交易规模同比增长56.3%。2019年中国生鲜外卖和商超便利品质商户上线饿了么数量均同比保持130%以上增速,在线外卖点单及配送服务产生的交易规模总额是2017年的3.5倍。近十年,我国酒店住宿在线预订、互联网出行等数字化生活服务交易规模实现了数倍乃至数十倍增长。中国国民的数字消费习惯逐渐形成,2019年上半年,中国本地生活服务平台月活跃用户接近1亿,每天产生3 000万网约车订单。2020年的疫情防控对数字生活服务市场发展带来了巨大推动,数字生活培养巩固了更多人的线上消费习惯。疫情过后,消费者对于生活服务平台的使用意愿显著提升。并且随着"95后""00后"的崛起及新的个性化消费浪潮到来,对以共享住宿、共享医疗等为代表的生活服务领域共享经济新业态新模式的接受度逐渐提高。

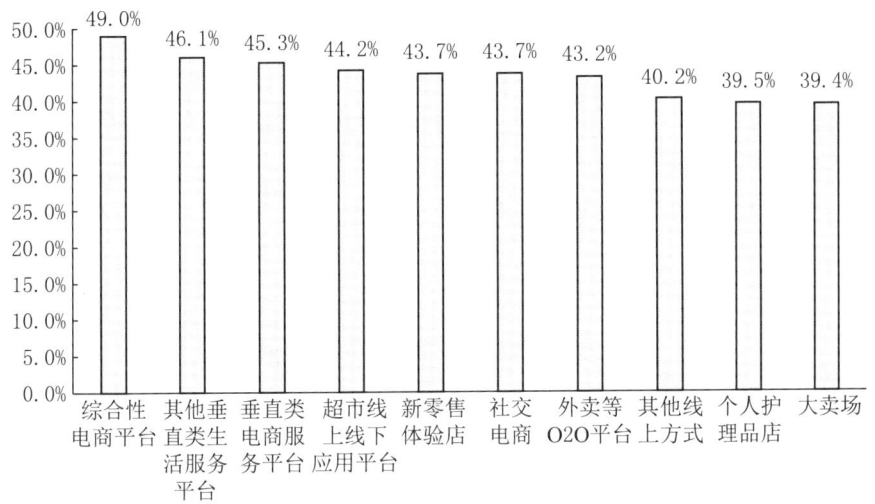

图2 疫情过后消费者对于生活服务平台的使用意愿增幅

资料来源:CTR、网易定位。

与此同时,对数字生活的巨大需求潜力和多元市场需求也在倒逼供给创新。随着新一轮科技革命和产业变革加速演进,数字经济将保持快速、持续、健康发展,面对复杂、激烈的竞争和持续变化的市场格局,传统的生活服务企业亟须通过数字化改造提升自身竞争力,转向集约化运营、科学决策、精细化管理、拓展业务模式、提升抗风险能力。

(三)数字新生活呈现平台化、多场景、灵活就业等特征

数字生活平台化特征明显。数字生活服务综合平台整合了餐饮、出行、电影、亲子、游戏、医疗健康、快递等众多服务业商户,提供不同空间、时间、品类的服务,同时还整合了支付、社交等功能,拥有大规模活跃用户。我国大型数字生活服务综合平台逐渐确立,例如阿里巴巴、美团、京东、腾讯等巨头通过多年的布局拥有了成熟的业务模式及变现能力,正加速向生活领域全方位、全时段渗透。抖音、快手等短视频电商平台手握流量宝库,也正大力进军本地生活业务。

数字生活主要由应用场景驱动。数字技术在日常生活中呈现全场景应用

的特征,例如在线授课、远程问诊、远程办公、网约车出行、在线旅游、VR看房、VR游戏等。未来5G的成熟商用以及XR等技术的迭代升级将会带来颠覆性的应用,产生全新的体验和价值。

数字生活衍生出一批新的职业。生活服务数字化催生了新业态和新模式,提供了大量灵活就业岗位,已经成为我国吸纳就业的重要渠道。人才向数字生活服务业流动,2019年,以新业态形式出现的平台企业员工数已达623万人,平台带动就业人数约7 800万人。新职业不断涌现,例如直播电商平台催生了直播主播、直播策划、数据运营等岗位;网约车平台催生了网约车司机、自动驾驶路测安全管理员等岗位。

二、 数字新生活面临的瓶颈问题

数字生活发展既要有速度,更要有温度,数字化融入日常生活的目的归根结底是让人的生活更加美好,能够更好地激发和满足人的需求,让生活更舒适、更便捷、更安全将是决定数字生活延伸渗透的关键所在。由此来看,数字生活发展还面临着一些瓶颈问题有待破解。

(一)"数据孤岛"仍然有待突破

近年来,数字化在社会的方方面面加速渗透,潜移默化地改变人们生活,也产生了海量的数据"金矿"。为使数据发挥更大驱动作用,还需加强数据之间的深度联动。当我们的数据缺乏关联性,在不同机构、企业、部门等地方相互独立存储、维护,并且存在非同步、非实时更新的情况时,又或者当不同数据库间不兼容,即对相同数据赋予不同含义时,所谓的"数据孤岛"就出现了。

"数据孤岛"是一个客观且长期普遍存在的现象,对于数据的共享开放要持续引导推进。例如在医疗健康领域数字化的过程中,从共享技术角度来看,国内医疗信息化供应商众多且头部企业市占率没有绝对优势,不同医院的信息系统来自不同的供应商,同一家医院内部也存在几十个不同的系统,存在技术规范和系统接口的差异问题;从主体来看,基于患者流量吸引、数据安全保护等的考虑,医疗健康机构多保持审慎的态度,与第三方企业共享数据的积极性不高。对此,国家也在积极推进解决,例如《国家健康医疗大数据标准、安全和服务管理办法(试行)》中明确提出要"推动部分健康医疗大数据在线查询",目前在全国铺开的医联体建设也将极大地促进数据互联互通。

(二) 特殊群体面临"数字鸿沟"

此次新冠疫情给数字生活的发展按下了"加速键",但有一部分老年群体和障碍人士在使用智能技术时遇到很大"数字困难",这也让我们意识到注重速度的同时更要注重温度。据统计,截至 2020 年 12 月,我国网民规模为 9.89 亿,60 岁及以上网民群体占比仅为 11.2%,跟不上"数字化"发展步伐的老年人不在少数。目前也出现了许多老年人在移动支付、网络挂号就医、网约车出行以及智能产品设备使用等方面应用不畅的现象,老年人识别数字技术潜在风险的能力较低,更易受到网络谣言的负面影响、遭受网络诈骗。全国人大代表、小米董事长雷军在两会中也表示,老年人运用智能技术融入数字社会,是关系到未来社会运转治理、经济持续发展的重要课题。

为了帮助老年人和障碍人士更好享受数字红利,许多城市正在着手推动相关工作。近期,工信部将推动 8 大类 115 家网站、6 大类 43 个 App 进行适老化及无障碍改造,交通运输部运输司组织了 8 家网约车平台公司,要求优化打车适老服务,增设方便老年人使用的"一键叫车"功能。总的来说,这种让特殊群体受困的"数字鸿沟"并非完全是新的技术问题,背后实际上还是特殊群体和社会之间的"鸿沟"。

(三) 数字生活的数据安全性有待加强

数据安全是护航数字生活的关键所在。随着数据边界日益模糊,数据信息的共享开放成为一种趋势,与此同时,数据安全管理以及数据泄露后的定责监管难度也越来越大。当公民的个人信息被不法分子利用,个人隐私、经济财产、人身安全受到侵害,社会秩序也将遭受巨大的不良影响。目前大规模使用的人脸识别技术存在很大的风险隐患,人脸数据泄露事件时有发生。

随着技术的不断革新,许多人脸识别技术公司也在积极预防此类事件发生。国内外对于个人数据信息的监管逐渐加码,例如 TikTok 和 Facebook 前段时间就因为收集消费者隐私在美国被起诉,不得不以天价寻求和解;国内出台的《民法典》也强化了公民的隐私权和个人信息保护,对于个人信息处理行为或责任的承担做了相应规定。

(四) 配套数字生活的制度体系不够健全

法律法规和监管措施较为滞后,不能为数字生活提供完善的保障。数字技术与资本深度捆绑，部分企业急功近利，存在"短视"行为。例如2020年11月闹得"满城风雨"的蛋壳公寓爆雷事件，数字化的快速发展助推了这类长租公寓通过抵押租客信用进行借款来扩张的高风险经营模式，资金链断裂后就由消费者接盘买单，重挫了消费者对行业以及数字化发展的信心。长租公寓的相关问题受到有关部门的重视，住建部面向社会公开征求意见，发出《住房租赁条例（征求意见稿）》，长租公寓将迎来"强监管"时期。同样，在数字化已经渗透和将要渗透的其他生活服务领域，也需要未雨绸缪建立更加有效的监管体系。

三、部分两会建议及政策导向

（一）安全有序推进公共数据商用

打破不同信息化系统的"数据孤岛"，大力发展云计算，鼓励政务、企业上云。继续加大力度探索数据流通规则制度，打通传输应用堵点，提升消费信息数据共享商用水平，更好为企业提供算力资源支持和优惠服务。鼓励企业组建数据联盟，在保护用户隐私、机构数据安全以及符合各国政策法规的要求下，共同探索跨企业的数字互联互通。

（二）提高数字生活的便捷度和公平性

积极推动智能技术有效地应用落地，扩大满足特殊群体特定需求的智能终端产品供给。加快无障碍改造行动，鼓励企业在智能设备上提供"老年模式""长辈模式"等。保留老年人熟悉的传统服务方式，为广大老年人提供更周全、更贴心、更直接的便利化日常生活服务。积极开设智能培训和辅导班、开展个性化服务，帮助爷爷奶奶在数字浪潮中"乘风破浪"。如全国人大代表、小米董事长雷军在2021年两会期间建议"引导技术适老与智能家居、智慧社区、智慧出行、智慧医疗等新兴业态融合发展，以产业引导为抓手，牵引智能技术适老化的应用推广"。

（三）积极稳妥拓展数字生活发展空间

加强规划和引导，制定生活服务业数字化专项行动方案，提高政策落地效果，为数字化转型中的企业提供有力支撑。加强新型基础设施、标准制定、公共平台等方面建设,研究发布数字生活服务指数,完善健全相关法律法规。明确数字生活服务模式的监管范围,优化业态治理方式,完善跨部门协同监管机制。进一步推动政府、市场、社会、企业形成合力,加强数字技术在平台治理与监管中的应用,针对不同类型的数字平台实施差别化监管、精准施策。如为了规范引导长租房市场健康有序发展,全国人大代表、58同城CEO姚劲波在2021年两会期间建议"主管部门与房产信息服务平台合作建立基于数字技术的住房租赁交易服务系统,实现租房信息备案、交易、监管全流程线上化、实时化,动态处置低信用机构及从业人员;健全长租房经营机构资金监管制度,整顿租赁企业高风险经营行为"。

作者:熊晓琪

参考文献:

① 第一财经商业数据中心、饿了么口碑、中国饭店协会:《新服务驱动下的消费趋势洞察——2020年本地生活行业报告》,搜狐网,2020年6月24日,https://www.sohu.com/a/404008142_665157。

② 国家信息中心分享经济研究中心:《中国共享经济发展报告(2020)》,国家信息中心网站,2020年3月9日,http://www.sic.gov.cn/News/568/10429.htm。

③ 《雷军两会建议:运用智能技术帮助老年人更好融入数字生活》,新浪科技,2021年3月4日,http://finance.sina.com.cn/tech/2021-03-04/doc-ikftpnnz1844322.shtml。

④ 杨旭:《中国餐饮商超数字化实践洞察2020》,易观分析官网,2020年1月8日,https://www.analysys.cn/article/detail/20019629。

⑤ 《姚劲波向两会提三份建议:推进生活服务业数字化转型、规范长租房市场健康发展、助推职业教育高质量发展》,凤凰网财经,2021年3月4日,https://finance.ifeng.com/c184kopeTOVfi。

⑥ 浙江省电子商务促进中心、蚂蚁集团研究院:《浙江省数字生活新服务指数2020年度报告》,浙江省商务厅官网,2021年2月4日,http://www.zcom.gov.cn/art/2021/2/4/art_1384591_58928824.html。

⑦ 中国信息通信研究院产业与规划研究所、美团研究院:《中国生活服务业数字化发展报告》,外唐智库网,2020年5月18日,https://www.waitang.com/report/23422.html。

第四部分

培育新消费发展壮大新经济

"魔都"国际消费中心建设演绎四重奏

2022年7月31日,上海市委书记李强主持召开全市动员大会,提出要通过"五个加快"推动上海国际消费中心城市建设不断取得新突破。在刚刚发布的《全力打响"上海购物"品牌　加快建设国际消费中心城市三年行动计划(2021—2023年)》中,"世界级综合商圈""全球新品首发""全球高端品牌集聚"等一系列关键词,充分体现了上海这座现代化国际大都市的"高大上"和"国际范"。不少专家学者也纷纷围绕这一主题给出了自己的解读和建议。在此,我们不想再重复解读会议和文件的精神,而是试图换个角度看看上海建设国际消费中心城市的独特魅力。

一、腔　调

说起上海滩的"腔调",可能一千个人有一千种理解。悠悠黄浦江畔,金碧辉煌的万国建筑群时刻在诉说着这座城市"海纳百川"的历史传奇,但对上海"老字号"品牌文化的追忆,对"老洋房"典雅精致的印象,对"老克勒"优雅做派的回味,或许才是这座城市挥之不去、历久弥新的精神符号。

上海是我国最早的品牌发源地和集聚地,但随着历史变迁,一些老字号企业由于管理体制僵化、创新意识不强,品牌竞争力和影响力不断下降,不少老字号品牌已渐渐退出了历史舞台。即便如此,目前上海依然是全国老字号品牌数量最多的城市,据上观新闻报道,现有老字号品牌222家,其中商务部认定的"中华老字号"企业180家,占全国总数近1/6,创立超过100年的老字号有65家。这些留存下来的老字号,正在与这座城市一样厚积薄发、精彩蝶变。

以上海的老字号餐饮店为例,凭借世代传承的匠心品质和积淀深厚的文化底蕴,不断推陈出新,呈现出"返老还童"的生命力,在与一众网红店的PK中丝毫不落下风。光明邨的熟食、国际饭店的蝴蝶酥、老大昌的冰糕、王家沙的八宝饭、凯司令的栗子蛋糕……这些老上海人耳熟能详的老字号,不管酷暑寒冬,不管工作日还是节假日,几乎数十年如一日地都在排队。"咪道嗲"还只是一方面,人们追求的更多是一种情怀和美好的回忆。

同样,老洋房也是上海宝贵的历史资源,据统计,全市现存的老洋房数量仅为 4 000—5 000 幢,其中 95% 左右的产权为国有。近年来,上海有不少老洋房通过保护性修缮和赋予新的文化和商业内涵,重新焕发出新的活力。例如,复兴中路上的思南公馆,经过改造后成为全国第一座露天博物馆,由 5 个露天广场和若干步行街网络组成,商业、办公、酒店、住宅等现代功能在这里实现了有机融合。陕西北路上的荣宅,原本是清末民初中国企业家、"面粉大王"荣宗敬于 1918 年购入的私家住宅。现在则是意大利品牌 Prada 的艺术展览空间,并已经举办了国内外一系列不同主题的艺术展。华山路上的丁香花园,这座中西合璧的私家花园,因据说与李鸿章有着千丝万缕的联系而充满传奇色彩,目前是著名的申粤轩酒楼所在地。陕西南路上的马勒别墅,经过衡山集团精心改造成为现在的马勒别墅饭店,童话般的梦幻城堡和巨大的露天大草坪,早已成为年轻人举办婚礼和享受下午茶的最佳选择之一。

本土的就是国际的,历史的也是时尚的。上海建设国际消费中心城市,不能只把眼光向外,更要善于挖掘这些老字号、老洋房的历史底蕴和文化价值,在讲好上海故事的同时,通过跨界融合和创新,赋予其时尚的内涵、现代的元素、年轻的氛围,让经典焕发出新的精彩,成为上海独一无二的消费吸引力。

二、酷 炫

作为上海"十四五"发展的重大战略部署,城市数字化转型正在进入全面发力的新阶段。但其实在此之前,数字化浪潮就早已给这座城市的商业形态和消费格局带来了深刻变化,一批引领科技前沿、创造未来体验、展现科幻效果的酷炫场景不断涌现,不仅吸引了众多年轻人的注意力,也成为各地纷纷学习借鉴的风向标。

在上海,你能率先接触到最酷炫的科技。BMW 上海体验中心,海尔智家 001 号体验中心,蔚来中心,博士、西门子家电上海品牌体验中心,上海从来不缺能够体验最前沿科技的场所。2020 年 6 月,坐落于南京东路南京大楼的华为全球最大旗舰店正式开业,营业面积近 5 000 平方米。除了一楼超大面积的产品体验空间,二楼的全场景体验区分为智能家居、移动办公、运动健康、智慧出行、影音娱乐等五大场景,消费者在这里可以体验到"一键切换居家模式"

"多屏协同""智慧步道""畅连""智慧出行"等"黑"科技带来的智慧互联生活。

在上海,你能率先体验到最科幻的场馆。随着2021年7月上海天文馆开馆,由科技馆、自然博物馆、天文馆构成的上海"三馆合一"科学技术博物馆集群也露出了全貌。其中,刚刚开业的上海天文馆,建筑面积达3.8万平方米,为世界同类展馆之最,主建筑以优美的螺旋形态模仿天体运行轨道,圆洞天窗、倒转穹顶和球幕影院构成标志性的"三体"结构。展馆不仅拥有珍稀的陨石、陨石坑和月壤,直径超30米的8K超高清球幕影院更是成为一票难求的热门项目。据统计,开放首日仅限3 000张门票,引来18万人预约抢票。

在上海,你能率先享受到最贴心的便利。科技和数字化早已潜移默化走进了我们生活,以市民早餐服务为例,随着"互联网平台+早餐服务""新零售+早餐服务""流动餐车+早餐服务"等新模式的出现,上海数字化赋能早餐的便捷度持续提升。2021年7月,长宁区虹桥社区AI食堂开启试运营,机器人煮面、自动分菜打包、网订柜取、包括数字人民币在内的自助结算,但凡你能想到的智慧化场景都已成为身边的现实。

与互联网发展初期线上消费对线下消费带来巨大冲击有所不同,新一轮数字化技术的应用,开始更多从赋能线下门店、增强沉浸式体验、贴近消费者末端需求等角度来改变人们的生活方式。上海国际消费中心建设,务必要把握数字化、网络化、智能化的消费趋势,围绕"新零售"搭建线上线下融合的商旅文体系,强化大数据、人工智能和云计算在消费领域的创新性应用,从而提升市民和游客的全场景体验。

三、潮 流

消费中心城市,一定是一个引领消费风尚和潮流的地方,是率先"呈现美"和"引领美"的地方,在这方面,上海似乎一直走在最前沿。早在20世纪80年代,上海就已经是全国"最能花钱"的城市了。根据记载,20世纪80年代,市百一店每到周末都挤满了人,年营业额达到1亿4 000万美元,而当时上海也引领着全国家庭"四件套"(手表、自行车、电视机、缝纫机)的消费风尚,一时风光无两,上海就是"品牌"和"品质"的象征,就是"时尚"和"潮流"的代名词。还有服饰与装饰的流行,也是率先"策源"于上海,如大波浪发型,是80年代上海最流行的发型,到80年代末才传播到边远小镇;再比如摇滚乐和迪斯科音乐,上海比其他城市至少早了5年。"消费风尚引领者"的标签一直延续到今天,这种地位共识在全国各个城市中从未旁落,上海一直就是这样"始终被模仿、从未被超越"的存在。

如今我们的消费主力军走向了新的年轻一代,"90后""00后"登上历史舞台,以南京路步行街为例,根据大数据分析,消费者中年轻人占比达到六成以上,且"90后"的客群在各年龄段人群中占比最高,"00后"客群占比则由2017年的20%左右快速上升至2020年的30%多。而同时,上海风尚引领的内涵也在发生着深刻变化,各种新潮物种、网红打卡地的诞生,无不彰显着魔都消费的活力和魅力,"吃喝玩乐在魔都"似乎从未让人失望。

(一)国潮新样式:老字号品牌持续焕新,引领国潮新风尚

面向年轻的消费群体,很多传统品牌持续焕新,不断推出各种被市场青睐的"国潮新品",引领了全国范围内的"国潮炫风"。上海老品牌在外观设计上运用"国潮"概念,将中华民族元素、上海元素融入设计理念。比如,在2020年"五五购物节"期间举办的"上海制造佳品汇"上,服装品牌马克华菲设计的"中国英雄"系列服装,将中国古典名著《水浒传》中"武松打虎"的故事印制在T恤上;我们熟知的六神花露水将"中国航天梦"元素融入产品包装设计;老庙黄金则是打造了一批中国特色饰品,将黄金和珍珠制成的"迷你"算盘作为吊坠,既传统又时尚。

(二)网红新经济:满足新奇的商业策源,魔都从未让人失望

说到魔都的网红打卡地,真是数不胜数,文化地标、娱乐场所、网红店铺、网红餐厅、书店咖啡、特色建筑、网红酒店……大量"现象级"的网红业态和产品在魔都层出不穷。比如,颜值独特的武康路大楼作为历史建筑各种刷屏,还有保利大剧院、民生现代美术馆、西岸艺术中心、复星艺术中心、氪空间等各类艺术级的网红建筑。位于上海中心52楼的朵云书院是目前全世界最高的商业运营书店,共分七大功能区域,融书籍展示、艺术展览、文化活动、休闲服务于一体,是文化体验式消费、多元业态空间运营的新样本。

再比如"洞口"咖啡厅,这家店的店长和店员都是上海市残联技能培训班的学员。咖啡厅采用无交互式的购买体验,饮品单二维码挂在墙上,任意款咖啡售价均为20元。顾客可以自助扫码下单,制作完成的咖啡会从洞口由毛茸茸的熊爪递出,并且熊爪还会对顾客"比心",给顾客送玫瑰,可爱程度瞬间萌翻全网。

说到网红经济,不能不提到引导流量的各类网红"up主",他们近年有明显向上海迁徙的趋势,这一方面是与B站、小红书、拼多多等本地互联网公司以及阿里、字节跳动、快手等"大厂"在上海布局有关,同时,也是因为中西合璧的独特气质以及商业繁华与生活气息的完美融合,上海用现实证明,它是一座更加富有温度、可以享受高品质生活的城市。

(三) 商业新物种:勇立潮头,魔都不曾错过的商业浪潮

你想得到的,想不到的都在这里。2020年12月底,在经过近一年的试运营后,位于淮海路中段、被誉为商业"新物种"的TX淮海·年轻力中心正式开幕。这是全球首个策展型零售商业空间,结合艺术体验、策展型零售品牌和社群联结平台,成为一个传递多元文化和年轻生活方式的空间,并以此为原点,向外辐射,带动了周边网红店、潮流店的兴起。

另外,近年来魔都也兴起了撸猫馆、密室(剧本杀)、自习室、蹦床馆等各类消费的"新物种",出现了撸猫馆馆长、轰趴管家、宠物摄影师、密室设计师、电竞顾问、自习室社长等新职业。根据美团大数据显示,2020年五一期间,蹦床馆订单量增长620%,密室订单量增长264%,DIY手工坊订单量增长260%。同时,魔都也已经成为名副其实的"电竞之都",据2021年全球电竞大会发布的"电竞城市发展指数"显示,上海位列全国第一,2020年上海电竞市场规模已超过200亿元,2021年上海电子竞技赛事收入占全国的比例将达到一半以上。

四、味　道

说到上海国际消费中心城市的"本底""内核",或者说借鉴上海最近流行词汇"软实力",那么用"味道"这个词,可能是最为合适的。很多生活在上海或者来到上海的人,都经常会形容上海有一种只可意会却难以言传的"味道"。上海涤荡着独有的中西交融的文化气质,绿树成荫的历史建筑,弄堂里别具一格的老店,年轻人流连忘返的咖啡馆、小酒吧,一条条特色的小马路,一家家特色的小店,既现代又古朴,既大气又小资,这种"味道"恰恰是上海吸引消费的"独家秘笈"。

这种味道,可以是魔都中西文化交融的独特气质,既有老上海的古典雅致又兼具了国际都市的现代时尚。它外化为租界时代留下的各类独特的历史建筑,也体现为各类国际大牌在上海的云集,各类国际时尚活动的举办,以及各

类颜值与口味兼备的网红西餐厅，还体现为上海石库门、各式里弄的"弄堂醇味"，各种老洋房的"秘味"。

这种味道，可以是魔都各类特色小马路组成的"后街群"。世界上主要消费中心城市的著名商业街几乎都有这样的"后街效应"。在上海，也不乏各具特点的特色马路，如短短1 000米却拥有多达14处异国风情建筑的"武康路"，既洋气又接地气、专属魔都小资情调的"乌鲁木齐中路"，103岁的资深人气小马路"愚园路"，裁缝铺、理发店、烟杂店与咖啡馆酒吧共生的烟火气的"永康路"，梧桐树下便是上海的"巨鹿路"，魔都文艺咖必打卡的"安福路"，如画般的低调小马路"永嘉路"，漫步于历史人文之间的"陕西南路"，拥有别样情怀的"建国西路"……正是这些各具独特味道、各显别样风采的"后街"或"特色马路群"，丰富着魔都的消费空间和消费场景，彰显着魔都独特的消费魅力。

魔都的"味道"还有很多很多，这些元素组成了上海国际消费中心的有机共同体和特色生态，是上海可以打造国际消费中心的底蕴、底气和内核软实力。正是这些内生根植、与生俱来的超凡气质，叠加了海纳百川、持续创新的智慧勇气，使得上海一直在引领着一波又一波的商业浪潮、一代又一代的时代风尚，而这些，也是国内很多消费中心城市难以超越上海的根本原因。

作者：高　平

参考文献：

① 《从早餐到夜宵，全国首个AI食堂在上海亮相！》，上观新闻，2021年8月2日，https://sghexport.shobserver.com/html/baijiahao/2021/08/02/501739.html。

② 侯燕婷：《网红涌向上海滩》，燃次元公众号，2021年6月12日，https://mp.weixin.qq.com/s/lsQge_Qxx_j_ZemOC_GCwQ。

③ 《华为全球旗舰店成为网红"城市客厅"　历保建筑如何重塑城市记忆？》，新民晚报，2020年8月28日，http://newsxmwb.xinmin.cn/chengsh/2020/08/28/31795297.html。

④ 陆文军、杨有宗：《从"百年老街"到"新晋网红"》，《经济参考报》2019年10月8日。

⑤ 盛瑾瑜、周力、成奕霖：《开启星空之旅　近距离探访珍贵月壤！上海天文馆今日正式开馆》，央视新闻，2021年7月17日，http://m.news.cctv.com/2021/07/17/ARTI321uxeR4qf0IEbd03B6e210717.shtml。

⑥ 王如忠：《老字号品牌能为上海国际消费中心城市建设，做点什么？》，上观新闻，2021年8月5日，https://www.shobserver.com/staticsg/res/html/web/newsDetail.html?id=392038&sid=67。

⑦ 吴斯洁:《从"老三件"到"国潮风",在这里探索上海品牌的前世今生》,《国际金融报》2020年6月19日。

⑧ 小啾啾:《这10条网红小马路,堪比魔都之光!》,新上海小资美食公众号,2020年10月28日,https://mp.weixin.qq.com/s/n4ntdDvFHCXZU143yCC3Gg。

⑨ 俞菱:《跟俞菱逛马路》,上海文艺出版社2018年版。

长三角七市竞逐国际消费中心城市,谁更胜一筹①

2021年疫情防控常态化背景下,长三角经历了一次特殊的春节长假,长三角数千万的"原年人"不得不改变以往返乡过年或出境(游)过年的习惯,响应号召"就地过年"。过节方式的改变没有改变人们春节消费的热情,长三角消费市场"牛"劲十足。

透过春节消费的"开门红",我们看到了长三角消费市场的巨大潜力、旺盛活力和强大的内生动力。那么,在新发展格局下放眼长远,长三角应当如何继续放大消费能量,甚至抢占全球消费市场制高点?从近期长三角各地陆续发布的"十四五"规划和二〇三五年远景规划纲要来看,答案似乎已经清晰,长三角主要城市都不约而同提出建设"国际消费中心城市"的目标。

据统计,目前共有上海、南京、杭州、合肥、宁波、苏州、无锡等七座长三角城市在"十四五"规划中明确提出建设"国际消费中心城市"的目标,可以说,长三角的"精锐"已经全部投入了这场竞逐。七座城市消费基础各有不同,创建国际消费中心也各有特色。

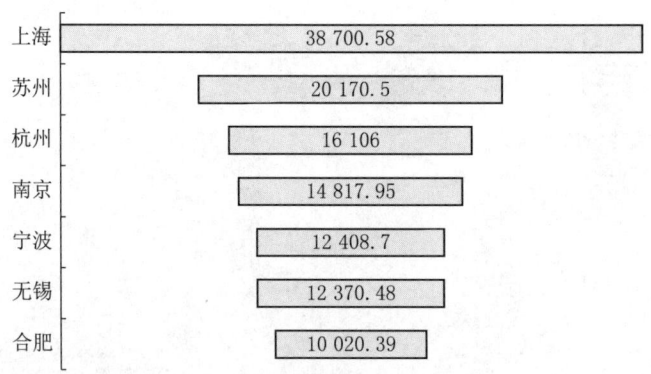

图1 2020年长三角重点城市GDP情况(亿元)

资料来源:各市统计局。

---

① 本文曾发表于澎湃新闻·长三角议事厅。

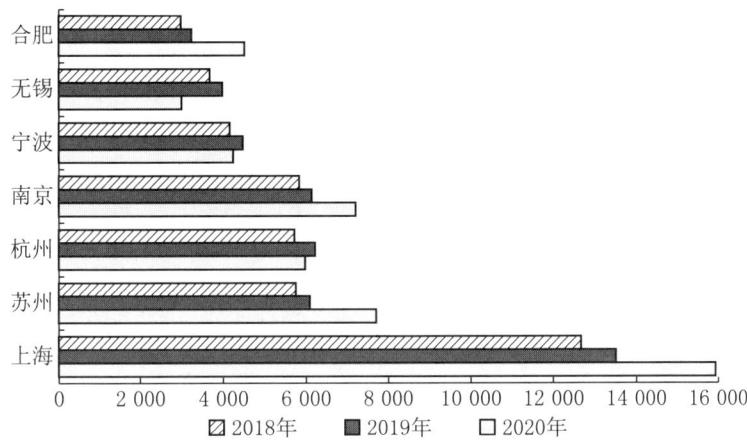

图2　2018—2020年长三角重点城市社会消费品零售总额(亿元)

资料来源:各市统计局。

表1　长三角七城市竞逐国际消费中心城市的主要特色

上海	以"全球城市"比肩全球顶级消费之都	综合消费实力强劲,社零额以1.59万亿稳居全国第一、2020国际消费中心城市榜单全国第一、全球零售商集聚度全球第二、上海时装周全球第五、国际知名高端品牌集聚度超过90%、境外旅客购物离境退税规模全国第一,夜间经济、首店经济和网络购物规模全国第一,主要电商直播平台用户数量全国第一
苏州	将"苏州制造"打造为国际消费金字招牌	GDP突破2万亿元,全国地级市排名第一。社零额跃升至0.77万亿,全国第七。位列全球工业城市第一方阵,系列"苏州制造"品牌将兴起源生动能。旅游资源5A级景区数量全国第四,人均旅游消费全国第二
杭州	"数字经济第一城"发力全球智慧消费体验中心	人均GDP以2.2万美元步入富裕国家(地区)水平。"十三五"数字经济核心产业增加值年均增长14.5%,信息技术及互联网企业为代表的新经济全球领先、全国首创"数字经济旅游十景"、数字生活新服务指数稳居全省第一,跨境电商在全国形成"杭州经验"。会展经济和旅游业高度发达
南京	"六朝古都"打造古新交融的文旅消费示范地	南京都市圈全国首批,GDP跻身全国十强,经济增速全国万亿GDP城市第五,城市首位度、显示度极大提升。人均社零额全国第一、社零额增速全省第一。首批国家文化和旅游消费示范城市,国家A级景区56个,5A级景区2个。消费创新基础扎实,科技创新发展指数全国第四
宁波	"东方大港"逐梦全国进口消费品集散中心	中东欧交流合作"首选之地"、经贸合作水平引领全国。全球商品贸易进出口枢纽地,舟山港货物吞吐量连续12年保持全球第一,集装箱吞吐量全球第三,跨境电商走在全国前列,是跨境进口累计销售全国首个突破百亿美元的城市,"浙江出口名牌"上榜企业数量全省第一

续表

无锡	"太湖明珠"坚定文商旅深度融合道路	稳居GDP"万亿俱乐部","大运河IP"品牌效应持续扩大、夜间经济亮点纷呈,科技进步贡献率保持全省第一、进出口总额保持全省第二,入选国家综合型"信息消费示范城市"并位列全国第一
合肥	新兴活力都市创新"逆袭"	2020年GDP首次突破万亿元大关。综合性国家科学中心夯实消费创新基础。消费活力将持续涌现,近10年来以60.57%的人口涨幅位列长三角第一、位于《2019长三角数字经济指数报告》消费者年轻指数首位

注:以上各城市分析顺序按照2020年各城市GDP排名情况展开。
资料来源:根据公开数据整理。

一、解码新发展格局下"国际消费中心城市"的新内涵

"十四五"规划与前几轮五年规划相比的一个重要特点是围绕构建以国内大循环为主体、国内国际双循环相互促进的新发展格局,各地纷纷将"扩大内需""畅通双循环"等内容单独成章,而从各地已经公布的"十四五"规划建议或规划纲要来看,上海、南京、杭州等城市在相关板块中,都不约而同地将打造"国际消费中心城市"作为在新发展格局占据一席之地的关键抓手,国际消费中心城市俨然成了新一轮长三角城市竞争的目标。

实际上,"国际消费中心城市"并非是一个全新的概念,而是与"十三五"以来国家着力推动促进消费升级与创新等相关要求一脉相承。国家"十三五"规划纲要中提出了"培育发展国际消费中心"的有关内容,此后,2016年国务院办公厅发布的《关于进一步扩大旅游文化体育健康养老教育培训等领域消费的意见》首次明确提出"积极培育国际消费中心城市"。2019年,商务部等14部门联合印发《关于培育建设国际消费中心城市的指导意见》(以下简称《指导意见》),明确了国际消费中心城市"是现代国际化大都市的核心功能之一,是消费资源的集聚地,更是一国乃至全球消费市场的制高点,具有很强的消费引领和带动作用"。

那么,什么样的城市才可以被称为"国际消费中心城市"? 笔者认为至少有以下四方面特征:

一是国际消费资源集聚地。国际消费中心城市是全球高端资源要素流通交互的枢纽节点,是构筑城市和地区国际影响力、辐射力的重要指向,在全球具有强大影响力的老牌消费之都无一不是顶尖的全球城市。这些消费

中心城市吸纳集散全球高能级商流、信息流、资金流、人流以及物流,在全球消费市场发挥强大的资源配置功能,成为高能级消费资源要素的集散增值高地。

二是国际消费创新策源地。国际消费中心城市是具备强大创新策源能力的创新消费中心,从供给侧创新实现更高质量、更为丰富的消费供给,以创新带动更具前瞻引领性的消费潮流。在新一轮技术革命和产业变革加速演进的背景下,消费结构、消费习惯、消费方式都在发生翻天覆地的变化,而疫情的发生又加速了消费变化的演变,在线消费以及跨境电商的规模不断扩大,要求国际消费中心城市具备线上线下"两栖"的创新供给能力,以技术创新和应用支撑的新内容、新模式、新品类、新生态等将是树立全球国际消费竞合新优势的重要力量。

三是国际时尚风潮引领地。纵观著名国际消费中心,纽约、伦敦、巴黎、东京等城市都是顶尖国际文化大都市,先成为文化、时尚、艺术汇聚的超级高地,随后再通过消费资源输出形成国际时尚风向标。低端消费拼价格,高端消费看文化,高端消费的背后本质上是在为文化和价值观买单,纽约、伦敦等老牌消费之都之所以繁盛,不仅在于引领潮流的消费品供给,更在于消费者在精神层面对城市文化的深刻认同,以及对由此带来的消费溢价的认可。国际消费的时尚潮流引领力还在于自主品牌影响力,而自主品牌影响力的根源在于对自身价值、观念和文化的自觉自信和融通演绎。对于长三角城市来说,区域独有的文化特质是最值得挖掘的潮流元素,最民族的就是最国际的,要以文化为内核引领时尚风潮。

四是国际消费体验前沿地。国际消费中心城市应当是具备高消费品质、环境品质、服务温度和消费满意度的消费目的地,某种程度上,消费环境也是城市乃至国家国际形象的直观体现。优质的消费环境既是激发消费热情的"催化剂",也是保持消费热度的"保鲜剂",能够促进优质消费供需双向资源的源源流入。一般来说,消费体验包含消费场景、服务品质和综合环境等多方面因素,这是中国推动国际消费中心城市建设现阶段非常关注的内容。

需要指出的是,自 2019 年商务部正式提出培育"国际消费中心城市"以来,我们经历了中美贸易摩擦升级和新冠疫情全球肆虐,外部格局在持续发生深刻变化;同时,党的十九届五中全会明确构建新发展格局,继续以自身确定性对冲外部不确定性,为"国际消费中心城市"建设带来了新的内涵,并推升到更加重要的战略高度。

二、长三角国际消费中心城市建设着力何处？

春节长假为长三角打造"国际消费中心城市"带来了一次预演，让各方真切地感受到了消费迸发的强大力量。同时，也需要意识到，全球新冠疫情尽管难以全部消灭，但总体上感染率处于下行通道，特别是发达国家疫情退去后，老牌国际消费之都将下大力气尽快重焕风采。长三角跻身领先行列，还必须沉心静气，扎实前行。下一步，应把握以下五个着力点：

一是以开放之姿迎纳万国英华。长三角地区要引领构建更高水平开放的"大家的市场"，加快吸纳全球高能级的品牌商、贸易商、零售商、经销商及服务商等跨国地区总部及功能性机构，加快集聚国际一流品牌、时尚潮牌的首店、旗舰店、体验店及概念店。要依托中国国际进口博览会，多渠道扩大优质特色商品和服务的进口，多模式畅通国内消费品牌的国际合作，构筑国际消费品的集散枢纽。此外，上海要继续做强首发经济，大力打造新品首发的地标性载体，联动长三角构建互联网新品首发平台，构筑具有全球影响力的新品首发超级平台。

二是以传统之美演绎国际风尚。"非遗"承载着民族共同的记忆，是国际消费浪潮中闪烁的莹莹光芒，要充分挖掘和焕发长三角 500 余项国家级非物质文化遗产的价值与活力，以绝美的江南之"韵"、精湛的传统技艺、经典的国风美学掀起国际消费的东方浪潮。长三角地区是老字号品牌的荟萃之地，集聚了全国 34.75％的"中华老字号"，上海更是以 180 家位居全国第一，要大力谋求老品牌的新发展、树立老招牌的新形象、挖掘老故事的新内涵、开拓老掌柜的新市场，还要注重培育年轻的国潮品牌，以焕发新活力。此外，要大力举办具有国际和区域影响力的标志性民俗节庆活动、演绎活动、体验活动，在传统节日里绽放江南华彩。

三是以策源之新点燃全球热潮。"勇当我国科技和产业创新的开路先锋"是国家赋予长三角的重要使命，长三角国际消费中心城市建设要牢牢把握创新这张"底牌"，不断激发强大消费市场活力。要加快将长三角地区雄厚的科技创新实力转化为消费创新的源动力，加强以新技术培育新消费产品、发展新消费模式、构建新消费场景、打造新消费载体。加快构建智慧商圈，积极布局智慧零售终端，以综合智慧消费管理系统打通消费者、商家及政府监管间信息壁垒，以智慧监测系统动态感应消费需求变化趋势，以 VA/AR 交互系统营造有趣多元的"穿越"消费体验。此外,要大力发展在线消费,支持社交电商、直播经济、小程序等多元业态发展。

四是以生态之融闪耀世界舞台。所谓"功夫在诗外",消费的发生从来不是独立的存在,而是要依托多元生态的滋养发展壮大,如纽约第五大道林立众多文旅景观、博物馆、美术馆、剧院以及国际顶级时尚学院;巴黎香榭丽舍大街聚集全球最著名的国际品牌与万千业态之外,更集聚了大量会展、演艺、娱乐活动与载体;东京六本木融合名胜古迹、影视、艺术文化等元素。长三角国际消费中心城市建设也离不开重点消费领域产业链对消费供给的核心承载、先进制造对品质内核的强力支撑、商旅文会体融合联动对消费吸引力的有效带动、免退税等消费政策对高端消费回流的催化加速以安心消费环境的托底保障。

五是以全域合力吸引全球目光。就个体城市而言,难以满足和覆盖不同消费群体的多元消费需求,构建国际消费中心除了个体城市要发力之外,还应依托城市群整体合力打造丰富消费体验,极大提升国际吸引力。长三角各重点国际消费中心城市,要深入挖掘自身特色、明确定位、打响品牌,加快构建国际消费优势互补格局,如上海放大时尚购物优势、苏州放大历史文化消费特色、杭州放大智能科技体验消费,联动形成长三角全域消费与旅游的特色线路,有效留住消费、提升消费转化,实现由国际消费中心城市到国际消费中心区域的升格。

作者:刘彩云　虞　阳

长三角共建国际消费中心的短板及建议[①]

2021年7月19日,首批国际消费中心城市正式官宣,上海、北京、广州、天津、重庆5座城市脱颖而出。从首轮获批的国际消费中心城市可以看出,均是京津冀、长三角、粤港澳大湾区、成渝都市圈四大城市群的中心城市,这些城市本身就是所在城市群乃至华北、华东、华南和西南的消费中心。

实际上,建设国际消费中心城市,并不是让一个城市单打独斗,而是要放大和发挥都市圈、城市群的综合消费功能优势,共建共享,形成全球消费者近悦远来的国际消费中心。

长三角作为中国经济最活跃、开放程度最高、创新能力最强的区域之一,整体打造国际消费中心,不仅有助于促进长三角地区消费产品和服务市场的充分循环,更有助于以地区消费"小循环"带动国内消费"大循环"、国内国际消费"双循环"。

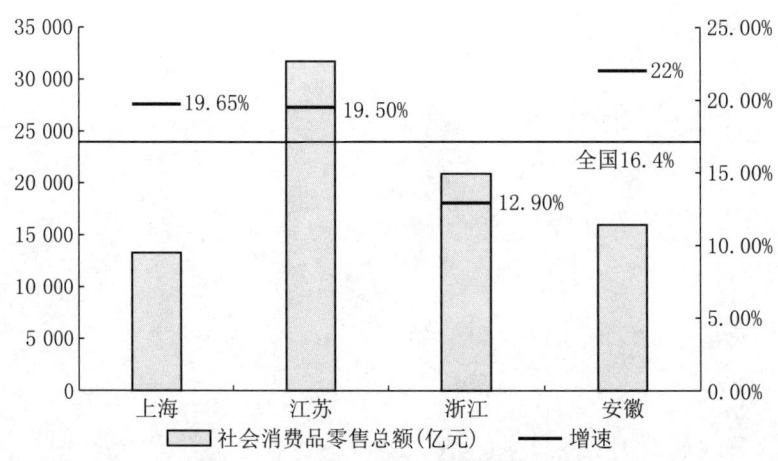

图1　2021年长三角三省一市社会消费品零售总额(亿元)

---

① 本文曾发表于澎湃新闻·长三角议事厅。

长三角共建国际消费中心的短板及建议

2021年前三季度长三角社会消费品零售总额超8万亿元,四地占比超全国四分之一,其中,27个中心城市上半年社零总额约占区域总量的80%。① 但长三角要共建国际消费中心仍有亟待破解的短板。

一、长三角共建国际消费中心的短板在哪

(一) 支撑自主品牌的强产业链有待构建

长三角品牌资源丰富,国际国内品牌加速布局,中国近40%的世界名牌、30%的中国品牌在长三角,共拥有392家"中华老字号"品牌(占全国34.75%)、1 028件驰名商标(占全国18.35%)、472家地理商标(占全国13.99%)。其中,上海集聚了全球90%以上的高端品牌,首店首发经济领跑全国。②

但总体来看,长三角地区缺少具有国际影响力和核心竞争力的强势品牌,缺少品类的头部品牌。主要原因在于轻工制造业大部分还以代工、贴牌等低附加值生产模式为主,文化创意、原创性研发设计等高附加值产业存在断链、弱链情况,设计、研发、生产、营销、服务的全产业链效应尚未形成。

根据2021年《财富》世界500强榜单,上海仅9家企业上榜,对标纽约、东京、伦敦、巴黎等全球城市仍有一定差距,具有国际影响力的龙头企业和品

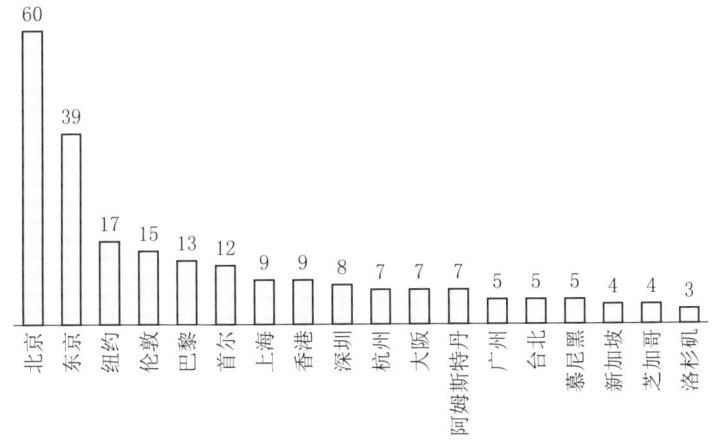

图2 2021年全球主要城市世界500强数量

---

① 数据来源:根据长三角三省一市统计局数据整理计算得出。
② 数据来源:中国经济导报《长三角率先进入品牌经济时代》;上观新闻《推动一体化高质量发展,长三角为什么要加强品牌经济建设》。

牌拳头产品还不够。

（二）彰显标志特色的消费资源有待挖掘

长三角消费全面加速复苏,前三季度,上海、江苏、安徽保持20%左右的快速增长,高于全国平均水平;同时,浙江作为旅游大省在疫情冲击下也实现了12.9%的良好增长水平。

从近5年长三角三省一市总体消费发展情况来看,也是质效双收的态势。一方面,2016—2019年基本保持约10%左右全国增速的稳健增长,在2020年疫情影响广泛深远的特殊时期,长三角消费总量也仅微降0.28%,侧面反映出长三角地区消费不仅体量大,更具备较强的抗风险能力;另一方面,消费始终占据全国20%以上的市场,且市场份额呈现扩大趋势。[①]

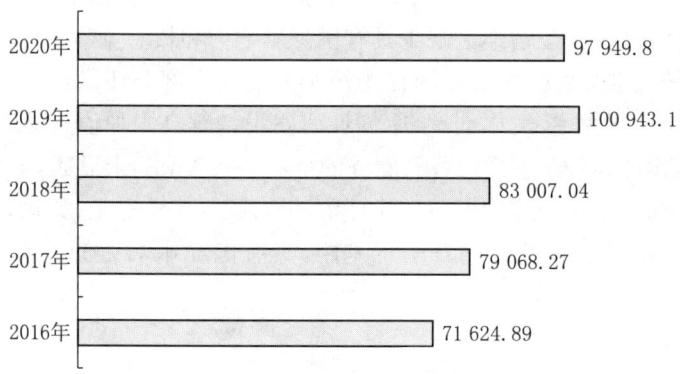

图3 2016—2020年长三角社零总额(亿元)

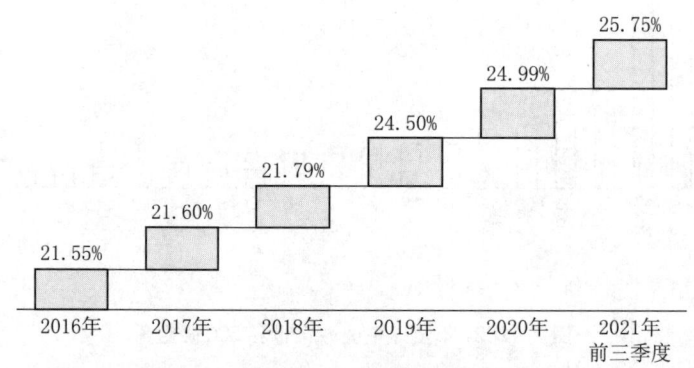

图4 2016—2021年长三角社零总额在全国份额情况

---

① 数据来源:长三角三省一市统计局数据整理计算得出。

但是长三角一体化下的国际消费中心建设,不是全域消费的一样化,而是要各展所特、各有所长。文化既是一座城市的名片,也是国际消费的灵魂所在,长三角是多元文化的集合体,但文化交融下的消费魅力与色彩还不够闪耀。

一方面,上海的海派文化、南京的古都文化、苏杭的江南文化、合肥的徽文化等交相辉映的文化体验有待进一步挖掘,昆山的昆曲、嘉兴的硖石灯彩、无锡的惠山泥人、常州的留青竹刻等各式非遗的消费潜力亟待进一步释放,且基于长三角整体角度的文化消费体验的一体化还有待进一步筹划。

另一方面,从消费特色而言,长三角主要的中心城市尚未形成具有影响力的、清晰明确的消费特色定位。

对标国际城市群来看,纽约都市圈,华盛顿作为政治中心形成美国历史文化旅游消费特色,纽约作为顶级国际化大都市打造引领全球潮流的现代都市体验,费城则作为世界遗产城市打造乡村文化体验,各座城市依托独特的气质,营造出令人印象深刻的消费体验,且有效形成了一体化的消费线路。

关西城市群,京都依托神社古寺打造和服文化体验消费,大阪依托美食文化打造美食购物体验,奈良依托生态环境优势打造投喂小鹿体验,三座城市彼此之间消费特色错位且个性十分鲜明,能够有效吸引国际游客前往。

(三) 全域消费的有机联系还有待深化

一体化的综合交通运输体系加快构建,中心城市之间、都市圈内实现1.5小时内通达,为区域消费流动提供便利。同时,长三角快递物流业发达,上海港、舟山港等深水岸线丰富,区域河道网络密集,合肥国际航空货运集散中心、淮安航空货运枢纽、嘉兴全球航空物流枢纽等空港项目加快推进,将有效畅通国际国内商贸循环流通,成为国内消费品走向全球、国际消费品流入国内市场的商贸枢纽。

但是跨省域、跨城市之间的合作与联系还有待深化,围绕消费主题合作的顶层设计与体系还有待完善。

一方面,国际消费中心的推进得益于多部门的联合推进,目前长三角区域内部已经形成了市场监管部门间的有效联动、文旅消费一体化联盟等,但是商务部门之间还尚未形成长效的联系合作机制,关于共推长三角国际消费还有待形成明确的方案。

另一方面,消费的背后必不可少产业的支撑,长三角区域间尚未形成完善的时尚消费品的全产业链分工,各地特色优势尚未完全彰显。

此外,应用节点城市、功能平台、数字平台、重点活动等多元渠道的消费合作还有待推进。

二、长三角共建国际消费中心的若干建议

（一）扩大中心辐射、以点带面,推动长三角区域消费能级整体性提升

探索以都市圈为单位构建国际消费中心。以上海为核心引领,形成以南京、杭州、合肥等城市为支点的区域一体化国际消费中心建设体系,将推进培育国际消费纳入上海大都市圈、南京都市圈、杭州都市圈、合肥都市圈同城化发展的重点任务中,形成优势特色鲜明、功能互补的区域消费体系,有效留住消费、提升消费转化。

（二）加强统筹谋划、上位指导,深化长三角消费组织领导全局性部署

加快形成长三角消费联动顶层设计。探索建立由上海、南京、杭州、合肥等核心城市商务部门参与的长三角消费联合促进工作小组,总体谋划联合发展的重点方向和主要模式;研制长三角推进国际消费中心建设的总体方案,形成以都市圈为单位的特色功能定位和分工。

整合现有联动机制。加强串联区域消费促进的联动机制、组织联盟等,在长三角放心消费环境营造、文旅消费、老字号等一体化推进基础上,以长三角主要城市中心城区高质量发展联盟为抓手,持续深化跨省域的多部门间合作、拓展全域消费合作领域、加强异地协调保护、创新活动和宣传等合作模式,共同打响长三角国际消费品牌。

强化上海龙头引领作用。充分发挥上海高端资源集聚优势,探索区域商贸业联盟招商模式,加快进博会进口商品资源、优质商贸资源等向长三角核心区域溢出。探索牵头形成国际消费中心培育指南,加快在长三角区域推广复制上海在首店首发、商圈建设、品牌培育、夜间经济、"五五购物节"等节庆活动打造等方面的成功经验。加快以"五五购物节""环球美食节""上海进口嗨购节"等为牵引,打造具有国际影响力的长三角区域性品牌消费活动,率先形成上海大都市圈范围一体化的国际消费发展格局。

(三) 聚焦全链发展、精准孵化,区域合力推动自主消费品牌产业化升级

突出主要城市在品牌建设的产业链环节特色。如上海发挥建设"设计之都"、国际会展之都特色,做强时尚设计、创意设计产业,助力品牌IP打造与孵化,加强对长三角新消费品牌的展示推广。杭州发挥数字经济、直播经济、电商平台特色,推动长三角新消费品牌生产制造以及功能的智慧化升级,创新自主品牌营销方式,提升品牌影响力。南京发挥文旅消费特色,加快文化消费产品的品牌塑造和开发。苏州、无锡、常州、嘉兴等依托生产智造特色,及国际品牌代加工基础,加快提升生产制作工艺,为长三角新消费品牌产品提供优质服务。上海、宁波等航运发达的城市,助推长三角新消费品牌的海外市场拓展。

设立长三角新消费品牌孵化试点基地。重点打造"沉睡"老字号品牌的活化焕新、中小国货品牌培育壮大、原创小众品牌流量曝光等功能,提供集创意设计、样品生产、技术支持、金融支持、综合智慧解决方案、品牌出海等一体化的服务,并在基地开展品牌无形资产的价值评估等探索尝试。

(四) 释放创新势能、数字活力,构建长三角全域消费智慧网络化链接

长三角地区有着雄厚的科技创新实力,在以新一代信息技术促进消费创新、以数字化形成消费联动方面具备扎实的基础。如上海加强5G、大数据、人工智能等新技术应用持续推进12家智慧商圈试点建设。线上线下融合新场景引领潮流,如上海构建"有声南京路",南京水木秦淮艺术街区打造"网红+直播+电商"新模式,杭州湖滨步行街打造"湖上"系列IP。沉浸式场景涌现,如上海星巴克的烘焙零售融合打造沉浸式咖啡体验,苏州吴中博物馆的"国宝之夜"沉浸特展,西塘的国潮汉服文化周。

未来,需以上海为引领加快推进长三角区域商业经济发展数字化升级。上海先后制定发布《全面推进上海数字商务高质量发展实施意见》《上海市推进商业数字化转型实施方案(2021—2023年)》,并早在2015年就开始数字商圈建设工作,在商贸消费方面的数字化上要发挥引领带动作用。

此外,还需探索发挥上海在线新经济优势、杭州作为"数字经济第一城"优势、合肥新型信息消费智能终端优势等,加强以区域合作为基础,提升新型消费基础设施通达性、新型消费资源集聚水平,推进以新技术培育新消费产品、发展新消费模式、构建新消费场景、打造新消费载体。加快推进数字人民币支付全覆盖,创新开展区域数字人民币消费补贴或红包发放活动,充分挖掘数字

人民币支付的大数据价值以及对消费的促进功能。

最后,建议建立长三角区域消费运行中心。探索先行联合长三角主要城市中心城区共建长三角区域消费运行系统,以综合智慧消费管理系统打通长三角区域之间消费动态监测、促进跨区域跨部门间的联合监管与治理、畅通消费者跨区域消费全流程保障等功能,进一步提升长三角区域消费的智慧度和满意度。

国际消费中心城市建设,并不仅仅是为了打造一座国际知名的消费之都,而是在强调"国际"和"消费"基础上更要突出"中心",中心的龙头是在区域中心占据核心地位的大都市,而中心的功能则需要由整个都市圈共同承载。以上海创建国际消费中心城市为引领,依托长三角深厚的历史底蕴、文化滋养、产业支撑、科技赋能与要素配置,相信长三角定将崛起为世界级的消费中心。

作者:刘彩云

人工智能：硬核上海，成色几何？

2021年10月23日，以"智联世界、众智成城"为主题的第四届世界人工智能大会在上海黄浦江畔盛大揭幕，上海再次吸引全球目光。人工智能，是上海把握新一轮技术与产业革命趋势机遇、角逐新经济赛道的战略选择，也是践行人民城市理念、以AI赋能城市经济、生活、治理的核心支撑。在迈向国际数字之都、打造"AI之城"的征程中，硬核的上海竞争力到底成色几何，上海中创产业创新中心AI研究小组为您一一解读。

一、"数"说上海人工智能发展底气

了解上海人工智能，我们可以先看一组数据。据统计，上海人工智能产业2020年规上产业规模达2 246亿元，逆势增长50%，2018—2020年年均增速近30%；目前上海聚集行业重点企业超过1 200家，企业数量居全国城市第二位，占全国20%以上；上海人工智能从业人员18.7万人，占国内人工人才的1/3以上。上海人工智能在细分领域形成了一批引领技术及商业模式变革的行业中坚力量，全球知名智库CB Insights近年连续发布的《全球100家最具潜力人工智能初创企业》中，上海每年均有企业上榜，2019年商汤和依图占据两席；2020年松鼠AI上榜，2021年赢彻科技上榜；亿欧智库发布的《2020中国人工智能商业落地价值潜力100强榜单》中，上海有32家上榜，仅次于北京的45家；亿欧智库发布的《2020中国人工智能发展投入TOP10城市榜单》中，上海总排名第二，仅次于北京，其中科研投入度、战略性基础平台项目投入度两个分项均排名第一。

上海数据资源丰富、场景多元，AI赋能前景广阔，大数据交易中心每日交易量占据全国半壁江山，累计开放3批58个应用场景，对接280余个企业、500余个解决方案；上海是全国双千兆第一城，是全国首个人工智能创新应用先导区、国家新一代人工智能创新发展试验区；至今上海已连续举办4届世界人工智能大会，不断在全球传递"中国声音、上海方案"；同时，上海拥有人工智能算法研究院、智能科学与技术研究院、人工智能研究院等高端研究机构平台。龙头牵引、平台赋能、场景驱动、活动加持，构筑形成了上海独特的人工智能产业发展生态。

二、"技"高一筹加速追赶国际前沿

深刻地认识上海人工智能的发展水平，我们还要看看上海人工智能领域的"硬核技术"到底成色如何。我们都知道，人工智能产业链包括基础层、技术层和应用层三层，其中基础层是人工智能产业的基础，以 AI 芯片（包括 GPU、FPGA 和 ASIC）、数据资源、云计算平台等研发为主，为人工智能提供数据及算力支撑；技术层是人工智能产业的核心，以模拟人的智能相关特征为出发点，主要包括算法理论（机器学习）、开发平台（开源深度学习框架）和应用技术（计算机视觉、自然语言处理、知识图谱）等；应用层是人工智能产业的延伸，以 AI 技术集成与应用开发为主，包括智能驾驶、智能机器人等。

对于人工智能的发展，技术创新策源能力无疑是重要的衡量标尺，总体来看，依托龙头企业集聚，对标国际国内顶尖巨头，我们发现，上海人工智能产业总体技术水平正从紧密跟随者向世界先进行列迈进，部分细分领域已经达到全球技术引领者水平。

(一) 基础层（AI 芯片）：整体正在加速崛起，ASIC 芯片部分领域接近国际领先水平

AI 芯片主要包括通用芯片（如 GPGPU）、半定制化芯片（FPGA）和全定制化芯片（ASIC）三类。全球人工智能计算力主要以 GPGPU 为主，上海天数智芯成功开发的国内第一款基于 7 nm 制程 GPGPU 人工智能运算芯片，是我国第一款拥有全自主高性能计算 IP 核和系统构架的云端训练芯片，但和目前全球人工智能领域实力最强的 GPU 英伟达 A100 芯片相比还有较大差距。上海拥有国内 FPGA 技术实力最强的安陆科技、复旦微电子和上海遨格芯微电子。国内首款千万门级 FPGA、首款亿门级 FPGA、首款亿门级 PSOC 芯片皆由上海企业率先研制成功，但企业技术水平与赛灵思、Intel 等全球头部厂商相差接近 2 代。不过近年来，国内企业加速追赶，技术差距已有缩小趋势。ASIC 芯片正呈现国际中美两超多强，国内北上深三足鼎立的局面。上海

ASIC 芯片设计技术已达到全球先进水平,阿里旗下平头哥公司的玄铁 910 芯片是面向 AIoT 领域性能最强的一款 RISC-V 处理器,燧原科技云燧 T11 单精度(FP32)算力业内领先,依图 questcore 芯片视觉推理性能是主流同类产品的 2—5 倍。

(二) 技术层:四大细分领域分化明显,计算机视觉领先优势突出

计算机视觉是目前落地应用最广的技术之一,上海拥有商汤科技、依图科技等计算机视觉行业龙头,总体已经处于国际相对领先地位。其中,商汤科技核心技术包括人脸与人体分析技术、SLAM 与 3D 视觉技术、通用与专业图像识别技术等,稳居全国计算机视觉应用市场份额第一。依图科技在人脸识别方面表现突出,保持全球人脸识别竞赛冠军地位,专注深耕安防、医疗领域。

自然语言处理被称为人工智能的核心环节。上海自然语言处理领域涌现出达观数据、小 i 机器人等本土代表企业,在语音语义应用市场占据一定规模。其中达观数据专注于文本智能处理技术,小 i 机器人是国内最早实践智能客服市场化应用的公司,但与 Google、百度等领军企业相比,上海自然语言处理领域的本土企业还存在较大差距,在全球处于紧密跟随者地位。知识图谱是认知智能主要发展方向之一,上海知识图谱技术创新水平总体已接近世界先进行列。上海明略科技自研国内唯一的全栈式知识图谱解决方案,作为唯一的中国厂商入选 Gartner 2020 年提名的知识图谱样本供应商。星环科技专注于企业级容器云计算、大数据和人工智能核心平台的产品研发。华院数据基于小样本来做理解推理的算法,基本与世界顶尖水平同步。开源深度学习框架是人工智能产业竞争的焦点之一,基本由巨头企业开发。世界主流的开源深度学习框架包括 Tensor flow、Caffe、Theano、MX Net 和 Py Torch 等,国内较为知名的包括百度 Paddle Paddle、华为 Mind Spore 等。上海在开源深度学习框架领域处于一般跟随者地位,商汤科技开发的原创深度学习平台 Sense Parrots 主要聚焦计算机视觉,缺少有影响力的平台。

(三) 应用层:风口级应用领域优势加速形成,车路协同、智能机器人部分领域处于先发引领

上海在智能驾驶技术领域起步略晚,整体处于紧密跟随者地位。从单车智能驾驶来看,上汽是国内首批推动 L2 级自动驾驶的车企,但与 Waymo、Cruise、AutoX 以及百度等国内外领军企业相比存在明显差距。在单车智能

驾驶芯片方面，黑芝麻智能科技研发出中国首颗也是唯一能够量产的满足自动驾驶 L3/L4 级别要求车规级芯片。从车路协同来看，上海在国内最早尝试车路协同，在生态链上有比较明显的优势。目前，中智行已经在临港和奉贤两个地方实现了初级的车路协同功能，华人运通即将量产的高合 HiPhi X 汽车将实现 V2X 车路协同自动驾驶。与传统工业机器人相比，智能工业机器人还具有感觉、识别、推理和判断能力，上海智能工业机器人技术创新水平正在逐步接近世界先进行列。上海非夕机器人已推出全球首台自适应机器人 Rizon（拂晓），具有位置误差容忍度高、抗干扰性强及智能可迁移工作能力强的特点；中科新松协作机器人、复合机器人技术在国际上处于领先地位；上海新时达同时掌握机器人的控制、驱动以及本体设计等关键核心技术。

在智能服务机器人领域，美国、法国、德国、日本、韩国等技术领先，上海总体处于紧密跟随阶段，但在部分领域已步入世界先进行列。上海达闼科技是全球首家云端机器人运营商，其全球首创的 SCA 智能柔性执行器系列产品，解决了中国机器人关节控制及安全使用的短板问题，正在研发的人形机器人聚力于关节的研究塑造，正逐渐打造成为行业标准。

三、展望未来：无限可能的"AI 之城"

总体来看，人工智能产业技术发展将呈现如下趋势：一是学习方式不断进化，深度学习效率将持续提升，并随着基础理论和算法的突破，逐步向自主学习过渡。二是人机实现有效交流，随着认知和推理水平的提升，人与人工智能将会实现有价值的双向交流，人机协同将成为人工智能产业技术的重要趋势。三是人工智能迎来更大规模应用，在零售、交通运输和自动化、制造业及农业等各行业垂直领域将加快应用，特别是在医疗领域将实现爆发性增长，未来走向家庭服务也是大势所趋。上海拥有资源丰富、人才丰富、生态丰富、场景丰富的综合优势，依托全球科创中心建设、人工智能国家实验室建设和城市数字化转型，上海人工智能产业有望实现快速发展和更多的技术创新引领，并有望孕育出一大批目前难以准确预测的人工智能新理论、新技术和新产品。

对于未来上海人工智能产业发展而言，我们建议：

一是打造一批全球技术创新领先者领域和企业。对于上海已经取得技术领先优势的领域，包括计算机视觉、知识图谱、工业机器人、定制芯片、车路协同等重点领域，建议探索建立重点企业名录，实行"一企一策"模式，定向支持技术领先企业,继续保持和扩大这些领域的技术优势。

二是努力突破一批关键领域的核心技术和产业化。对于智能芯片这类人工智能关键基础领域,结合人工智能上海方案的实施,建议发挥新型举国体制优势,分领域制定技术攻关方案,明确牵头企业、路线图、时间节点和支持政策,联合产学研合作攻关,努力突破技术瓶颈,加快成为国内创新策源地。

三是制定弹性、包容、系统的人工智能领域支持方案。对于智能驾驶、服务机器人、自然语言处理等上海有一定基础的领域,特别是脑机接口、量子计算等人工智能新兴领域,及目前不可预测的未来领域,建议上海制定更加弹性、包容的系统支持方案,并每年对创新企业进行评估,对于有潜力的企业可以经评估后调整进入重点企业名录,享受"一企一策"的定点支持。

四是加强与长三角人工智能产业协同。注重与长三角其他省市的联动发展,协同布局人工智能领域的国家级战略科技力量,联手攻关人工智能领域的基础算法、算力等核心技术。联合发布一批面向长三角一体化深化的应用场景,共同打造人工智能产业高地和示范应用高地。

作者:丁国杰 杨宏伟 唐丽珠 任柯柯 熊晓琪

参考文献:

① 《2021年上海市人工智能市场发展现状分析 应用层企业数量较多、分布在智能机器人等领域》,证券之星百家号,2021年6月15日,https://baijiahao.baidu.com/s?id=1702591393682110277&wfr=spider&for=pc。

② 《上海人工智能产业发展概况》,上海电子网,2021年2月26日,http://www.sema.org.cn/page92?article_id=592。

③ 心缘:《2020年中国AI芯片融资全景图:京沪争霸,四城抢人》,芯东西公众号,2020年11月23日,https://mp.weixin.qq.com/s/jUkDtZEwDWlKzFSP817MTw。

④ 杨漾:《人工智能"上海高地"加速崛起,全产业链体系初步成形》,澎湃新闻,2021年7月2日,https://www.thepaper.cn/newsDetail_forward_13413290。

⑤ 张唯:《上海经济发展报告:进入AI发展发力期,基础要素日趋成熟》,澎湃新闻,2021年3月19日,https://www.thepaper.cn/newsDetail_forward_11766344。

我们离无人驾驶全面商运还有多远？

2021世界人工智能大会于7月8日在上海开幕，大会以"智联世界，众智成城"为主题展开。在人工智能大会展区中，无人驾驶行业亮点频频。据悉，本次大会无人驾驶相关参展企业超过20家，整体自动驾驶车辆数超过40辆，涵盖了多种智能网联汽车关键零部件，集中展示了国内自动驾驶全产业链成就和最高技术水平。同时，展会期间首次开展了基于开放道路的载人应用体验。近年来，无人驾驶悄然开向本地生活赛道，逐步开启规模商业化之路，引起了大众的好奇，无人驾驶汽车时代真的要到来了么？

在对无人驾驶商运化前景做出预期之前，我们迫切需要思考几个问题：什么是无人驾驶？当前无人驾驶的发展趋势究竟是什么样的？为了发展无人驾驶商运，我们做了什么努力？未来推动无人驾驶全面商运，我们又该注意哪些方面的问题？本文将针对这些问题做出尝试性解答。

一、厘清概念：什么是无人驾驶？

从概念上讲，无人驾驶既包括广义上的无人驾驶，又包括狭义上的无人驾驶。广义的无人驾驶泛指智能汽车，据2020年2月国家发改委等11部委联合印发的《智能汽车创新发展战略》作出的定义，智能汽车是指通过搭载先进传感器等装置，运用人工智能等新技术，具有自动驾驶功能，逐步成为智能移动空间和应用终端的新一代汽车。该文件在名词解释中指出，智能汽车通常又称为智能网联汽车、自动驾驶汽车、无人驾驶汽车等。狭义无人驾驶专指完全自动驾驶，根据工信部发布的《汽车驾驶自动化分级》，将自动驾驶分0—5级，其中5级驾驶自动化（完全自动驾驶）是专业定义上的无人驾驶。

表 1　驾驶自动化等级与划分要素的关键

自动化等级	名称	车辆横向和纵向运动控制	目标和事件探测与响应	动态驾驶任务接管	设计运行条件
等级 0	应急辅助	驾驶员	驾驶员及系统	驾驶员	有限制
等级 1	部分驾驶辅助	驾驶员及系统	驾驶员及系统	驾驶员	有限制
等级 2	组合驾驶辅助	系统	驾驶员及系统	驾驶员	有限制
等级 3	有条件自动驾驶	系统	系统	动态驾驶任务接管用户（接管后成为驾驶员）	有限制
等级 4	高度自动驾驶	系统	系统	系统	有限制
等级 5	完全自动驾驶	系统	系统	系统	*无限制

注：* 排除商业和法规因素等限制。

二、看准趋势：无人驾驶汽车正成为汽车产业发展战略方向

当前，智能网联汽车产业呈现智能化、网络化、平台化发展特征，并由单纯的交通运输工具演变为智能移动空间，成为新兴业态发展的重要载体。据IDC发布的数据，2020年全球智能网联汽车出货量约为4 440万辆，到2024年全球智能网联汽车出货量将达到约7 620万辆，年均复合增长率为14.5%。全球出货的新车中超过71%将搭载智能网联系统，市场将趋于成熟。

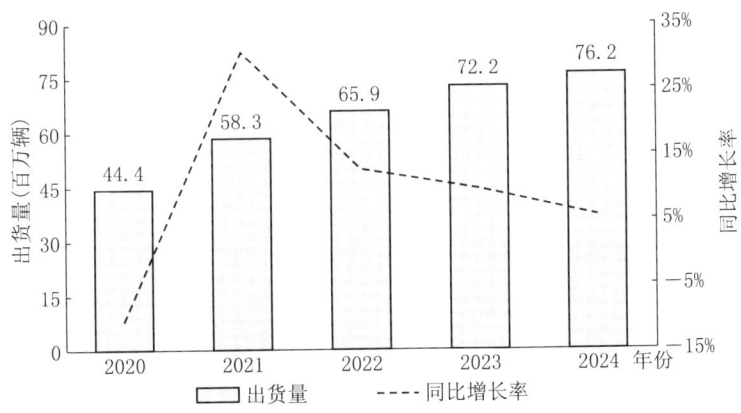

图 1　IDC 全球智能网联汽车出货量及增长率预测（2020—2024 年）

注：1. 预测数据已考虑新冠肺炎疫情影响；2. 数据包含智能网联乘用车、卡车、货车等，可为私人用车、商用车或公共交通工具。
资料来源：IDC：《全球智能网联汽车预测报告（2020—2024）》。

为此，结合国内外无人驾驶发展大环境，本文总结出当前无人驾驶行业发展的五个趋势：

（一）各国加快布局，无人驾驶行业战略地位持续提升

各国纷纷通过制定国家战略、强化技术优势、完善标准法规、营造市场环境等。美国提出，2030年大多数汽车达到全自动化，2045年所有车辆达到自动化。欧盟提出，2035年步入完全自动驾驶社会。我国提出，2035—2050年全面建成中国标准智能汽车体系，逐步实现智能汽车强国愿景。

表2 美国、欧盟、中国等智能网联汽车发展愿景

国家及地区	智能网联汽车发展愿景
美国	2020年：配备半自动功能的汽车将能在更多的情况下行驶 2030年：大多数汽车达到全自动化；更多消费者会依靠共享汽车 2045年：每个人都会使用共享乘车服务，可能是以社区为单位进行汽车共享；所有车辆达到自动化
欧盟	2020年：乘用车及轿车可在高速公路上实现自动驾驶（L3及L4级），可在市区实现低速场景下的自动驾驶，例如垃圾车、代客泊车等；公共车辆，尤其是城市班车、小型载人载物车等，可在部分低速场景下实现自动驾驶（L4级） 2022年：所有新车具备通信功能 2035年：步入完全自动驾驶社会
中国	2025年：基本形成中国标准智能汽车的技术创新、产业生态、基础设施、法规标准、产品监管和网络安全体系；实现有条件自动驾驶的智能汽车规模化生产；实现高度自动驾驶的智能汽车在特定环境下市场应用 2035年：全面建成中国标准智能汽车体系，逐步实现智能汽车强国愿景

（二）各路企业入场，产业竞争空前激烈

当前无人驾驶商业赛道上已形成四类企业推动智能网联汽车发展模式。第一类为特斯拉、宝马等汽车制造企业，正在加大L3级、L4级自动驾驶技术的研发力度；第二类是AutoX、小马智行、森兰科技等智能驾驶新兴企业，涵盖汽车、货车、物流车等多个领域；第三类是谷歌、百度、华为等互联网科技巨头，

汽车制造企业	智能驾驶新兴企业
特斯拉、奔驰、宝马、丰田、采埃孚、北汽、长城、上汽、吉利、长安……	AutoX、小马智行、驭势科技、森兰科技、图森科技、逸驾智能、禾赛科技、德赛西威……
互联网科技巨头	**零部件龙头企业**
谷歌、百度、华为、阿里、腾讯、京东、滴滴出行……	伟世通、英飞凌、德尔福、Velodyne、Autonomous……

图2 四类企业推动智能网联汽车发展模式

我们离无人驾驶全面商运还有多远?

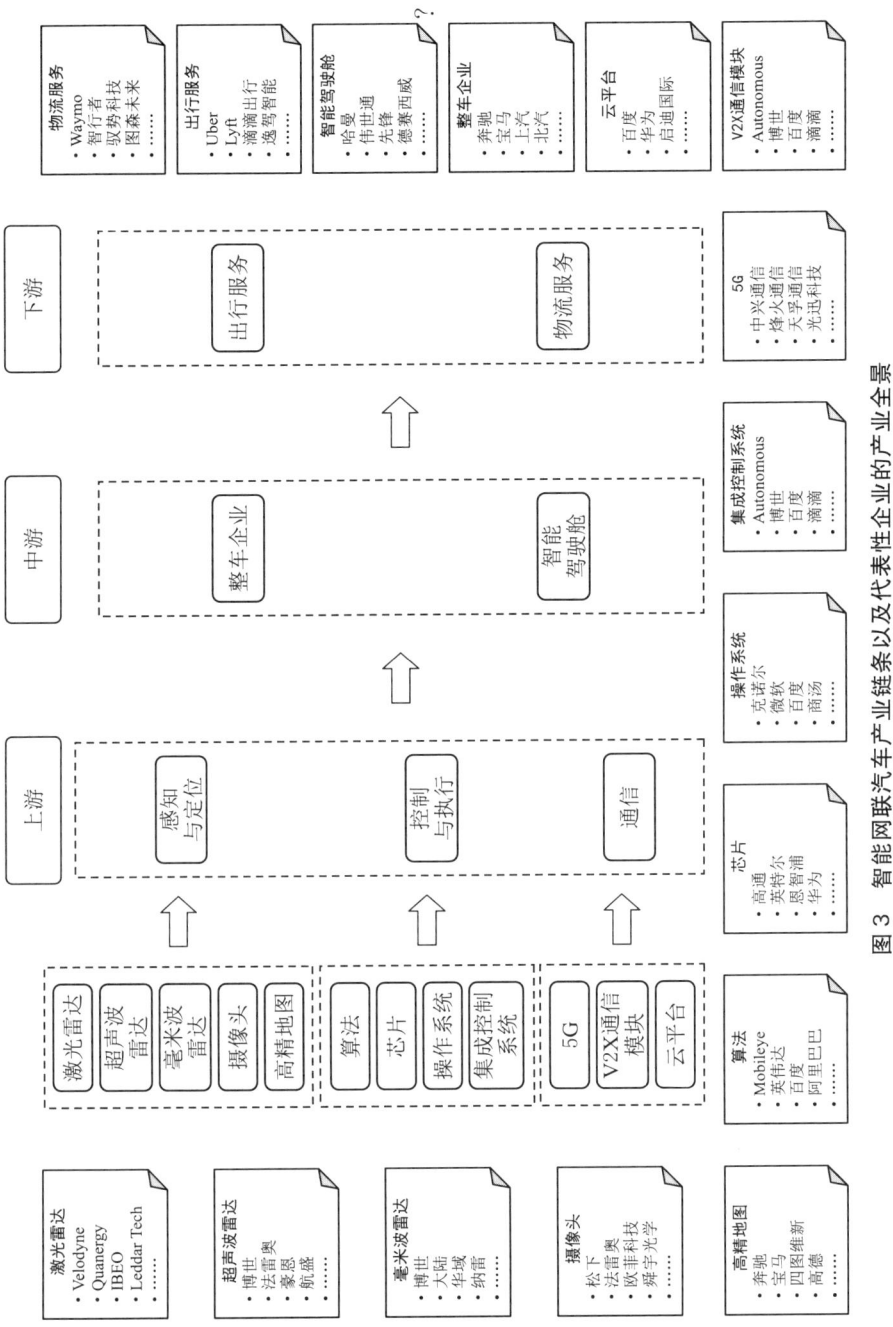

图 3 智能网联汽车产业链条以及代表性企业的产业全景

主要围绕车载OS、车路协同、车联网、高精度地图等方向发力;第四类为伟世通、英飞凌、德尔福等零部件龙头企业,积极布局座舱电子产品和智能网联汽车解决方案,向智能网联汽车零部件提供商转型升级。

(三) 技术快速演进,引领产业深刻变革

在感知系统方面,毫米波雷达和激光雷达等技术加快发展;决策系统方面,芯片制造商、汽车零部件供应商、整车企业和互联网企业均在积极布局,以英特尔、英伟达等芯片企业在研发方面占据优势;执行系统包括加速、制动、转向等功能控制,由博世、日立、大陆等全球领先的一级供应占据主导地位。通信系统方面,以美国主导的DSRC标准和中国主导的5G-V2X标准为主要方向。

(四) 商运步伐加快,应用场景加快拓展

智能网联汽车测试示范进程不断加快,商业化场景迅速拓展,主要集中在七大领域,覆盖了生活、生产多场景。其中,在多地开展自动驾驶出租车载人测试及服务,重庆可收费自动驾驶公交车示范运营项目落地,干线物流自动驾驶进入商业试运营阶段,无人配送商业模式趋于成熟,无人驾驶在机场、港口、矿区等均有应用,各地出台政策推动无人环卫车使用。

表3 无人驾驶商运应用场景发展步伐快速迈进

应用场景类型	发展现状
无人出租车	2018年Waymo获营运许可,开展载客商业运营 我国目前已在广州、长沙、上海、武汉、沧州、北京等多地开展自动驾驶出租车载人测试及服务,如滴滴自动驾驶网约车在上海落地,文远知行与高德打车达成合作在广州开放Robotaxi运营服务,百度自动驾驶出租车服务在北京全面开放等
无人公交	2015年Navya、Easymile在法国投放自动驾驶小型摆渡巴士 2017年"阿尔法巴"自动驾驶巴士在深圳福田保税区运行 2021年可收费自动驾驶公交车示范运营项目落地重庆永川 北京预计在2022年引进L4级别的自动驾驶技术,在旅游观光线上试点运营
自主代客泊车	2018年小鹏汽车发布G3全场景自动泊车技术 2019年百度自主泊车技术已拿到多个车企的合作订单
干线物流	美国集聚大多数自动驾驶货车创业公司,干线物流自动驾驶已进入商业试运营阶段 国内的图森未来、主线科技等创业公司采取与国际企业合作等方式加快商运落地步伐
无人末端物流	美国无人配送商业模式已趋于成熟,亚马逊、Yandex等互联网电商和外卖巨头均已配备无人配送车 国内无人配送车产业链逐渐形成,核心零部件日益国产化
封闭园区物流	目前国内外在机场、港口、矿区等园区均有应用
无人环卫	沃尔沃、Enway等企业率先开展自动驾驶环卫车应用示范 国内出台若干政策大力推动无人环卫车使用,北京智行者等十余家企业均有相关产品上市

(五) 政策日益完善，发展环境持续优化

各个国家在发展智能网联汽车产业时，日益重视相关标准、规范的界定。美国交通运输部颁布《联邦自动驾驶汽车政策指南》，将自动驾驶汽车安全监管纳入联邦法律框架，2020年美国出台最新自动驾驶汽车准则4.0(AV4.0)。日本发布《日本自动驾驶政策方针》1.0到4.0版本，对自动驾驶服务、道路普及线路图、技术测试和验证等进行了规定。我国陆续出台《智能网联汽车公共道路测试的管理规范(试行)》《汽车驾驶自动化分级》《智能网联汽车生产企业及产品准入管理指南(试行)》等系列政策，就自动驾驶汽车分类、测试、登记、准入管理等做出明确规定与说明。

三、各地进展：国内主要省市加快无人驾驶汽车的经验做法

在国家战略引导和政策支持下，各省市纷纷制定发展规划，通过政策法规、技术标准、示范建设等全方位措施，推进智能网联汽车发展。目前，国内主要省市已形成了一些成功经验：

(一) 加强政府规划引领

中央和地方政府通过规划，在战略发展方向、基础设施建设、产业生态培育、创新功能布局以及制度政策突破等方面引领无人驾驶发展。国内众多城市的无人驾驶产业，均于政府规划引领下发展起来。

表4 嘉定无人驾驶四阶段规划

第一阶段	在5平方公里范围内布局200辆左右测试车辆和15公里封闭道路，模拟智能网联汽车在"高速+城市+乡村"的试跑状况，为智能网联及无人驾驶等技术应用进入城市综合示范区打下基础
第二阶段	在汽车城核心区博园路、墨玉南路等36个模拟交通场景内，实现1 000辆车在27平方公里内的73公里道路上实测，打造国内首个功能完备的智能网联汽车测试示范公共服务平台
第三阶段	示范区范围将从汽车城核心区的基础上拓展至安亭全镇，基本建成智能网联汽车区域性测试示范公共服务平台，初步打造智能网联汽车产业集群，成为全国区域性智能网联汽车标准化产业基地
第四阶段	建成示范城市及交通走廊，在安亭到虹桥枢纽之间建设2条共享走廊，10 000辆车在约500公里的示范道路上行驶，建成功能全备的智能网联汽车测试示范公共服务平台，形成初具规模的智能网联汽车产业集群

（二）推动示范试点先行

近年来，除工信部合作推进的一批智能网联或自动驾驶示范区之外，部分省市也通过与机构合作，或资本合作等形式，打造基于自身产业需求的智能网联汽车测试场景。截至 2020 年，全国有 10 个国家级智能网联（车联网）测试示范区，超过 30 个城市级和企业级测试示范点。

表 5　国家级智能网联测试示范区

序号	示范基地名称	时间	省市	级别
1	国家智能汽车与智慧交通（京冀）示范区	2016 年 01 月签约	北京、河北	国家级
2	国家智能网联汽车（上海）试点示范区	2016 年 06 月运营	上海	国家级
3	浙江 5G 车联网应用示范区（云栖小镇、乌镇）	2016 年 07 月建成	浙江	国家级
4	武汉智能网联汽车示范区	2016 年 11 月获批	湖北	国家级
5	智能汽车集成系统实验区（i-VISTA）	2016 年 11 月启用	重庆	国家级
6	国家智能交通综合测试基地（无锡）	2017 年 09 月揭牌	江苏	国家级
7	中德合作智能网联汽车车联网四川试验基地	2017 年 11 月获批	四川	国家级
8	广州智能网联汽车与智慧交通应用示范区	2018 年 06 月开放	广东	国家级
9	国家智能网联汽车（长沙）测试区	2018 年 06 月开园	湖南	国家级
10	国家智能网联汽车应用（北方）示范区	2018 年 07 月运营	吉林	国家级

（三）完善基础设施支撑

5G、LTE-V、C-V2X 等信息基础设施是推动无人驾驶发展的基础保障，从封闭测试场到开放测试路段，基础设施布局引导着无人驾驶发展，基础设施投入同时又受到无人驾驶应用场景和商运发展阶段的影响。截至 2020 年底，北京有 200 条自动驾驶开放测试道路，总计 699.58 公里；上海测试道路总里程为 559.37 公里；苏州将建成全国首批城市级 5G 车联网应用，改造 5G 智能网联道路 224.75 公里。

（四）加强龙头企业引育

无论是推动无人驾驶商运，还是产业化，抓住龙头企业是关键。从先行城市发展情况来看，都是以无人驾驶龙头企业为核心，推动商运模式创新以及产业化发展。无论北京、上海、深圳等无人驾驶引领城市，还是武汉、长沙等后来者，都是充分发挥了科技领军企业和龙头车企等集聚的优势，围绕并根据龙头企业的技术创新节奏和商运考虑来推动实施基础设施建设和政策突破。

表6 国内部分科技领军企业无人驾驶布局情况

科技领军企业	无人驾驶布局进展
百 度	Apollo的路测已覆盖全球27个城市,总测试里程超过600万公里,累计服务乘客超10万人次,获得无人驾驶专利1 200多件,百度与奔驰、福特、吉利、金龙等60多家国内外汽车企业合作,上市车型400余款
AUTO X	布局全球八大地区,获深圳、上海、武汉、广州等多个城市牌照,以及全球第二张、中国唯一一张加州全无人驾驶牌照,致力于打造L4级全无人驾驶平台,与东风、上汽、比亚迪、阿里巴巴等形成战略合作
华 为	成立汽车解决方案事业部,布局智能网联、智能驾舱、自动驾驶三大赛道,目前已开发出鸿蒙座舱操作系统HOS、智能驾驶操作系统AOS、智能车控操作系统VOS等三大操作系统。近期,华为与北汽合作的新能源和智能网联汽车极狐阿尔法S发布上市
比亚迪	致力于打造D++开放平台,开放341个传感器和66项控制权,向全球开发者开放汽车传感系统和执行系统,引领汽车业态从封闭走向开放
大 疆	主要迈入无人驾驶提速领域,入局激光雷达领域,高性能、低成本、可量产激光雷达,主打L3、L4自动驾驶

(五) 构建产业发展生态

无人驾驶涉及技术研发、生产制造、测试检验、商业运行等多个环节,上海、北京、深圳等先发城市均将产业创新和企业培育作为重中之重,纷纷构建研发、制造、测试、商运等全产业链。目前无人驾驶开放道路测试走在前列的城市,也都在积极构建产业生态。

表7 北京中关村构建无人驾驶产业生态的经验做法

措 施	主 要 内 容
支持测试与示范应用	开展短途接驳、物流配送、智能清扫、智能公交等自动驾驶示范应用,培育面向未来的智能交通出行新业态,根据示范应用效果给予最高1 000万元资金支持
支持技术创新与成果转化	推动关键技术创新突破。支持智能网联汽车关键核心技术研发及产业化,根据项目研发水平和产业化情况,给予最高1 000万元资金支持 促进创新型企业集聚发展。支持国内外领先的智能网联汽车企业在海淀设立总部或研发中心,以"一事一议"方式给予支持。对于领军和独角兽企业,为其提供人才、资金、空间等全方位的政策服务包支持 加强企业孵化培育。支持智能网联汽车专业孵化器、加速器建设,根据服务质量与孵化加速效果给予最高300万元资金支持。支持初创企业开展自动驾驶相关测试,以创新券等形式给予最高200万元资金补贴 支持创新主体参与或引领国际标准制定。支持企业和机构积极开展技术、测试和检测等标准制定,对获得批准发布的国际标准、国家标准和行业标准的制定单位,给予最高300万元资金支持

续表

措 施	主 要 内 容
支持智能网联汽车平台建设	支持共性技术平台建设。推动重点实验室、技术中心、产业创新中心等重大平台落地，支持各类创新主体建设智能网联汽车计算基础平台、云控基础平台、车载终端基础平台、高精度动态地图基础平台、信息安全基础平台、仿真测试平台等共性技术基础平台，开展产学研商协同创新，形成具有全球影响力的"汽车大脑"产业生态。根据效果给予最高1 000万元资金支持

（六）注重政策制度保障

无人驾驶应用推广，面临现有交通规则的约束，需要在规则制度方面进行突破；与此同时，无人驾驶产业的培育，也需要金融、人才等方面的政策支撑。据不完全统计，目前我国已经有超过25个城市出台了与无人驾驶相关的政策和规划文件。北京国家智能汽车与智慧交通（京冀）示范区发布了30余份政策、法规、报告文件。《深圳经济特区智能网联汽车管理条例（征求意见稿）》在路权开放、市场准入、驾驶员要求、运营收费等方面均有重要突破，对智能网联汽车管理进行全链条立法。

表8 北京市发布的无人驾驶领域部分政策

发布时间	文 件 名 称
2017年12月	《北京市关于加快推进自动驾驶车辆道路测试有关工作的指导意见（试行）》
2018年2月	《北京市自动驾驶车辆道路测试能力评估内容与方法（试行）》
2018年2月	《北京自动驾驶车辆封闭测试场地技术要求（试行）》
2018年8月	《北京市自动驾驶车辆道路测试管理实施细则（试行）》
2018年10月	《北京智能网联汽车产业白皮书》
2018年11月	《北京市自动驾驶车辆道路测试有关工作的指导意见（试行）》
2018年12月	《北京市智能网联汽车创新发展行动方案（2019—2022年）》
2019年9月	《北京自动驾驶车辆封闭测试场地技术要求（试行）》
2019年12月	《北京市自动驾驶车辆道路测试管理实施细则（试行）》
2021年4月	《北京市智能网联汽车政策先行示范区总体实施方案》

四、对策建议：下一步推动无人驾驶商运的若干思考

诚然，当前无人驾驶规模商业化活动开展得如火如荼，但从总体发展看，

我国要全面推进无人驾驶商运，仍然存在一些值得注意的问题。针对这些问题，笔者提出如下建议：

(一) 鼓励传统车企与互联网创新企业强强联合、优势互补

对比无人驾驶赛道的不同类型企业，以阿里巴巴、腾讯、百度、华为为主的互联网科技企业拥有大量科技人才及先进技术经验，可通过直接研发 L4/L5 级别无人驾驶技术方案达到技术高点。而以一汽、上汽、长城等传统整车企业则多采用从研发 L1 级别技术逐步过渡至 L4/L5 等更高阶技术级别，长期积累形成了品牌效应以及成熟的汽车产业链，将在供产销等多环节占据重要优势。采用车企结盟的形式，将帮助车企和互联网企业有效摊薄研发成本，实现技术共享，推动无人驾驶全面商用化进程。

(二) 推动单车智能与车路协同齐头并进

当前主流的技术路线分为单车智能及车路协同两大类。前者以欧美国家为代表，将所有的传感器安装在同一辆单车上，能以更灵活的方式符合城市、乡村道路需求，并避免路权分配问题，但研发成本高昂，量产存在一定难度；后者以中国为代表，涉及传感器、芯片、算力、道路情况的复杂度，将更好服务于 L4、L5 级自动驾驶，但受基础设施及实际路况等条件制约，短期内仍难以普及，且将带来解决路权分配的需求。二者在实际运用过程中呈相辅相成的关系，齐头并进发展将比单一路径发展更能满足无人驾驶商运全场景落地。

(三) 由简单的特定场景应用逐步过渡至复杂的日常场景应用

受限于关键技术、外部环境、制度规范等多重因素，无人驾驶全面推进商运之路不能一蹴而就。但一些路面环境简单、技术成熟度高的特定应用场景，有条件率先开展无人驾驶商运试点，并在条件成熟的前提下逐步向复杂日常生活场景拓展。一方面，有序开展高速路、快速路、特定路线等无人驾驶测试试点，规划无人驾驶专用车道，开展自动驾驶、编队驾驶、摆渡接驳等测试。另一方面，围绕景区、园区、港口等重点区域加快构建无人驾驶商运场景。将无人驾驶商运与热门景区旅游进行紧密结合，加强无人驾驶公交车、网约车等部署；积极推动智慧港口建设和无人驾驶货运商业化应用；支持重点产业园区和物流园区开展无人驾驶物流车应用，探索无人驾驶物流车、专用作业车等与社会车辆分道行驶、分时行驶等试点示范。

(四)重视技术发展带来的问题并变革制度规范

无人驾驶技术有关的制度发展远远滞后于技术进步,由此引发的低速智能网联车辆上路测试和行驶等行业方面的问题不容小觑。如,无人驾驶汽车测试示范及标准管理等受到限制,驾驶事故和纠纷的责任认定和保险理赔尚未界定,语音平台、信息数据等带来的数据安全问题没有保障,等等。为此,应围绕这些行业瓶颈问题,探索适应智能网联汽车出行需要的车辆管理、交通管理、运行服务管理等方面的法规规章、制度和标准规范。

作者:高 平 芮晔平 蒋英杰 朱加乐 刘梦琳 王 珏

参考文献:

① 《IDC:未来5年智能网联车年出货量复合增长率为16.8%》,网络通信中国网,2020年5月22日,http://www.voipchina.cn/bencandy.php?fid=32&id=83059。

② 《单车智能与车路协同的产业路线深思》,亿欧网,2021年12月28日,https://www.iyiou.com/news/202112281026533。

③ 《洞察2021:中国激光雷达行业竞争格局及市场份额(附市场集中度、企业竞争力评价等)》,前瞻经济学人官网,2021年9月5日,https://www.qianzhan.com/analyst/detail/220/210903-4b13cbd9.html。

④ 黄愉文、张凯、张永捷:《全球智能网联汽车产业政策洞察与思考》,SUTPC官网,2021年4月5日,http://www.sutpc.com/news/jishufenxiang/727.html。

⑤ 西部证券:《智能驾驶深度专题——进入大结盟时代》,雪球网,2020年9月8日,https://xueqiu.com/5525633543/158688515。

第五部分

聚焦企业主体提升集群竞争力

万类霜天竞自由：上海企业竞争力的多维视角

企业是技术创新的主体，也是经济运行的微观主体。习近平总书记在2020年7月的企业家座谈会上，强调要千方百计把市场主体保护好，激发市场主体活力，弘扬企业家精神，推动企业发挥更大作用实现更大发展，为经济发展积蓄基本力量。国家"十四五"规划和2035年远景目标也提出要发挥大企业引领支撑作用，支持创新型中小微企业成长为创新重要发源地。企业发展对于一个城市而言至关重要，城市的发展和竞争最终是要通过企业来体现、支撑和衡量。上海在企业主体方面有自己的特点，外资和国企实力较强，民营企业也在崛起，"十四五"规划和政府工作报告都强调，要"培育和引进具有全球竞争力的世界一流企业"。

到底上海企业竞争力如何，在全国处于怎样的地位呢？本文重点选取了世界500强及跨国公司企业总部、上市公司、国家高新技术企业、"隐形冠军"和专精特新"小巨人"企业、独角兽企业、三大先导产业龙头企业等六类企业作为研究对象，并展开对上海与国内主要省市的对比分析，以对上海的企业竞争力进行评价。

一、世界500强企业位居全国第二，跨国公司地区总部连续多年全国第一

世界500强企业和跨国企业总部一般作为衡量一个城市集聚企业能级的重要标尺，也是一个城市国际竞争力的重要体现。《财富》杂志连续26年发布世界500强排行榜，以公司年度收入和利润为主要评定依据，是衡量全球大型公司的最著名、最权威的榜单。2020年企业上榜门槛为年营收达到254亿美元，其中，中国企业共有133家入围榜单，为历年最多。从地域分布来看，北京企业数量最多，有55家，占比41.35%；上海有9家（相较于2019年新增了2家），排第二位，占比6.77%；深圳有8家；杭州有4家；广州有3家。

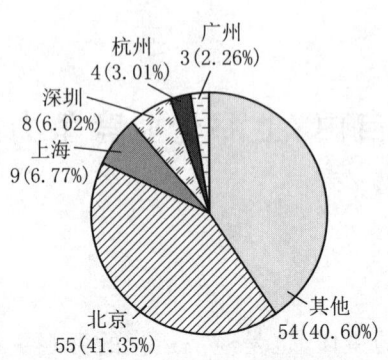

图 1　2020 年我国主要城市世界五百强企业分布

跨国公司总部集聚也是衡量一个城市竞争力的重要方面,是一个城市企业能级的重要体现,在这一指标上,上海领先优势非常明显,上海已连续多年成为中国内地吸引跨国公司地区总部和外资研发中心数量最多的城市,2020年在沪跨国公司地区总部、外资研发中心分别达到 771 家和 481 家,数量遥遥领先于北京及全国其他的任何一个城市,这也充分显示了上海作为国际化大都市对全球企业的吸引力。

二、上市企业:上市数量位居全国第三,市值增速最快,科创板领先优势明显

证券市场是"国民经济的晴雨表",一个地区的企业 IPO 情况一定程度上可以反映出当地经济的实力与活力,上市公司的数量和市值同样是一个城市企业竞争力的重要体现。我国上市公司数量已超 4 000 家,数据宝和中国基金报联合发布的《2020 内地城市上市公司总市值排行榜》①显示,截至 2020 年年底,北京拥有 659 家上市公司,总市值达到 27.18 万亿元,其中千亿市值公司达到 49 家,央企占据了一定的比重,互联网公司也颇多;其次是深圳,有 456 家上市企业,总市值达到 16.36 万亿元,其中 25 家市值过千亿。上海排在第三位,共有 511 家上市公司,总市值达到 12.42 万亿元,其中 24 家市值过千亿,2020 年首次有了万亿市值公司——拼多多。相比 2019 年,2020 年上海上市公司总市值增长超过 53%,市值增长超 4.3 万亿,增值金额排名第一,总市值

---

① 本次数据统计范围包括全部 A 股,以及主营业务在内地的港股和美股,对于有些注册在百慕大等地的红筹股,主要选择内地总部所在城市。

达到12.42万亿元,大幅缩小与北京、深圳两大城市市值差距的同时,拉大了与杭州(8.19万亿元)之间的距离。

而从科创板来看,上海的领先优势则非常明显。自2019年7月22日科创板推出以来,到2021年1月底,科创板落户总数达到225家,从企业地域分布来看,成功登陆科创板公司主要集中在江苏、上海、北京和广东,上海有39家、江苏45家、广东34家和北京33家。

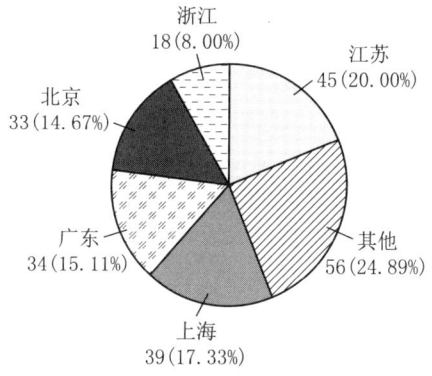

图2　2021年1月底上海科创板企业分布情况

截至2月5日,上海科创板上市企业(含中芯国际)数量已经达到39家,占科创板上市企业的17.33%,总融资额达到1 135.17亿元,领先于全国其他地区,科创板企业总市值为8 593.03亿元,居全国首位。科创板上市企业是未来科创的主要动力和潜力所在,上海如能继续保持在科创板的领先优势,未来企业竞争力将大大提升。

三、 国家高新技术企业:数量不及北深,但增速表现亮眼

国家高新技术企业是一个城市企业能级,特别是创新能力的重要体现,也经常作为城市之间企业竞争力比较的维度。国家高新技术企业认定注重对企业创新研发管理水平、产品技术含量、成果转化能力、质量保证等的考察,是中国高科技企业最高荣誉之一。高新技术企业是国际科创中心建设必不可少的要素,承担着技术创新"发动机"的重要角色,其数量在一定程度上意味着一个地区的创新活跃度,与一座城市的未来发展潜力息息相关。分析近几年国家高新技术企业区域分布来看,2015—2019年上海的国家高新技术企业数量一直少于北京和深圳,且2016—2018年高新技术企业增速低于北、广、杭以及全国的平均水平。

不过,2019年上海的国家高新技术企业增速已达到40%,高于北、深等城市(杭州为46%)。值得注意的是,根据最新发布的《2020上海科技进步报告》,2020年上海的国家高新技术企业数量已超过1.7万家,近三年增长123%,每万户企业法人中的高新技术企业数量排名全国第一,显示出高新技术企业成长的巨大动力和潜力,也显示出上海科技创新中心建设的突出成就。未来上海仍需在高新技术企业集聚方面持续发力,更好地支撑上海科技创新中心建设。

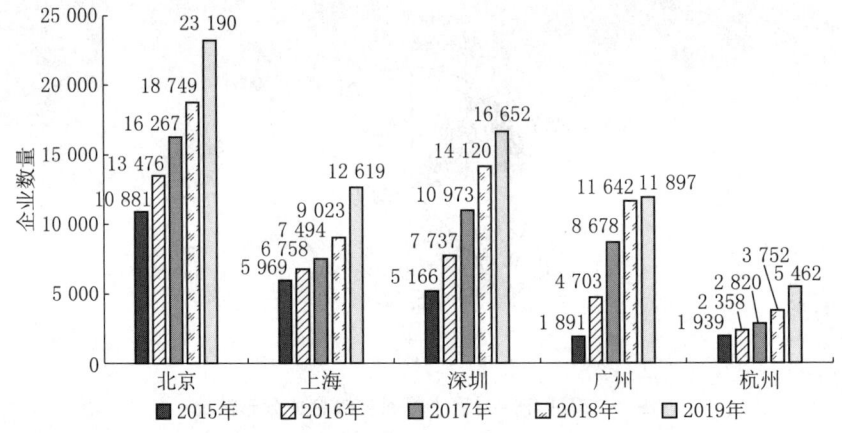

图3　2015—2019年北上广深杭高新技术企业数量

资料来源:根据2016—2020年中国火炬统计年鉴整理。

四、"隐形冠军"和专精特新"小巨人"企业亟待培育和扶持

隐形冠军和专精特新"小巨人"企业也是衡量企业竞争力的重要维度,是一个城市制造业创新能力、创新活力的重要体现。德国著名管理大师赫尔曼·西蒙在《隐形冠军:谁是全球最优秀的公司》中首次提出"隐形冠军"企业一词,"隐形冠军"企业通常是在行业中表现精、专、优的中小规模企业,其一般拥有独特的技术,有些还拥有关键技术专利,其总体规模虽然不大,但营收和利润都较好,是行业内不可或缺的高精尖分子。根据国家工信部公布的数据统计,经过四次评选,2019年一共评出了256家单项冠军企业和90家待培育的单项冠军企业以及161家单项冠军产品企业。从地域上来看,浙江的"隐形冠军"企业总数达到101家,占全国比重达近20%,江苏有73家,占全国比重达14.4%,北京有18家,上海有16家,占全国比重为3.2%,在全国29个省市中排第7位。上海要打造国际科技中心,实现经济的高质量发展必须发展和培育

更多"隐形冠军"企业,要在细分领域赛道中培育支持更多的潜力爆发型企业。

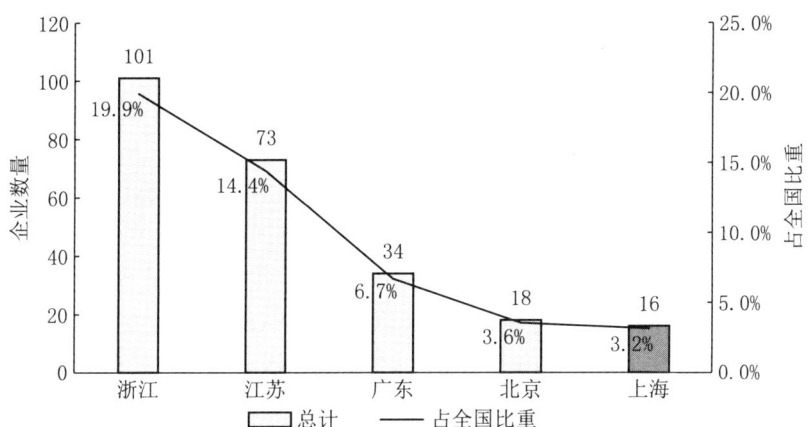

图4　2019年重点省市"隐形冠军"企业数量和占比

资料来源:根据国家工信部发布的制造业"隐形冠军"企业名单整理。

专精特新"小巨人"企业是指专注于细分市场、创新能力强、市场占有率高且掌握核心技术、质量效益优的排头兵企业。自2019年7月公布首批入选名单以来,截至2021年4月,已培育出1 832家国家级专精特新"小巨人"企业。根据国家工信部发布的两批企业名单,浙江省以拥有167家企业居首位,其次是广东省(145家)、江苏省(117家)以及北京市(97家),上海有90家国家级专精特新"小巨人"企业,在全国主要省市中排在第5位。

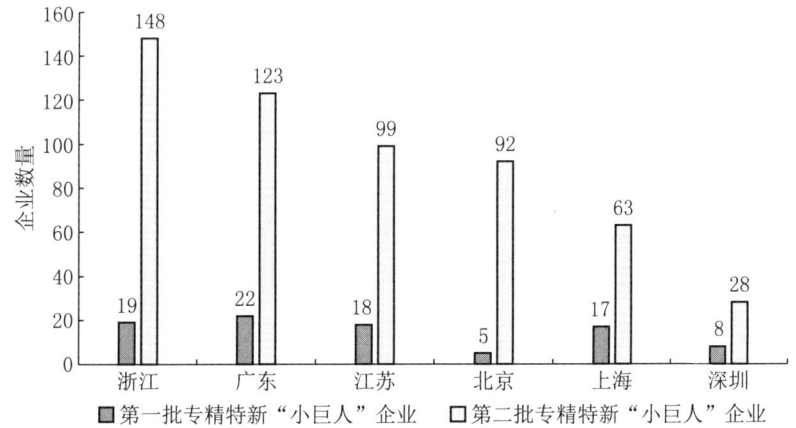

图5　2019年重点省市第一批和第二批专精特新"小巨人"企业分布情况

资料来源:根据国家工信部发布的两批专精特新"小巨人"企业名单整理。

五、独角兽企业数量不及北京,企业估值水平尚未入全国前三

独角兽企业一般指估值达到或超过 10 亿美元的初创公司,代表着新经济的活力,行业的大趋势和国家的竞争力。CB Insights 发布的 2020 年全球独角兽企业名单显示,截至 2019 年 12 月 31 日,全球独角兽企业总数达到 436 家,其中美国以 214 家居首位,其次是中国(含香港地区)有 107 家。从地域分布来看,我国独角兽企业主要集中在北、上、深、杭,占整体比例达 82%、估值占比达 93.3%。其中北京独角兽企业共 69 家、数量占比 41.6%,为全国第一,上海、杭州、深圳为第二、三、四名,企业数量依次为 35 家、20 家、13 家,数量占比分别为 21.1%、12%、7.8%。

从企业估值水平来看,得益于蚂蚁金服和菜鸟网络,杭州独角兽企业平均估值最高,达到 106.7 亿美元,北京、深圳、上海独角兽企业平均估值分别为 48.7 亿美元、41.5 亿美元、38.8 亿美元。

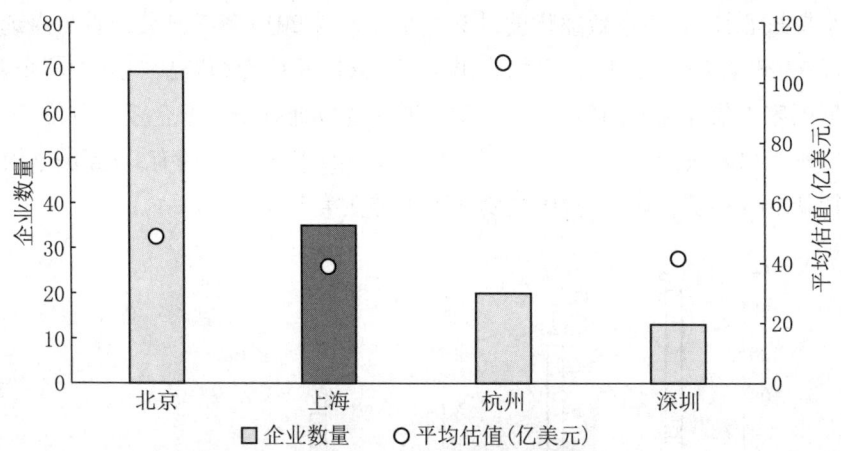

图 6 2020 年北、上、杭、深独角兽企业分布情况

资料来源:根据 CB Insights 2020 年全球独角兽企业名单整理。

六、三大先导产业龙头企业总体国内领先,优势明显

"十四五"时期,上海将按照"高端、数字、融合、集群、品牌"的产业发展方针,推动集成电路、生物医药、人工智能三大先导产业规模倍增,三大先导产业

是习近平总书记对上海提出的明确的发展要求,而企业的集聚水平正是三大产业竞争力的重要支撑和体现。

(一) 集成电路领域设计、制造领先,仍需固链补链强链

根据上海集成电路行业协会的数据,2019 年上海集成电路产业规模已经超过 1 700 亿元,仅浦东张江就集聚了中芯国际、华虹宏力、华力微电子、华大半导体、紫光展锐、上海微电子装备、盛美半导体等多家知名企业;在设计领域,上海一些集成电路企业的研发能力已达到 7 纳米,其中紫光展锐在全球手机芯片市场份额位列第三;在制造领域,中芯国际、华虹集团的年销售额在国内位居前两位,根据市场研究公司 Counterpoint Research 发布的最新报告显示,2021 年全球半导体成熟制程(40 纳米及以下工艺节点)市场中中芯国际占有 11% 的市场份额(台积电以 28% 市场份额居首位),排全球第三,华虹集团占有 6% 的市场份额,居第 6 位。

根据中国半导体行业协会发布的 2019 年我国半导体集成电路七大领域十强企业榜单来看,上海在集成电路设计、半导体制造、半导体封装测试以及半导体设备方面有较强的实力,其中在集成电路设计领域,深圳企业高居前列,共 5 家企业约占榜单 50%,其次是上海和北京各 2 家,以及 1 家杭州企业;在半导体制造领域,上海以 3 家企业居首位,其次是西安(2 家)和无锡(2 家),大连、苏州和武汉各 1 家;在半导体设备领域,为北京和上海各 2 家,以及 1 家沈阳企业。

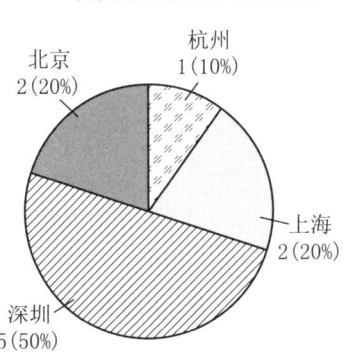

2019 年集成电路设计十强企业

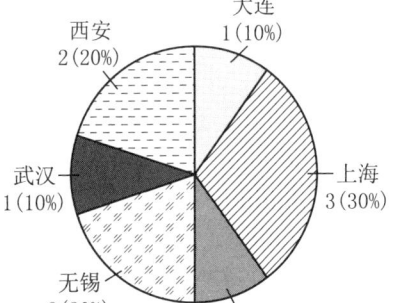

2019 年半导体制造十强企业

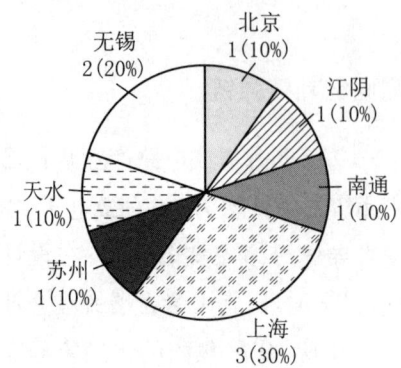
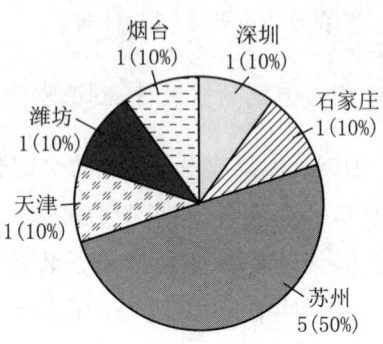
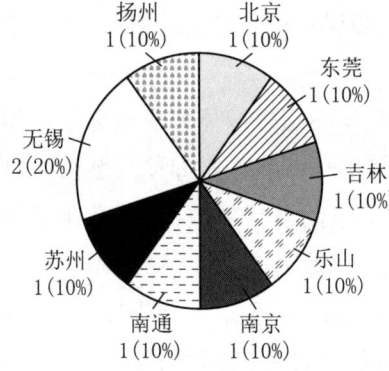
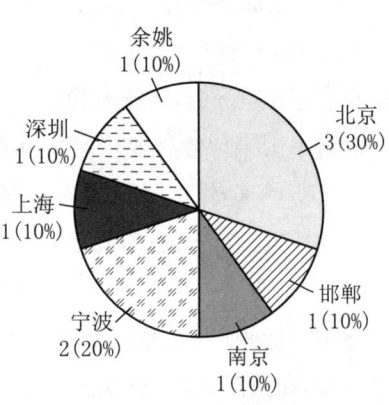
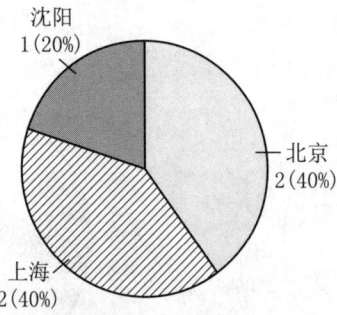

图 7 2019 年我国半导体集成电路七大领域十(五)强企业分布情况

资料来源：根据中国半导体行业协会发布的 2019 年我国半导体集成电路七大领域十强名单整理。

(二) 生物医药领域传统化药龙头能级待提升,生物药突破潜力大

上海生物医药产业规模已达到4 000亿元,生物医药创新型企业加快成长,恒润达生等8家企业获12个细胞治疗产品临床研究批文,复星凯特、药明巨诺在全国最先进入CAR-T产品新药上市申请受理,君实生物推出首个国产PD-1免疫细胞治疗药物,复宏汉霖推出首个生物类似药,三生国健成为上市三款治疗性抗体类药物的抗体药物领军企业。

上海药企在规模方面优势尚不明显。根据投行Torreya过去8年来对全球30 000家制药企业进行的追踪研究,2020年按照市值排名发布了《全球1 000强药企报告》。其中,前50强的制药企业中我国有10家企业上榜,其中无一家上海企业。

但从研发投入上看,上海企业优势明显、潜力很大。根据欧盟委员会公布的2020年"欧盟工业研发投入排行榜",排行榜内2 500家公司中超过10家中国企业上榜,其中有2家上海企业,复星医药排在第三位。

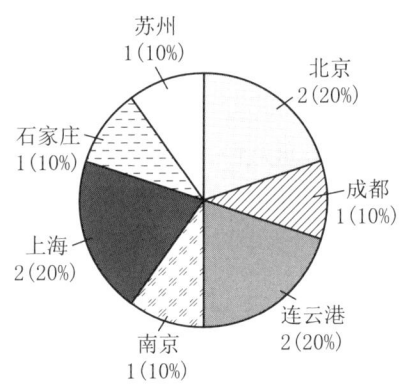

图8 《全球1 000强药企报告》中国企业城市分布情况

资料来源:根据欧盟委员会公布的2020年"欧盟工业研发投入排行榜"整理。

权威第三方网站QMED发布了最新的《医疗器械企业百强榜单》,根据2020销售状况对全球医疗器械公司进行了排名,4家中国企业上榜,其中一家在上海(微创医疗)。

(三) 人工智能领域龙头引领效应初显,潜力新星已现

截至目前,上海已聚集超过1 300家人工智能企业,在医疗、教育、工业、金

融等场景中形成一批世界首创、国际领先的技术应用案例,通过不断创新来捕捉未来发展机遇。

根据中国科学院大数据挖掘与知识管理重点实验室发布的《2019年人工智能发展白皮书》中推出全球人工智能企业前二十榜单,微软、谷歌、脸书位列前三,美国企业占一半,中国企业共七家上榜,其中有四家北京企业,上海、合肥和深圳各一家。CB Insights公布2020全球AI百强榜(CB Insights AI 100),甄选全球100家最具潜力人工智能企业。其中,共有六家中国企业入选,上海和北京各两家,深圳、广州各一家。

全球人工智能企业TOP 20榜单(中国企业)

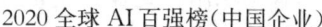
2020全球AI百强榜(中国企业)

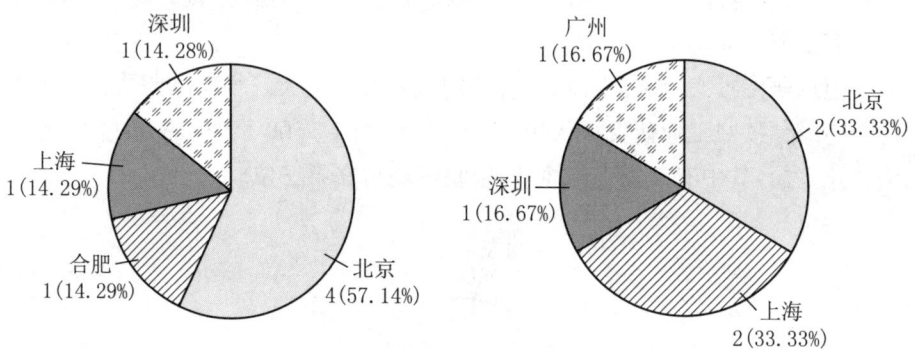

图9 2019年我国人工智能行业龙头企业分布情况

资料来源:根据全球人工智能企业前二十榜单和2020全球AI百强榜整理。

七、结 语

本文以六种类型的企业为研究对象,分析和比较了上海企业的竞争力,通过比较可以看出,上海各类企业排名的综合竞争力整体处于国内第一梯队,在跨国公司地区总部、科创板上市企业、高新技术企业成长潜力和三大产业细分领域优势比较突出,在世界500强企业、高新技术企业绝对数、隐形冠军企业集聚方面还需要加快追赶。但是总体来看,上海还缺乏在国内具有突出引领度和显示度的本土龙头企业,呈现整体缺乏"本土高峰"的状态。

从未来发展来讲,上海需要继续巩固现有龙头企业的产业基础实力、发挥跨国企业总部的领先优势;同时要鼓励企业加大研发投入,加强科技攻关能力,着力补好企业创新力不足的短板。上海还应积极借鉴世行营商环境评价方法论的有益经验,加快转变政府服务理念,精心打造富有活力的创业创新生态,为各类企业提供更多阳光雨露,为各类企业的集聚、培育、发展和壮大提供最好的环境,更好地发挥好科技、人才、服务、平台、窗口等综合优势,为各类企业提供施展的舞台。

作者:许倩茹

参考文献:

①《2020 年〈财富〉世界 500 强排行榜》,《财富》杂志客户端,2020 年 8 月 10 日,http://www.fortunechina.com/fortune500/c/2020-08/10/content_372148.htm。

②《2020 年全球 AI 百强榜出炉 中国六家企业入选》,新天域互联,2020 年 3 月 9 日,https://www.sohu.com/a/378705311_100161396。

③《IPO 成功闯关 145 家,科创板 2020 年榜单全面揭晓!》,Wind 万得公众号,2021 年 1 月 2 日,https://mp.weixin.qq.com/s/nyityRAv-M1acqhwP6Ug6A。

④[德]赫尔曼·西蒙:《隐形冠军:谁是全球最优秀的公司》,阿丁、温新年译,新华出版社 2001 年版。

⑤《第一、二批专精特新"小巨人"企业简单更名公示名单》,中华人民共和国工业和信息化部官网,2020 年 11 月,https://www.miit.gov.cn/cms_files/filemanager/1226211233/attach/20217/cbcc37897a394f4a8285ddf0d1eb2f39.pdf。

⑥科学技术部火炬高新技术产业开发中心:《中国火炬统计年鉴 2020》,中国统计出版社 2020 年版。

⑦《中国半导体集成电路七大领域 10 强企业榜单!》,5G 产业圈公众号,2020 年 9 月 16 日,https://mp.weixin.qq.com/s/n3XaAK6A67kHVJzM5lFsIA。

⑧中国科学院大数据挖掘与知识管理重点实验室:《2019 年人工智能发展白皮书》,显示世界公众号,2020 年 2 月 26 日,https://mp.weixin.qq.com/s/VFfZn6UmpWIRztoId-D4-w。

⑨《字节跳动领跑,金融科技占比最高,美国数量领先! 2020 年全球 511 家独角兽企业纵览》,CBInsights 中文公众号,2020 年 12 月 28 日,https://mp.weixin.qq.com/s/bMd2hPF-ELoS5-Nchj6-5w。

从上市企业透视上海"3+6"产业竞争力

上海"十四五"先进制造业规划明确提出构建"3+6"的新型产业体系,发挥集成电路、生物医药、人工智能三大先导产业作用,着力打造电子信息、生命健康、汽车、高端装备、先进材料、时尚消费品六大高端产业集群。上市企业处于行业金字塔的顶端,是上海"3+6"产业竞争力的重要体现。为客观评价上海"3+6"产业的企业竞争力水平,上海中创产业创新研究院针对A股上市企业进行了分析,梳理出上海制造业上市企业营收、市值的双百强榜单,并从多个维度分析了上海制造业上市百强企业的规模、区域与行业分布,为深入认识上海"3+6"产业发展水平提供了一个新的视角和维度。报告形成的主要观点如下:

一、上海制造业企业上市经历了三个密集期,资本市场有力助推了上海制造业的转型升级

总体来看,上海制造业上市有三个密集期:一是20世纪90年代初,二是2009年创业板开板,三是2019年科创板开板。1990年,中华人民共和国成立以来内地的第一家证券交易所——上海证券交易所成立。证券交易所设立初期,资本市场较为活跃,上海新增上市企业数量也较多,制造业企业数量占比未超过50%。2009年创业板开板后,大量科技型中小企业开始活跃在资本市场,上海新增上市企业数量显著上升,且制造业企业占比也有很大提升(超过50%)。2019年上交所设立科创板,服务于符合国家战略、突破关键核心技术的科技创新企业,上海部分拥有核心"硬科技"的企业有了施展拳脚的舞台。多层次的资本市场,有效推动了上海制造业的发展和转型升级。

从各时间段上市企业的行业分布来看,20世纪90年代,与人们生活密切相关的时尚消费品制造业的企业上市较多;同时,高端装备、生命健康和化工先进材料业的企业也初具规模。21世纪初期,时尚消费品、高端装备、生命健

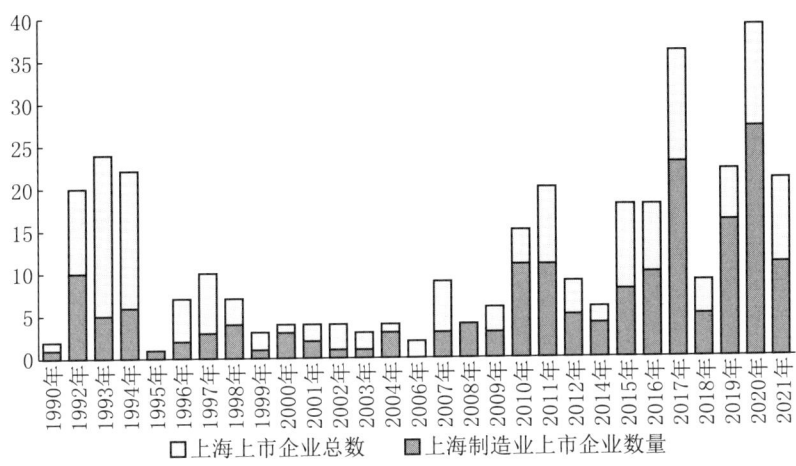

图 1　1990—2021 年上海上市企业总数以及其中制造业上市企业数量

注：2005 年、2006 年、2013 年，上海未有制造业企业上市，因而图中未显示相应数据。

康和化工先进材料业有零星企业上市。2009 年后，资本市场快速发展，多个行业景气度提升，高端装备业最早受到资本关注，2010 年有 7 家企业过会。2015—2018 年，时尚消费品板块活跃度较高，电子信息制造业企业 IPO 数量井喷。2018 年以来，时尚消费品热度衰减，电子信息、生命健康成为热门赛道。得益于科创板设立，生物医药、集成电路、人工智能三大先导产业热度显著提升：2019 年以来三大先导产业上市企业数量(22 家)，在其累计上市企业数量(40 家)中的占比超过五成，在 2019 年来上海上市的所有制造业企业(54 家)中占四成。

表 1　1990—2021 年上海制造业上市企业的行业分布

	生物医药	集成电路	人工智能	时尚消费品	高端装备	生命健康	先进材料	电子信息	汽车	其他	总计
1990 年				1							1
1992 年	2			4	1	2	2		1		10
1993 年				3		1	1				5
1994 年				3	2		1				6
1995 年				1							1
1996 年						1		1			2
1997 年				1				2			3
1998 年	1	1			2	1		1			4
1999 年						1					1

续表

	生物医药	集成电路	人工智能	时尚消费品	高端装备	生命健康	先进材料	电子信息	汽车	其他	总计
2000年					1		2				3
2001年				1		1					2
2002年					1						1
2003年							1				1
2004年	2				1	2					3
2007年			1		2	1					3
2008年	1			1	1		1				4
2009年					1		1		1		3
2010年	1			2	7	1			1		11
2011年		1	1	2	2	2	2	2	1		11
2012年					1	1	1	2			5
2014年							1	1	2		4
2015年	1			4	3	1					8
2016年			1	3		1	2	3			10
2017年		2	3	5	3	2	3	6	4		23
2018年				2	1		2				5
2019年	2	5	3		2	3		8	2		16
2020年	5	3	2	3	4	7	3	5	5		27
2021年	1	1		1	2	2	3	1	2		11
总计	16	13	11	38	38	29	28	29	21	1	184

注：1. "总计"为六大重点产业集群的合计数量，不包括生物医药、集成电路、人工智能三大产业。
2. 2005年、2006年、2013年，上海未有制造业企业上市，因而表中未列出相应数据。

二、全国"双百强"中，上海制造业企业营收竞争力突出，市值水平居全国前列，营收表现好于市值表现

（一）营收百强中，上海占据"三个第一"

从一定程度上体现了上海制造业上市企业的综合实力：一是上榜企业数量第一，上海10家企业进入营收百强，北京9家、深圳8家；二是营收规模第一，10家企业营收约17 552亿元，高于深圳、北京；三是百强前十入围企业数量第一，上汽集团以7 230亿元位列榜首，同时上海进入营收百强前十的企业数量有3家（上汽、宝钢、金龙鱼），位列各省市第一。从"3+6"产业看，上海

10家企业以传统优势行业为主,有3家先进材料企业(宝钢股份、上海石化、中化国际)、2家汽车企业(上汽集团、华域汽车)、2家高端装备制造企业(上海电气、船舶工业)、2家时尚消费品企业(金龙鱼、老凤祥)和1家集成电路企业(环旭电子),生物医药、人工智能企业尚未上榜。相比而言,北京上榜企业主要分布在铁路、船舶、航空航天等领域;深圳上榜企业主要分布在电子信息领域。

(二) 市值百强中,上海总体居于前列,但优势尚不明显

上海共8家企业进入市值百强,居全国第三(北京11家、深圳9家),市值规模约2万亿元,也居全国第三。从"3+6"产业看,8家企业中有3家集成电路企业(中芯国际、韦尔股份、中微公司)、2家先进材料企业(宝钢股份、璞泰来)、1家汽车企业(上汽)、1家时尚消费品企业(金龙鱼)、1家生物医药企业(复星医药)。与营收百强不同,集成电路、生物医药等先导产业企业发挥市值潜力优势。相比而言,北京上榜企业主要分布在高端装备和电子信息领域;深圳上榜企业主要集中在电子信息和汽车领域,其中比亚迪市值超7 000亿元,远高于上汽集团2 500亿元市值。

三、 上海"双百强"中,头部效应更加明显,营收百强企业传统优势行业居多,市值百强企业三大先导产业居多

(一) 营收百强头部效应明显,传统行业居多,地域相对分散

从规模分布来看,上海营收百强企业的营业收入在上海制造业所有上市企业(184家)合计营业收入中的占比高达97.5%。营收百强企业中,有5家企业营收规模在1 000亿元以上,18家企业营收规模在100亿—1 000亿元,14家企业营收规模在50亿—100亿元,63家营收规模在50亿元以下的企业。前十企业的营收在营收百强企业的合计营收规模中占据了3/4的份额,前五企业占据了约64%的份额。

从行业分布来看,时尚消费品、先进材料都展现出强劲的盈利能力。尤其是先进材料企业,有3/4的企业都上榜了营收百强。而电子信息、生命健康领域的企业盈利能力有待提升,行业中过半数企业都未上榜营收百强。从"三大先导产业"维度看,生物医药企业相对于集成电路和人工智能企业盈利能力更强。

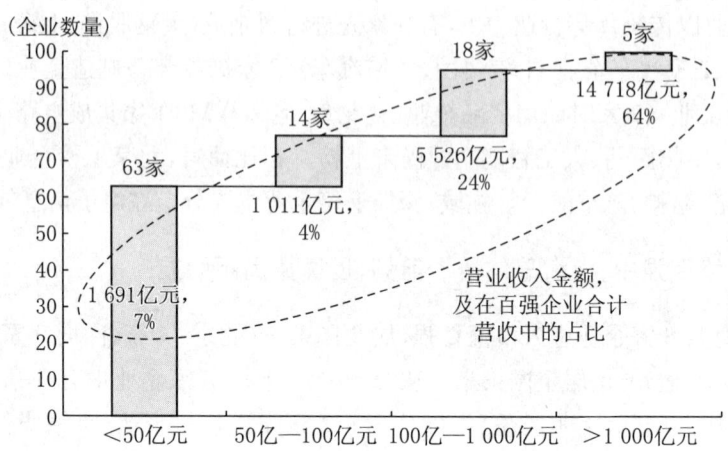

图2 2020年上海制造业上市企业营收百强企业的规模分布

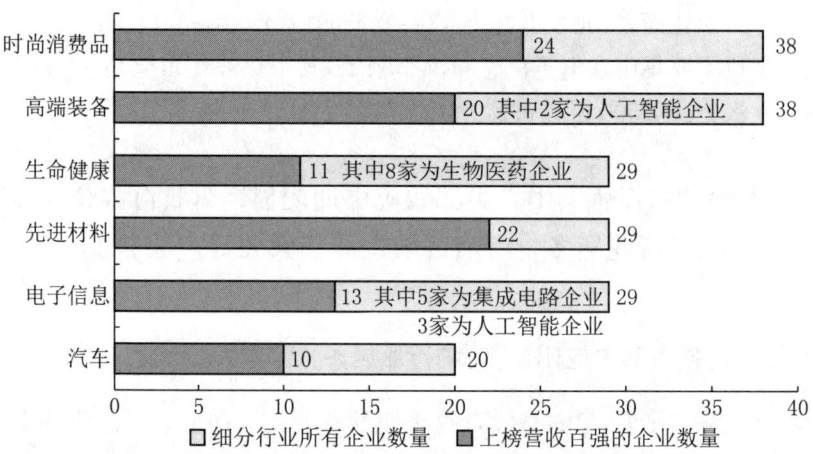

图3 2020年上海制造业营收百强企业行业分布

从地域分布来看,上海制造业营收百强企业主要分布在浦东新区。营收规模次高地有多个,金山、闵行、青浦均拥有10家营收百强企业。嘉定得益于其雄厚的汽车制造业基础,也拥有多达8家的营收百强企业。奉贤、松江、徐汇、宝山、普陀分别有5、5、4、3、3家营收百强企业。

(二)市值百强集中度较高,新兴行业表现较好

从规模分布来看,2021年上半年末市值百强企业的市值规模在上海制造业所有上市企业(184家)市值规模中的占比达93%。市值规模超1 000亿元的有

6家,位于500亿—1 000亿元的有12家,位于100亿—500亿元的有55家,位于100亿元以下的有27家。市值前十大企业在市值百强总规模中的占比为54%。虽然市值规模分布也体现了资本市场对上海制造业龙头企业的认可和关注,但市值规模集中度明显低于营业收入集中度。

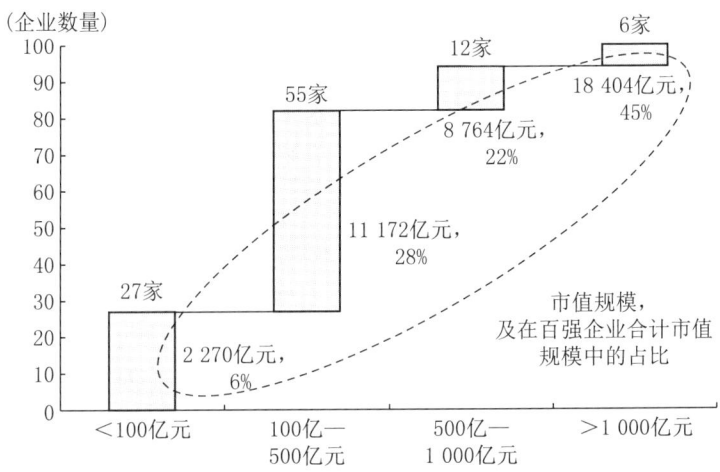

图4　2021年上半年末上海制造业上市企业市值百强企业的规模分布

从行业分布来看,上海制造业市值百强企业主要集中在六大产业集群中的电子信息、高端装备、生命健康领域,三者的企业数量在市值百强中的占比近六成。而时尚消费品和汽车领域的企业虽然经过长期发展,有较强的盈利

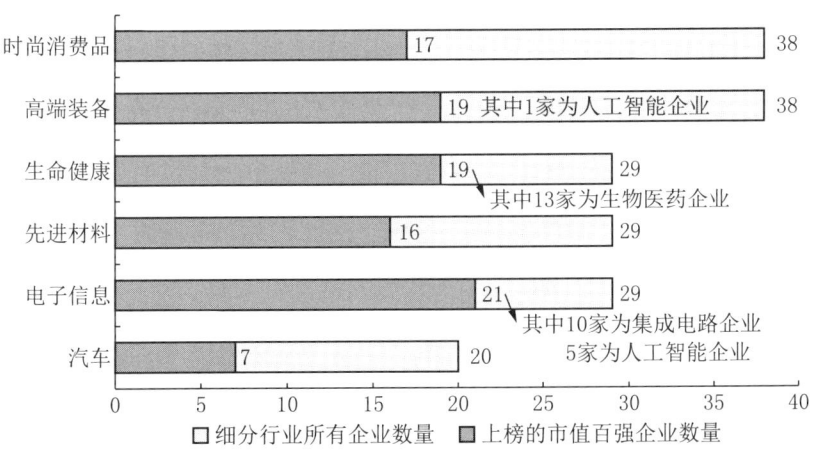

图5　2021年上半年末上海制造业市值百强企业行业分布

能力,但资本市场认可度却不佳。从"三大先导产业"维度看,生物医药和集成电路领域有较多高市值规模公司,而人工智能领域相对较少。

从地域分布来看,上海制造业市值百强企业主要分布在浦东新区,有42家市值百强企业;其次为松江区,有9家市值百强企业。奉贤、金山、嘉定、闵行的制造业上市企业实力也较强,在市值百强中分别占7、7、6、6席。徐汇、宝山、长宁、青浦也有零星分布,分别有5、4、4、3家市值百强企业。而普陀、崇明、杨浦、虹口、黄浦则只有极少量分布。

总体来看,上海制造业上市企业营收水平尚可,但市值水平还有待提升,头部企业与深圳、北京等地企业差距明显,反映资本市场对制造业发展的预期一般。下一步,对于上海而言,一方面,应围绕"3+6"产业体系,加强上市企业培育,将上市企业作为企业梯队培育中的关键一环,形成一批具有全国竞争力的上市企业,支持巩固头部企业优势;另一方面,要加快培育具有成长潜力、爆发潜力的科技企业,改善资本对上海制造业企业的发展预期。同时,要围绕制造业上市企业加快布局产业链、创新链、服务链,布局产业创新中心、技术创新中心,争取设立国家级的企业创新中心,完善上市企业的跟踪对接机制,加大服务力度。

作者:丁国杰　唐小于　吴函霏　王诗悦

透过上市企业看长三角制造业的实力

上市企业是一个地区企业竞争力的重要体现。本文根据沪深两市制造业上市企业数据(其中市值截至2021年6月30日;营收截至2020年12月31日),对长三角制造业上市企业情况进行了分析,全面梳理了长三角制造业上市企业的数量水平、营收水平、市值水平、城市分布以及行业分布,从上市企业角度分析展现长三角制造业企业的竞争力。

一、长三角上市企业占全部上市企业近四成,江浙城市分布优势明显

本文分析的A股上市企业(以下简称"上市公司")包括上海主板、上海科创板、深圳主板(含中小板)、深圳创业板上市企业。截至2021年6月30日(2021年上半年最后一个交易日),沪深两市共拥有4 183家上市公司。其中,上海主板(证券代码600、601、603、605开头)1 546家;上海科创板(证券代码688开头)300家;深圳主板(证券代码000、001、002、003开头)1 384家;深圳创业板(证券代码300、301开头)953家。

其中,长三角共有1 527家上市企业,约占上市企业总数的37%;市值总额约251 860.9亿元,占上市公司总市值的27%;2020年企业营收总额约120 115.5亿元,占上市公司总营收的23%。

从省域分布来看,长三角三省一市上市企业的地域分布出现明显的不平衡性。浙江拥有上市企业数量高达540家;江苏紧随其后,拥有506家;上海一市就拥有349家;安徽稍逊一筹,拥有132家。

长三角三省一市上市企业的地域分布具有鲜明特点:

江苏13地市均拥有上市企业,5个地市拥有上市企业数量在1—10家,7个地市拥有上市企业数量在10—100之间,1个地市拥有超100家上市企业,即苏州市,上市企业达到154家。江苏上市企业主要集中在苏南地区,南北差

异较大,总体呈现出由最南部城市苏州向北辐射状态。

浙江11地市同样均拥有上市企业,其中,3个地市拥有上市企业数量在1—10之间,7个地市拥有上市企业数量在10—100之间,1个地市拥有超100家上市企业,即杭州市,拥有173家上市企业。浙江上市企业数量与江苏相当,但城市分布明显更为平均。

安徽16地市中除宿州外均拥有上市企业,其中,13个地市拥有上市企业数量在1—10之间,2个地市拥有上市企业数量在10—100之间,合肥拥有62家,一家独大。安徽上市企业主要集中在中部地区,总体呈现出以省会合肥为中心向周边辐射状态。

从城市分布来看,江浙城市表现强势:

杭州以173家上市企业,高居长三角40城(除上海)首位。加之宁波、绍兴、台州,浙江共有4个地市进入前十榜单。苏州的上市企业数量也突破150家大关,位居长三角40城第二位,与南京、无锡、常州共同入榜前十强。合肥是安徽唯一的入榜城市,拥有62家上市企业,在榜单中排名靠后。

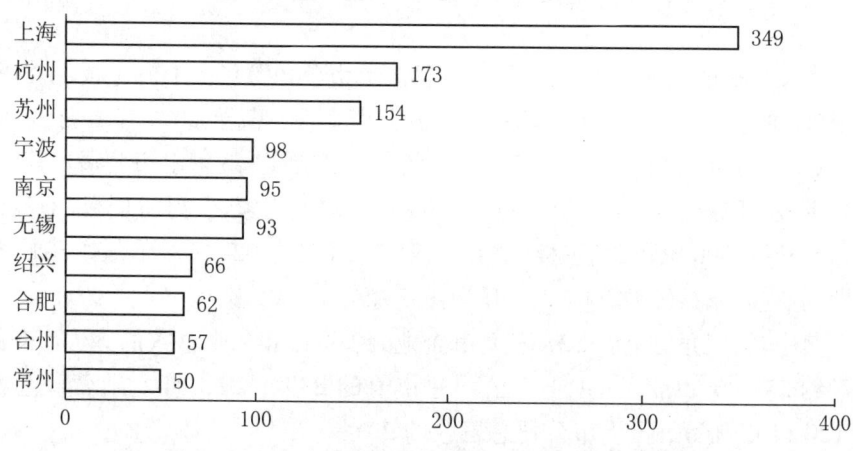

图1　2021年上半年末长三角上市企业数量前十城市

二、长三角制造业企业数量占比超四成,
　　市值、营收占比超过30%

制造业企业在上市企业中居主要地位,截至2021年上半年,沪深两市上市企业中共有2 721家制造业企业,数量占比高达65%,相较于2020年同期

略有提升；市值总额约51.92万亿元，占比56%；2020年营收总额达18.63万亿元，占比35%。

从省域分布来看，制造业上市企业在东部沿海集聚特征明显，广东凭借473家上市企业在全国31省市中一马当先，浙江、江苏紧随其后，分别拥有414家、386家上市企业，位列第二、第三名，上海拥有184家企业，位居第四；安徽拥有92家制造业上市企业，长三角制造业上市企业数量为1076家，约占全国制造业上市企业的四成。

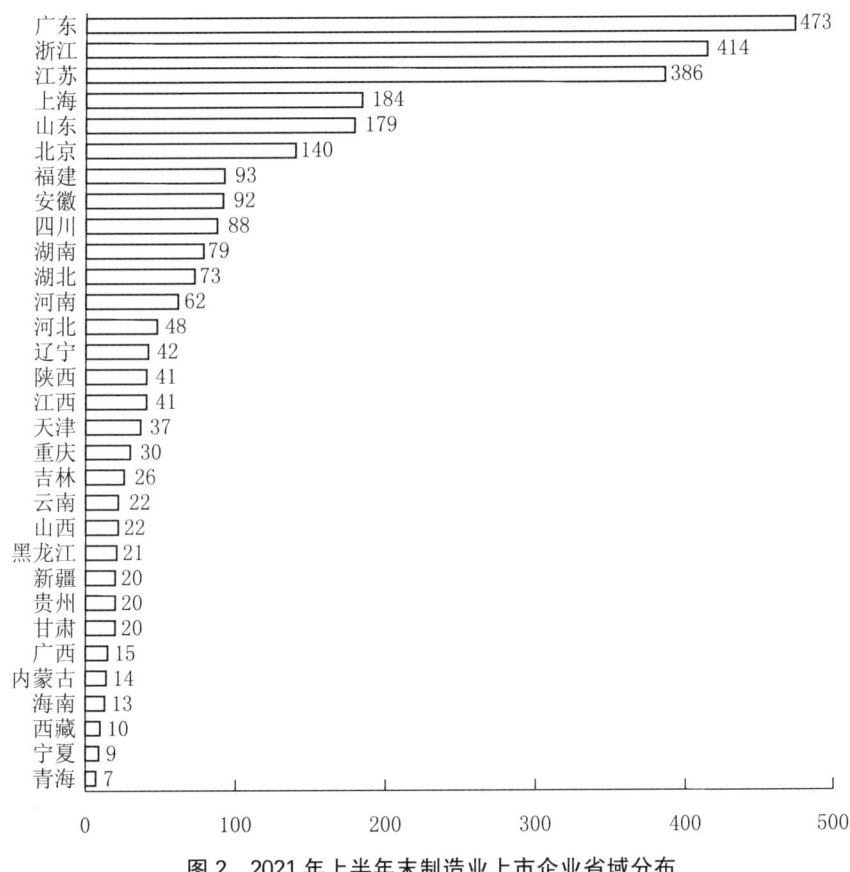

图2 2021年上半年末制造业上市企业省域分布

从城市分布看，制造业上市企业遍布全国359个城市。其中，拥有超过50家制造业上市企业的城市包括深圳、上海、北京、杭州、苏州、广州、宁波、成都等8个城市，长三角城市占据3席，上市企业数量累计已达883家，占比超30%，成为制造业发展的主力军。

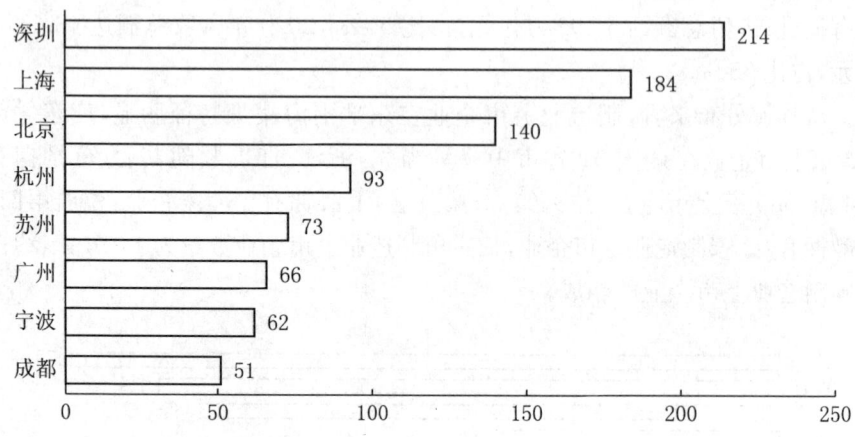

图3 2021年上半年末制造业上市企业超过50家的城市分布

从市值、营收规模占比看,长三角制造业基础雄厚,上市企业无论是市值、营收的规模都较大。截至2021年上半年末,长三角制造业上市企业参考总市值为15.9万亿元,在全国制造业上市企业合计总市值(51.9万亿元)中的占比为30.6%。2020年长三角制造业上市企业营业收入总计6.1万亿元,在全国制造业上市企业合计营业收入(18.6万亿元)中的占比为32.5%。

图4 长三角制造业上市企业数量、市值和营收

注:企业数量、营收为2020年底数据,市值为2021年上半年末数据。

从市值规模比较看,浙江领跑、江苏紧随其后。截至2021年上半年末,浙江、江苏的制造业上市企业合计市值规模分别为5.4万亿、4.8万亿元,在全国制造业上市企业合计市值规模中的占比分别为10.3%、9.2%;上海制造业上市企业合计市值规模为4.4万亿元,在全国制造业上市企业合计市值规模中的占比为8.4%;安徽制造业上市企业合计市值规模为1.4万亿元,在全国制造业上市企业合计市值规模中的占比为2.7%。

从营收规模比较看,上海优势明显,安徽与江苏的差距缩小。2020年,上海、浙江、江苏、安徽制造业上市企业合计营收规模分别为2.4万亿、1.7万亿、1.3万亿、0.8万亿元,在全国制造业上市企业合计营收规模中的占比分别为12.6%、9.1%、6.7%和4.0%。

表1 长三角三省一市制造业上市企业数量、市值、营收

	企业数量(家)	全国占比	市值规模(万亿元)	全国占比	营收规模(万亿元)	全国占比
浙江省	414	15.2%	5.4	10.3%	1.7	9.1%
江苏省	386	14.2%	4.8	9.2%	1.3	6.7%
上海市	184	6.8%	4.4	8.4%	2.4	12.6%
安徽省	92	3.4%	1.4	2.7%	0.8	4.0%
长三角合计	1 076	39.5%	15.9	30.6%	6.1	32.5%
全国合计	2 721	100.0%	51.9	100.0%	18.625	100.0%

注:1."全国占比"指各指标在全国制造业上市企业中的占比。
    2. 企业数量、营收为2020年底数据,市值为2021年上半年末数据。

三、长三角上市企业行业分布来看,化工及新材料、高端装备等领域上市企业数量较多,汽车等行业上市企业全国占比较高,江浙沪皖行业分布各有特色

从行业结构来看,长三角制造业上市企业主要分布在化学原料及化学制品制造、橡胶和塑料制品、金属制品等新材料产业领域(274家)以及通用设备和专用设备制造、仪器仪表制造等高端装备制造业领域(253家);时尚消费品制造、新一代信息技术、电气器械及器材制造领域长三角上市企业数量也较多,分别有134、123、121家企业;生物医药和汽车制造业长三角的上市企业数量相对较少,分别有81和83家企业。

从在全国各细分制造业上市企业数量中的占比来看,长三角生物医药和新一代信息技术领域的企业约占全国上市企业数量的三成;而汽车制造业企业数量的相对占比则更为突出,约占全国上市企业数量的近六成;其余行业企业数量约为全国的四成。

进一步聚焦长三角三省一市各自的上市企业行业结构后我们发现,江苏上市企业在新一代信息技术和新材料领域的密度相对其他省市更高;浙江在生物医药和时尚消费品领域的上市企业数量大幅领先其他省市;安徽新材料

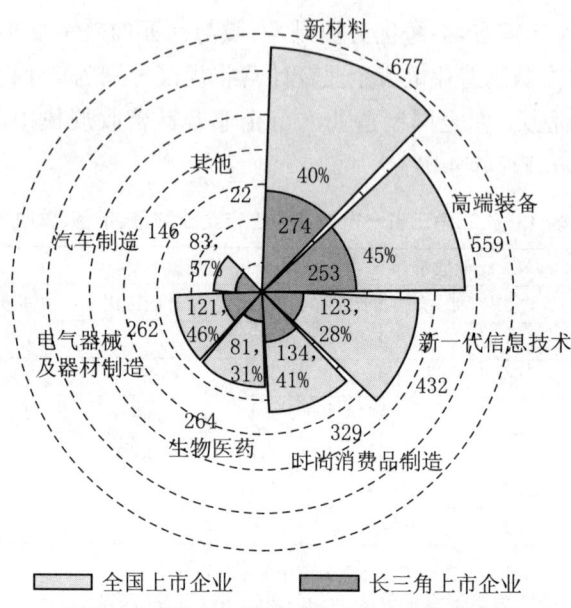

图5 全国及长三角制造业上市企业行业分布

企业绝对数量虽然不及其他省市,但在其本省的制造业上市企业中占据了34%的席位,占比在长三角三省一市中最高。上海生物医药业的上市企业在本市全部制造业企业中占据11%的席位,此占比在长三角三省一市中也为最高。

表2 长三角三省一市制造业上市企业行业分布(2021年上半年末)

行　业	上　海		浙　江		江　苏		安　徽	
	数量	占比	数量	占比	数量	占比	数量	占比
新一代信息技术	24	13%	33	8%	57	15%	9	10%
高端装备制造	38	21%	100	24%	96	25%	19	21%
新材料	39	21%	91	22%	113	29%	31	34%
生物医药	20	11%	35	8%	22	6%	4	4%
汽车制造	15	8%	36	9%	27	7%	5	5%
电气器械及器材制造	21	11%	47	11%	45	12%	8	9%
时尚消费品制造	26	14%	69	17%	24	6%	15	16%
其　他	1	1%	3	1%	2	1%	1	1%
合　计	184	100%	414	100%	386	100%	92	100%

注:"占比"指细分行业上市企业数量在相应城市所有制造业上市企业数量中的占比。

四、长三角制造业上市企业遍布40城，其中10个城市拥有超过40家上市企业

从制造业上市企业在长三角城市的分布来看，总体遍布长三角40个城市。其中，有10个城市拥有超过40家上市企业，分别是上海、苏州、杭州、宁波、无锡、台州、绍兴、南京、嘉兴和常州，上市企业数量总计高达797家，占长三角上市企业总数量近八成。从总营业收入和总市值来看，上述10个城市分别占长三角制造业上市企业总营收和总市值的75%，占全国制造业上市企业的比例超20%，充分展现了长三角中心区城市的重要地位。

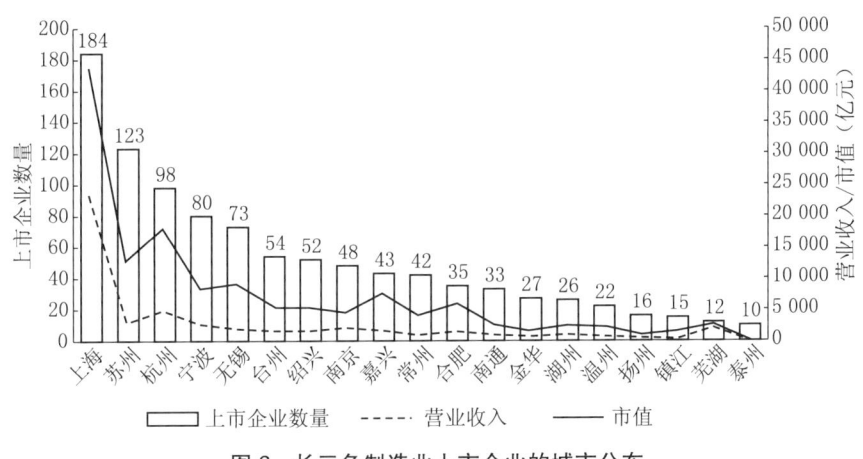

图6 长三角制造业上市企业的城市分布

五、长三角有26家企业进入全国制造业营收百强，营收占比达到30%，分布于长三角13个城市

在全国制造业上市企业营收百强中，长三角上榜企业数量达26家，遥遥领先其他城市群。具体分布在13个长三角城市。其中，上海上榜企业10家，位居前列；杭州、南京、宁波和嘉兴上榜企业数量均为2家。

从营收规模分布来看，制造业营收百强长三角上市企业中，有2家企业营收规模超2 000亿，分别是上海汽车集团和宝山钢铁；有5家企业营收规模在1 000亿—2 000亿元之间，有10家企业营收规模在500亿—1 000亿元之间，有9家企业营收规模在100亿—500亿元之间。

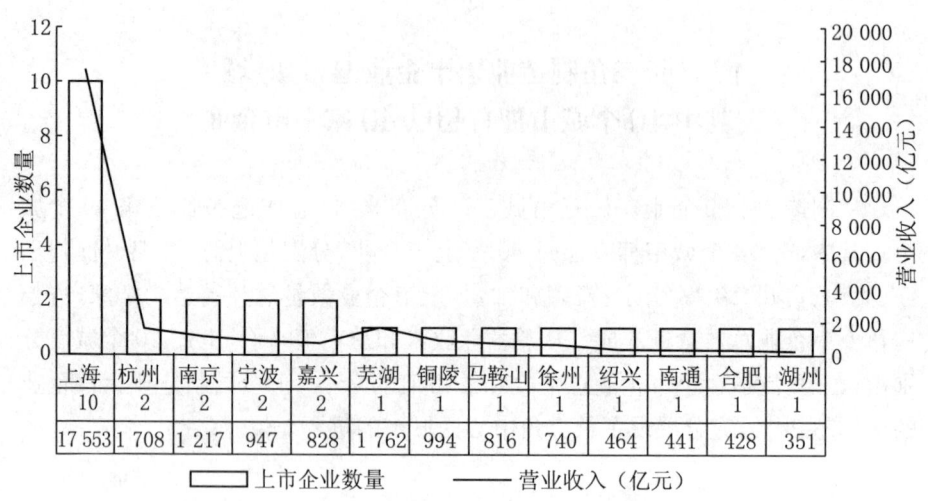

图7 营收百强榜长三角城市分布及其营收情况

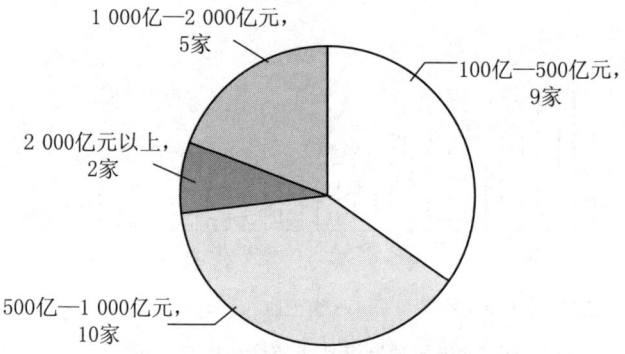

图8 营收百强长三角企业量级分布

从26家长三角上榜企业营收行业分布来看,制造业营收百强长三角企业涉及14个行业,8个行业营收超过1 000亿元。其中,汽车制造业、黑色金属冶炼及压延加工、农副食品加工、有色金属冶炼及压延加工、化学纤维制造五大行业营收靠前。

就上市企业数量的行业分布而言,汽车制造业有4家企业,依然独占鳌头;黑色金属冶炼及压延加工、计算机、通信和其他电子设备制造业均有3家企业,位居第二;电气器械及器材制造业有2家企业,其他8个行业的上市企业数量均为1家。

透过上市企业看长三角制造业的实力

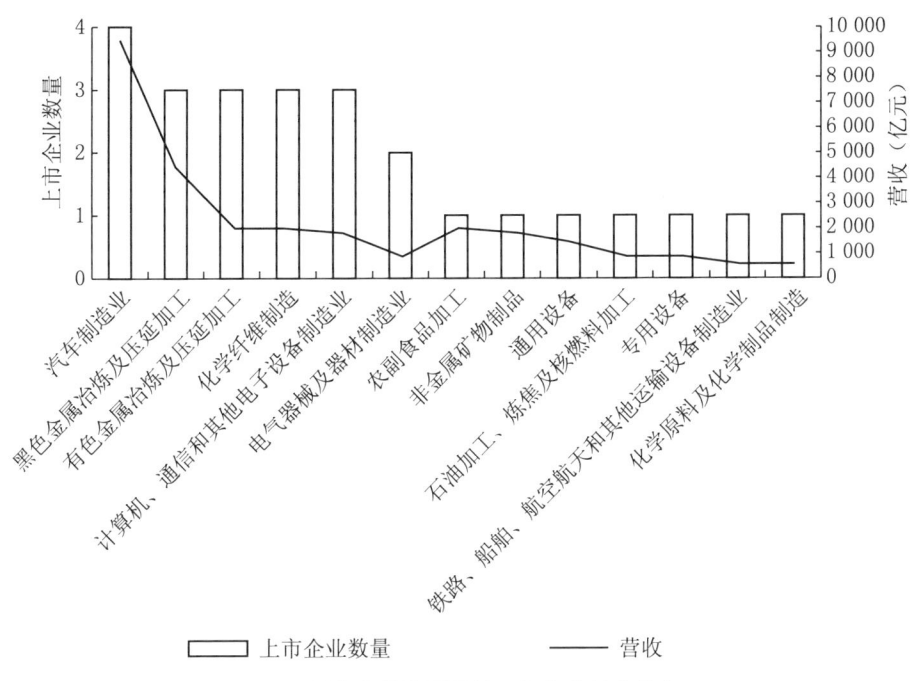

图9 制造业营收百强长三角企业行业分布

六、长三角有 27 家企业进入全国制造业市值百强，市值占比为 20%，分布于长三角 13 个城市

制造业市值百强企业中，长三角拥有 27 家，分布在共 13 个城市。其中，上海凭借 8 家市值百强企业在长三角城市群中名列前茅。杭州和无锡紧随其后，分别拥有 3 家市值百强企业，杭州以 8 748.02 亿元市值略胜一筹。大部分城市的市值百强企业数量与累计总市值排名呈线性正相关，但也存在特例，连云港和宿迁各自仅凭一家上市企业（江苏恒瑞医药、江苏洋河酒厂），分别获得 4 348.36 亿元、3 122.47 亿元较高市值。

从企业市值规模分布来看，有 1 家市值百强企业（杭州海康威视数字技术股份有限公司）市值规模超 4 000 亿元，7 家市值百强企业市值规模在 2 000 亿—4 000 亿元之间，12 家市值百强企业市值规模在 1 000 亿—2 000 亿元之间，7 家市值百强企业市值规模在 500 亿—1 000 亿元之间。

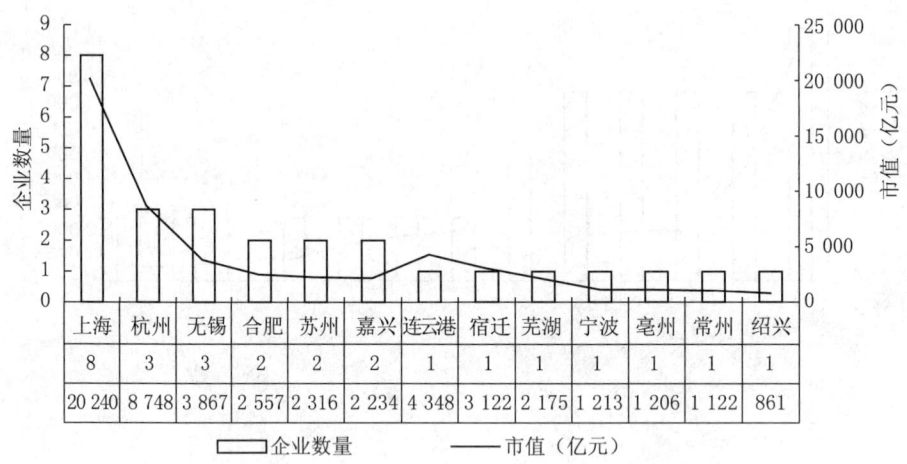

图10 市值百强长三角城市企业数量及市值情况

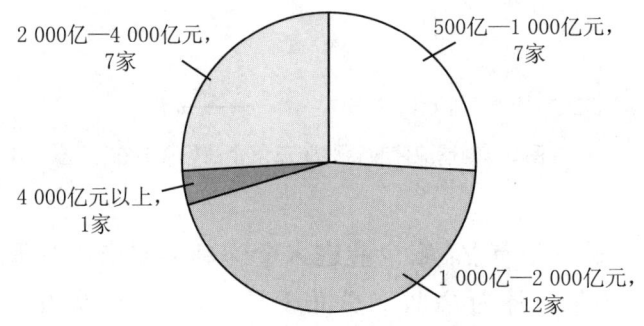

图11 市值百强长三角企业量级分布

从行业分布来看,市值百强长三角企业所属制造业领域的13个相关行业。企业累计市值排名前五的行业分别是:计算机、通信和其他电子设备,医药制造,电气器械及器材制造农副食品加工,酒、饮料和精制茶制造。随着互联网和数字化时代的到来,从事信息技术行业(包括计算机、通信和其他电子设备等)的企业迅速壮大,不断跻身巨头行列。

就企业数量而言,计算机、通信和其他电子设备有5家企业一马当先,领跑其他行业。电气器械及器材制造业,专用设备均有4家企业,位列第二。医药制造,酒、饮料和精制茶制造,化学纤维制造,非金属矿物制品各有2家企业,其他6个行业的市值百强企业数量均为1家。

透过上市企业看长三角制造业的实力

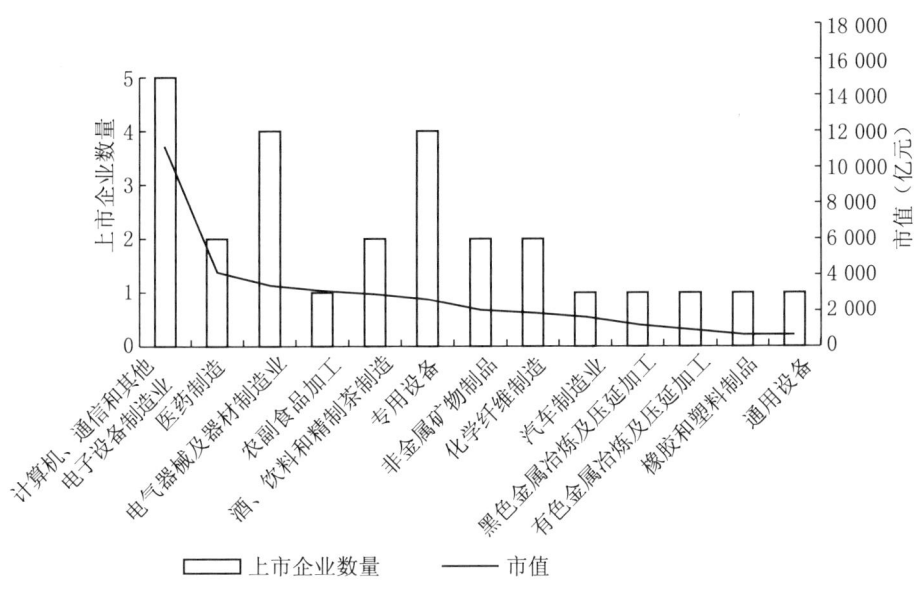

图12 制造业市值百强长三角企业行业分布

作者：唐小于 王诗悦 吴函霏

为什么这 25 个制造业集群成为国家最重视的产业集群？

随着我国加快从制造大国转型迈入制造强国，培育世界级先进制造业集群从而参与国际竞争、维护国家安全成为我国产业发展重中之重的大事。2017年党的十九大报告提出，促进我国产业迈向全球价值链中高端，培育若干世界级先进制造业集群。2019年6月，工信部启动首轮国家先进制造业集群竞赛工作。2021年3月22日，工业和信息化部围绕新一代信息技术、高端装备、新材料、生物医药等重点领域，经过初赛、决赛等多轮筛选遴选出了两批共25个（第一批15个、第二批10个）先进制造业集群作为重点培育对象，旨在让这些"国家先进制造业集群"承担国家使命、代表国家参与全球竞争与合作，冲击"世界冠军"。

本文通过剖析工信部评选出来的25个制造业集群，一方面归纳优胜队的共性特征，一方面通过总结这两批"国家队"的经验做法供未来我国培养更多世界级先进制造业集群作参考。

一、分布情况：存在明显区域和产业领域集聚效应

(一) 地域分布

25个先进制造业集群主要分布在我国的广东、江苏、上海等9个省市，从具体城市来看，主要分布在深圳、广州、上海、成都、南京、青岛等21个城市，东部沿海区域集聚明显，占到七成以上。

(二) 产业领域分布

25个先进制造业集群存在明显的集聚特征，主要在信息技术（10家）、高端装备制造（8家）、新材料（3家）、生物（2家）和新能源（2家）五大领域。

为什么这25个制造业集群成为国家最重视的产业集群?

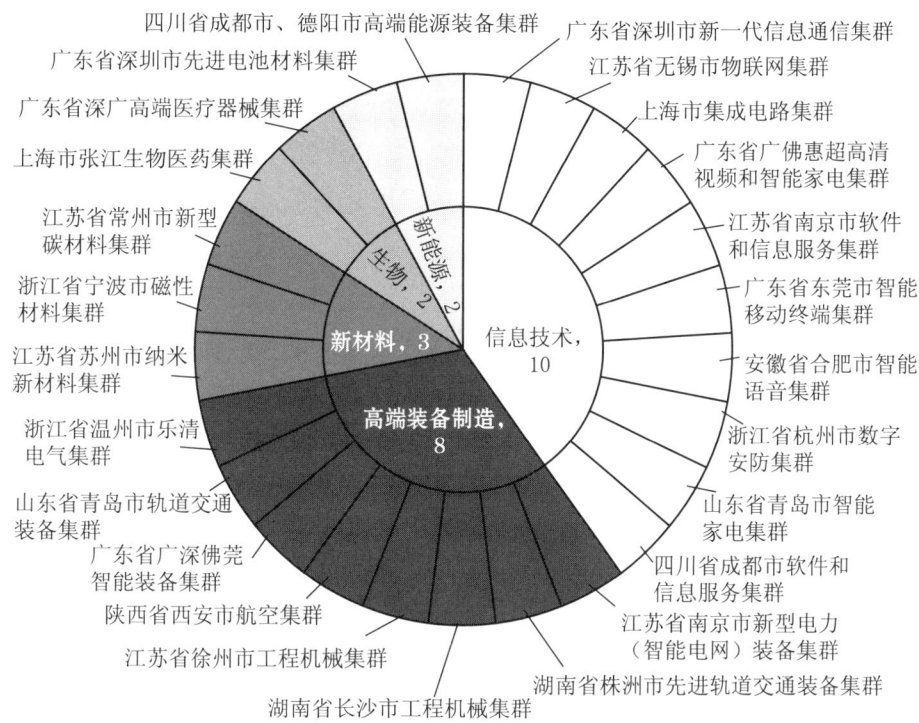

图1 2021年25个集群的产业分布情况

二、先进制造业集群七大鲜明特征

通过梳理25个先进制造业集群决赛优胜者的发展脉络,发现这些集群大多具有明显先发优势、在产业规模上居全国乃至全球前列、产品品类齐全且市场占有率高、产业链条完备、"链主"企业集聚形成品牌和规模效应、主要企业掌握核心技术并拥有一定行业话语权、集群创新要素丰富等共同特点。

(一)先发优势明显

先进制造业集群大多早在20世纪八九十年代开始发展,经过几十年的摸索,早已打好了良好的产业基础,这也充分说明集群打造非一日之功。

广东省深圳市先进电池材料集群:早在20世纪90年代初,深圳率先做消费类电池产品,凭借原材料和劳动力成本优势,迅速在竞争中成长起来。

上海集成电路集群:早在1958年上海集成电路行业就开始起步发展,到

2000年随着国际芯片产业布局的调整,国际集成电路行业巨头在上海设研发中心和制造工厂,上海集成电路产业在全国具有举足轻重地位,并与周边苏州、无锡、南京等城市集成电路产业形成了一定的分工与协同效应。

浙江省宁波市磁性材料集群:1986年三环宁波磁厂的成立奠定了我国烧结钕铁硼产业发展的基石,经过30余年的发展,宁波已经成为全球最大的稀土永磁生产基地。

山东省青岛市智能家电集群:20世纪80年代,海尔等家电品牌诞生,历经30余年发展,青岛智能家电产业成长为世界级产业集群发展格局。

广东省东莞市智能移动终端集群:自20世纪90年代诺基亚的投资设厂开始,随后华为、OPPO、vivo等国产品牌的进驻与崛起奠定了东莞在智能手机生产与制造环节中的重要基础地位。

(二)产业规模稳居全国/全球前列

先进制造业集群规模效应凸显,集群产值规模均超千亿元,有的甚至发展到万亿规模,在全国占据重要地位。

广东省深圳市新一代信息通信集群:2020年深圳信息产业规模达到2.8万亿元,位居全国大中城市首位,电子信息产业约占全国行业规模的1/6,数字经济产业规模位居全国首位。

广东省广佛惠超高清视频和智能家电集群:2019年集群产值约占全国的1/10,三地辐射带动全省超高清视频和智能家电产业超过万亿元。

上海市集成电路集群:2020年上海市集成电路产业规模占全国比重约为22%,产值超过2 000亿元。

湖南省长沙市工程机械集群:2020年集群工业总产值突破2 500亿元,规模连续10年居全国第一。

广东省东莞市智能移动终端集群:2019年东莞全市智能移动终端产业产值达8 350亿元,约占全国智能移动终端产业比重的66%。

(三)主要产品市场占有率高

先进制造业集群内产品品类齐全、配套完备,主要产品在国内外都占据较高的市场份额,具有较强的产品竞争力。

江苏省南京市新型电力(智能电网)装备集群:智能电网产品市场占有率领先全国,其中,二次设备及控制系统的制造业收入规模居全国首位,高压继电保护设备国内市场占有率达 80%，省、地级电网调度自动化系统及设备国内市场占有率分别超 90%、40%。

湖南省株洲市先进轨道交通装备集群：轨道交通产品出口全球 70 多个国家和地区，电力机车全球市场占有率 27%，位居全球第一，城轨车辆国内市场占有率 30%，动车组、机车车辆电传动系统等多个产品销量均为全国第一。

浙江省杭州市数字安防集群：核心领域视频监控产品在全球市场的占有率接近 50%。

浙江省宁波市磁性材料集群：稀土永磁产能占据全国约 46% 的份额，是国际著名的钕铁硼生产基地和贸易中心。

浙江省温州市乐清电气集群：电气产业目前已占到全国市场份额 65% 以上，产品门类覆盖输电变配电等 200 多个系列、6 000 多个种类、25 000 多种型号。

(四) 产业链条完善

先进制造业集群大多已基本建立了从研发设计到生产制造到销售服务等多环节的完整产业链。

广东省深圳市新一代信息通信集群：深圳信息产业拥有从传感器、芯片原件、终端设备、交互解决方案的完整产业链，具有全球最完备、响应速度最快的电子信息产业链。

江苏省无锡市物联网集群：涵盖关联芯片、感知设备、网络通信、智能硬件、应用服务等全产业链条。

广东省深圳市先进电池材料集群：汇聚了从电池关键材料生产、电池及模组生产制造、新能源汽车、储能市场等应用开发、电池回收等领域单位，产业链上下游配套十分完善。

上海市集成电路集群：形成了集设计、制造、封测、材料、装备及其他配套服务于一体的完整集成电路产业链，是国内集成电路产业链相对最为完整，也是产业结构最均衡的城市。

陕西省西安市航空集群：逐步形成了专用装备制造、航空材料制备、零部件加工、航空服务、教育培训、通用航空、旅游体验等为一体的航空全产业链条。

(五) "链主"企业集聚

先进制造业集群已集聚了一批极具国内乃至全球影响力的行业龙头企业。

浙江省杭州市数字安防集群：集聚了数字安防中全国视频监控领域的前三甲——海康威视、大华股份、宇视科技。

山东省青岛市智能家电集群：集聚了海尔、海信、澳柯玛等家电龙头企业。

湖南省长沙市工程机械集群：拥有三一、中联、山河智能、铁建重工4家全球工程机械行业前50强企业。

广东省东莞市智能移动终端集群：汇聚华为、OPPO、vivo三大手机企业。

四川省成都市、德阳市高端能源装备集群：拥有东汽、东电、国机重装、东锅、宏华石油、通威太阳能等一批在全国乃至世界占有重要一席之地的能源装备制造企业。

（六）掌握核心技术并拥有行业话语权

先进制造业集群通过对市场的持续正向反馈，不断积累大量的有效专利、突破各类关键技术等，积极参与制定行业/国内/国际标准。

四川省成都市、德阳市高端能源装备集群：攻克了424项关键核心技术，其中68项达到国际一流水平，21项填补国内空白，131项重大技术装备获得国家、省首台（套）认定，创新能力大幅提升。

上海市集成电路集群：在设计领域，部分企业研发能力已达7纳米。在制造领域，14纳米先进工艺已量产。在装备材料领域，中微、上微处于国内领先水平，刻蚀机、光刻机正在加大研发布局。

浙江省温州市乐清电气集群：累计已参与制定国际标准11个、国内标准848个，公开了4 784项标准，覆盖8 902种产品。

江苏省南京新型电力（智能电网）装备集群：参与起草1 000多项国际、国家和行业标准，获得两项"中国标准创新贡献奖"。

四川省成都市软件和信息服务集群：主持或参与制定软件相关国家标准166项、软件和信息服务业细分领域行业标准73项。

（七）创新要素富集

先进制造业集群在人才、创新载体等创新要素的集聚和累积方面也具有明显优势。

广东省深圳市新一代信息通信集群：在新一代信息技术产业领域拥有267个创新载体。其中国家、省市重点实验室38个，工程实验室87个，工程中心66个，技术中心38个，公共技术服务平台37个，重大基础设施中心1个。

PCT国际专利申请量连续7年全国第一。

上海市张江生物医药集群：建立了6个国家级和17个市级临床医学研究中心，在生命科学、药学等领域集聚了一批国内领先的科研院所；首个国家药品、医疗器械审评检查分中心在沪成立并运行，服务范围覆盖整个长三角。

浙江省宁波市磁性材料集群：拥有稀土永磁材料与应用技术国家工程实验室等10个国家级创新创业平台，浙江省磁性材料制造业创新中心等8个省级创新创业平台，以及2个国家级工程技术中心。承担国家"863""973"和工信部稀土专项等国家重大战略任务8项，获得国家科技进步奖2项。

江苏省南京市新型电力（智能电网）装备集群：拥有专利10 000多件，其中发明专利授权4 000余项，拥有国内攻克智能电网世界级难题的科研团队，国家级人才7人，科研技术人员超过30 000人，人才梯度合理，高层次人才对产业引领支撑作用明显。

湖南省株洲市先进轨道交通装备集群：拥有国家先进轨道交通装备创新中心等110个创新平台，是全国唯一的轨道交通装备战略新兴产业集聚发展试点城市。

三、经验做法

通过剖析25个先进制造业集群的发展过程，本文总结归纳出了产业规划引导、注重强链补链、搭建创新平台以及优化营商环境等4大主要经验做法，以便为我国培养更多的世界级先进制造业集群提供借鉴和参考。

（一）注重顶层设计，完善政策体系

深圳为打造新一代信息通信集群，发布《深圳新一代信息技术产业振兴发展规划（2011—2015年）》，出台《关于支持企业提升竞争力的若干措施》《关于促进人才优先发展的若干措施》《深圳市重点产业链"链长制"工作方案》等文件，创建"矩阵式"产业扶持体系，从企业招引、项目培育、空间落地、人才支撑等全方位给予政策支持。

无锡为发展物联网产业，在工信部制定的《无锡国家传感网创新示范区发展规划纲要（2012—2020年）》指引下每三年制订行动计划、每年制定年度工作任务，并由市领导挂钩联系产业链，分阶段、分层次、分目标推进各项重点工作，确保"一张蓝图绘到底"。

西安为发展航空产业,设立了全国首个国家航空高技术产业基地,成立西安航空基地管理委员会全面负责推动西安航空产业发展,并出台《加快建设先进制造业强市的实施意见》《加快推进军民融合产业发展的实施方案》《西安航空产业发展规划》等一系列规划,从产业发展、用地需求、人才引进等多方面给予保障。

(二)实施强链补链,加快高效整合

深圳实施集成电路、5G、人工智能等重点产业"链长制",重点协调解决产业链上下游对接、产业生态主导型企业和中小微企业协同配套,畅通物流、人流、资金流、信息流。组织实施重大技术攻关,着力解决核心技术,补齐产业链短板。

青岛针对三大主机厂的千余家配套企业,全面梳理筛选出131家非中车系优质市外配套企业为招商目标,形成《轨道交通产业链精准招商工作实施方案》,一对一精准对接积极引进中车配套企业;建立《青岛市轨道交通装备配套产品目录库》,吸引全国优质企业加入目录库,为入库企业精准赋能,促进产业链紧密协作。

2020年杭州开展数字安防断链断供风险清单摸排,梳理出14个短期风险点和23个长期风险点,落实"同准""降准""国际"和"攻关"四类替代。指导海康威视、大华股份、宇视科技等链主企业建立企业共同体,通过组织芯机联动活动有效对接企业需求,助推供应链合作。

(三)搭建创新平台,修炼内生动力

浦东新区积极推进国家生物药制造业创新中心落地,推动企业与科研院所联合开展前沿技术和共性关键技术攻关,在高端制剂关键设备工艺、关键辅料研究等方面,逐步提升关键技术的国产化生产能力,形成技术标准及科学门槛,提升中国生物医药创新能力。

南京建成43个国家级技术研究中心、工程研究中心、国家重点实验室,以及9家国家级企业技术中心;成立了由龙头企业、科研院所、金融机构等参加的中国智能电网产业技术创新联盟和南京智能电网产业联盟,为提升集群协同创新能力创造更多有利条件;推动南瑞集团IGBT、工业互联网完全态势感知平台、国电南自工业自动化控制系统研究与应用等关键核心技术攻关项目建设,不断加快芯片等核心技术领域的国产替代步伐;制定新型电力装备产业链关键技术攻关清单,给予资金支持。

常州为发展新型碳材料产业,加快建设全国首家新型碳材料领域省级制造业创新中心——石墨烯创新中心;与江苏省产业技术研究院共建"江苏集萃碳纤维及复合材料应用技术研究院"和"石墨烯材料研究所";先后与中科院、西交大、北化工等50多个院所高校开展合作,累计达成重大产学研合作项目超过500项,柔性引进院士10余名,吸引领军人才100余名。

(四)重视开放合作,优化营商环境

深圳、广州鼓励集群企业与国际高端医疗器械产业发达地区建立长期合作关系,加快国际先进医疗器械技术、创新医疗器械产品在集群落地、发展壮大。通过组织粤港澳大湾区高端论坛和国际展会,搭建对外展示平台,助力深广高端医疗器械品牌走向全球。通过数字政府、智能化综合评价体系、大数据对接,创新金融和人才服务等举措,持续优化企业服务工作,培育好集群发展沃土,不断提升政务服务效率,持续优化营商环境。

青岛成功举办世界工业互联网产业大会和首届中国智能传感器产业大会,启动上海、深圳、青岛工业互联网生态共建合作;率先提出打造"世界工业互联网之都",启用国家工业互联网平台应用创新体验中心和卡奥斯青享云平台,累计发布1 000个"工业赋能"场景,打造衣联网、食联网、水联网、空气圈等生态品牌,推动智能家电单品向平台、生态模式跨越发展。

苏州不断优化"一网通办"服务模式、设立"企业发展服务中心""一站式服务中心",营造最优营商环境;创新人才工作机制,制定人才图谱,精准引才;制定海外人才特殊保障政策,精准对接多元需求;完善科技金融服务,推动"政府、银行、创投、担保、保险"五方业务联动,建立全方位的科技金融服务体系;加强制度改革创新,发挥"四区"叠加联动优势,已实施制度创新举措11项,其中全国首创2项。

四、结语:打造世界级产业集群,未来可期

经过30多年的探索发展,我国的先进制造业集群已经出现了明显的地域和产业领域的集聚。长三角、粤港澳大湾区、山东半岛、长江经济带等地域在制造业集群发展方面已经积累了丰厚的经验,信息技术、高端装备制造、新材料、生物和新能源等重点产业已经成为国内乃至全球的产业发展趋势,25个集

群中部分集群已经可以在全球市场的舞台上占有重要一席之地。

在百年未有之大变局的国际形势下，我国更多的先进制造业集群想要实现创新跨域发展，可以参考25个集群的成功经验，在重视政府的科学引导、加快整合区域产业链、集聚更多的创新要素以及优化营商环境方面做出更多的努力。

作者：许倩茹

参考文献：

①《动力电池产业的领先优势这样形成——来自深圳的调查》，澎湃新闻百家号，2021年7月14日，https://m.thepaper.cn/baijiahao_13576377。

②《高端能源装备集群动力澎湃——来自四川成都市、德阳市的调查》，澎湃新闻百家号，2021年7月21日，https://m.thepaper.cn/baijiahao_13673995。

③王少君：《培育先进制造业集群 推动制造业优化升级》，《中国信息化》2021年第5期。

④《先进制造业集群决赛优胜者名单公示》，中华人民共和国工业和信息化部官网，2021年3月22日，https://wap.miit.gov.cn/jgsj/ghs/gzdt/art/2021/art_c59a0995a34d4c26a850faae580f0544.html。

⑤叶石界：《这个先进制造"国家队"的广东成员，来自这5个城市》，南方杂志公众号，2021年4月27日，https://mp.weixin.qq.com/s/zmhIFB0Q3SW0JbliPnuMaQ。

⑥《"中国声谷"开启"智能之门"——来自合肥的调查》，澎湃新闻百家号，2021年8月4日，https://m.thepaper.cn/baijiahao_13884557。

第六部分

积极践行碳达峰与碳中和战略

从"零"开始的新时代
——评"碳中和"热浪中的长三角发展机遇

应该没有人会否认,"碳中和"绝对会成为2021年全社会乃至全球关注的热点之一,一个人类追求零碳的时代拉开了帷幕。

各大公众号都在铺天盖地地传播着对碳中和的解读,各大证券公司都在孜孜不倦地挖掘着碳中和的投资机会,各大学者都在碳中和战略的蓝图上指点江山。

在这些似乎过度的热评热炒背后,政府、企业、学者是否能够再次回归理性,冷静想一想,碳中和到底是什么?对大家到底意味着什么?是一个枷锁还是一个动力?风、光、氢是否为碳中和的理想能源?在碳中和战略中长三角各级政府能有哪些作为?碳中和的真正机会在哪里?碳中和将如何改变我们的城市、园区、产业、生活?碳中和的技术方向有哪些?真正的投资机会在哪里?

对这些问题的思考,让我们萌生了专题研究并发布系列文章的想法。中创研究将通过几篇专业性的研究文章,聚焦长三角各地区如何把握碳中和的发展机遇,在产业发展、园区规划、城市建设、科技创投、碳交易市场等维度开展深度研究和专业分析,以期为读者提供更客观的观察视角和更系统的分析报告。

本文仅仅作为这一系列深度文章的引子,对分析碳中和过程中容易被忽视的核心概念进行阐述,并勾勒出系列深度文章的总体架构。

一、"碳中和"本质上是一个发展问题

很多人认为"碳中和"经常与"碳达峰"并列出现,应该是一件事情的两个阶段。从时间先后看,"碳中和"确实接续"碳达峰",但从实现路径来看,这是完全不同的两个概念。

从目标性与实现路径上来看,碳达峰与过去五年各级政府实施的能耗总

量控制有较大相似之处。根据 IPCC《国家温室气体排放清单指南》核算,能源消费所产生的 CO_2 排放占全社会碳排放总量的比重达到 95% 左右,控制能耗总量特别是化石能源消费总量就是一种最直观的碳减排措施,也是目前最热议的碳达峰实现路径。除了减少化石能源消费之外,推动节能降耗和提高能源效率也是目前较为常见的碳减排技术。

但目前社会却出现了一种"碳达峰"怪象,部分政府将"碳达峰"看作一种未来潜在的发展约束,希望能通过做大峰值和赶上一些高碳项目来为未来发展预留一些发展空间,这样的想法是不理性也不负责任的。在统计核查数据和经济运营数据如此透明的今天,任何短视的行为都会很快进入公众视野。

"碳中和"虽然被认为是接续"碳达峰"的远期目标,但在本质上有根本的区别。"碳达峰"是完全符合人类发展规律的,随着科技的进步和生产力的提升,"碳达峰"或早或晚都会实现。但在"碳达峰"实现之后,碳减排难度也会不断攀升,在技术没有重大突破和生产生活依然依赖能源的前提下,碳减排很难自然趋近于碳中和。

"碳中和"并不是一种简单的目标,而是对现有发展模式的根本性变革。以长三角城市群为例,基于现有的产业模式、生活方式和发展态势看,有哪个城市能够实现"碳中和"?也许有些城市会提出可以通过碳交易和碳汇来实现"碳中和",但在未来整个长三角地区均需要购买碳汇的背景下,实现"碳中和"的成本是否可以承担。也许有些城市会提出可以通过新能源和氢能等零碳能源来实现"碳中和",但即使把长三角铺满光伏和风电、布满加氢站,也难以支撑现有能源消费需求。如果不变革即将存在 300 年的"工业时代"(姑且将 1750 年工业革命萌芽至 2050 年称之为广义的工业时代)的发展范式,"碳中和"只会成为一句空话。

二、 碳锁定性——不得不了解的重要规律

其实在我们讨论碳中和时,有一个重要但容易被忽略的规律——碳锁定性。

什么叫"碳锁定性"呢?百度百科中有一个文绉绉的定义:碳锁定是一种产生于工业国家历史发展路径的状态,这种状态也称为"技术—制度复合体",它是由技术系统和管理其扩散和应用的公共与私营机构组成的。

用一句简单易懂的描述来解释碳锁定性,就是如果你选择了一种生产方

式、生活方式或发展方式,你的碳排放水平就基本锁定在一个相对稳定的区间内,在区间内的小幅变动仅仅反映了技术的进步,但无法促使碳排放水平下跌到更低水平的区间内。

举两个例子:一是钢铁行业,不论是传统龙头钢铁企业宝武集团,还是单耗水平领先的沙钢股份,当他们涉足炼钢工艺时就不得不面临能耗水平较高和碳排放水平较高的现实问题,不论他们的技术如何改进,也始终在产业门类中属于高碳行业。二是化工园区,纵观全国的化工园区,有聚焦煤化工的,有聚焦石油化工的,有立足下游炼化,有立足高端材料,有传统园区模式,有循环经济模式,但没有一个化工园区敢宣传自己是低碳或零碳的。

碳锁定性不仅仅局限在产业和园区,城市建设、交通运输、基础设施、居民生活,无处不体现了一种碳锁定性,如果在探索"碳中和"的时候不能认清这一客观规律,不能够在顶层设计和源头管理中融入"碳中和"的理念,所做的努力也只是一种徒劳。

克服碳锁定性,真正实现经济社会发展与能源消费脱钩、与碳排放脱钩,是一项艰巨而富有开创性的工作,需要对社会需求、产业功能、城市发展、对经济增长的再思考。这是未来30年人类需要回答的重要命题,也是中创立志深耕未来能源和零碳经济的重要使命。

三、 如何认清碳中和战略中的长三角机遇

尽管碳中和还是一个值得深思与研究的问题,但不难发现,碳中和战略中存在很多显见和潜在的机遇值得长三角城市群去挖掘与把握。

一是重大产业机遇。碳达峰和碳中和理念将重塑长三角城市群的产业体系,一方面,碳排放强度成为产业落地和招商引资的重要约束性指标;另一方面,以碳中和为目标的产业也迎来了千载难逢的发展机遇,引进和培育碳汇型企业在一定程度上将改变一个地区的产业竞争力。重点展开分析。

二是重大转型机遇。碳的锁定性意味着在新一轮园区规划、城市建设、生产生活方式重塑的过程中必须将碳中和理念作为核心设计理念,推动长三角城市群的园区和城市全面向"碳中和"模式转型,形成一批"碳中和"的可持续发展样板。

三是重大科创机遇。碳中和并不是当前现有技术的复制,也不是新能源项目的无限度扩张,在碳中和推进过程中必然会孕育出大量的科技创新和投

资机会，未来覆盖效率提升、节能技改、零碳能源、多元碳汇、碳基材料、碳要素循环等技术均有潜在的发展空间。

四是重大市场机遇。根据国家生态环境部透露的消息确定，2021年6月全国性碳交易市场的交易运维功能将由上海承担，即上海有望成为继北美（芝加哥）和欧盟之后的第三个全球碳交易中心，长三角城市群是否能够凭借上海交易平台运作获取更多的市场空间和发展机会，我们拭目以待。

四、"逐鹿"长三角——翻开人类的新时代

"碳中和"的提出，是一次人类发展理念的颠覆，为我们对未来人类社会发展的判断和遐想打开了更为广阔的视野。

2060年，我国将整体实现"碳中和"。这一年已经距离第一次工业革命开创的时代整整300年。我们可以尽情遐想，一个不依赖于碳排放的经济增长是否会实现，一个人类社会的新时代是否将到来。

长三角是中国最有潜力和实力率先走向"碳中和"的区域，也最有可能率先集聚一批开展"碳中和"实践的企业和研究团队，率先打造一批可推广的试点示范项目，率先储备一批前瞻性的科研创新技术。

成为全球最具影响力的超级城市群一直是长三角三省一市的目标，工业型城市群、金融型城市群、市场型城市群、服务型城市群已经在人类历史上存在过，"碳中和"城市群是个不错的主题，有望载入人类史册，并且成为人类新时代的里程碑。

作者：黄　玥

长三角打造世界级碳中和技术创新高地

碳达峰、碳中和是复杂的系统工程,影响因素有很多,其中技术创新是关键因素与核心动力。长三角地区拥有碳中和领域从基础研究到技术创新,再到产业应用的全链条创新资源,将成为我国重要的碳中和技术创新策源地。

一、碳中和技术的总体发展趋势

碳中和技术分为零碳技术、减碳技术和负碳技术。零碳技术是指能源替代,包括光伏、风电、核电、氢能等新能源及相关的储能技术。减碳技术是指节能减排,主要涉及发电、石化、化工、建材、钢铁、有色金属、造纸和国内民用航空等八个高排放行业。负碳技术是指吸收转化二氧化碳,包括农林碳汇、碳捕集、利用与封存应用(CCUS)等。本文重点介绍光伏、氢能、储能以及碳捕集、利用和封存(CCUS)等技术发展趋势。

(一)光伏:未来钙钛矿电池有望取代硅晶电池

光伏是推动世界能源变革的重要引擎,也是我国为数不多具有国际竞争优势的产业之一。光伏电池主要包括晶硅电池和钙钛矿电池,目前单晶硅电池应用最广泛,采用PERC技术的P型单晶硅电池平均转换效率最高为22.8%,晶硅电池的理论转化效率极限是29.4%。但钙钛矿电池转化效率更高,理论转化效率最高可达50%左右,近期转化效率有望达到30%。*Rethink Energy*预测,2030年钙钛矿电池全球市场占比将超过29%,未来有望取代硅晶电池的地位。

(二)氢能:可再生能源制氢和固态储氢是重要方向

氢能是百分百的清洁能源,制约氢能应用的技术瓶颈主要在制氢和储氢两大环节。制氢技术包括化石能源制氢、工业副产氢、电解水制氢、光解水和生物制氢等,目前主要以化石能源制氢和工业副产氢为主,占比97%,随着

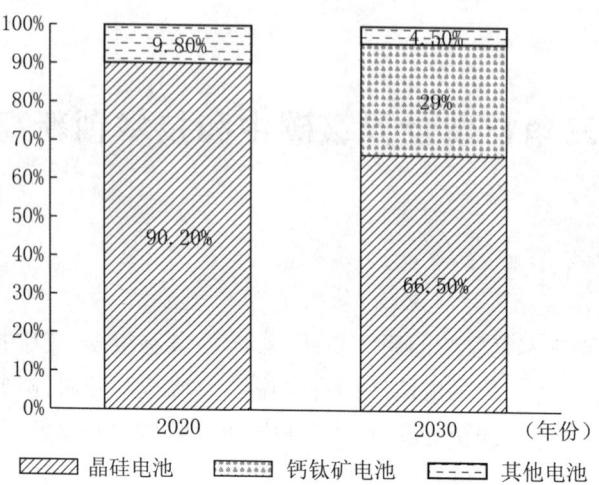

图1 2020—2030年不同各类型光伏电池市场占比

资料来源：*Rethink Energy*。

光伏、风能、核能等可再生能源技术成熟及成本下降，未来可再生能源电解水制氢将成为主流趋势，预计到2030年占比提升至23%，到2050年将达到70%。储氢技术分为高压气态储氢、低温液体储氢、固态储氢和有机物液体储氢等，其中固态储氢技术能量密度高、安全性好，是氢能燃料电池理想的发展方向，但固态储氢的碳基材料、金属有机框架物（MOFs）、多孔聚合物等材料还在实验室研究阶段。

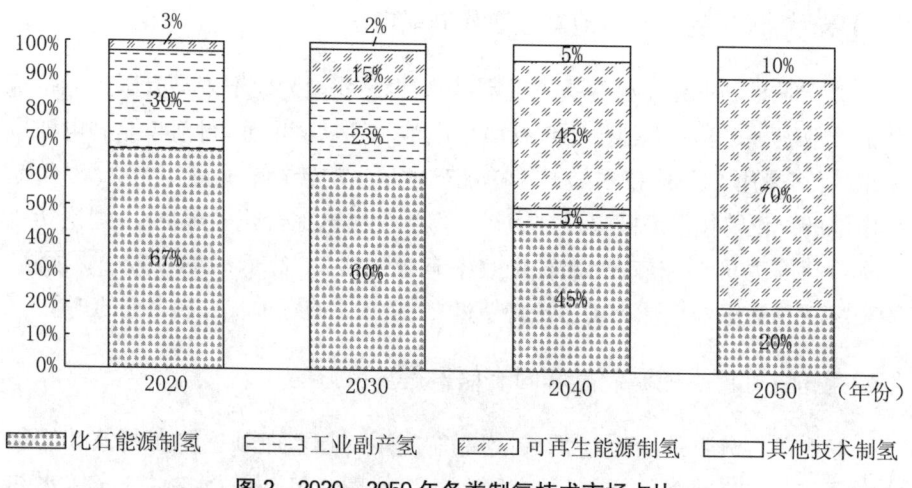

图2 2020—2050年各类制氢技术市场占比

资料来源：新时代证券。

(三) 储能:技术呈多元化趋势、电化学储能潜力大

根据能量存储方式不同,分为机械储能、电磁储能、电化学储能、热储能和化学储能等五类。目前抽水蓄能占比最高,超过 90%,但受地形制约较大,难以大面积推广。相比之下,锂离子电池为代表的电化学储能受地理条件影响较小,建设周期短、应用范围广、发展潜力大,预计 2040 年占比达到 40%左右。综合考虑技术成熟度与场景适用性,储能技术将呈现多元化发展趋势,压缩空气储能、超导储能、超级电容储能、飞轮储能等新型储能技术将在越来越多的场景实现示范应用,但目前多处于研发阶段。

表 1 储能技术分类

储能类型	细分领域	应用场景
机械储能	抽水储能	日负荷调节,频率控制与系统备用
	压缩空气储能	调峰、系统备用
	飞轮储能	调峰、评率控制、UPS 和电能质量
电化学储能	锂离子电池	电能质量、备用电源、UPS
	液流电池	电能质量、备用电源、调峰填谷、能像管理、可再生储能
	纳碳电池	电能质量、备用电源、调峰填谷、能像管理、可再生储能
电磁储能	超导储能	电能质量、输配电、UPS
	超级电容储能	—

(四) 碳捕集、利用与封存技术(CCUS):从长远看,CCUS 有望成为应对全球气候变化的关键技术之一

碳捕集、利用与封存技术(CCUS)是将生产过程中排放的二氧化碳提纯,继续投入到后续生产过程中,实现对碳的循环再利用。碳捕集技术分为燃烧前、燃烧后和富氧燃烧捕集等,碳封存技术分为陆上封存、海洋封存、化工封存等。目前许多 CCUS 普遍还在实验室阶段,由于投资成本高及各国政策支持力度差异,CCUS 在全球的发展进程比较缓慢,2020 年全球碳捕获能力仅为 4 000 万吨,但长远看,随着 CCUS 的不断进步,到 2040 年全球碳捕获能力有望超过 10 亿吨/年,CCUS 将成为人类应对全球气候变化的关键技术之一。目前我国已开展了华能集团上海石洞口碳捕集示范项目、神华

集团鄂尔多斯 CCS 项目和中石化胜利油田 CCUS 项目等系列工业技术示范，但总体来说起步较晚，与欧美发达国家在技术与应用方面还有较大差距。

二、我国碳中和技术创新主体资源丰富

碳中和事关全球人类命运，全社会各个群体均在行动，我国高校、科研院所、科技企业等各类创新主体均在加快碳中和技术研发步伐。

（一）"双一流"高校加强碳中和基础学科建设

碳中和技术涉及环境、能源、物理、化学、机械、电子等多个专业的交叉融合，高校作为科技创新的前沿阵地，在碳中和技术领域也不遑多让。全国42所"一流大学"建设高校均设置有与碳中和技术相关的院系，其中以清华、中科大、上海交大、浙江大学等工科强校优势明显，在碳中和技术领域积累颇深。

（二）中科院系统深耕碳中和前沿技术研究

笔者通过梳理发现，中科院高能所、大气物理研究所、上海技术物理研究所、中科院深圳先进技术研究院、中科院广州能源研究所等19个研究所正在积极开展碳中和技术研究，涉及光伏、风电、核电、氢能、储能、CCUS 等多个碳中和技术方向。其中，中科院大气物理研究所于2020年底正式在北京成立碳中和研究中心，是全国首家从事碳中和基础研究的机构。

（三）科技企业前瞻布局碳中和技术创新

我国在光伏、氢能、储能和 CCUS 领域涌现出一批具有重大影响力的龙头企业，光伏领域有全球最大的单晶硅光伏产品制造商的隆基股份、全球光伏组件市场排名前两位的晶科能源和晶澳科技等；氢能源领域有京城股份、富瑞特装、安泰科技等；储能领域有全球动力电池老大宁德时代、新能源汽车龙头比亚迪等；CCUS 技术领域有华能集团、中国石化、中国神华、大唐集团等。

表 2 碳中和科技龙头企业

光 伏		氢能源	
隆基股份	通威股份	京城股份	富瑞特装
中环股份	晶澳科技	厦门钨业	科力远
阳光电源	固德威	安泰科技	杭州聚力氢能
锦浪科技	福莱特	大洋电机	
正泰电器	晶科能源	储 能	
CCUS		宁德时代	比亚迪
华能集团	中国石化	国轩高科	亿纬锂能
中国神华	中电投	上海电气	力神
大唐集团	中海油	阳光电源	

三、长三角地区碳中和创新资源丰富、产业优势明显

(一)"华东八校"引领碳中和基础研究

长三角地区有 25 所"双一流"高校设置了碳中和相关专业,复旦、上海交大、同济、浙大、南大、中科大、东南大学、华东师范大学等"华东八校"更是走在前列。成立了一批专业研究院所,从事光伏、氢能、储能、CCUS 等领域前沿技术创新研究,如复旦的新能源研究院、上海交大的能源研究院和氢科学中心、浙大的可持续能源研究院、东南大学的长三角碳中和战略研究院等。在碳中和前沿技术创新突破方面也屡有斩获,如复旦大学詹义强团队破解了钙钛矿稳定性难题,南京大学朱嘉团队打破了钙钛矿串联电池当时的转换效率世界记录,上海交大邹建新和邬剑波团队在镁基固态储氢领域取得重大进展等。此外"华东八校"于 2021 年 4 月共同发起组建"长三角可持续发展大学联盟",发布了《促进碳达峰碳中和高校行动倡议》。

(二)科研院所深耕碳中和技术创新

以中科院系统为例,中科院在全国设有 114 家研究单位,长三角有 28 家,占到 24.6%。其中,中科院上海光学精密器械研究所、上海高等研究院、上海应用物理研究所、上海技术物理研究所和宁波材料技术与工程研究所等多家研究所在低碳技术领域长期耕耘,积累了深厚的创新优势。同时,以江苏省产

业技术研究院为代表的新型研发机构,也在积极布局碳中和技术创新。

(三)科技企业奠定碳中和产业优势

长三角地区建立了光伏、氢能、储能等碳中和相关领域的完整产业链,产业规模和技术水平均处于全国领先地位,拥有天合光能、中天科技、上海电气、协鑫集成、东方日升、阳光能源等一批行业龙头,20多家行业相关企业获批国家级企业技术中心。协鑫集成旗下苏州协鑫纳米科技有限公司率先建成大面积钙钛矿组件中试生产线;纤纳光电总规划5GW衢州基地钙钛矿电池生产线投产;上海氢枫如皋"固态金属储氢项目"建成投运,首座镁基固态储氢示范站落成;中盐金坛联合华能集团、清华大学共建盐穴压缩空气储能国家试验示范项目预计于2021年并网发电。

四、长三角打造世界级碳中和技术创新高地的思路建议

(一)瞄准"策源地、集聚区、试验场"三大目标

一是打造碳中和全球创新策源地。围绕碳中和相关领域的科学新发现、技术新发明进行前沿科学研究布局,支持高校、科研院所加大基础研究和应用基础研究力度,争取国家重大科技基础设施布局,引进碳中和技术领域的全球顶尖科研人才和创新团队。

二是打造碳中和高端产业集聚区。围绕光伏、氢能、储能以及CCUS等领域,支持龙头企业引领构建产业链与创新链,重点培育一批掌握关键核心技术、具有全球竞争力的龙头企业,加快构建世界级碳中和产业集群。

三是打造碳中和前沿技术试验场。统筹碳中和应用场景规划布局,打通长三角区域碳中和应用市场,为各类技术创新成果率先应用以及规模化发展创造最佳的市场环境,吸引全国乃至全球碳中和先进技术在长三角交易和转化。

(二)提升长三角碳中和技术创新策源力的若干关键抓手

一是培育碳中和领域世界级学科和研究机构。支持"长三角可持续发展大学联盟",围绕碳中和技术领域,优化学科结构和专业布局,发挥各自优势学科带动作用,加强合作创新,培养碳中和科技人才,打造世界一流学科。鼓励

开展针对碳中和技术领域基础研究的自由探索,注重学科间的交叉融合,鼓励自由探索和十年磨一剑的长期科研探索。支持以中科院为首的科研院所、以江苏省产业技术研究院为引领的新型研发机构,加大碳中和前沿技术领域布局,打造一批世界级碳中和研究机构。

二是加强碳中和领域科技重大基础设施布局。聚焦碳中和关键技术领域,积极组建全球碳中和顶尖科学家委员会,征求专家组意见,加快推动相关重大基础设施布局。依托重大科学基础设施,发起碳中和技术领域国际大科学计划,全面加强与国际国内高水平研究机构和研究团队的交流合作。支持有能力有意愿的高校科研院所牵头申报组建碳中和国家实验室,建立符合科学规律的实验室运行管理机制,聚焦碳中和技术前沿领域,全力推动关键技术攻关。

三是支持企业牵头开展应用为导向的产学研合作。围绕钙钛矿、固态储氢、电化学储能和CCUS等关键核心碳中和技术领域,积极促进长三角地区企业、高校、科研院所加强科研合作和技术攻关,搭建以企业为核心的产学研平台体系,支持行业领军企业牵头建立产学研战略联盟,培育碳中和产业科技人才。建立碳中和重大技术研发需求发布平台,支持行业领军企业面向长三角乃至全国全球的研究机构发布技术研发需求。

四是建立长三角碳中和技术联盟。聚焦碳中和相关产业领域,支持行业龙头企业发起建立长三角乃至全国性的产业技术联盟,依托产业联盟积极申报国家级重大创新平台。积极推动碳中和领域知识产权联盟建设,支持龙头企业引领建设专利池,深化产业专利协同应用,促进知识产权与产业发展深度融合,加快碳中和技术领域创新,争取引领碳中和相关行业技术标准。

五是营造利于创新的生态系统。强化碳中和技术资金支持,建议长三角三省一市政府设立碳中和技术重大科技专项,加大相关研发资金投入,探索设立长三角碳中和政府引导基金,引导社会资本参与,做好碳中和技术培育孵化。完善科技成果转化服务,定期举办科技成果交易展示会,打造"线上线下"融合的科技成果展示交易集市,促进各方创新资源的精准对接,鼓励全球碳中和科技创新成果在长三角转移转化。大力支持碳中和创新成果应用服务,建议长三角三省一市开放公共应用场景,鼓励企业积极开展碳中和创新成果应用示范。

作者:朱加乐

参考文献：

① 红杉中国：《迈向零碳——基于科技创新的绿色变革》，ERR 能研微讯公众号，2021 年 4 月 25 日，https://mp.weixin.qq.com/s/pgOQcgM_wgMvheFrO2jq7g。

② 米剑峰、马晓芳：《中国 CCUS 技术发展趋势分析》，《中国电机工程学报》2019 年第 9 期。

③ 杨帆等：《寻路碳中和：制度与技术的上下求索》，中信证券研究公众号，2021 年 4 月 7 日，https://mp.weixin.qq.com/s/3nmT7eBjjWMRbuFG3xMkXQ。

④ 《中国光伏产业发展路线图（2020）版》，中国光伏行业协会官网，2021 年 2 月 3 日，http://www.chinapv.org.cn/road_map/927.html。

长三角如何探索"碳中和"园区新路径

习近平总书记 2021 年 4 月 16 日在同法国总统马克龙、德国总理默克尔举行中法德领导人视频峰会时指出:"我宣布中国将力争于 2030 年前实现二氧化碳排放达到峰值、2060 年前实现碳中和,这意味着中国作为世界上最大的发展中国家,将完成全球最高碳排放强度降幅,用全球历史上最短的时间实现从碳达峰到碳中和。这无疑将是一场硬仗。"碳达峰、碳中和时间的紧迫性、任务的艰巨性,要求我国必须牢牢抓住产业园区这一工业绿色发展和能源低碳化转型的重要载体,通过优化产业结构、完善循环体系、重塑园区形态,在实现碳中和进程中发挥主力军作用。长三角产业园区数量多、规模大,集中度高,理应成为我国"碳中和"产业园区建设的排头兵和先行者,为其他地区"碳中和"园区建设提供示范标杆。

一、推动"碳中和"园区建设的重要意义

(一)"碳中和"园区是我国实现碳中和目标的重要载体

工业一直是温室排放的主要来源之一,工业领域是我国实现碳达峰碳中和的关键领域。伴随着我国"企业入园"的发展趋势,产业园区已经成为我国工业发展的重要载体,尤其是制造业企业大多集中在产业园区或经开区,随之产生温室气体排放日渐增加。清华大学相关研究显示,我国产业园区贡献了全国二氧化碳排放总量的 31%。因此,通过调整产业结构、优化能源结构、提升整体能效,加快推动"碳中和"园区建设将成为落实我国精准减排、实现碳达峰碳中和的关键落脚点,亦会成为"十四五"期间园区转型升级的重要方向。

(二)"碳中和"园区是我国产业园区迭代升级的必然选择

近年来,我国相关部门先后制定出台了建设循环经济园区、低碳园区、生

态园区、绿色园区等政策文件,在推动园区绿色化转型方面起到了重要的引导和促进作用。面对碳中和这一新的背景和要求,产业园区将比以往任何时候都更加注重在有限资源条件下提升经济密度和能级,不断向高质量发展迭代升级。与此同时,园区作为我国产业发展的基本单元,具有产业高度集聚、基础设施集约、创新要素集中等特征,通过"小空间、低成本、系统性"推动碳中和技术应用,将有利于放大"碳中和"园区的规模效应、辐射效应和示范效应,以点带面推动全社会碳中和工作。

(三)"碳中和"园区是我国低碳技术创新应用的重要平台

碳中和标志着新一轮能源革命迈向高潮,也意味着新一轮产业变革的开始。在"碳达峰碳中和"的目标引导下,碳中和相关产业必然会顺势崛起,低碳零碳技术、节能节材技术、循环利用技术、减排增汇技术、负排放技术等研发和产业化将会蓬勃涌现。在此背景下,园区一方面是推动低碳技术创新和产业化、扩大低碳技术供给的主阵地,另一方面是低碳技术重要的应用场景。未来大量的低碳技术商业化成果可能会被率先应用于园区厂房、办公楼宇等园区载体空间中,并逐步向经济社会其他领域复制推广。

二、"碳中和"园区的内涵、特征和主要框架

(一)"碳中和"园区的基本内涵

目前,学术界并没有对"碳中和"园区这一概念进行明晰界定。事实上,"碳中和"园区也是随着我国对碳排放工作不断认识深化后,既具传承性又具创新性的概念。因此,我们可以从低碳园区、绿色园区等概念中窥见"碳中和"园区的基本内涵。

从国际来看,美国可持续发展社区协会(ISC)编写的《低碳园区发展指南》,将低碳园区界定为"园区系统在满足社会经济环境协调发展的目标前提下,以系统产生最少的温室气体排放获得最大的社会经济产出"。联合国工业发展组织(UNIDO)在《绿色工业园建设指导原则》中将绿色园区界定为"以可持续发展理念、清洁生产要求、循环经济理念和工业生态学原理为指导,通过物质流或能量流传递等方式寻求物质闭路循环、能量多级利用和废物最小化的途径,从而形成资源共享和副产品互换的产业共生组合,最大限度地提高资

源能源利用效率,从工业生产源头上将污染物的产生降至最低的一种新型产业园区"。

从国内来看,工信部、国家发改委《关于组织开展国家低碳工业园区试点工作的通知》(2013),提出要通过低碳工业园区试点建设,大力使用可再生能源,加快钢铁、建材、有色、石化和化工等重点用能行业低碳化改造;培育积聚一批低碳型企业;推广一批适合我国国情的工业园区低碳管理模式,试点园区碳排放强度达到国内行业先进水平,引导和带动工业低碳发展。《国家生态工业示范园区标准》(HJ274-2015)提出,生态工业示范园区是指依据循环经济理念、工业生态学原理和清洁生产要求而设计创建的新型工业园区。《工业和信息化部办公厅关于开展绿色制造体系建设的通知》(2016),提出,绿色园区是指在园区规划、空间布局、产业链设计、能源利用、资源利用、基础设施、生态环境、运行管理等方面贯彻资源节约和环境友好理念,从而实现布局集聚化、结构绿色化、链接生态化等。

基于上述不同名词的内涵定义可以发现,低碳园区更加强调以降低碳排放量为核心目标开展园区的低碳生产、低碳消费和低碳循环;生态园区侧重于园区内部资源循环利用体系的构建;而绿色园区的内涵已经相对全面,基本涵盖了园区规划建设管理、产业发展、节能减排、循环利用等各方面,也是目前最接近"碳中和"园区的概念,但仍需要进一步注入"碳中和"的理念、强化"碳中和"技术的应用。

表1 国内外低碳、生态、绿色园区的基本内涵

概　　念	内涵侧重点	主要政策
循环经济园区	过程导向,侧重能源资源的节约集约利用	《关于推进园区循环化改造的意见》(2012)
低碳园区	过程导向,侧重于产业低碳化、低碳基础设施建设	《国家低碳产业园区试点工作方案》(2013)
生态园区	过程导向,减少污染物的产生和排放	《国家生态工业示范园区标准》(2015)
绿色园区	过程导向,侧重于绿色产业培育、基础设施绿色化、环境影响最小化	《绿色园区评价指标体系》(2016)
碳中和园区	结果导向,强调园区整体实现碳排放与吸收的动态平衡	

结合绿色园区、低碳园区等概念定义,本文认为,"碳中和"园区是指在园区规划建设管理等方面系统性融入"碳中和"理念,综合利用节能、减排、固碳、

碳汇等多种手段,通过产业绿色化转型、设施集聚化共享、资源循环化利用,在园区内部基本实现碳排放与吸收自我平衡,生产生态生活深度融合的新型产业园区。

(二)"碳中和"园区的基本特征

随着我国碳达峰、碳中和目标日益清晰,已经有一些地方开始率先探索"碳中和"园区建设。例如,北京的金风科技亦庄智慧园区提出,要打造集可再生能源、智能微网、智慧水务、绿色农业和运动健康等功能于一体的可感知、可思考、可执行的绿色园区生态系统。河南信阳的上天梯新材料(碳中和)产业园和住建部科技与产业化发展中心签订合作协议,提出要在建筑节能与绿色建筑、装配式建筑、低碳城市、产业转型升级等方面深化合作,打造超低能耗建筑产业集群。

这些园区聚焦专业领域积极开展试点,对于我国"碳中和"园区建设无疑将起到积极的促进作用。但从更普遍意义上来看,本文认为,"碳中和"园区与以往低碳、生态、绿色园区相比,应当更加注重把握四大特征:

一是注重"碳中和"园区建设的系统性。"碳中和"园区是一个整体性的概念,要想实现园区"碳中和"的建设目标,必须要对园区规划、空间布局、基础设施、生态环境、运行管理等进行系统性考虑,从园区开发建设之初就需要考虑嵌入"碳中和"技术和相关配套设施,同时围绕产业链设计、能源利用和资源利用,系统性统筹考虑企业生产、楼宇建筑、园区交通等各个方面的直接或间接碳排放。

二是强调"碳中和"园区建设的双循环。园区是城市系统重要组成部分,"碳中和"园区建设不仅要注重园区内部的"小循环经济",更要看到园区之间的"大循环经济"。从"碳中和"园区自身建设来看,要积极构建内部能源和资源利用的闭环设计,最大限度的实现"内循环和自平衡";但与此同时,园区不可避免地要与外界产生货物、能源、排放等方面的联系,"碳中和"园区建设必须有城市乃至区域的视角,充分挖掘园区间合作的共生潜力,加强与周边区域的统筹协调,通过碳交易、生态补偿等方式实现更广阔时空中的"大平衡"。

三是突出"碳中和"园区建设的硬约束。一直以来,我国对于低碳园区、生态园区、绿色园区建设,考虑到发展阶段和成本问题等因素,是以引导和鼓励为主要推动方式的。而我国碳达峰、碳中和时间表的确定毫无疑问将给园区戴上"紧箍咒","碳中和"将从"软约束"变成"硬约束",各类与碳排放相关的监测指标或将成产业园区的约束性指标。

四是重视"碳中和"园区建设的智能化。传统园区的低碳绿色化改造往往侧重于单个企业的节能技术应用或者减排设施配置,园区作为管理运营主体,无论在技术手段还是在管理手段上,都很难全面及时掌握园区的能源使用和排放情况。即便是能源、环保部门,目前监测企业碳排放情况也还以定期、不定期的上门抽查、检查作为主要方式。随着碳排放量的动态实时监测成为碳中和产业园区的关键基础工作,以大数据、云计算、工业互联网、智能传感器等代表的新型基础设施和智慧能源管理系统将会在"碳中和"园区中大规模推广和普及。

(三)"碳中和"园区建设的主要框架

笔者认为,"碳中和"园区作为低碳、生态、绿色园区的"升级版",未来可以围绕"四大体系"来进行整体性框架设计:一是形成低碳绿色产业体系,包括战略性新兴产业集聚、企业低碳改造、低碳技术创新供给、碳中和金融等;二是形成清洁能源利用体系,包括可再生能源、清洁能源、常规能源等的协同互济;三是形成固废资源循环体系,包括企业固废物交换利用、工业废水重复利用、再生资源回收利用、生活垃圾资源化处理、污染物集中处置等;四是形成智慧园区管理体系,包括能源动态管理、能源申报管理平台、碳排放监测交易平台、新型基础设施等。

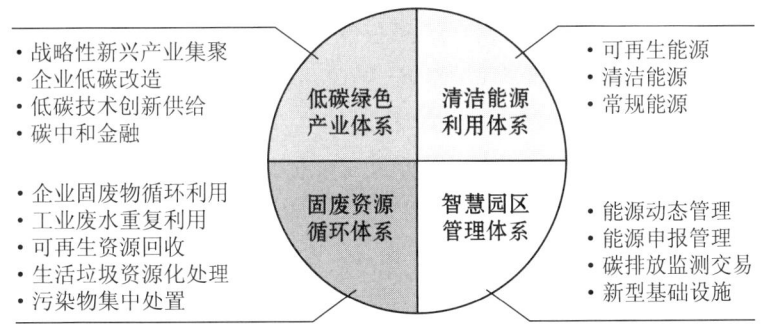

图1 "碳中和"园区建设的基本框架

其中,低碳绿色产业发展是"碳中和"园区建设的重要突破口,牵一发而动全身;清洁能源利用体系和固废资源循环体系是"碳中和"园区打通上下游链条的重要支撑;智慧园区管理体系是"碳中和"园区实现事前、事中、事后监管的关键基础平台。

三、当前"碳中和"园区建设面临的瓶颈问题

虽然前期我国各地在低碳园区、生态园区、绿色园区建设方面已经形成一定基础、积累了一定经验,但"碳中和"园区作为产业园区开发建设和转型升级的新概念、新形态,整体上仍处于探索阶段,仍有四方面问题亟待进一步深化研究和加以解决。

(一)"碳中和"园区的整体战略框架尚不清晰

目前,从国家到地方都在积极制定落实"碳中和"的行动方案,随着相关方案的研究深化和逐渐清晰,未来对于产业园区如何实现"碳中和"应该会有指导性意见。但在现阶段,各地对"碳中和"园区的认识仍大多停留在概念层面,对于整体框架、工作重点、实施步骤等把握并不清晰,一些地方将"碳中和"园区作为招商宣传的口号,仍然侧重于新能源企业和项目的招引,或者从碎片化、分割式的场景去推动局部环境改善,而难以真正从系统性、整体性考虑推动园区的转型升级,同时不可避免还将造成园区的重复建设和低效建设。

(二)"碳中和"园区的建设标准规范相对滞后

目前,标准规范的制定不仅是我国推动"碳中和"的重要抓手,也有可能成为未来国际能源变革和技术创新话语权的争夺焦点。虽然,我国已经陆续出台《行业类生态产业园区标准(试行)》《国家生态工业示范园区标准》《园区低碳工业园试点工作方案》,但一方面,标准的强制性仍然不强。不同政策侧重点有所不同,如工信部制定的《国家低碳工业园区试点工作方案》侧重于工业发展,环保部牵头制定的《国家生态工业示范园区管理办法》侧重于环境治理与保护,由于现有分类管理体制的因素,政出多门现象明显,园区落实标准规范也缺少强制性的监测和考评手段。另一方面,围绕"碳中和"的相关技术标准、应用规范等仍处于理论研究阶段,从制定标准到推广应用还需要一个较长的阶段。

(三)"碳排放"核算交易等相关法律法规缺失

碳排放的确权和核算直接关系到"碳中和"园区的建设效果评价。目前我国现行的法律法规尚未对碳排放权利进行明确界定,使得地方碳排放交易缺

乏法律依据。同时,虽然我国已经根据国际 ISO 标准建立 24 个行业企业碳排放核算方法体系,但园区在国家统计体系中不是独立统计个体,因此导致以园区为主体的碳排放核算范围不一致、核算结果没有可比性。此外,在企业"碳排放"过程中,对于直接排放和间接排放的核算也存在难点,能否利用穿透式、可追溯技术手段,实现企业能源使用和碳排放的应统尽统也是未来需要关注的方向。

(四) 低碳技术研发和应用的整体水平有待提升

基于"碳中和"问题的复杂性和紧迫性,迫切需要以低碳技术创新突破作为引领,加快形成全面支撑我国实现碳达峰及碳中和目标的技术体系。但从目前情况来看,一方面,我国低碳技术水平与"碳中和"园区高标准建设的需求还不匹配。针对脱碳、零碳、负排放技术供给不足的现状,仍需要在国家层面设立跨领域综合交叉的碳中和重大科技专项,提前做好技术研发供给侧结构调整,进一步明确碳中和技术需求,优化应对气候变化技术研发布局。另一方面,新技术的推广和应用往往需要巨大的前提投入,特别是对于"碳中和"而言,从企业角度看,低碳技术应用的成本与企业生产效益的提升可能并不成正比,仅从环境保护和社会责任角度去推动该项工作难度又相对较大,如何建立产学研一体化的成果转化机制、建立约束与激励相结合的应用推广机制,都需要进一步统筹谋划。

四、推动长三角"碳中和"园区建设的战略路径

长三角地区园区数量多、种类广泛、集中度高、发展相对成熟,有能力率先在全国探索"碳中和"园区建设,为其他地区"碳中和"园区建设提供示范标杆。笔者认为,长三角推动"碳中和"园区建设要牢牢抓住"园区碳排放与吸收总量最大平衡"这一根本目标,实施"五新、五化、三全"的战略路径,系统性、全局性实现园区碳中和。

(一) 以"五新"为导向,加强"碳中和"园区整体统筹

一是践行新发展理念。产业园区不再仅仅是城市产业集聚发展、贡献经济增长的主阵地,也是践行节能减排、优化生态环境的主战场。"碳中和"园区的开发建设一定要摒弃先粗放发展再腾笼换鸟、先污染再治理的传统路径,把

绿色发展理念贯穿于园区发展全过程。

二是制定新发展规划。传统产业园区规划侧重于产业领域的选择、功能布局的设置、招商政策的创新，对于资源环境的考虑往往限于通过环评报告，在实际操作中更是流于形式。未来的"碳中和"园区规划应当是兼顾绿色与发展、兼顾生产和生态的全面规划，要从规划阶段就为园区实现"碳中和"做好整体设计。

三是建立新管理机制。传统意义上的园区管理和运营主体，其职责主要是做好园区开发、提供企业服务、保障园区安全，与碳相关的事情要么是监管部门的事，要么是企业主体的事，似乎与园区没有强关联。但是在"碳中和"时代，园区在原有职责基础上，必须承担起完善低碳基础设施、加强排放监测、合理确定园区碳排放阈值、创新碳排放激励机制、开展碳排放交易等责任。

四是建立新考核指标。目前各城市对园区的考核评价，虽然也设置了节能减排指标，但从"指挥棒"导向上来看仍然是"经济导向"大于"生态导向"。随着"碳中和"逐渐成为约束性目标，园区的考核评价指标体系也必须相应重构，园区生产生活的直接或间接碳排放都将被纳入考核和评估范畴。

五是构建新产业生态。"碳中和"园区在建设初期充分考虑产业结构比例和产业上下游关系，发展以新一代信息技术为代表的新兴产业，实行绿色招商和产业链招商。对于园区已有重化工业企业要加快调整产业发展方式，大力推广无碳、减碳、去碳等低碳技术，从生产源头减少碳排放。

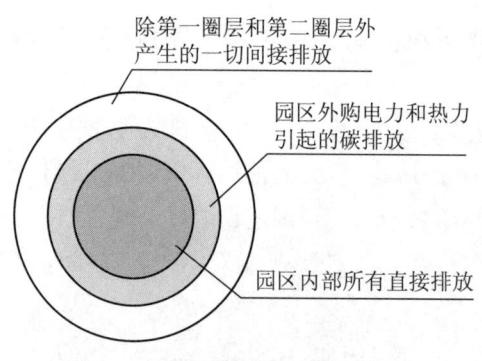

图2 产业园区碳排放测算大致范围

（二）以"五化"为路径，推动"碳中和"园区迭代升级

一是推动"产业链接循环化"，按照"横向耦合、纵向延伸、循环链接"的原

则,合理延伸园区相关产业链,实现项目间、企业间、产业间物料闭路循环,促进原料投入和废物排放的减量化、资源化、无害化。

二是推动"清洁能源增量化",鼓励企业将可再生能源从能源电力消费的增量补充变为增量主体,推广新能源与传统能源相结合、小型分散与集中利用相结合的新型用能方式。

三是推动"物流系统清洁化",形成以节能为核心的公共交通结构,提高园区交通通达度,重视园区各板块间公共交通的便捷度。同时,要大力发展以网络货运、多式联运为代表的绿色物流。

四是推动"园区建筑节能化",大力发展园区绿色建筑,对既有厂房、楼宇等存量建筑进行绿色化改造,新建建筑100%执行绿色建筑标准,积极探索光伏建筑一体化建设。

五是推动"园区环境绿色化",在深入了解园区生态本底的基础上,对园区内生态要素进行调整、优化、改造。注重屋顶绿化建设,尽可能扩大园区碳汇绿化面积,增强园区碳汇能力。

(三) 以"三全"为支撑,提升"碳中和"园区管理水平

长三角推动"碳中和"园区建设,要以建立完善全领域、全流程、全时段的碳排放动态管理体系为抓手,为率先实现"碳中和"提供关键手段和基础保障。长三角产业园区要抓住国家开展新型基础设施建设的契机,加大智能传感器、数据中心、云计算等新基建在园区工厂、建筑、停车场等全域布局,全流程、全时段监测园区碳排放量。同时,加强能源智能化应用和可视化管理平台、园区综合监控平台等管理型公共平台建设,从而整体实现园区碳中和的精细化管理、智慧化服务。

此外,无论是长三角还是全国的产业园区,都存在发展阶段、发展类型等方方面面的差异,推动"碳中和"园区建设切记要避免"一刀切"。一方面,开发建设不能过度超前。"碳中和"从理念到技术再到实践是一个复杂而漫长的过程,政府可以引导,但归根结底还是要发挥好市场和企业的力量,如果盲目推动"碳中和"园区建设,不仅可能大大增加企业和园区的成本,也有可能造成新一轮的重复建设和资源浪费。应当将园区按照主导产业、经济规模、基础设施等标准进行分类分级,明确不同类型、不同等级的园区"碳中和"工作的行动重点。另一方面,倒逼手段不能操之过急。"碳中和"是整个城市的系统性问题,而园区只是这一复杂体系的一个方面、一个环节,我们要避免把"碳中和"整体

性目标异化为层层分解、层层加压的微观性指标,全部压力都集中在园区身上导致发展处处受限,毕竟兼顾生态和发展、兼顾约束与公平也是"碳中和"的应有之意。

表2　长三角不同类型园区的碳中和建设重点

园区类型	碳中和工作的分类重点	长三角代表园区
石化园区	• 提高生产能源利用率 • 炼化一体化、CCUS等低碳技术示范推广 • 固体废物的综合循环利用 • 重大先进装备的示范运用 • 危险化学品的集中安置	上海化学工业园区、宁波石化开发区
现代服务业园区	• 改造和新建绿色建筑 • 楼宇能源智慧化管理系统 • 生活垃圾的分类回收利用 • 分布式能源的运用	陆家嘴金融产业园、杭州未来科技城、南京新城科技园
战略性新兴产业园区	• 建设和改造绿色工厂,集约利用厂区 • 提高工厂清洁和可再生能源使用比例 • 水资源和工业废物资源循环利用 • 建立绿色生态产业链、供应链	苏州工业园、上海漕河泾开发区、临港松江科技城、张江药谷
现代物流园区	• 无轨双源电动货车、新能源车辆和船舶的推广建设 • 公铁水空多式联运的集中建设 • LNG加注站、充电桩等基础设施的建设布局 • 绿色仓储建设	嘉兴现代物流园、外高桥保税物流园区、浙江(安吉)现代物流园

作者:张舒恺

长三角如何打造国际碳金融交易中心

碳金融交易,是以温室气体排放权为标的的交易以及与其相关的各类金融活动的统称,因二氧化碳在所有温室气体中占比最高而得名。碳金融交易市场主要包括以碳排放配额为标的资产的碳排放交易市场,也可称之为碳排放市场、碳交易市场或碳排放权市场。碳金融交易最早起源于1992年的《联合国气候变化框架公约》和1997年的《京都协议书》。为了应对全球气候变暖,超过150个国家签署《框架公约》,确定了"2050年全球温室气体排放减少50%"的目标,又通过《京都协议书》规定了三种补充性的市场机制来降低各国实现减排目标的成本,分别是联合实施机制(Joint Implementation,JI)、国际排放权交易(International Emission Trading,IET),以及发达国家和发展中国家间交易的清洁发展机制(Clean Development Mechanism,CDM)。至此,温室气体排放权成为一种可以交易的无形商品,碳金融市场也逐渐发展起来。

一、国际碳交易市场发展现状

国际碳行动伙伴组织(ICAP)发布的报告显示,截至2021年1月31日,全球共有24个运行中的碳市场,主要包括欧盟、美国、中国、新西兰、瑞士等,另有8个碳市场正在计划实施,预计将在未来几年内启动运行。总体来看,国际碳交易市场发展呈现出以下两个特点:

(一)尚未在全球形成合力

尽管碳金融交易活动已经出现了20多年,但从全球范围来看,各国在经济、产业、环境、技术等方面呈现出多元化发展特征,在绿色金融发展水平上也有较大的差异,在碳排放、零碳发展方面尚未形成有效的协同机制。

造成这一问题的原因有很多。一是市场分割明显。目前全球碳交易主要集中于国家或区域内部,如美国加州市场、欧盟市场、新西兰市场等,统一的国际市场尚未形成。这些市场在排放配额分配、覆盖行业范围、定价方式等方面均存在较大差异,导致各市场之间很难进行跨市场交易。二是政治影响较大。从政治角度来看,碳排放交易也会牵涉到一系列国际话语体系建立的问题,各国围绕温室气体排放问题所形成的国际政治,也被称作"碳政治",参与"碳政治"就意味着要参与国际话语游戏。因此碳交易市场的推进必然会受到国际局势变动的影响,如美国于2011年宣布退出《京都协议书》,导致多个发达国家效仿退出,减排力度大打折扣。三是交易成本过大。在具体交易执行过程中,道德风险仍十分普遍,项目注册和实际排放数据核算成本较高,对中介机构的监管尚不到位,这些因素都加大了交易成本,阻碍全球碳市场的发展。

(二)碳金融交易仍是全球减排降碳的主要市场化方式

尽管国际碳交易市场发展仍存在一些问题,但不能否认的是,以碳排放权为主的碳金融交易活动,依然是所有减少碳排放的手段中最有效的市场化方式,也将是未来全球减排降碳的主要战略发展方向。

这一趋势体现在多个方面。一是未来全球碳交易体系可发展空间较大。国际碳行动伙伴组织发布的报告显示,2021年全球碳排放交易体系配额总量约48亿吨,仅占全球温室气体排放量的9%。随着中国碳交易市场的启动,全球碳市场所覆盖的温室气体排放量有望达全球总量的14%,后续仍将有大量市场空间可以发掘。二是全球碳减排进程仍在提速。美国、欧盟、瑞士、韩国等均在近两年间针对碳交易机制做出若干调整。中国于2017年底正式启动建设全国碳交易市场,于2020年提出"碳达峰""碳中和"等目标。美国于2021年重返《巴黎协议》,在应对气候变化方面迅速采取行动。

因此,建设碳交易市场、形成全球统一的交易机制,仍是全世界各国想做且应该要做的事情,中国及其他发展中国家或地区也应在这一重要历史使命中有所承担和贡献。

二、中国碳交易市场发展现状

自2011年启动地方碳交易试点工作以来,中国碳排放权交易市场建设已进行了将近10年,主要可分为两个阶段:

(一) 碳交易市场试点发展阶段(2011—2017年)

2011年10月,国家发改委下发《关于开展碳排放权交易试点工作的通知》,正式批准在北京、天津、上海、重庆、湖北、广东、深圳"两省五市"开展碳排放权交易试点,2014年6月起,两省五市碳交易试点全部开始实际交易。2016年,福建成为国内第8个碳排放市场交易试点。

(二) 全国碳市场筹备建立阶段(2018—2021年)

2018年3月,中国国务院机构改革,在原环境保护部的基础上组建生态环境部,原国家发改委主导的碳排放权交易职责也划入新的生态环境部。2021年1月,生态环境部正式印发《碳排放权交易管理办法(试行)》,标志着全国碳市场首个履约周期正式启动,涉及2 225家发电行业的重点排放单位。3月底,生态部发布《关于加强企业温室气体排放报告管理相关工作的通知》并公布碳排放工作时间表,4月底,《碳排放权交易管理暂行条例(草案修改稿)》完成公开征求意见工作。

回顾过去10年,部分试点地区对碳交易机制进行了深入探索,另一部分试点城市已形成了相对完善的交易体系。因此,基于2021年各地碳交易市场建设进展情况,以及已经积累的经验总结,国家决定于2021年6月上线全国性的碳排放权交易市场,并将交易中心落在上海,首先纳入发电行业,"十四五"期间将逐步纳入石化、化工等8个高耗能行业。

三、全国碳交易中心落地上海将为长三角地区带来重要发展机遇

围绕碳交易中心建设,上海已做了大量准备工作。2021年4月,上海宣布成立能源工作领导小组,由常务副市长陈寅担任组长。未来,碳金融将会成为上海国际金融中心建设的重要组成部分,上海也必然会成为全国碳交易市场发展的主力军和主战场。从区域发展来看,交易中心落地上海,对于整个长三角地区来说更是有"近水楼台先得月"的意义与机遇。

(一) 有利于更多交易主体进入市场

2021年全球碳市场主要以减排企业和政府主管部门为交易主体,碳排放权的交易集中在碳配额不足的企业与碳配额过剩的企业之间,市场范围较小。

未来上海打造国际碳金融中心,则可以进一步扩大碳交易市场范围,除了企业之外,将会有更多的交易机构、金融机构,以及投资机构获得进入市场的机会。

(二) 有利于产业转型升级

碳交易市场与其他减排方式最主要的区别是,碳交易可以先行控制碳排放总量,根据一定原则为各个企业制定配额。这种机制设计使得企业有动力进行技术创新,减少自身碳排放量,通过碳配额交易这种市场化手段,获得更多融资,用于企业进一步发展。具体来看,电力行业被首批纳入全国碳交易体系,一方面将会抬升火力发电成本,另一方面光伏、风电等低碳发电方式将逐步成为发电主力。同时,风光发电行业也可以通过参与自愿减排机制获得更高利润空间,根据TestPV对专家的访谈,该类企业可以获得最高7.4分/kWh的额外收益。

(三) 有利于长三角区域协同发展

在2011—2017年8省市试点阶段,长三角地区仅有上海一地入选试点名单,而在全国碳市场筹备建设阶段,江苏、浙江、安徽也都只是分别向国家上报重点排放单位名单,可以说整个长三角地区在减排降碳方面仍处于"各自为政"的阶段。而现在,上海可以作为长三角地区实现"碳达峰"和"碳中和"的领头羊,带领三省一市共同对外发声,打造零碳长三角。

四、长三角建设碳交易市场的思路建议

当下,中国碳交易市场正在冲刺"最后一公里",预计建成后中国将成为全球最大碳市场。而长三角作为国内经济产业相对发达、城市化水平相对较高、碳排放总规模和集聚度也相对较大的地区,更应该积极融入全国碳市场建设、持续推进零碳发展。为此,笔者提出以下几点方向建议:

(一) 各方应积极参与全国碳市场建设

积极配合国家做好全国碳市场启动工作,各类企业应主动参与到碳交易、碳中和行动中来,支持金融机构在碳金融产品开发方面做出更多探索,逐步增加碳金融衍生品种,进一步丰富市场和提升市场的流动性,从而更好实现市场的价格发现功能。

（二）将低碳产业纳入长三角各地区发展

依托上海建设全国碳排放权交易中心，积极吸引更多低碳优势产业集群，出台配套政策鼓励相关交易。鼓励各地区各产业园区重点发展绿色产业，为符合标准的企业提供政策倾斜和优惠。

（三）将推动绿色金融发展作为长三角一体化战略的重要抓手

率先在长三角地区探索碳排放权的二次分配机制，完善区域交易标准体系，推进标准协同，提高碳交易效率。支持金融机构在长三角区域内开展一站式服务，加快推进绿色金融等重点项目。鼓励打造绿色金融改革创新示范区，推动长三角绿色金融核心圈建设。

作者：刘梦琳

参考文献：

① 方向明：《简单明了七张图让你看懂碳排放的国际政治博弈》，一财网，2016年1月9日，http://www.tanpaifang.com/tanguwen/2016/0109/49951.html。

② 高念瑶等：《以绿色金融创新支持长三角一体化发展的研究》，《经济观察》2021年第4期。

③ 李洪鹏：《上海常务副市长陈寅：上海要打造国际碳金融中心》，上游新闻，2021年4月22日，https://www.sohu.com/a/462273887_120388781。

④《李志青：构建长三角碳排放权二次分配机制》，澎湃新闻，2021年4月9日，https://www.thepaper.cn/newsDetail_forward_12122400。

⑤《全球碳交易市场的前世今生，中国可汲取的教训与面临的挑战》，华西证券，2021年3月19日，https://ishare.iask.sina.com.cn/f/tGd14jTuft3.html。

⑥《碳中和专题研究报告：全国碳市场扬帆起航，绿色化转型箭在弦上》，中信证券百家号，2021年4月1日，https://baijiahao.baidu.com/s?id=16958210864618347868&wfr=spider&for=pc。

长三角如何引领碳中和产业未来发展?

排放权就是发展权已经成为全球共识。欧美国家的高碳排放量支撑着其成为发达经济体,从工业化开始到碳中和目标实现时间跨度达几百年,而我国仍处于工业化、城市化中后期,工业化进程比发达国家晚了 100 多年,但实现碳中和时间只比大部分发达国家晚 10 年。10 年前,哥本哈根大会上丁仲礼院士据理力争"排放权应向发展中国家倾斜";10 年间,中国加快推动经济转型升级,新能源等低碳经济跃升发展,绿色发展理念深入人心;10 年后,中国有基础、有底气承诺以身作则,到 2060 年实现碳中和。

中国提出"碳达峰、碳中和"目标,是积极应对气候变化、构建人与自然生命共同体的大国责任担当,是生态文明建设整体布局必不可少的重要组成部分,是未来"零碳"时代发展进程中塑造大国竞争力、引领全球的必然选择。"碳达峰、碳中和"无疑对我国现有的发展模式带来新的挑战,加速转型的要求

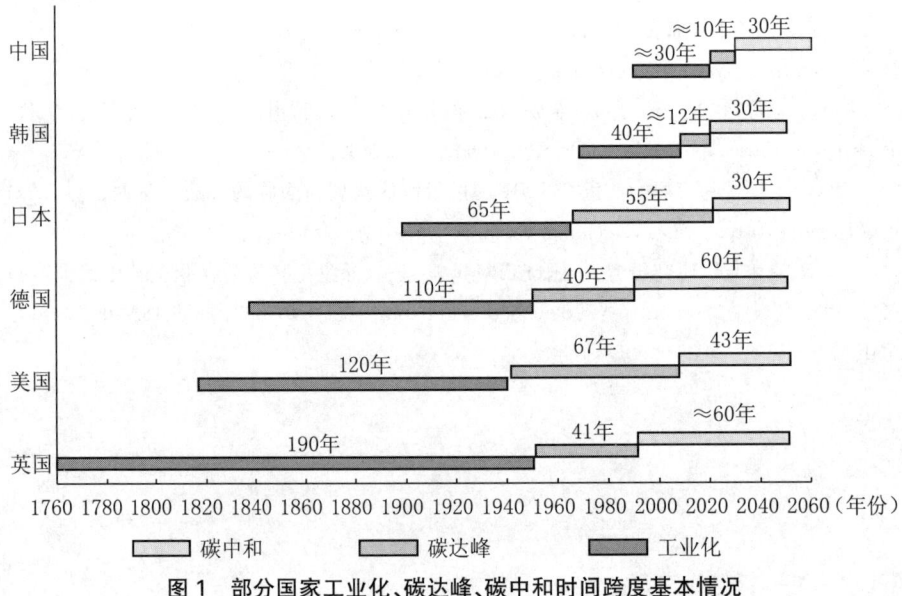

图 1 部分国家工业化、碳达峰、碳中和时间跨度基本情况

更加迫切,但作为我国主动的战略选择,"碳达峰、碳中和"也同样意味着产业发展变革的机遇,这种变革转型与我国高质量发展阶段的要求高度契合,能够在"碳中和"背景下率先实现"零碳""低碳"转型的企业和城市,无疑将构建起面向未来的产业竞争优势。

对于国内经济最发达区域之一的长三角而言,本身具有碳中和多元的应用场景,也具备较好的产业发展基础,将率先迎来"碳达峰、碳中和",在迎接挑战的同时也要积极把握机遇,高质量打造具有竞争力的碳中和产业集群,率先探索"碳中和"背景下产业深度转型和产业治理的路径,为全国做出标杆示范。

一、"碳中和"将引发产业发展四大变革

(一) 基于能源安全的能源动力变革

"碳中和"引发的最核心的变革,或者说第一大变革,将是能源动力的变革。人类的发展离不开能源的利用,工业化本身伴随着对石油等化石能源的过度依赖。以石油为主的化石能源成为全球经济社会发展的血液,推动了人类文明的快速发展,形成了基于石油的全球地缘政治格局,美国主导的"原油体系"也成功取代了英国主导的"煤炭体系"成为全球 No.1。我国一直是石油

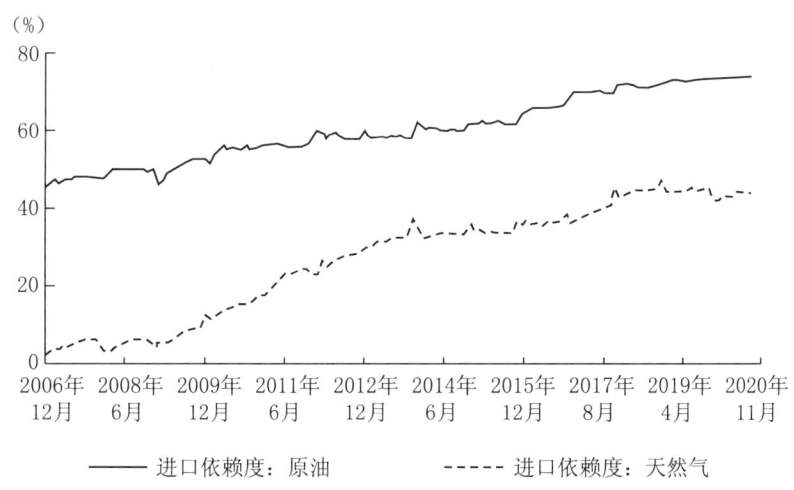

图 2 我国能源进口依赖度

资料来源:光大证券研究所;截至 2020 年底。

进口大国,2020年底原油进口依赖度达73%,天然气进口依赖度也在40%以上,能源安全问题亟待解决。未来国内汽车保有量仍将持续上升,如若继续应用传统的燃油动力,无疑将进一步加剧石油消费。从这个角度来理解,"碳中和"实际上是中国基于能源安全的必然选择,势必将倒逼传统能源变革,在未来"'零碳'能源体系"中构筑起自己的竞争力,太阳能、风能、水能等非化石能源比重将大幅提升,同时,能源变革又将直接引发动力变革,非用电力驱动的各类动力机器都面临淘汰压力,除电池动力外,氢能动力、核聚变动力都将令人期待。

(二)基于全链条全领域的产业结构变革

产业变革是"碳中和"引起的又一大变革,如果说过去的产业更多以追求经济利益和货币价值为主要目的,那么未来"零碳"时代,产业将以满足人与自然可持续发展需要、追求生态价值作为重要条件之一。总体来看,所有产业领域、产业链上的每一个环节都要努力实现碳中和,一、二、三次产业都将不同程度地出现新的深刻变化。从制造业来看,未来制造业内部结构将发生改变,新能源制造业的属性将进一步凸显,相关产业链比重有望上升;清洁设备及环保产业需求空间进一步扩大,新能源汽车替代传统汽车迎来新的窗口机遇。从服务业来看,综合能源服务、碳金融(交易)、碳监测、碳捕集及碳封存工程技术服务等"碳中和"相关的新兴服务业将迎来新机遇,如碳交易领域,2021年我国碳交易市场成交量或将达到2.5亿吨,成交金额将达60亿元,到碳达峰的2030年时,累计交易额或将超过1 000亿元,在可预见的未来,随着全球碳中和目标统一实施,碳配额必然会成为类似美元、黄金一样的交易货币,碳交易也会越来越市场化、规模越来越大。林业等第一产业价值也将大幅提升,森林固碳将成为碳吸收重要途径,林业碳汇或将成为碳排放交易市场的主力军,如蚂蚁森林相当于一家拥有5亿个账户的"碳汇银行",价值巨大。

(三)基于减碳循环的产业载体变革

在"碳中和"背景下,作为产业承载空间的园区、基地未来也将发生新的变化。从大的维度来讲,"碳中和"对产业发展的影响一方面体现在碳中和产业领域,另一方面体现在产业发展载体,园区成为实践"碳中和"的核心场景。结合"碳中和"的趋势要求,未来的园区将呈现几个方面的变化:园区本身的市场准入将结合"碳中和"要求重新谋划;园区本身基础设施、建筑材料、减排系统、循环设施布局都将面临新的标准要求;同时,将出现园区内部就能够实现自我循环、达到"碳中和"要求的新时代园区标杆。

(四) 基于区域协同的产业发展理念变革

"碳中和"将引发区域产业竞争格局重构,全球以石油能源为主的地缘政治格局将发生深刻变化,而国内由于区域资源禀赋、发展水平各有差异,在国家区域协调发展战略背景下,国家不会对区域碳达峰年份"一刀切",长三角等经济发展水平较高地区将率先实现碳达峰、部署碳中和,上海已经承诺确保在2025年前实现碳达峰,区域之间、企业之间的碳交易将成为常态。由此带来区域产业发展尤其是招商引资理念发生改变,除政策支持、土地空间、营商环境等因素外,碳排放量也成为重要因素,碳排放准入标准成为产业发展硬约束门槛。同时,区域之间更为合理的产业布局也将进一步成为减碳的重要路径,未来,围绕"碳中和"的产业链协同、创新链协同和标准制度规则的协同将成为区域协调发展的重要内容。

二、碳中和产业将呈现"三个层次"的具体内涵

碳中和产业是一个集合而非一个具体行业,涉及人类生产生活的所有相关产业。由"碳中和"概念延伸,碳中和产业是以实现产业"零碳"排放为目标,通过碳替代、碳减排、碳封存、碳循环等技术手段,减少碳源、增加碳汇的相关产业。

根据零碳能源供给、传输、存储及零碳消费的关联度,碳中和产业大致可分为三大类:核心产业主要是与碳排放、减碳直接相关,或者说关系最为紧密的领域,主要是能源生产端实现"零碳"排放的清洁能源产业,包括太阳能光伏、风能、氢能等新能源产业;关联产业是与核心产业或者说是能源各环节相关联的产业领域,主要包括新能源汽车、锂电池、特高压等关系"零碳"能源传输、存储、应用等相关领域,也包括高端服务业、新型都市工业等本身碳排放较少的行业领域;衍生产业主要指在"碳中和"背景下,有中生新、无中生有的新兴领域,包括合同能源管理、碳金融(交易)、碳监测、碳补给、碳技术集成服务等碳排放后端服务相关领域。

(一) 核心产业:新能源产业"再归来",多技术融合、多元化集成成为新内涵

目前,我国石油、天然气、煤炭等化石能源仍然占据较大比重,2019年我国

一次能源消费量33.84亿吨油当量,占全球能源消费比例24%,位居全球第一;电力作为现在最大的碳排放部门,约占全部碳排放的37.6%,而全国67.8%的电量由火电提供。因此,电力生产清洁化将成为"碳中和"的重要领域,光伏、风电以及核能将成为电力清洁生产的主要方向,氢能将成为新的动力能源,其全商业化应用将有望加速。

需要特别指出的是,有别于前一轮单一能源产品、能源设备规模扩张的投资热潮,"碳中和"背景下的新能源产业将呈现两大趋势:一是新能源产业将与新材料、新一代信息技术等新技术深度融合发展,能源互联网将引领新能源发展方向;二是新能源产业将更倾向于向综合能源服务端延伸,多种能源融合互补、多元化集成服务将成为新的行业趋势。

(二)关联产业:能源消费零碳化成为"硬约束",碳中和全生命周期服务模式全面到来

2019年,我国单位GDP能耗为2.4吨油当量/万美元,在全球前九大能源消费国中位居第三,能源利用效率相对较低,第二产业占比较大、单位能耗高是主要原因之一,其中黑色金属冶炼及压延加工业碳排放量占全国总碳排放量17.24%,非金属矿产部门碳排放占全国总碳排放量12.03%,因此钢铁、水泥、交运及化工等传统产业节能减排也将成为实现碳中和的重要路径。除水泥等少数领域难以实现完全脱碳外,交通以及工业领域将全面推广电动化、氢能化,如蒂森克虏伯已经使用氢代替煤炼钢,新能源汽车、锂电池、特高压等关联产业有望迎来广阔市场。在建筑行业,装配式建筑、绿色建筑材料应用等将成为建筑行业节能减排的主要方式。同时,碳排放标准将成为产业准入硬约束条件,产业链上下游迎来围绕"碳中和"的常态化全生命周期管理模式。此外,以高端服务业为代表的产业领域本身就具有"零碳""低碳"属性,知识密集型服务业将成为"碳中和"时代经济发展的重点方向,也将成为各地争抢的"香饽饽"。

(三)衍生产业:碳中和新技术新服务成为"新蓝海",未来前景可期

在"碳中和"背景下,新技术新服务将催生众多的新兴产业,形成新的产业格局。碳排放前端的综合能源服务、节能环保服务等领域以及碳排放后端治理的碳监测、碳捕集、碳封存、碳转化、碳金融(碳交易)等产业将成为新的蓝海,能够有效提供系统集成碳中和技术服务的供应商或服务商,将有望崛起、加快发展。德意志银行预测,中国绿色金融市场规模或将在2060年增至100

万亿元人民币。同时,要看到当前已经出现的产业、技术及服务仍然难以推动全球进入碳中和时代,新材料技术、循环经济、碳再利用技术、便携式高密度能量设备等更前沿技术及产品将持续探索并不断实现产业化。

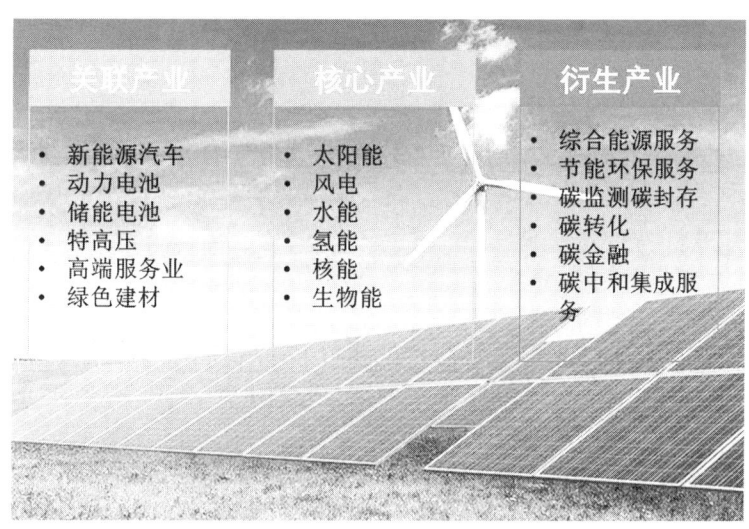

图3 碳中和产业重点领域图谱

三、长三角碳中和产业发展基础如何、优势何在?

从长三角发展基础来看,以上三类碳中和产业的分类都有所布局,都有相应的发展基础,分析长三角在碳中和产业的发展基础和竞争格局,将为下一步长三角碳中和产业发展提供启示和借鉴。

(一) 太阳能光伏:江苏位居全国第一

长三角是中国光伏制造产业链最完整、产量最大、企业和从业人员最集聚的区域,尤其江苏省几乎占据中国光伏制造业半壁江山,素有"世界光伏看中国,中国光伏看江苏"的美称。根据2021年4月工信部发布的符合《光伏制造行业规范条件》企业名单,共186家企业上榜,长三角区域拥有103家,占比高达55.4%,江苏和浙江远超全国其他区域。其中江苏省更是形成从硅料提取、硅锭制备、电池生产到系统应用于一体的完整产业链,集中了全国一半以上的重点光伏制造企业,多晶硅、硅片、电池片、组件等产量占全国比重均超过

40%。2020全球组件出货前十,长三角占据八席,天合光能、协鑫能源等大多数企业已经成为制造、服务于一体的智慧能源集成服务商。

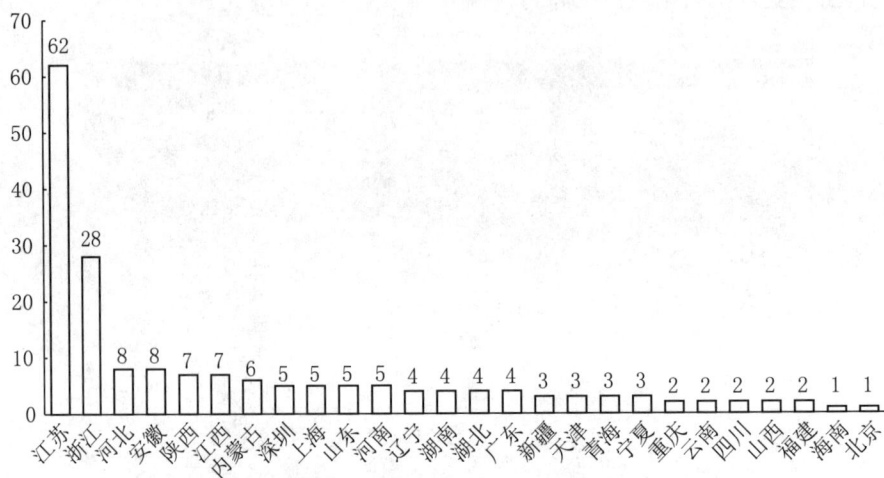

图4 截至2021年4月各省市符合《光伏制造行业规范条件》的公告企业数量

(二) 风电设备:三大龙头位列全球风机制造商前十五

根据GWEC《全球风电市场—供应侧报告》,全球风机制造商前十五强中,有八家中国公司,其中长三角占三家,分别为远景能源、运达风电、上海电气,市场份额合计占全球份额13.1%。长三角集聚了恒润重工、振江股份、日月股份、泰胜风能等一批上市企业,是全国风电制造领域上市企业最为集聚的区域,此外,全球第三大风机制造商新疆金风科技在无锡、盐城亦有布局。同时,长三角作为东部沿海地区,近海风能资源极为丰富,风电装机容量、风电利用小时数等指标在全国处于领先水平,上海电气海上风电市场占有率位居全国第一。可以看出,无论从风机制造领域还是风电利用领域在全国都具有较强竞争力。此外,龙头企业已经积极推动风电与信息技术融合发展,远景能源以风电为基础,积极拓展智慧储能、分布式光伏运营管理业务,打造阿波罗光伏资产管理平台,定义为新能源智能物联科技公司;运达风电也开发了风电大数据平台,提供风力发电机组的整体解决方案供应服务。

(三) 核电装备:上海核电"国之光荣"

以上海为主的长三角区域奠定了我国核电事业的发展基础,作为中国第一座30万千瓦核电站,1991年杭州秦山核电站发电,结束了中国无核电的历史,也使中国成为世界上第七个能够自行设计、自主建造核电站的国家,而秦山核电站是由上海承担主要设计,全部设备70%都是国产,主要设备一半来自上海。"华龙一号"是我国研发设计的具有完全自主知识产权的、世界领先的三代压水堆核电技术,上海电气、上海核工院等长三角机构是重点研发参与单位。"百年老店"上海电气也是国内唯一覆盖所有技术路线,拥有核岛和常规岛主设备、辅助设备、核电大锻件等完整产业链的核电装备制造集团,在核岛主设备的市场份额一直保持领先地位。此外,长三角还集聚了上海自动化仪表、应流股份、江苏神通、久立特材、纽威股份等细分领域龙头企业,中核集团上海总部及众多子公司亦落户上海。而被称为"人造太阳"的可控核聚变相关研发,长三角也走在了前沿,超导核聚变国家大科学装置落户合肥,中国科学院合肥物质科学研究院等离子体物理研究所是国际热核聚变实验堆计划(ITER)中国工作组重要单位之一。

(四)新能源汽车:占据核心引领地位

长三角是我国六大汽车产业集群区之一,聚集了100多个年工业产值超过100亿元的产业园区,有国内最大的汽车制造集团上汽,有国际新能源汽车龙头特斯拉,有本土新能源汽车龙头蔚来汽车,有国内民营造车的领头企业吉利汽车。而依托于传统汽车的完整产业链,新能源汽车成为各地发展热点,据统计,长三角集群的30个城市中,有超过14个城市拥有新能源汽车项目,新能源汽车销量占全国销量的半壁江山。在新能源汽车"三电"系统方面,集聚了国轩高科、中航锂电、上海电驱动、巨一自动化、联合汽车电子、苏州汇川等知名企业。此外,在氢燃料电池汽车方面,上海市应用推广效果最好,氢能源汽车应用示范数量全国第一,江苏和上海氢燃料电池相关企业数量位居全国第一、二位,长三角企业数量合计占全国比重高达46%,上汽、上海神力、重塑能源科技、江苏氢能等知名企业已经纷纷布局。

(五)特高压:核心装备领域具有较强竞争力

特高压被誉为"电力高速公路",也是智能电网的核心基础,在碳中和能源战略转型和产业调整中发挥着至关重要的作用。长三角在特高压核心装备领域具有较强竞争力,其中,国电南瑞在核心设备换流阀市场份额超过50%;思源电气作为民营企业,深耕电容器行业,其产品技术水平具有极强的市场竞争力。

(六) 碳中和技术服务业:萌芽发展正起步

在"碳中和"背景下,碳金融、综合能源服务以及碳捕集、碳封存等碳中和技术服务业尚处于萌芽发展阶段,未来有望成为全新的蓝海市场。长三角现代服务业发达、人才优势明显,为碳中和相关技术服务业发展提供了良好条件。碳金融领域,上海是国内首批七个碳排放权交易试点地区之一,配额质押、碳基金、碳信托,以及借碳业务、碳远期产品等碳金融产品创新为全国提供了经验借鉴,同时上海还承建了全国碳排放交易系统。此外,衢州和湖州作为国家绿色金融改革创新试验区,绿色金融发展水平在全国处于领先地位。综合能源服务领域,协鑫、远景等新能源企业凭借光伏、风电等领域优势已经深耕多年,阿里云、无锡混沌能源、浙江华云信息、朗坤智慧等互联网服务、软件纷纷进入综合能源管理平台市场,安徽苏滁现代产业园综合能源服务试点园区、江苏无锡红豆工业园综合能源服务项目、浙江滨海新区综合能源服务示范园等一批试点园区相继成立。碳监测领域,全国布局企业不多,长三角的铜陵蓝盾光电、杭州聚光科技、上海谱尼测试、苏州天瑞仪器等企业已经提前布局。

四、长三角碳中和产业如何布局、率先发力?

把握"碳中和"要求与机遇,对于长三角未来的产业发展至关重要。然而在大的趋势变革面前,也需要厘清理念与发展思路,顺应"碳中和"规律、产业发展规律、区域内在发展逻辑规律,来思考和谋划区域产业发展。总体来讲,可以从两个大的方面来把握:

(一) 需要把握的"几个关键"

一是提升长三角碳中和核心产业竞争力,打造世界级碳中和产业集群。提升光伏、风能、核能等碳中和核心领域技术实力,支持企业加大研发投入力度,鼓励企业积极拥抱能源互联网,延伸拓展业务范围,推动制造与服务融合发展,打造一批具有世界竞争力的新能源集成服务供应商。

二是把握发展机遇,前瞻布局新增长点。针对氢能等产业化尚未爆发的领域,加大力度进行重点扶持。推动传统汽车企业向新能源汽车转型,针对智能驾驶等关联领域,加强应用示范推广,以应用带动技术发展,进一步提升产业竞争力。发挥现代服务业优势,着力培育具有国际竞争优势的碳捕集和碳封存等低碳技术衍生产业,大力发展碳金融产业,培育发展新的产业增长点,提前占据行业制高点。针对可控核聚变等高能量密集度的能源产业,保障研发资金投入力度,保持全球技术领先地位,争取早日产业化应用。

三是强化协同联动,共建碳中和生态圈。"碳中和"不是一城一地的封闭循环,长三角在推动碳中和的进程中,应当要坚持共建共享共治的理念,围绕科技、产业、标准等领域加强协同,营造开放创新的碳中和生态圈。在科技协同方面,可以依托高校、科研院所和龙头企业,在碳中和相关的基础研究和核心技术等方面进行联合攻关;在产业协同方面,可以联合编制长三角碳中和产业规划、产业地图等,引导产业链上下游合理布局,打通研发—转化—制造—应用等环节;在标准协同方面,可以积极推动建立三省一市碳中和领域产业联盟和行业协会等,联手制定相关行业标准和规范,为碳中和产业发展保驾护航。

四是争取试点示范,当好全国推广试验田。一方面,依托长三角在碳中和方面的科技创新和产业资源优势,积极推动相关技术创新成果在长三角率先试点应用,形成一批碳中和的先导区域、示范园区和标杆企业;另一方面,针对我国碳中和领域立法、规划、标准、统计等方面的空白点,积极争取国家支持在长三角开展先行先试探索,同时对标国际先进水平,鼓励相关研究机构和企业参与低碳领域的标准化组织,进一步增强我国在碳中和国际规则制定中的话语权。

(二)需要避免的"几个现象"

一是避免"一哄而上抢风口"。前有光伏寒冬,后有新能源汽车、集成电路等"烂尾"项目令人印象深刻。"碳中和"背景下,光伏、风机、新能源汽车、锂电池等新能源领域再次站在了投资的"风口浪尖"。长三角打造碳中和产业集群尤其要警惕"千军万马一哄而上",政府要管住"有形的手",实施差异化发展,避免过热投资和产业布局,需要结合自身优势选择适宜的领域。

二是避免"一刀切"采取强约束紧措施。各地在落实碳中和发展要求的过程中,要避免不分行业、不分园区载体类型、不分企业规模,简单地用单一的减排标准、指标或上设备对中小企业施加压力,要设定减排窗口期,加强减排政策资金扶持,大力推进碳中和共性技术的普及和应用,协助中小企业逐步实现零碳排放。政府联合推进碳捕集、碳封存领域共性技术研发,降低技术研发及应用成本。

三是避免单一片面思维、割裂封闭发展。在碳中和产业发展过程中,要极力改变传统能源体系,煤、电、油、气、核等各类能源相互割裂、各自发展的格局,推动"单一能源"走向多种能源的集成和融合。同时,要打破行业之间、部门之间、企业之间、区域之间的壁垒,实现协同融合发展。

作者:李光辉

参考文献:

①《行业深度!一文带你详细了解 2021 年中国碳中和产业市场现状、竞争格局及发展趋势》,前瞻产业研究院官网,2021 年 11 月 29 日,https://bg.qianzhan.com/trends/detail/506/211129-2204040f.html。

②殷中枢、黄帅斌等:《碳中和深度研究报告:大重构与六大碳减排路线》,光大证券百家号,2021 年 3 月 1 日,https://baijiahao.baidu.com/s?id = 16930190687940382228·wfr = spider&for = pc。

长三角碳中和社区建设的愿景和路径

国家主席习近平在2021年4月22日晚以视频方式出席领导人气候峰会,从中华文明中崇尚天人合一的精神高度,表达了中国"坚持走生态优先、绿色低碳的发展道路"的战略雄心。中国人讲究欲达"天人合一"之境界,必走"修齐治平"之道路。这"齐"为"齐家"。在古代,"家"往小了说指"家庭",往大了说即为"家族";在现代,社区正是超越血缘关系的特殊"家族"。追求打造碳中和社区,正是将中华文化"天人"观念与"齐家"理念融汇实践的生动体现。

一、碳中和社区的内涵意义

(一) 碳中和社区的基本内涵

社区碳排放是指社区因生活消耗能源所导致的碳排放,包括化石燃料燃烧、居民交通出行及外购电力和热力生产导致的碳排放。碳中和社区是在低碳社区的基础上再次进化,最理想的状态是在本社区内实现碳源(碳排放)和碳汇(碳吸收)平衡相抵;次理想状态是本社区内碳源和碳汇无法相抵,通过生态补偿或借助碳排放交易市场等方式,购买其他地区的碳汇达到平衡。碳中和社区的建设不在于选取实现碳中和的哪种方式,而在于达成碳中和目标的真实效果。

(二) 建设碳中和社区的重大意义

1. 碳中和社区是提升民众环保意识的生动课堂

城乡社区是人们日常生活的重要空间载体,一日三餐、四季劳作,无不是社区生活的注脚。打造碳中和社区正是在建筑降耗、家电节能、废品回收等日常生活中,培养社区民众"减碳降碳"的生活习惯和生活观念。只有将碳中和的理念融入社区成员的自觉行动中,才能促成社区共识行动,才能保证碳中和社区建设久久为功、行稳致远。

2. 碳中和社区是履行全面碳中和承诺的重要战场

据测算，我国人均社区碳排放量约为人均碳排总量的34%。社区内居民建筑、居民交通和公共设施的能耗占据社区碳排放量的份额最大，而通过推广节能电器、绿色出行、智慧能源等，可使得碳排放大幅降低。如全面每年实现节能家电替代2 500万台，每年可节电30多亿千瓦时，折合标准煤超过100万吨，相当于减排二氧化碳275万吨。

3. 碳中和社区是社区低碳发展的必经阶段

城市碳排放通常需经历增长、达峰、中和等阶段，社区也适用这一规律。目前社区碳排放量普遍仍处于增长阶段，碳中和社区建设主要受制于社区居民支付能力、低碳生活意识以及碳吸收技术效率等瓶颈，大规模推广的时机还未成熟。不过，"山再高也高不过人，路再长也长不过脚"，随着人类财富水平和技术水平的不断进步，碳中和社区建设将"水到渠成、瓜熟蒂落"。我国又擅长规划先行、排头先试，从中央到地方，已经选取了一部分社区作为低碳社区建设试点，为碳中和社区建设积累了宝贵经验。

二、碳中和社区的核心问题

认清碳中和这个新鲜事物，需要抓住主要矛盾，弄清以下四个关键问题。

(一) 社区碳排放大户有几个——识别社区中碳排放主体和活动

社区碳中和排放按照不同维度可分为排放活动和排放主体。按照社区碳排放活动种类可分为直接碳排放和间接碳排放两种活动。直接碳排放活动包括，固定源燃烧：发生在社区地理边界内的燃料燃烧，如居民家用燃气灶使用液化石油气或天然气燃烧活动；移动源燃烧：社区运营控制的车辆等交通运输工具进行交通活动消耗燃料的燃烧，如社区内垃圾管理车辆燃烧汽油、柴油等。社区的间接碳排放活动包括外购电力、热力的消耗，如居民生活、公共地区和商业设施等用电消耗。直接碳排放中的固定源燃烧、间接碳排放中的外购电力都是碳排放的大户。按照社区碳排放主体种类可分为：居民建筑（包括暖通空调系统、生活用水系统、照明系统、通信系统以及电梯等）、公共设施（物业设施、消防设施、安保设施、电力设施等）、交通设备（社区接驳车、物流运输车、垃圾运输车等）以及其他主体，如废弃物排放等。其中居民建筑是碳排放大户。

(二) 社区碳中和方法有几种——碳中和社区建设的技术手段和市场手段

实现碳中和目标主要从降低碳排放和提高碳吸收两方面着手，降低碳排放主要是通过清洁能源利用以及提高各类耗能设施设备节能水平等手段，本文不再赘述。本文重点讲述碳吸收的主要手段。目前可分为三类手段，分别为生态手段、市场手段和技术手段。生态手段指在社区内通过植树造林、土壤固碳等方式，吸收二氧化碳。这在社区空间有限的情况下，所起的作用微乎其微。市场手段指将社区内超排的二氧化碳，通过碳排放交易市场，购买其他地区的碳排放指标，实现跨区域的碳中和。技术手段主要是通过现代科技手段实现二氧化碳捕集、封存与利用，如CCUS。该技术目前多用于工业领域，如上海华能石洞口二厂600 MW机组十万吨碳捕集项目。高昂的运维成本和对场地的特殊要求，使得CCUS难以被用于实现社区碳中和目标。

(三) 社区碳中和账单如何——碳中和社区建设的经济成本

建设碳中和的首要问题是弄清社区一年中大约能产生多少碳排放，通过前文三种手段将付出多大的经济成本。根据学界的相关研究，我国社区人均年碳排放量约为3吨[1]，以一个社区2万人计算，年社区碳排放量约6万吨。上海若以1 200个社区（按每个社区2万常住人口估算）碳排放量约为7 200万吨。若采用生物手段实现碳中和，以1平方公里阔叶林每年可以吸收3.6万吨的二氧化碳计算，实现一个社区碳中和需要森林面积1.7平方公里，全市社区需要森林约2 000平方公里（约为上海陆地面积的1/3）。每平方公里森林每年的土地租赁和林木维护成本约550万，每年森林维护成本约110亿。以市场手段实现碳中和，以目前欧盟碳交易价格每吨50欧元计算，约需255亿元。以技术手段实现碳中和，CCUS运行成本每吨320元计算，需花费230亿元。

(四) 社区碳中和参与有几方——碳中和社区建设的多方参与

碳中和社区具有公共物品属性，其建设成本和建设收益并不能在同一主体中实现平衡。因此，碳中和社区的创建一定是在经济成本可承受的范围内，社区成员就碳中和目标达成共识，并在有效的内外部监督的前提下，采取的一

---

[1] 根据学界朱雪梅等（2014）、陈莎等（2013）、詹梨苹等（2020）、王蔚（2016）等相关研究估算。

致行动。因此成功实现碳中和社区的创建,多方治理必不可少。首先是社区成员。在碳中和社区创建的初期,不是直接参与社区内碳中和设施建设以及为此筹资,而是优先参与社区碳中和的认知教育,增强心理认同感,并将碳中和理念转化为日常行动。其次是政府。政府在碳中和社区建设中扮演规划顾问、项目指导的角色,指导居民自治组织和物业组织做好碳减排任务,并在财力可承受范围内,以贴息贷款或者补贴的方式,帮助社区完成部分设施改造。最后是社会组织和企业。他们以自己的专业知识和广泛的信息网络,为实现社区碳中目标提供最佳服务和产品,如对接碳交易市场和寻找合适的碳汇合作基地等。

三、长三角建设碳中和社区的三大优势

(一) 低碳社区起步早,积累丰富经验

自 2014 年 3 月,国家发展改革委决定组织开展低碳社区试点工作,长三角三省一市纷纷响应,积极在本辖区内开展低碳社区的创建。上海于 2014 年 7 月启动上海市低碳社区创建工作。由市发展改革委牵头开展综合评审,将凌云街道梅陇三村等 11 个社区列为首批低碳社区试点的创建单位,并于 2017 年 5 月又批准 10 个社区为第二批低碳社区试点。江苏充分发挥各地市主动性,于 2015 年启动低碳社区试点工作。如无锡市从 2015 年开始,新吴区新安街道新安花苑第三社区等 6 家单位被明确为低碳社区试点单位,市级层面通过政策引导、评估督促等方式指导试点创建工作。同年,浙江选定涵盖所有地级以上城市的共 15 家社区进行首批省级低碳社区试点;近年来又将低碳社区的相关要求融入未来社区的创建中。安徽则是分步骤分区域阶段性开展试点工作。先由省会合肥市于 2014 年 8 月率先开始试点;在总结经验的基础上,于 2018 年确定 18 个社区为省级低碳社区试点,在全省层面开展试点工作。

长三角三省一市低碳社区建设,增强了人民群众对低碳事业的认识,培养了低碳生活理念和生活方式;各地政府在推进低碳社区建设中,逐步完善了社区创建方案和评估体系。以上都为碳中和社区的建设积累了宝贵的经验。

(二) 社区治理水平优,便于开展工作

长三角地区整体上是我国社区治理水平相对较高的地区。以上海为例,

自2005年开始探索与"两级政府、三级管理"相适应的社区治理体制,逐步建立了城市网格化管理制度,并不断夯实街道在基层治理中的核心地位,创造性地增强社区党委的领导职能,将培养市民自治共治能力列为社区治理的重要目标。针对郊区快速城市化地区、大型居住社区、撤制镇社会治理的难题,施行基本管理单元制度,推进社区治理和公共服务力量下沉,优化社区治理尺度。近年来,上海又紧抓城市数字化转型的重大契机,完成"一网统管""三级平台、五级应用"的治理架构,基本形成全市数据治理一体化格局。上海社区治理能力的不断成长,为社区民众就碳中和社区建设实现有效决策、一致行动提供有效支撑。江苏、浙江、安徽三省,尤其是较为发达的城市,社会治理水平也相对较高,对碳中和社区的建设大有裨益。

(三) 经济发展质量好,政府财力雄厚

俗话说"兵马未动粮草先行",根据前文相关的成本估算,碳中和社区建设难免政府资金支持,这对城市财力提出一定要求。长三角地区城市经济发达、财力相对雄厚,对碳中和社区建设的资金投入承受能力较强。并且,经济发展阶段相对较高的城市,对社会治理尤其是社区治理更为重视,也愿意向社区治理倾斜更多财政资源,2019年上海、南京、苏州、无锡、杭州、合肥城乡社区支出分别约1 635亿元、261亿元、415亿元、283亿元、331亿元、252亿元,能够持续支持城市开展若干碳中和社区试点的创建工作。

四、长三角碳中和社区建设路径

一是加快推进低碳社区建设工作。社区碳中和的技术路径仍不成熟、经济成本较为高昂,短期内从碳吸收端实现碳中和的目标并不符合实际,可行之策是加快建设低碳社区。长三角三省一市应在充分总结前期低碳社区建设经验的基础上,系统出台低碳社区建设指南和评估办法,科学核算低碳建设运维成本,力争在"十四五"期间,低碳社区建设能够大踏步向前推进。政府应鼓励社区在引入商场、超市、餐饮等服务企业时,落实低碳商业作为准入要求。鼓励社区加快制定具体的既有建筑节能低碳改造实施方案;引导业主科学选购低碳装修装饰材料和节能家电等。

二是探索社区碳汇和碳交易机制。各省市要结合本地居民生活习惯、气候条件、居住环境等特征,探索制定科学的社区碳排放核算方法,建立社区碳排放数据库。探索将"对口支援"与异地购买碳汇结合,鼓励有条件的社区开展异地购买碳汇先试。积极论证在碳交易市场开设社区碳交易专门板块,鼓励农村与城镇社区在交易平台上开展碳交易活动。鼓励专业机构以合同能源管理模式投资社区节能改造。

三是鼓励新兴减排技术社区应用。鼓励在社区改造中选用冷热电三联供、地源热泵、太阳能光伏并网发电等技术,鼓励安装太阳能发电、热水装置。推广新型高效燃煤炉具、推广太阳能照明、LED灯等节能设备。鼓励数字孪生技术在社区建设和社区改造中的应用,通过将智能传感装置与大数据算法结合,优化社区内公共设施的运行效率,降低设备能耗。鼓励生物碳汇技术研发,探索高效率、小型化、无污染的生物碳汇技术开发。

四是加强碳中和社区宣传推介。以城市为单位,开展碳中和社区愿景规划,积极应用新媒体等宣传手段,加强对市民宣传力度。鼓励碳中和知识进学校,"从娃娃抓起"培养市民低碳素养。依托社区两委积极在社区内部开展旧物交易、共享出行、家电节电等低碳生活方式的推广活动,指引入驻单位和社区居民科学利用社区内的公共设施,培养碳中和消费行为和生活方式。

作者:任柯柯

参考文献:

① 陈莎、李燚佩、程利平、杨孝光:《基于LCA的北京市社区碳排放研究》,《中国人口·资源与环境》2013年第2期。

② 邓旭、谢俊、滕飞:《何谓"碳中和"?》,《气候变化研究进展》2021年第1期。

③ 费伟良、李奕杰、杨铭、唐艳冬、张晓岚:《碳达峰和碳中和目标下工业园区减污降碳路径探析》,《环境保护》2021年第8期。

④ 胡鞍钢:《中国实现2030年前碳达峰目标及主要途径》,《北京工业大学学报(社会科学版)》2021年第3期。

⑤ 齐绍洲、柳典、李锴、刘树、邓哲:《公众愿意为碳排放付费吗?——基于"碳中和"支付意愿影响因素的研究》,《中国人口·资源与环境》2019年第10期。

⑥ 王灿、张雅欣:《碳中和愿景的实现路径与政策体系》,《中国环境管理》2020年第6期。

⑦ 王蔚:《上海市城市外围大型居住社区居民碳排放分析》,《交通与运输(学术版)》2016年第2期。

⑧ 詹梨苹、赵锐、刘思瑶、黄娅、田晓刚:《基于清单核算法的社区碳排放时空分布特

征》,《四川环境》2020 年第 3 期。

⑨ 张丽、刘建雄、蒋妮姗:《社区碳汇林建设是区域碳中和的有效途径》,《环境教育》2021 年第 5 期。

⑩ 张雅欣、罗荟霖、王灿:《碳中和行动的国际趋势分析》,《气候变化研究进展》2021 年第 1 期。

⑪ 朱守先:《我国零碳发展试验区建设路径分析》,《城市》2015 年第 12 期。

⑫ 朱雪梅、江海燕、肖荣波、吴婕:《广州居住区碳排放特征及对低碳社区的启示》,《中国人口·资源与环境》2014 年第 1 期。

第七部分

发力新城建设综合性节点城市

上海五大新城的人口集聚为什么难,该怎么办?

城市的本质不是"高楼大厦美如画",也不是"奔驰宝马特斯拉",城市的本质是人的集聚、人的生活、人的发展。城市是一个系统工程,产业集聚、城市设计、交通体系、公共服务、生态环境都是必不可少的,但它们都有一个共同点,就是为人服务,而且应该是为城市中的人民大众服务的。没有人,就没有城市;有了人,一切都顺理成章。

上海新一轮新城建设已经全面启动,实施意见、支持政策、专项方案、规划建设则均已发布,总体要求是坚持高点定位,按照产城融合、功能完备、职住平衡、生态宜居、交通便利、治理高效的要求,将新城建设成为"最现代""最生态""最便利""最具活力""最具特色"的独立综合性节点城市。蓝图令人振奋,理念值得期待,接下来就是如何实施推进。

一、 人口集聚是上海新城建设的大难题

上海新城建设已经持续了几十年,从最初的"一城九镇",演变为"九个新城",再到"七个新城",再到今天的"五大新城"。其间,最初的"九个新城"命运各自不同:

松江新城和嘉定新城乘势崛起,承载了上海现代化国际大都市的部分核心功能,已经发展成为长三角综合性节点城市;

闵行新城和宝山新城离上海中心城区最近,先是成为中心城拓展区,现在已经全面融入上海主城区,不再是新城;

金山新城和城桥新城体量和能级不足,上海决定不再按照新城定位来建设;

南汇新城建设集上海全市之力20余年持续投入,但始终与新城规划的目标定位相差较远;

青浦新城和南桥新城发展曾经不温不火,但随着进博会、长三角一体化示

范区两大国家战略落地和"东方美谷"横空出世,青浦新城和南桥新城今时不同往日。

经过几十年的探索,特别是中央提出新发展理念和系统观念,上海新城建设的规划设计和发展理念已经达到新的高度,加上上海自身核心功能和综合实力持续提升、长三角一体化发展深入推进、数字化推动经济社会全面升级,上海全面启动新一轮五大新城建设也是水到渠成。但从上海新城建设的阶段目标和实际情况来看,最难的问题就是人口集聚。

为加快新城建设发展,十年前上海也推动过一轮新城建设,2011年5月,上海市人民政府印发《关于本市加快新城发展的若干意见》的通知(沪府发〔2011〕19号),其中,明确提出了新城发展的人口目标:到2020年,嘉定新城、松江新城初步确立长三角地区综合性节点城市地位,集聚100万左右人口;浦东临港新城、青浦新城、奉贤南桥新城具备较高能级的城市综合集聚辐射功能,集聚60万—80万人口;金山新城、崇明城桥新城对周边地区发展的服务带动作用明显增强,集聚20万—40万人口。按照这个目标计算,松江、嘉定、南汇、青浦、南桥等五大新城2020年的人口总数应该在380万—440万。

目前找不到五大新城公开的常住人口数据,根据上海城市总规和各区总规等多方数据对比及预测,2020年上海五大新城常住人口总数在240万左右,最多的是松江新城,应该已经达到80万人,其次是嘉定新城,超过50万人,其他三个新城在30万—40万人之间。

2021年3月,上海市政府印发《关于本市"十四五"加快推进新城规划建设工作的实施意见》的通知(沪府规〔2021〕2号),提出新城人口目标:到2035年,5个新城各集聚100万左右常住人口,基本建成长三角地区具有辐射带动作用的综合性节点城市;到2025年,5个新城常住人口总规模达到360万左右。

比较两个新城意见的人口目标可以发现,原本提出的2020年要实现的新城人口数量目标,已经顺延到了2025年之后,甚至可能要2035年左右才有可能实现。

二、上海五大新城人口集聚难在哪里?

新城人口集聚的目标完不成原因很多、很复杂,其中一个重要原因是上海从"十三五"开始启动了人口总量调控,每个区都调低了人口总数目标,目前仍未明确放松调控。但从2018年开始,新城集聚人口难已经更多是因为外部大环境。

第一,我国每年新增人口数逐年下降。2000年是我国人口数量的一个分水岭,这一年我国人口总数比1999年净增957万人,年净增人口开始低于1 000万。此后,每年净增人口数量一路走低。其间,随着放开二孩政策,年净增人口出现小幅反弹,但随后就以更快速度下降。2019年又是一个分水岭,这一年我国出生人口1 465万人,死亡人口998万人,净增人口467万人,首次低于500万人。目前,我国共设293个地级市,平均下来,每个地级市年净增人口不足2万人。在全国新增人口持续减少的大背景下,一个郊区新城想在未来5—10年内新增十万乃至几十万人口,谈何容易!

第二,我国城镇化速度开始下降。2011年我国常住人口城镇化率首超50%,2018年末达到59.58%,2011年到2018年年均提高1.19个百分点。2019年,中国常住人口的城镇化率达到60.6%。按照最新公布的国家"十四五"规划纲要的目标,2025年城镇化率达到65%,按照2020年我国城镇化率61.5%左右计算,也就是说,未来五年我国城镇化率平均每年提高约为0.7个百分点,五年累计新增城镇人口约4 900万人,每年不足1 000万人进城,每个城市平均每年新增城镇人口约3万人。城镇化率从每年提高1.19个百分点下降到0.7个百分点,说明我国常住人口从农村大量流入城市的阶段已经过去。

第三,全国各城市"抢人大战"正酣。我国区域空间人口分布正在发生快速变化,中部城市群核心城市和东部一批二三线城市在快速崛起,对人口产生了强大需求和吸引力,东北和中西部普通城市人口则呈现明显的流出状态。2017年年中,武汉点燃导火索,全国骤然掀起一场"抢人大战",武汉、南京、成都、天津、海南、长沙等20多个省区与城市先后出台力度非常之大的政策吸引人才。2019年全国有超过170个城市发布了不同力度的人才政策。2020年全国各地人才政策空前井喷,据网上不完全统计,截至2020年12月17日,共有65省、市出台104个落户及人才相关政策。不仅是人才,对于农民工等劳动力资源的争夺,各城市也是不遗余力。2020年年初,新冠疫情下复工"抢人、抢工"大战打响,各地为了解决农民工复工问题更是"硬核抢人",纷纷派出专车专列专机,"点对点"直接迎接农民工兄弟进城复工。

第四,长三角各城市都在大力集聚人口。随着长三角一体化发展上升为国家战略,嘉兴作为浙江接轨上海的桥头堡,城市发展陡然提升,2018年嘉兴常住人口472.6万人,同比增加7.0万人,2019年新增7.4万,创9年来新高,"十四五"时期嘉兴GDP力图翻番达到1万亿元,至少需要新增人口100万以上。苏州在落户政策上力度空前,2020年苏州市户籍人口为744.3万人,比

2019年增长了21.7万人。最夸张的是杭州,2015年首次突破900万之后,杭州新增人口数量开始逐年明显攀升,2016年、2017年、2018年分别新增17万、28万和33.8万人,2019年杭州市常住人口首次突破1 000万,达1 036万人,比2018年增加了55.4万人,2020年新增人口预计超过60万,居全国之首!

第五,上海严格控制新增人口数量。2011年公布的人口第六次普查数据,让上海的决策者大吃一惊。2010年年底上海市常住人口为2 301.9万人,同第五次全国人口普查2000年底的1 673.8万人相比,十年共增加628.1万人。而上海自己统计的常住人口数据在1 900万左右,人口普查一下子足足多出400万。让上海决策者担心的问题在于,上海基础设施和公共服务一直按照常住人口再加上200万左右流动人口的标准来设计建造,这就意味着上海城市基础设施和公共服务一直处于超负荷状态,城市保持有序运行甚至保障城市安全都成为大问题。

在这样的背景下,上海先是延迟出台了原本打算2011年放开的父母一方为独生子女的二孩政策。2015年,按照国家"严格控制特大城市人口规模"的要求,上海十届市委十次全会决定,"十三五"期间,上海将守住常住人口规模底线,把2 500万人作为长期调控目标。由此,上海开始对全市人口总量进行调控。根据上海市统计年鉴,2015年之后,上海常住人口总数一直徘徊于2 500万上下,有升有降,2019年为2 428.1万人,才算重新超过2014年,在五年间上海常住人口数量几乎原地没动。

虽然无法找到上海五大新城常住人口历年的公开数据,但可以判断,在全市常住人口总量徘徊的背景下,五个新城人口集聚目标没有达到预期也是在情理之中。

上海新城人口集聚还有一个路径,就是吸引周边镇村人口大量向新城集聚。但这个要因城而异,比如,青浦新城目前大约集聚了全区50%的常住人口,似乎还有较大人口转移空间,但青西三镇人口较少,青东五镇属于大虹桥板块,人口集聚能力高过青浦新城,未来恐怕还将从青浦新城吸引人口过去。

总体来看,上海五大新城的新增人口必然主要依靠非户籍的常住人口导入,无法指望户籍人口自然增长,无法指望从中心城区向新城疏解,也很难指望周边镇村人口的大量导入。而且新城中上海户籍人口还可能面临中心城区和大虹桥等新崛起板块的人口虹吸,五大新城集聚人口真是难上加难!

三、上海五大新城人口集聚怎么办？

目前已经发布的意见和政策中，对新城集聚人口已经提出了一些支持政策，比如提高公共服务水平、完善住房供应体系、缩短新城"居转户"年限、毕业生直接落户加分和居住证专项加分等。这些政策对上海来说是下了决心、有不小突破的，但从前面的分析来看，上海五大新城集聚外来人口的主要竞争对手是杭州、苏州、无锡、嘉兴等上海周边城市，以及武汉、成都、海南等新崛起的城市和区域。这就意味着上海五大新城集聚人口的政策仅对标上海中心城区有优势是不够的，更重要的是要对标长三角周边城市和其他新崛起的城市区域有优势才行。

为此，笔者提出以下几个对策建议：

(一) 五大新城一定要打好"上海牌"

水往低处流、人往高处走。上海五大新城要集聚人口，一定要打"上海牌"。不管新城的定位是独立城市也好、节点城市也罢，总之是上海的新城，是上海国际大都市的有机组成部分。只有这样，才能在与周边城市的人才和人口竞争中获得城市品牌优势。否则仅凭南汇、青浦、南桥等新城自己的城市品牌，在与苏州、无锡、嘉兴等周边城市的人才竞争中很难胜出。

要打"上海牌"，五个新城就一定要承担上海国际大都市的一个或若干个核心功能，而不能只是中心城疏解出去的非核心功能。只有上海的核心功能，才对人才有吸引力。松江新城和嘉定新城能够成为长三角综合节点城市，一个关键的原因就是承载了大学城、汽车城等上海城市核心功能。南汇新城交通劣势明显，一定要与临港新片区的金融、贸易、高端装备和科技创新等功能紧密结合，聚合成一个品牌。青浦新城和南桥新城还需要找到新的城市核心功能，毕竟虹桥、长三角一体化示范区分别在青东和青西，"东方美谷"也只是一个产业品牌。

(二) 五大新城要分别打造若干知名的产业集群

人才在乎的是机遇，渴望的是事业，需要的是工作。公共服务和生态环境固然对人才有一定吸引力，但若没有工作作为前置条件，再好的公共服务和生态环境也无法吸引人来，因为他们享受不到。任何没有产业作为支撑的"抢人大战"都是"耍流氓",目的无非是房地产和土地出让金,可能有很多房子卖出去,但人依然留不住,最后就变成睡城、空城甚至鬼城。

因此,从长远和根本看,上海新城集聚人口的胜手不在门槛多低、补贴多高、政策多好,而在于清晰的产业发展思路、主导产业定位和扎实的产业基础。五大新城中,嘉定、松江、南汇的产业发展已经形成体系和集群;南桥有一个"东方美谷",但仍孤掌难鸣;青浦新城的产业是一个难题,已经明确的一些产业,如会展、物流、商贸和数字产业等大部分位于青东地区,可能会对新城有辐射,但青浦新城需要确立自己的主导产业。

(三)五大新城应进一步放宽落户条件

上海新城的人口政策是按照人才政策思路来搞的,好处是尽量吸引高层次人才,问题是光靠人才是绝不可能完成人口集聚目标,城市的体量和能级提不上去,最终人才还是留不下。人才和普通劳动力的比例是有一般规律的,一般是1个人才需要6—8名普通劳动者为人才提供配合和服务,光吸引人才的城市是无法运行的。更何况,上海新城竞争对手的人才政策已经几乎没有门槛。2020年12月22日,苏州公布《关于进一步推动非户籍人口在城市落户的实施意见》,提出在苏州租房即可落户!比苏州"租房落户"更狠的是"零门槛落户",全面取消参保、购房、居住年限、学历等条件限制,实行以申请为主、不附加其他条件、同户人员可以随迁的准入政策。据贝壳研究院的不完全统计,截至2020年12月中旬,实行"零门槛"落户的省会城市有:石家庄、南昌、济南、昆明、福州。

而上海五大新城的落户政策仅仅是相比中心城区有所放松和降低而已,可以想象,这对集聚和留下人才能够起到的作用极其有限,等于是把青年人才往其他城市拱手相送。上海五大新城在落户政策上应该再大胆一些,假如出现人口集聚过快现象,那也是好事,或者最多到时候再收紧,现在这种逐步降低落户门槛的做法可能会让五大新城失去人口集聚的先手棋。建议五大新城人口政策先比对苏州的"租房落户",并争取尽早采取"零门槛落户"。

(四)五大新城一定要千方百计压住房价

上海这一轮新城的支持政策中高度重视住房问题。从已出台的政策中不难看出,上海新城住房政策的重心放在租赁住房,这个可以理解,因为商品房的高房价主要是市场行为,而且土地出让收入又是新城建设的主要资金来源。

但是，高房价是人才和人口集聚最大的障碍。上海中心城区的房价大家心知肚明，用租赁住房解决青年人住房问题是无奈之下的唯一选择。而郊区新城的房价应该是一个优势，如果新城主要采用租赁住房来解决青年人的住房问题，对于人才和人口集聚来说无疑极度缺少吸引力。

现阶段，上海五个新城的房价每平方米基本在 3 万元以上，接近苏州工业园区 4 万元的价格，而这是苏州最好的区域，姑苏区、相城区高铁新城的房价大概在每平米 2.5 万元；嘉兴市南湖区的房价大概在 1.5 万元，南通市中心城区的房价大概在每平米 1.2 万元。对想成为上海人的青年人才来说，五大新城最大的吸引力就是房价，现在最怕的就是借着新城建设导致五大新城房价再来一轮上涨。建议五大新城建设一定要把房价死死压制，保留青年人在上海能够置业的希望，因此产生的土地出让减少，可以由市财政通过其他渠道弥补。

作者：杨宏伟

参考文献：

① 《2019 年，各地"抢人大战"又打响了》，《人民日报》2019 年 2 月 22 日。

② 《2020 年，复工"抢人大战"已打响，专车专列专机接人，农民高兴！》，刘阿姨财经说百家号，2020 年 2 月 23 日，https://baijiahao.baidu.com/s?id=1659276775493225984&wfr=spider&for=pc。

③ 《国家统计局发布报告显示——70 年来我国城镇化率大幅提升》，《经济日报》2019 年 8 月 16 日。

④ 《看人口增长趋势！1998 年到 2018 年中国历年人口总数、净增人口对比》，南生今世说百家号，2019 年 2 月 8 日，https://baijiahao.baidu.com/s?id=1624908992053293334&wfr=spider&for=pc。

⑤ 鹏骏：《全国 20 多城市掀"抢人大战"，背后问题令人震惊！》，正和岛公众号，2018 年 5 月 19 日，https://mp.weixin.qq.com/s/CC4zTmOcjnjpb1hTfkW_JA。

新城产业发展:痛点在哪儿？如何发力？

产业发展是新城建设的核心，承担着打造全市经济发展重要增长极的重任。产业发展也是新城建设成败的关键，没有产业支撑，新城就失去了竞争力和生命力，人口集聚、功能实现都会落空，"独立的综合性节点城市"的新定位也将无从谈起。然而，产业发展也是新城建设的难点，一是难在方向选择，新城到底应该发展什么产业、发展哪些产业，才能够匹配"综合性节点城市的新定位"？二是难在怎么发展，新城多年的建设在产业集聚和转型方面成效一直不明显，新一轮的新城建设要如何突破这一短板，五大新城靠什么来吸引优质企业和项目集聚，在周边昆山、太仓、吴江、平湖、嘉善等"强手如林"的竞争对手中杀出一条血路，依然是困扰新城建设的核心痛点。本文围绕新城产业发展需要进一步深入思考的若干问题展开分析，希望为新城产业发展提供一些启示。

一、按照新的定位，新城产业发展应该着力突出哪些特征？

上海郊区新城建设经历了从"卫星城"—"一城九镇"—"1966城镇体系"—"郊区新城"—"综合性节点城市"的跃升。每个阶段，郊区承载的使命不同，产业发展的重心、发展的力度和效果也有很大不同，但总体来看，"产业不够强"始终是上海郊区发展的一大痛点，与江浙周边强市县相比还有一定差距。

(一) 产业基础薄弱、转型升级缓慢一直是困扰新城建设的难题

从当前上海郊区产业发展的现状来看，主要存在以下几个方面的问题：一是新城产业定位不够清晰，普遍存在发展领域较多、特色不够鲜明的问题，除嘉定汽车城、奉贤"东方美谷"特色比较鲜明外，其他几个新城产业发展领域大同小异；二是产业发展能级总体依然偏低，产业链和价值链提升不明显，产业

升级相对缓慢,这也是抑制郊区人口集聚,尤其是高端人才集聚的主要因素,而高端人才集聚不足又进一步形成对新城产业升级的制约;三是郊区新城产业发展总体缺乏优质的大项目和龙头企业集聚;四是郊区新城新兴产业呈现零星项目布局阶段,距离集群发展尚有一定差距;五是郊区著名的园区基地品牌比较缺乏,与周边江浙毗邻区域的园区基地相比差距明显,新城内的产业园区过于分散,涉及多个主体,相互割裂,缺乏统筹和联动;六是新城城市功能性设施建设与产业发展需求匹配度不高,吸引集聚产业人才的环境依然有待完善。

(二)按照新的定位要求,新城产业需要着力突出"四个力"

新一轮新城建设与此前新城建设最大的不同,在于新城的定位发生了本质性的提升,要求在功能能级上以"独立的城市"来配置要素资源、发展产业本体、丰富城市功能。所谓"独立",即新城的发展不再是中心城区空间的延展,也不再是简单地承接中心城区的人口转移、产业转移,而是具有内生带动人口和要素集聚的动力,形成系统运行的闭环;所谓"综合",强调新城的复合功能,既有高端制造功能,也要强化服务功能,还要兼顾生态功能;所谓"节点",强调新城的城市地位,要体现集聚性、链接性和辐射性,应该是要素汇聚较强、具有一定服务和辐射半径的高地,要通过"产业高原+功能高原"形成更广阔区域范围的人口吸附力和产业的辐射带动力,才能够称之为节点。基于此,新城的产业应该着力突出"四个力":

一是凸显高端引领力,成为上海高端制造和高端生产性服务业的核心承载区。新城产业的高端引领更多体现在高技术含量、高增加值率的产业,能够成为上海高端产业引领的新名片,成为提升上海郊区制造业发展竞争力,缩小与周边区域差距甚至实现赶超的强力支撑。从四大功能比较优势的角度,如果中心城区更多是体现上海全球资源配置和高端服务的引领,新城则要成为上海高端制造和高端生产性服务业的核心承载区。

二是突出创新驱动力,成为上海创新型经济的主战场、主阵地。新城产业的主动力一定是来自创新的,否则面向未来没有可持续性的竞争力可言。新城产业发展要成为上海创新型经济的主战场,这也是新城在上海"五型经济"格局中最具竞争力的领域。而新城的创新,并不是像张江依托综合性国家科学中心形成的原始创新策源,更多是与产业紧密结合,基于新型研发组织赋能的创新型经济。

三是彰显人口吸附力，成为吸引汇聚年轻群体、催发活力经济的磁力场。新城的产业发展要有较强的人口吸附能力，占地空间较大的重型、大型装备制造，具有较强的人工智能替代性的制造并不适合在新城集聚，而具有指数级增长特征、可以吸引年轻人集聚的创新创意新经济、在线新经济等应成为郊区新城的产业选择方向。

四是体现服务辐射力，新城的产业要能够匹配重要廊道和节点定位要求，追求区域链条整合能力、场景赋能辐射能力、标准掌控引领能力、专业服务提供能力和流量平台配置能力。作为综合性节点城市，发挥服务辐射功能是题中应有之义，尤其是几大新城都在长三角重要的发展廊道上，新城的产业发展必须要增强服务辐射力，核心就是要占据产业链价值链的高端，集聚众多总部企业、头部企业、链主企业、掌控标准的企业、市场份额占据较高的企业。

二、避免重走老路，新城产业发展如何防止"脱实向虚"？

谈及新城定位，往往给外界一种误解，那就是新城更多将以城市建设作为发展重心，带来的直接后果往往就是开始新一轮的造城运动——"卖地发展房地产"、建设凸显形象的高端功能设施，进而推高新城房价，这对于新城集聚发展高端制造业是极为不利的。《新城产业专项方案》中也专门强调"聚焦实体经济，坚持以发展先进制造业为主导"，这确实应该成为五大新城产业发展必须坚守的核心方向。

这是弥补新城所在区与江浙周边城市实力落差的必然选择。我们都知道上海的郊区发展不如毗邻的江浙区域，实力相差悬殊。如昆山市 GDP 超过 4 000 亿元，五大新城中最高的嘉定区 GDP 为 2 600 亿元；昆山市 2020 年全口径工业总产值已经超过万亿元，而五大新城中最高的嘉定区还不到 6 000 亿；另外，吴江区、太仓市、平湖市的规上工业总产值分别为 3 600 亿元、2 300 亿元、2 000 亿元量级，而上海的奉贤区、青浦区、临港新片区分别在 1 800 亿元、1 600 亿元和 1 200 亿元的量级左右。可见，上海郊区在经济实力上与周边毗邻地区的差距在很大程度上，主要体现在制造业实力的差距。

这是以往新城建设以及国内新城建设经验教训的"前车之鉴"。产业功能集聚不明显、人口集聚缓慢是国内很多新城建设面临的核心问题，上海郊区新城建设也是这个问题。当时的"一城九镇"过于强调国际化的住宅建筑形态，各新城的产业定位不清晰;而2011年以来的郊区新城建设也是偏向了城市功能设施的布局以及商业化开发,大型居住社区、普通商品住房以及高档住宅用地占了较大比重,导致产业用地不足,过快地抬高了用地成本,造成上海制造业的外迁。

这是新城资源禀赋、廊道节点地位形成的比较优势使然。发展服务业是新城丰富城市功能、实现产城融合发展的必然,但是服务业难以成为新城竞争力的核心承载。一方面,相较中心城区,郊区的服务业难以达到中心城区的能级和水准;另一方面,面向长三角,服务功能的核心辐射源在虹桥商务区,而不在郊区新城,因此,真正体现新城产业竞争力、体现高端产业引领的,应该是高端制造业。同时,上海之前过快调整制造业的影响至今尚未消除,新城更应坚守和保留制造业难能可贵的发展空间,坚持实体经济优先。

避免新城产业发展"脱实向虚"不是一个理念、一句空话,需要坚持"兴产优于造城"的理念,并采取一些切实的举措和手段:一是稳定新城房价预期,避免房价出现过快上涨,带动产业成本上升,造成制造业进一步的外迁;二是保障合理的工业用地空间,确保高端制造业在新城集聚,在上一轮新城建设过程中,部分工业用地指标被生产性服务业占用,而在园区外并未给予工业用地指标的占补平衡,导致工业用地面临缩减,这一轮的开发建设要避免这一现象出现;三是给予新城内制造业企业稳定预期,避免给企业造成新城聚焦城市功能而忽略或调整制造业发展的误解和担忧;四是在重大产业项目布局方面,市级层面要对新城予以倾斜。

三、 防止同质竞争,新城产业如何塑造"一城一名园",打造独具特色的产业"金名片"?

新城产业发展的核心在于形成具有竞争力的产业品牌,尽管行政力量不能够决定一个区域的产业发展,但进行适当的方向引导进而强化资源、政策的聚焦,往往成为国内很多城市产业崛起的重要路径之一。因此,对于五大新城的产业发展而言,仍然需要有一个顶层设计、统筹考虑,从比较优势、区域分工等视角,相对明确一个主攻方向、久久为功,锻造新城产业的"金名片"。

目前,新城产业发展领域还比较多、比较杂,缺乏具有显示度和竞争力的优势领域,产业发展专项方案中对每个新城提出的产业方向也相对宽泛,基本与每个区的主导产业相重叠,还需进一步聚焦。

表1　产业发展专项方案中明确的五大新城的产业定位

新　城	产　业　定　位
嘉定新城	以汽车产业为主导,加快发展智慧出行服务,做大智能传感器及物联网、高性能医疗设备及精准医疗等特色产业
青浦新城	以信息技术为代表的数字经济为主导,做大现代物流、会展商贸等特色产业
松江新城	以智能制造装备为主导,做大新一代电子信息、旅游影视等特色产业,培育生物医药、工业互联网等新兴产业
奉贤新城	以美丽健康产业为主导,做大中医药等特色产业,培育智能网联汽车等产业。
南汇新城	以临港新片区集成电路、人工智能、生物医药、航空航天等"7+5+4"现代化产业体系为主导,建设未来创新之城

(一) 彰显特色、串珠成链,协同构筑"环上海C型高端产业带"

下一步,各区在制定新城产业规划的过程中,要结合实际进一步聚焦领域,形成清晰的产业地图导向,尊重"多能"的现状基础和发展弹性,但关键的关键是把"一专"做成主导、做出品牌,具体来讲:嘉定新城应重点聚焦打造"智慧交通产业集群",围绕智能网联汽车、智能传感、智慧出行,打造智能交通先导区;青浦新城应重点聚焦"数字经济集群",围绕软件与信息服务、工业互联网等重点领域布局重点项目,打造数字经济示范区;松江新城应聚焦"智能装备产业集群",打造覆盖智能机器人、高端能源装备、智能硬件内在的智能制造高地;奉贤新城应聚焦"美丽健康产业集群",打造美丽健康产业策源地;南汇新城重点围绕"三大先导产业集群",依托东方芯港、生命蓝湾、信息飞鱼等载体,做大集成电路、生物医药和人工智能产业。

(二) 资源整合、提升能级,着力打造富有影响力的"一城一名园"

形成新城优势品牌产业领域,关键在于打造具有显示度、识别度的品牌载体,《新城产业专项方案》中明确提出了"一城一名园"的目标,这也是新城产业发展的难点之一。目前,上海新城中的主要园区基地在规模和能级上与周边江浙毗邻区域尚有差距,如昆山经济技术开发区为国家级开发区,辖区面积达108平方公里,以昆山九分之一的土地面积,完成了全市40%以上的地区生产总值、50%以上的工业产值,贡献出全市60%以上的外资、70%以上的台资产出份额、80%以上的进出口总额,在2019年国家级经济技术开发区综合发展水平考核评价排名第五。而上海五大新城内产业基地与产业社区总面积合计为200多平方公里,面积最大的南汇新城,产业基地、产业社区面积也仅仅60多平方公里,新城内规上工业总产值在全市20%左右,相比之下,差距明显。同时,郊区新城的产业布局过于分散,成片开发和集聚开发不够,采用了"四面开花"的平行开发模式,导致不同园区基地之间的碎片化布局,并且呈现多主体的特征,缺乏统筹、联动和整合。

打造"一城一名园",需统筹新城开发公司、产业园区与街镇管理机制,推动园区整合,探索用最具标识度的园区统领、提升镇级园区,形成统一开发、统一管理和统一品牌;支持新城内的园区基地与市级品牌园区合作,提升园区的专业化、市场化运作能力,探索出更多"区区合作、品牌联动"的新典范;支持重大项目向重点园区聚焦。

四、提升经济密度,新城如何打造存量盘活土地集约利用的新典范?

2018年,上海市委书记李强针对上海产业发展提出了要以亩产论英雄、以效益论英雄、以能耗论英雄、以环境论英雄。时至今日,对五个新城的产业发展而言,"四个论英雄"的导向依然适用。《上海市新城规划建设导则》提出,到2025年新城地均工业产值要达到100亿元/平方公里。而目前五个新城重点园区经济密度仍存在较大差异,其中临港产业区和嘉定工业区地均产值超过100亿元/平方公里,青浦工业区、松江经济技术开发区在70亿元左右,奉贤经济技术开发区还不到50亿元。在新城工业和研发用地规模基本保持稳定的前提下,优化存量用地、盘活低效用地是新城产业发展的唯一选择。

在盘活存量用地方面,同样面临工业用地稀缺问题的深圳早就探索出了一条集约高效利用之路。比如,通过规划标准提升土地承载力。深圳在2014年的《深圳市城市规划标准与准则》中明确工业项目(M1)、新型产业用地(M0)的容积率上限分别可以达到4.0和6.0。而在2018版修订稿中则进一步取消了对工改工项目M1和M0用地的容积率上限。再如,探索工业上楼打造垂直产业园,最早发端于深圳宝安区的"工业上楼",对建筑高度超过24米且不超过100米的高层厂房,鼓励高端制造产业入驻,同时鼓励园区满足高端制造产业工业生产、研发需求,打造产研一体化工业楼宇。

因此,为了保障新城产业发展的用地空间,可以积极争取市级规划资源部门支持,在新城开展土地集约高效利用试点,适当放松工业用地和新型产业用地的容积率上限,同时支持产业区块实行混合用地、创新型产业用地等政策,推进工业、研发办公、中试生产等功能混合;建立新城项目准入标准,定期开展土地资源利用效率评价,创新低效用地分类处置和退出机制;此外,针对嘉定新城的马东地区、松江工业区、青浦工业区等战略预留区,应当加快研究编制园区转型升级方案,积极导入重大项目,按照成熟一块、使用一块的原则,率先激活战略预留区发展空间。

作者:丁国杰　唐丽珠

参考文献:

①《上海"五个新城"未来如何规划建设?》,上观新闻,2021 年 2 月 19 日,https://sghexport.shobserver.com/html/baijiahao/2021/02/19/363580.html。

②《"十四五"新城产业发展专项方案》,上海市人民政府官网,2021 年 4 月 16 日,https://www.shanghai.gov.cn/jkxcjs/20210416/828c9d57db134d46abe2fd1844d3d436.html。

③《推进上海"五个新城"建设需要重点关注的几个问题》,上海市政协/政协头条百家号,2021 年 9 月 3 日,https://baijiahao.baidu.com/s?id=1709886074398376934&wfr=spider&for=pc。

④《"五个新城"发展聚焦这些产业》,《新闻晨报》2021 年 9 月 11 日。

⑤《"五个新城"着力打造上海产业发展新增长极》,第一财经百家号,2021 年 9 月 10 日,https://baijiahao.baidu.com/s?id=1710527216342390455&wfr=spider&for=pc。

五大新城：拱卫上海全球科创中心的五柄创新利剑

"十四五"时期，我国已明确创新在现代化建设全局的核心地位，科技自立自强成为国家发展的战略支撑力量。同时，随着2020年上海全球科创中心基本框架形成，未来将迈向创新策源功能提升的新阶段。

经过"十三五"时期的建设发展，上海科创中心的六大功能承载区（张江核心区和紫竹、杨浦、漕河泾、嘉定、临港）得到全面提升，同时近年来还崛起了一批新的科创重点区域，如松江G60科创走廊、青浦华为研发基地、奉贤东方美谷等。面向未来，五座新城就是五个科创策源地，不仅在上海科创中心建设全局中的地位显著提升，在长三角协同创新网络体系中也被赋予了更重要的角色。

近期发布的《关于本市"十四五"加快推进新城规划建设工作的实施意见》和《上海市国民经济和社会发展第十四个五年规划和二〇三五年远景目标纲要》，对五大新城在创新发展方面的功能定位做了明确要求。

新城规划建设实施意见提出，立足于服务全市发挥"四大功能"和建设"五个中心"大局，因地制宜加快新城特色功能聚集。嘉定新城要强化沪宁发展轴上的枢纽节点作用，建设国家智慧交通先导试验区，构筑科技创新高地。松江新城要加强G60科创走廊战略引领作用，强化创新策源能力。南汇新城要建设国际人才服务港、顶尖科学家社区等载体平台，加快打造更具国际市场影响力和竞争力的特殊经济功能区。

上海市"十四五"规划纲要提出，强化科技创新策源功能，加快构建各具特色的科创中心承载区。要求强化临港、嘉定、松江等关键承载区承接科学技术转移、加快成果产业化，发挥长三角G60科创走廊科技和制度创新双轮驱动的先试作用，推动长三角科技创新圈建设，依托高校打造具有影响力和品牌效应的大学科技园示范园，鼓励各区推进创新要素集聚、创新主体培育、创新生态优化等。

表 1　上海五大新城的功能定位

新城名称	科 创 特 色
嘉定新城	强化沪宁发展轴上的枢纽节点作用，成为具有创新活力、人文魅力、综合实力的科技教化之城和沪苏合作桥头堡
青浦新城	引领绿色创新发展和江南文化传承的生态宜居之城
松江新城	加强G60科创走廊战略引领作用，建设高铁时代产城融合的科创人文生态之城，推进大学城与新城融合发展
奉贤新城	打响"东方美谷"品牌，打造国际美丽健康产业策源地，成为具有鲜明产业特色的节点城市
南汇新城	全面建设与临港新片区功能相契合的高能级、智慧型、现代化未来之城，建设国际人才服务港、顶尖科学家社区等载体平台

资料来源：《关于本市"十四五"加快推进新城规划建设工作的实施意见》和《上海市国民经济和社会发展第十四个五年规划和二〇三五年远景目标纲要》。

一、嘉定新城：智能驾驶引领的综合性科技城

（一）现状基础

说起嘉定，首先想到的就是汽车城。嘉定拥有上汽大众、沃尔沃亚太地区总部、蔚来汽车全球研发中心等整车和零部件企业300多家，国家级公共服务平台7个，研发机构100多家，2019年汽车产业总产值8300多亿元。嘉定不仅在传统汽车产业领域领先，在智能驾驶领域也走在全国乃至世界前列。在这里，围绕无人驾驶集聚了大量的科研平台、创新机构以及科技企业，同济大学嘉定校区在智能驾驶研发与创新方面处于国内领先地位，上海首个国家级制造业创新中心即是围绕智能网联汽车方向，落户在嘉定。

除了汽车城，嘉定还有一个特点，就是高能级科研院所和创新平台数量多。拥有中科院上海硅酸盐所、上海微系统所、上海光机所等10多个国家级研究院所，还有7个国家级产业技术中心、36个外资企业研发中心以及一大批市级研发机构和平台，是上海五大新城中高能级科研院所数量最多的，在全市各区中也是排名前列。

（二）发展建议

面向"十四五"，嘉定新城要发挥全区在创新资源和高端产业方面的优势，在科创领域强化"一策源、两引领"作用。

打造创新技术的策源地。聚焦智能驾驶、智能传感器、高性能医疗设备等重点领域，不断深化校地、所地、院地合作，着力突破一批关键核心技术，引领长三角乃至全球产业技术创新。

成为智能驾驶的全球引领者。吸引全球顶尖的科研机构、创新人才和科技企业，在智能驾驶的前沿技术创新、国家乃至国际标准制定、应用场景开发、技术成果交易以及科技企业培育等方面走在世界前列，带动长三角乃至全国汽车产业转型升级。

成为沪宁发展轴的科技产业引领者。强化嘉定新城在沪宁发展轴上的创新引领和产业链整合作用，支持高能级科研平台和机构服务辐射长三角地区，支持品牌园区和龙头企业开展跨区域产业链优化布局，以智能驾驶引领沪宁发展轴乃至长三角地区的协同创新以及世界级产业集群建设。

二、青浦新城：引领世界级绿色科创湖区建设

(一) 现状基础

近年来，围绕青浦发生了一系列重大的变量，进口博览会召开、华为研发中心落地、长三角生态绿色一体化发展示范区设立……使得青浦从默默无闻的上海边远郊区，一跃成为上海乃至长三角的战略焦点。

青西地区是上海黄浦江上游的水源保护区，在以电子信息、生物医药、重化工业等为主导的工业化发展时期，青西地区几乎成为产业禁区，长期在生态保护与区域发展的平衡中，艰难寻找着发展方向和出路。现如今，青西地区面临的已经不是有没有发展出路的问题，而是在科技创新成为时代主旋律的背景下，以更高的视野和站位，统筹好国家区域战略、科技领军企业、生态环境资源等优势，切实将淀山湖的生态优势转化为科创优势。

打造引领绿色创新发展和江南文化传承的生态宜居之城，是上海对青浦新城的定位。要实现引领绿色创新发展的目标，青浦新城要与东西两翼加强联动，尤其是西翼的淀山湖区，要形成紧密联动乃至深度融合，未来可考虑纳入青浦新城的规划范围，打造长三角一体化示范区的绿色创新核。

(二) 发展建议

面向"十四五"，青浦新城要坚持创新湖区发展理念，引领长三角生态绿色

一体化发展示范区携手打造世界级绿色科创湖区,成为长三角协同创新共同体建设的先行示范区。

共同编制科技湖区整体规划。按照建设面向未来的世界级绿色科创湖区的目标,争取由科技部牵头,三省一市共同编制环淀山湖科技湖区整体规划,共同推动重大科技资源围绕湖区进行布局。

打造科技企业总部研发基地。以华为研发中心为引领,积极引进国内外龙头科技企业的研发中心和总部机构,围绕龙头企业集聚上下游科技创新企业,围绕科技企业共性需求布局高能级公共研发功能平台。

打造长三角科学设施集聚区。围绕国家战略和三省一市共性需求,依托淀山湖区联合开展重大科技基础设施投资建设,鼓励三省一市的世界一流大学、科研院所设立分校、分院、分所,或者参照西湖大学等模式,建设新型研究型大学。

三、松江新城:提升 G60 科创走廊策源核作用

(一)现状基础

说起松江新城,之前有个显著标识是松江大学城,现在则是 G60 科创走廊。2016 年 5 月,正处于转型发展阵痛期的松江,在 G60 高速松江段 40 公里两侧区域,规划布局了以临港松江科技城为龙头的"一廊九区",明确将科技创新作为全区的主要发展方向。2017 年 7 月,松江与杭州、嘉兴共同提出合作建设沪嘉杭 G60 科创走廊。2018 年 6 月,长三角地区主要领导座谈会召开期间,共同发布了《G60 科创走廊松江宣言》。之后 G60 科创走廊被写进长三角一体化发展规划纲要,成为长三角地区首个明确提出的跨区域创新合作国家战略,覆盖范围拓展至沪苏浙皖的九地市(区)。

从松江自我转型的"奋力一搏",到如今,G60 科创走廊已经成为承担长三角协同创新共同体建设国家战略使命的科创走廊,作为 G60 科创走廊源头的松江也被各方寄予了更大的期望。如今的 G60 科创走廊上,创新城市云集、高科技企业扎堆,松江要发挥引领带动作用,必须在创新策源方面有更大的作为。

(二)发展建议

面向"十四五",松江新城要坚持产业科技园和大学科技园两手抓,着力提

升科技创新策源能力,切实发挥好 G60 科创走廊"带头大哥"的作用。

提升产业科技园创新策源力。围绕松江乃至 G60 科创走廊城市的产业重点发展方向,如数字经济、人工智能等领域,积极引进行业龙头企业的总部、研发中心、数据中心,加强功能型研发平台布局,提升产业科技策源能力,引领带动创新链与产业链跨区域协同。

依托大学城建设大学科技园。纺织服装是长三角地区传统优势产业,G60 科创走廊半数以上城市都是纺织服装大市,依托东华大学打造以时尚产业创新策源为主攻方向的大学科技园,成为 G60 科创走廊时尚产业的创新核。同时,围绕新经济领域前沿技术研究,引进国内外知名理工科大学合作办学或设立分校。

四、奉贤新城:围绕美丽健康产业链布局创新链

(一) 现状基础

奉贤新城最闪亮金字招牌是"东方美谷"。2015 年,奉贤以美丽健康产业为转型方向,提出打造东方美容化妆界的"硅谷"(即"东方美谷")。根据规划设想,东方美谷将重点围绕四大功能、八大中心,打造引领世界美丽健康产业技术变革和理论创新的策源地。经过五年多的耕耘,东方美谷连续举办两届国际化妆品大会,国际产业创新项目纷至沓来,四大功能和八大中心逐步健全,东方美谷在全球的品牌影响力显著提升。

但与此同时,在上海五大新城中,奉贤新城承载的国家战略较少,集聚的高能级科研院所和创新平台也不多,奉贤区拥有 1 个国家级研究院所、3 个国家级产业技术中心及 6 家外资企业研发中心,存量创新资源少于松江,明显落后于嘉定。从发展势头来看,创新平台规划布局也滞后于青浦新城和南汇新城。

(二) 发展建议

面向"十四五",奉贤新城要围绕美丽健康产业链,优化并强化创新链布局,提升美丽健康基础研发和创新策源能力,书写东方美谷的"美丽神话"。

打造美丽健康产业航空母舰。世界级的东方美谷,一定要有世界级的标杆企业,未来要培育 1—2 家具有全球影响力的本土化妆品龙头企业,并重点围绕龙头企业开展创新链与产业链布局。

夯实美丽健康产业创新基石。支持龙头企业在全球范围内加强与大学、科研机构等合作，共建一批高能级的实验室、研究机构、产业创新中心等科研平台，积极谋划并争取一批美丽健康相关领域的重大科技基础设施布局，建设引领世界美丽健康产业技术变革和理论创新的策源地。

五、南汇新城：具有全球影响力的国际创新协同区

（一）现状基础

南汇新城所在的上海自贸试验区临港新片区，是目前我国对外开放度最高的区域之一，也是未来科技创新潜力最大的区域之一。2018年习近平总书记在首届进博会开幕式上提出中央交给上海的三大任务，要求上海自贸试验区临港新片区努力成为集聚海内外人才开展国际协同创新的重要基地。

2018年世界顶尖科学家论坛落地临港滴水湖畔，26位诺贝尔奖得主以及近40位中国两院院士、中外杰出青年科学家等参会，覆盖化学、物理学、医学、计算机学等主要科学研究领域。截至2021年，论坛已连续举办三届，规模和影响力持续扩大。在2020年，第三届论坛克服了新冠疫情全球蔓延的不利因素影响，61位诺贝尔奖得主，76位图灵奖、菲尔兹奖等全球顶尖科学奖项得主，以及20多位中国两院院士通过"线下＋云端"的方式进行交流研讨。

（二）发展建议

面向"十四五"，南汇新城要依托世界顶尖科学家论坛并放大其影响力，打造面向全球科学家的创新平台，营造国际化创业和生活环境，集聚全球顶尖科学家、海外高层次人才、归国创业人才，打造具有全球影响力的国际创新协同区。

高标准办好顶尖科学家论坛。按照最高标准持续办好世界顶尖科学家论坛，力争重现索尔维会议的"科学盛况"，打造科学界的"达沃斯"。依托并发挥世界顶尖科学家论坛的平台作用，积极推动设立或引进国际科技组织，持续开展高质量的国际科学和技术领域的会议论坛。

高标准建设顶尖科学家社区。以吸引世界顶尖科学家到临港新片区工作和生活为导向，坚持科技、城市、人文、生态等融合发展的理念，规划建设世界顶尖科学家社区。布局一批重大科技基础设施，建设一批顶尖科学家实验室，

营造国际化的工作和生活环境,将顶尖科学家社区打造成为世界级的新时代重大前沿科学策源地。

作者:芮晔平

参考文献:

①《关于本市"十四五"加快推进新城规划建设工作的实施意见》,规划中国公众号,2020年2月3日,https://mp.weixin.qq.com/s/zcqDJpDymDwoG-A5tWuAuQ。

②《上海市国民经济和社会发展第十四个五年规划和二〇三五年远景目标纲要》,上海市人民政府官网,2021年3月10日,https://www.shanghai.gov.cn/2035nyjmbgy/index.html。

③朱明荣:《上海国际汽车城打造可持续发展之路的实践探讨》,上海国际汽车城公众号,2020年7月9日,https://mp.weixin.qq.com/s/ATocbCldxMjT0xI547hKFw。

新城重塑：打造数字化转型示范区的四大关键点

2021年新年伊始，上海市委、市政府发布了《关于全面推进上海城市数字化转型的意见》，提出要推动"经济、生活、治理"全面数字化转型，打造具有世界影响力的国际数字之都。随后，3月份上海市政府发布《关于本市"十四五"加快推进新城规划建设工作的实施意见》，明确提出要将嘉定新城、青浦新城、松江新城、奉贤新城、南汇新城五个新城建设成为城市数字化转型的示范区。数字化转型是对城市发展模式的革命性重塑，也是一项复杂艰巨的系统性工程，五个新城应当抓好数字新基建、数字新产业、数字新治理、数字新场景四个关键点，全力做好新城数字化转型这篇大文章。

一、城市数字化转型并非"智慧城市"的简单升级版

"城市数字化转型"与"智慧城市"是一个既紧密关联又存在显著区别的概念。人们通常认为"智慧城市"的概念最早源于2008年IBM提出的"智慧地球"理念，但实际上早在2004年、2006年日本和韩国就先后提出了U-Japan战略和U-Korea战略，"U"是英文单词"ubiquitous"的首字母，意为"无所不在的"，希望打造一个anytime、anywhere、anything、anyone均可连接的泛在网络社会。但受制于当时的网络基础条件和信息化应用水平，早期"智慧城市"建设主要解决了"可连接"的问题，往往表现为智慧交通、电子政务等某一领域的信息化和网络化，由于缺乏"信息化"与城市的有机整体协调，过于强调技术和管理，不可避免地存在系统利用效率不高、市民感知度较差等问题。

今天，随着5G、人工智能、量子信息、物联网、区块链等新一代信息技术的加速突破，数字化已经渗透到经济、社会、治理等各个方面，在内涵外延的广度、技术条件的成熟度以及应用场景的丰富度上都已今非昔比，并成为推动社会生产方式变革、创造人类生活新空间的重要力量。在此背景下，越来越多的国家提出整体性数字化的发展理念，例如2014年新加坡实施的"智慧国家

2025"十年计划,2016 年日本提出的"超智能社会"战略,2018 年英国发布"数字宪章"等。

上海作为一座拥有 2 400 万人口的超大城市,城市建设、发展、运行、治理各方面情形交织、错综复杂,必须充分运用数字化方式探索超大城市社会治理新路子。我们认为,如果将城市数字化转型看作一棵大树,那么数字新基建是"树根",5G、大数据中心、工业互联网、智能充电桩等基础设施,决定了这棵树能否茁壮成长。数字新产业是"树干",包括前沿数字技术的突破、数字产业化和产业数字化,从供给侧为城市数字化转型提供支撑,也决定了数字城市建设的高度。数字新治理是"经脉",围绕企业和市民的需求,提供无所不在的精细化、智能化管理和服务,从而维系整个城市体系的高效运转。数字新场景是"树冠",包括智能制造、智慧能源、智慧交通、智慧医疗、智慧社区等,通过"枝繁叶茂"来丰富人民城市数字化美好生活体验。

因此,无论对上海还是对五个新城来说,在新的时代背景下,推动数字化转型都应当从整体性转变、全方位赋能和革命性重塑的高度来加强顶层设计,统筹推进经济、生活、治理的全面数字化转型,充分释放数字化发展蕴含的巨大能量。

二、 新城推动数字化转型的四大关键点

五个新城在打造数字化转型示范区的过程中,应当立足自身发展基础和特色,重点聚焦数字新基建、数字新产业、数字新治理、数字新场景四个关键词,推动新城发展呈现新面貌、强化新功能、激发新活力。

(一) 建设"万物互联"的数字新基建

一座新城要留住人,完善的基础设施配套是关键。上海五个新城虽然经历多年的开发建设,交通、市政、环保等各方面基础设施基本完备,但受原有规划层级、建设标准等限制,整体发展水平与中心城区相比还存在不小差距,特别是与未来打造独立的综合性节点城市定位不相匹配。随着新城建设的加快推进,必然将迎来新一轮大规模基础设施建设和更新,这既包括了交通、市政等传统基础设施的补短板和数字化改造,也包括了 5G、宽带网络、数据中心等新型基础设施的前瞻布局。

在这方面,雄安新区智能基础设施建设的理念和经验值得学习借鉴。雄

安新区坚持把智能城市基础设施与传统城市基础设施同规划、同部署、同实施,在原有通水、通电、通气、通热等基础上,增加"通感知数据",将传统城市的"七通一平"拓展为智能城市的"八通一平"。2020年5月,雄安新区正式发布了智能城市标准体系框架,包含基础设施与感知体系建设、智能化应用、信息安全共三大类的智能城市标准体系,规范了从物联到数联再到智联的新一代基础设施标准。

与此同时,雄安新区还是国内首个依照"数字孪生"理念设计的城市。由中国城市规划设计研究院和阿里云承建的"雄安新区规划建设BIM管理平台(一期)项目",整合了"GIS+BIM+IoT"技术,实现了城市发展"规、建、管、养、用、维"的全生命周期信息化。城市中的每一块土地、每一栋建筑、每一条管廊管线、每一个智能基础设施都会和设计的数字模型一一对应,从而构建出实体城市与数字城市虚拟交互、相互映射的"数字孪生"城市。

为此,五个新城完全有基础、有条件按照优于中心城的建设标准和品质要求,推动智能城市基础设施与传统城市基础设施"双基建"同步规划建设,打造网络无所不在、平台无所不联、智能无所不及的"数字底座"。

(二) 打造"特色鲜明"的数字新产业

加快推动数字产业化、产业数字化,是新城经济数字化转型的主要内容。目前,五个新城在数字经济发展方面已经形成了良好的发展基础和具有一定竞争力的优势领域,在未来数字新产业的打造方面应当重点抓好两个方面:

一方面,打造各具特色的数字产业名片。嘉定新城重点聚焦汽车"新四化"(电动化、智能化、网联化、共享化)、智能传感器和物联网,打造千亿级产业集群。青浦新城积极联动青东、青西数字产业园区,大力发展人工智能、基础软件、工业互联网和信息安全等数字产业,打造"G50数字干线"。松江新城以智能制造装备为主导,进一步做大集成电路等新一代电子信息产业。奉贤新城以"东方美谷"和"未来空间"为双核,大力发展数字医美、智能网联汽车等新兴产业。南汇新城主打高端、开放牌,重点发展集成电路、人工智能、智能新能源汽车等前沿产业,同时在发展数字贸易、探索数据跨境流动等方面构筑新优势。

另一方面,不能忽视新城传统产业和存量企业的数字化转型。要大力推动企业"上云用数赋智",引导新城内有基础、有条件的企业开展以设备换芯、生产换线、机器换人为核心的智能化改造,建设数字化车间、智能化工厂,打造一批数字化转型标杆企业,形成产业链上下游融合的数字化产业生态。

(三) 强化"精细高效"的数字新治理

从上海全市来看,当前推动治理数字化转型的核心抓手就是"两张网","一网通办"带动政务服务改进,推动营商环境优化;"一网统管"促进城市管理精细化,保障城市安全有序运行。其中,"一网统管"是按照"二级建云、三级平台、五级应用"来推动的,即在市、区两级搭建"城运云",整合各部门数据、系统和网络,承担存储、算力等基础资源保障;在市、区、街镇三级搭建城运系统应用平台,提供基础赋能工具;在市、区、街镇、网格、社区(楼宇、单位)这五级启用治理职能,为部门和基层全方位赋能。而五个新城作为独立的综合性节点城市,同时在区域范围上还存在跨街镇的问题,如何在现有"二、三、五"架构中实现精细高效治理,恰恰是下一步新城推动治理数字化转型不得不思考的命题。

当然,从赋能和应用的角度来看,现有"两网"应该可以覆盖新城治理数字化的需求,但如果从如何更加精细化、高效化的角度来看,我们认为在不打破行政隶属的前提下,在数字空间构建既相对独立又高度融合的治理平台还是有必要的。

一方面,从未来人口和企业管理来看,新城实施的一些差异化政策具有明确的四至边界限定,这就需要对新城范围内的物质资源、信息资源和智力资源进行归集和统筹。因此,五个新城应当加快建设各自的综合管理信息系统,通过"新城大脑"实现信息共享、资源统筹和业务协同。

另一方面,在城市治理实践中,很多应用场景兼具"两张网"的特征,既需要"一网通办"的政务数据支撑,也需要和"一网统管"的城市运行数据对接。建议新城借鉴徐汇区"两网融合"的做法,从减少重复建设的角度出发,探索"一网通治"新模式,形成顺畅的跨部门、跨层级、跨区域运行体系,"一盘棋"提升新城治理的现代化水平。

(四) 创造"集成创新"的数字新场景

随着数字技术在日常生活中的广泛应用,未来新城要构建的数字新生活必然是打通家庭、社区和城市的全场景、全业态、全智能的集成化解决方案。然而,从目前政府和互联网企业推动的数字化应用场景来看,仍然以单一领域和单个区域的智慧化为主要内容,缺少以市民需求为核心的系统化设计和多功能整合。例如，目前不少停车场都进行了智慧化改造，但用于智慧停车的客户端App、小程序五花八门，每个停车场之间的停车位信息不共享、支付方式不统一，只解决了停车收费的便利化问题，仍未有效解决停车资源合理调度和优化配置的难题。

浙江2019年发布的《浙江省未来社区建设试点工作方案》，按照居民全生活链需求，把社区里复杂的各个系统贯通并有机集成，通过全功能链的对接以及全产业链的支撑，促使社区形成高效集成的生活服务综合平台，这对新城推动生活数字化转型提供了一个新的视角。例如，在未来交通场景中，浙江提出以社区为核心，通过信息服务实现一键导航、交通无缝衔接，构建"5、10、30分钟出行圈"，通过推广智能停车技术实现汽车5分钟取停；通过智慧出行服务实现居民10分钟到达对外交通站点；通过智慧物流服务实现物流30分钟配送入户。

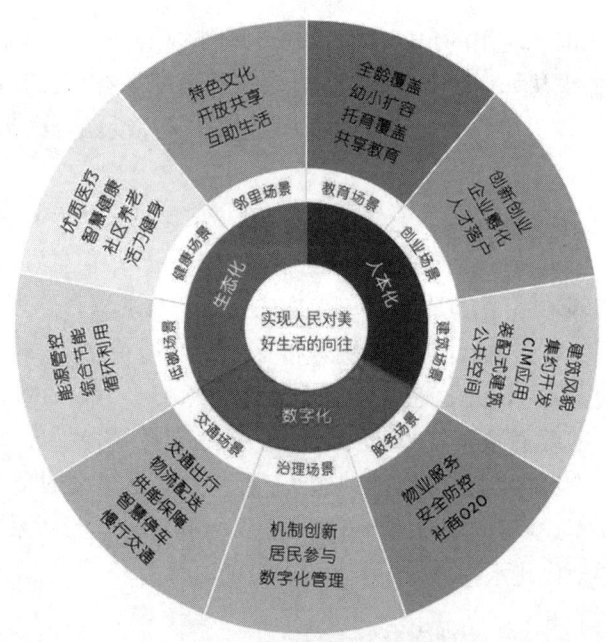

图1　浙江未来社区九大场景

资料来源：仲量联行。

未来，新城在推动生活数字化转型过程中，还是应当更多站在满足居民需求的角度，以数字化推动公共卫生、健康、教育、养老、就业、社保等基本民生保障更加优质均衡,同时依托人工智能企业、互联网平台,打造一批智慧功能高效集成,具有示范意义的数字社区、数字商圈和数字街区,更好满足市民对智能、便捷和美好生活的向往。

作者:高　平

参考文献:

① 《擘画未来社区　点亮美好生活》,未来社区生活公众号,2019年10月11日,https://mp.weixin.qq.com/s/5PdDwy_Exgciw4jxi3p3sQ。

② 崔涛:《雄安新区发布两项智能基础设施创新成果》,中国新闻网百家号,2020年1月4日,https://baijiahao.baidu.com/s?id=16547946967160258 82&wfr=spider&for=pc。

③ 何欣荣:《城市治理如何"两网融合"看看上海徐汇这个"算法工厂"》,新华网百家号,2020年8月29日,https://baijiahao.baidu.com/s?id=16763226597114606 73&wfr=spider&for=pc。

④ 《科技造城　雄安新区数字化建设平台一期通过终审》,环球网百家号,2020年12月11日,https://baijiahao.baidu.com/s?id=16857808442909376 11&wfr=spider&for=pc。

⑤ 《上海"一网统管"赋能城市治理现代化提升》,上观新闻,2020年5月14日,https://sghservices.shobserver.com/html/baijiahao/2020/05/14/190116.html。

上海五大新城如何走向"产城融合"

在我国,有关"产城融合"的讨论至少已经有十年以上的时间,这个略有"历史感"又看似"理想化"的命题,在当前中国城市格局和大都市空间结构剧变的背景下,显得比以往更加重要。尤其对于超大特大城市,当承载力、安全度和可持续性成为不可或缺的刚需,郊区新城就必须肩负起产城融合发展的重任。但遗憾的是,产城融合在我国当代城市发展轨迹中虽然并非没有经验可循,但常被引用的经典案例大多因其特殊的时代、地域和政策背景,而易于对标却难于复制,产城融合似乎一直停留于人们对城市发展的某种理想中,高规格定位的上海五个新城可以实现超越,走向产城融合吗?

一、为什么产城融合是新城的"第一要务"

当前,发展郊区新城既是国家战略导向,也是特大超大城市的现实需要,在国家和上海"十四五"规划纲要关于新城的论述中,都把"产城融合"作为新城发展的首要指向,背后意味颇深。国家"十四五"规划纲要在关于超大特大城市的论述中,非常明确地提出"坚持产城融合,完善郊区新城功能,实现多中心、组团式发展"。上海作为"十四五"时期率先发力新城的超大城市,也将"产城融合"作为新一轮新城建设的首要要求。

那么,究竟什么是产城融合?与其说产城融合是一个概念,倒不如说更像一种理念,产城融合是相对于快速城市化下生产和生活空间高度分离的问题而提出的,大致描述的是产业与城市实现功能融合、空间整合,达到相伴而生、共同发展的状态。

产城融合作为一种理念提出具有特殊优势,因为它既相对具象,又有模糊空间,每个人都可以大致感受到其所描述的状态,但又可以有基于个人体验和向往的理解。过去,许多研究在城市整体、市辖区县、郊区新城新区甚至省域等不同尺度讨论产城融合,形成了一系列有益的成果。但如果从产城融合理念的渊源来看,特别是聚焦到超大特大城市,最根本也最有意义的讨论应当聚焦在郊区新城(卫星城、部分开发区)上。

在超大特大城市,产城融合背后所代表的是一种多中心、网络式的城市(镇)规划和发展思想,如国家发改委推动的产城融合示范区建设,常住人口超过500万城市的示范区域基本都集中在郊区,本质上是为当前大城市"摊大饼"式扩张和新城"空心化"等城市病探索解决方案。如果郊区新城实现了高质量的产城融合,那么困扰我国超大特大城市的许多问题都可以迎刃而解。

正如同新一轮新城建设不是无源之水,产城融合也不是无本之木,回溯过往,"产城融合"的理念一直与上海多中心发展的探索如影随形,当然,彼时还没有直接出现这一提法,而是间接体现在具体的规划建设思路中。

早在上海解放前,原上海市行政机构编制的《大上海都市计划》中就有体现,当时的规划者们已经意识到都市发展造成的城区土地紧张和交通拥堵等问题,提出工业应向郊区迁移。对于郊区的新区,他们提出了工作和生活的"就近"原则,即居住地与工作地的距离须在30分钟步程之内,便于市民日常往返,节省生活费用和工业生产成本。

中华人民共和国成立后,上海推进的历次新城(卫星城)建设,最核心的就是将中心城区过度密集的人口向郊区有机疏散,在当时的产业和交通条件下,人随产走,卫星城的发展模式一开始就是产城一体的。从20世纪50年代开始的郊区卫星城建设,主要是将工业迁出中心城区,同时导出产业人口,形成了诸如以机电工业为主体的闵行卫星城、以化学工业为主体的吴泾卫星城、以汽车工业为主体的安亭卫星城。

2000年后,上海正式提出集中力量建设新城,《上海市城市总体规划(1999—2020年)》取消了卫星城的提法,取而代之的是首次提出"郊区新城"概念,除了工业以外,集聚人口较多的大学也开始加快在郊区新城建设校区,如2001年启动、2005年基本建成的松江大学城。

从2000年至2010年的十年间,上海常住人口从1 600万激增到2 200万,发展新城对疏解人口的重要性不断提升,而且随着郊区房地产开发加速,松江、嘉定等近郊及新城事实上也成为承载中心城区人口外迁和新市民定居的首选,产城分离、职住分离问题凸显。

2011年上海市政府印发《关于本市加快新城发展的若干意见》,将"基本形成产城融合的发展态势"作为四项目标之首,具体包括:统筹工业园区、产业基地、大型居住社区与新城的建设,符合功能导向和就业容量大的产业项目向新城集聚,产业发展与新城建设互动融合,新城的产业支撑明显增强,初步形成本地居住、本地就业的产业、新城融合发展态势。

由此可见,在上海新城(卫星城)建设中,产城融合是自始至终一以贯之的首要理念,并且随着上海城市发展,重要性不断提升,如今已经成为必须回答好的关键问题。

二、上海五大新城产城融合的基础和难点

从各地普遍情况来看,无论是郊区新城还是园区,产城融合都面临着许多复杂问题,许多三线甚至一、二线城市,都不乏新城缺少人口和产业有效集聚的案例,甚至成为地方持续发展的负担。相比之下,上海新城发展有许多其他城市不具备的条件。

第一,上海的五个新城中有四个是郊区(县)的行政中心。上海新城发展不是凭空造就,区县级政府驻地的城市功能相对来说比较完备,各区的人口基数也比较理想,从郊区其他街镇向新城集聚的规模比较稳定,职住平衡比长期以来高于市区。

第二,上海中心城区强大的功能外溢。五个新城所在的各区常住人口占全市总量的40%以上,人口基础条件较好,加上未来匹配差异化的人口落户和住房政策,五个新城将成为吸纳人口导入的主要地区。

第三,五个新城的产业和功能基础比较扎实。松江、嘉定、南汇等新城在十多年的发展中,本身已经承担了中心城区外溢的大量功能和产业。特别是各区已经拥有具备基石作用的先进制造业,如嘉定的汽车产业、青浦的信息技术产业、松江的智能装备产业、奉贤的美丽健康产业、南汇的航空航天产业等。

第四,上海持续完善的庞大综合交通体系。新城的快速发展与上海城市交通的快速拓展是基本同步的,目前,上海拥有全国最长的轨道交通网络,五个新城已经实现全部接入。"十四五"期间,上海向新城的交通格局将从放射状发展为蛛网状,将推进建立连接新城之间、新城与周边城市的市域铁路网,如南港线将连接南汇新城和嘉兴,扩大新城辐射半径。

经过多年努力,上海郊区新城的发展成效是非常显著的,五个新城都已经具备相当好的产城发展基础。不过,在向更高层次的产城融合迈进过程中,五个新城还面临着不少瓶颈和难点,最突出的现象就是职住分离:在新城居住的人不在新城就业,新城产业需要的人住在新城以外。

之所以职住分离日益加剧,直观的原因有很多,比如新城相对缺乏高品质的公共服务设施、中高层次的就业机会比较有限、市区房价过高等。不过,最核心的症结是在人!从新城居民角度看,与产业端有关的就业和与城市端有关的居住存在明显的错位。尽管新城既拥有数量可观的住宅,又拥有大量的就业机会,但两者之间并没有足够的关联,大量居住在新城的群体实际上是在城市中心就业,这也是其他超大特大城市普遍面临的通病。

为什么会造成这种情况,简单来说,与大都市的产业分布和居住分布有很大关系:产业分布的一般规律是,中心城区承担服务业,郊区承担制造业,越是高端的服务业环节越倾向于布局在中心城区,绝大部分好的服务业就业机会分布在中心城区,在超大和特大城市中,服务业占比很高,大部分人口在第三产业完成就业,所以更多人倾向在中心城区工作。

居住分布的特点则是,在上海住房价格巨大的梯度落差下,越靠近市中心城区的住宅价格越高,远离市中心的则相对较低,因而许多寻求改善居住条件的市民或新市民群体选择在郊区新城定居,但他们的就业关系仍然在中心城区。

上述两方面布局叠加,新城提供的就业机会并不能满足本地居民的需要,而人才又往往倾向于以新城作为进入中心城区的阶梯;同时,新城产业对人才的需求也无法得到满足,或者需要付出高昂的成本。

三、 走向产城融合:动态均衡中的四级跃升

不少学者都曾指出,我国郊区新城发展喜忧参半,许多新城或是未达到既定的人口集聚目标,或是成为分担中心城区居住需要的"睡城"。在一些人口总量较小、能级更低的城市,新城更沦为"空城"。城市没有产业支撑,产业又没有城市依托,产城融合仿佛是难以实现的镜花水月,遥不可及。

如前所述,产城融合是一个既模糊又具有画面感的词汇,通常让人联想到在一座不大的城市就可以满足工作生活的所有需要,居住和工作的地方只有一步之遥,步行即可到达……我们需要意识到的是,产城融合并不是一种静止的状态,而是随着城市产业、人口和空间等的结构性变化,处于动态发展的过程中,早期遭遇的问题和发展基础都与今日千差万别,过去行之有效的办法在今天也未必能够奏效。

对于郊区新城,至少可以从四个层面来理解认识,不同层次之间既有升级

迭代的关系,彼此之间也相互交叉关联。

第一层:空间意义上的产城融合。实现产业和城市协调均衡发展,首先要在空间上满足产城均衡发展的需要,形成合力的空间配比。苏州工业园区是比较经典的案例,虽然现在看来有其特殊性,但理念仍值得参考,工业园区从规划、建设一开始便同步推进产业发展和城市功能培育,园区规划面积内工业用地不足1/3,城市和生态工程用地占据绝大部分,合理的布局使得工业、服务业和居住生活紧密结合。

不过大尺度用地上合理配比仅仅是空间基础,已经是新城规划的基本常识,离真正的产城融合还有很远的距离,特别是随着产业变革和生活方式转变,在更精细的尺度上,打造满足职住混合和业态融合需要的复合功能空间,是新城实现产城融合的必备条件。

第二层:治理意义上的产城融合。在郊区城市化和工业化的过程中,行政管理体制的调整应当是逐步完成的,但新城作为郊区发展最快的地区,体制机制问题往往更早出现也最为复杂。郊区新城的管理体制不同于中心城区,有的地方以管委会作为行政主体,有的由园区代管,有的则是街道和乡镇兼具,构建适应产城融合需要的行政管理体制,需要解决好从镇域发展向街道—社区治理模式转变、城区管理与园区管理的协调融合等一系列问题。

除了治理构架的优化之外,更深层次的是思维模式的转型,从上海的情况来看,一些新城即使在硬件建设上已经初具规模,但在管理和服务能力上仍与中心城区有不小的差距。其实,要同时做好从郊区到城市的转变,以及从产城分离到融合的转变,并要努力在未来治理的理念和技术上,达到与中心城区接近甚至更高的水平,对郊区新城的管理者提出了很高的要求。

第三层:职住意义上的产城融合。能否让大部分居民在新城内部就业和居住是评价产城融合水平的关键方面。从过去的情况看,松江、嘉定、青浦和奉贤四个新城,由于原本就是郊区(县)政府驻地,相当多的就业人口就在新城及周边地区居住。有专家调查,新城70%以上的就业人口在新城范围内居住,这一比例要远高于中心城区。

但这仅仅是基础性平衡,一方面,随着上海住宅价格攀升,越来越多市民在新城置业居住,但仍在中心城区就业,造成了极大的通勤压力;另一方面,从满足优质企业和优秀人才需要的角度考虑,如何吸引更多高素质群体在新城定居十分关键,所以职住意义上的产城融合还有很大的提升空间。

第四层:功能意义上的产城融合。从功能意义上理解产城融合,最关键的是新城的产业功能与城市功能形成良好互动,正如国家发改委在引导各地创建产城融合示范区时所提出的"以产促城,以城兴产"。相对看来,上海郊区新城在前三个层面实现产城融合都有较好基础,能否在功能层面实现融合是未来的关键。

不仅如此,按照新城综合性节点城市定位,上海五个新城的目标不是一般意义上县域城市功能及普通的产业和人口集聚,而是要承担上海的部分核心功能,发展更优质的先进产业、导入更多高素质的人口,并且形成相互支撑、相互促进的良性关系。

参考上述的四层次道路,上海郊区走向新城产城融合,下阶段主要有两个方面工作:一是在空间塑造和治理模式上进一步优化提升;二是在高质量的职住平衡和高能级的功能互促上奋力迈进。

四、 促进新城产城融合的关键切入点

发展郊区新城是国内外大都市应对城市过度膨胀后"城市病"的共识,在我国,上海、北京等超大特大城市都有数十年发展郊区新城(新区)的历史。新冠疫情发生后,基于既增强超大特色城市能级和竞争力,又确保承载力和安全性的总体考虑,从中央至地方更加坚定于推动郊区新城发展。

毫无疑问,产城融合是一项需要长时间努力的系统工程,涉及空间规划、基础设施、公共服务、管理体制等方方面面。但最根本的是,要有足够的办法形成对中心城区的"反磁力",新城要提升产城融合水平并实现层级跃升,需要突破人—产—城错位错配的核心问题,从就业、住房、服务、管理等关键点切入,打破当前的格局。

第一,围绕新城人和产业的需要布局现代服务业。一方面,五个新城已经明确了在先进制造业发展中的定位,从制造业发展本身需求角度出发,需要与之相匹配的研发、金融、商务、设计等生产性服务业,也能够为新城居民创造更多优质的就业机会。另一方面,发展高品质的休闲、文化、健康、社区等生活性服务业,也是满足新城居民高品质生活需求的内在需要。

第二,强力导入优质公共服务资源。优质的教育、医疗和文化等公共服务资源是对冲中心城"磁力"的重要手段。上海已经提出"确保每个新城至少拥有1所高职以上高等教育机构(校区)、1家三级综合性医院、1个市级体育设施、1处大型文化场馆"。在所有公共服务中最关键的还是中小学教育,应当着

重加强市级重点学校的导入。

第三,优先发展高品质租赁住房并辅以政策突破。"房住不炒"原则下,确保新城房价保持总体稳定,既是国家战略导向,也是新城发展的现实需要。高品质、低价格的租赁住房既有利于吸引人口集聚,也有利于降低企业综合成本。上海市已经明确新城要"完善多主体供给、多渠道保障、租购并举的住房制度",探索支持利用集体建设用地规划建设租赁住房、在轨道交通站点周边优先规划建设公共租赁住房等举措。除了价格和区位吸引外,还需要在教育等公共服务租购同权上进行实质性的突破,才能有效提升租赁住房的吸引力。

第四,塑造满足产城融合需要的复合功能空间。《上海市新城规划建设导则》提出的一系列政策非常有利于产城融合的空间营造要求。包括产业社区内住宅、服务设施15分钟慢行可达;居住片区向复合街区转变,打造介于家和办公室之外的"第三空间";新城小尺度密路网,适合慢行的"无车街区"等。

第五,探索适应新城发展特点的行政管理体制。在我国现行的行政区划体系下,新城并没有可对应的专门建制,上海五个新城原有的管理体制也各不相同,大部分并没有独立的管理机构,并且还涉及基层街镇、园区管委会和开发建设公司等多元主体。未来新城的行政管理需要考虑的是,既需要充分依托和放大体制优势,提高资源配置和管理服务效率;又要尽可能避免叠床架屋,不要使新城成为悬浮于区和街镇之间、超然于郊区其他区域之外的特殊存在。

第六,着力消除与中心城区间的文化落差感。除了前述的举措外,促进新城产城融合还要努力消除新城居民的"文化落差感",以及就业的"不安全感"。除了李强书记指出的新城要建设成为"最现代""最生态""最便利""最具活力""最具特色"的独立综合性节点城市外,新城还应是最具人文气息的地方,让新城更令人向往。

五、畅想新城产城融合的未来样态

新城发展是一项长期战略,我们正处在一个快速变革的时代,除了回顾和总结过去的经验教训,更需要放眼长远,未来10—15年,产业组织方式、人口就业结构和生活模式都可能发生巨大变化,不能仅仅以过去和现在的眼光来看待。到那时,新城可能以一种现在意想不到的状态实现产城融合,我们无法准确预测新城的未来样态,但不妨在此留下一些畅想的空间:

数字化与灵活就业。新城作为城市数字化转型的先行示范区域,数字技术、理念和模式的深度广泛应用将会彻底改变我们的生产生活方式,比如灵活就业、弹性工作将更加广泛,未来居住在新城的人们将不必再受上班通勤之苦。

智慧交通与自动驾驶。自动驾驶技术每天都在进步,不用等到2035年,我们可能就会迎来一个完全自动驾驶的时代。到那时,即使需要交通往来,也可以省去驾驶和堵车的烦恼,比起在哪工作,也许更重要的还是在哪生活。

自由优质的租住服务。高品质、优服务、可负担的租赁住房成为新城的主流,无论是否有自己的房产,在新城工作生活可以轻松选择心仪的房子租住,就算要换一处地方生活,也不需太为住房的问题烦恼。

长三角的节点城市。这是新一轮新城建设与过去相比最大的不同,五个新城成为连接上海和周边城市的节点,资源跨区域流动的障碍已经破除,也许有一天,"长三角人"会成为新城居民的代名词。

作者:虞　阳

参考文献:

① 李文彬、陈浩:《产城融合内涵解析与规划建议》,《城市规划学刊》2012年第7期。

② 陆铭、彭冲:《从新城看治理:增长目标短期化下的建城热潮及后果》,《管理世界》2019年第8期。

③ 夏骥:《上海郊区新城的历史演变与未来发展》,《科学发展》2020年第11期。

④ 翟战平:《区域高质量发展阶段的产城融合模式探析》,和君产城发展事业部公众号,2022年7月3日,https://mp.weixin.qq.com/s/1EWE6J0t8M4NPu78f1j5ew。

⑤ 邹德玲、丛海彬:《中国产城融合时空格局及其影响因素》,《经济地理》2019年第6期。

长三角迎来"郊区新城时代"

一、郊区新城：大城市多中心发展的战略方向

2020年10月，习近平总书记在《求是》杂志发表署名文章《国家中长期经济社会发展战略若干重大问题》，指出"要建设一批产城融合、职住平衡、生态宜居、交通便利的郊区新城，推动多中心、郊区化发展"。

这一论断是在党的十九届四中全会提出"提高中心城市和城市群综合承载和资源优化配置能力"和中央财经工作领导小组第五次会议提出"使优势地区有更大发展空间"的基础上，反思新冠疫情对超大和特大城市治理的影响和冲击，对我国城市未来发展战略的优化调校，更加强调城市发展与安全的平衡。

优先推动中心城市和城市群等优势地区发展既是发达经济体的普遍规律，也是我国改革开放以来得到验证的成功经验。不过，由于历史、地理和制度等多方面因素作用，我国特大和超大城市的主城区集中了过多的功能和人口，城市开发强度和人口密度过高，房价高企、交通拥堵等"城市病"严重，而一些人口快速增长的新兴城市也仍在重走旧路，亟须调整。

长三角是我国整体发展水平最高的城市群，自21世纪以来，包括沪宁杭甬苏等在内的各大城市竞相发展、快速膨胀，主城区向外拓展的外延式扩张成为主流方式。2002年至2017年，上海、杭州、南京、宁波、苏州、无锡六市的市辖区面积平均增长了3.23倍，建成区面积平均增长了2.45倍。

表1 长三角部分城市面积2002年、2017年数据对比

城市	2002年 市辖区面积	2002年 建成区面积	2017年 市辖区面积	2017年 建成区面积	市辖区面积增长倍数	建成区面积增长倍数	市辖区、建成区面积增速比
上海	5 071.4	549.6	6 340.5	1 910.0	1.3	3.5	0.4
苏州	2 334.5	295.4	6 826.8	751.2	2.9	2.5	1.1
杭州	1 484.9	282.2	10 370.2	601.7	7.0	2.1	3.3

续表

城市	2002 年		2017 年		2002 年、2017 年数据对比		
	市辖区面积	建成区面积	市辖区面积	建成区面积	市辖区面积增长倍数	建成区面积增长倍数	市辖区、建成区面积增速比
南京	4 989.3	438.6	6 588.5	796.4	1.3	1.8	0.7
无锡	1 953.9	255.8	4 628.5	546.2	2.4	2.1	1.1
宁波	1 473.1	163.2	6 619.6	442.2	4.5	2.7	1.7

资料来源：中国城市建设统计年鉴。

与此同时，数据还表明，长三角城市建成区并未与城市人口规模同步扩张，杭州、苏州等城市的建成区面积增速低于人口增速，这意味着，不少城市的城区正在变得越来越拥挤，而城市扩展并没有充分实现人口从中心区向外围的疏解，这也是交通拥堵、人居环境欠佳等"城市病"出现的重要原因。

更严峻的问题在于，长三角各大城市已经相继触及建设用地上限的"天花板"，进入以存量优化为主的发展阶段，但常住人口规模仍在不断攀升。如2019 年，江苏省新增常住人口 19.3 万人，主要向南京、苏州、徐州三座城市集中，三地分别新增 6.4 万人、2.8 万人和 2.3 万人。同年，浙江省新增常住人口激增了 113 万人，主要集中在杭州、宁波及其周边地区，其中杭州激增 55.4 万人，位居全国第一；宁波新增 34 万人，位居全国第四；地处沪杭之间的嘉兴也增长了 7.4 万人。

可以预见，原本就极具吸引力的长三角城市，在疫情期间展现出的高水平精细化管理能力，以及由此带来的"安全感"，将成为许多新市民择城而居的重要考虑因素，这也将继续推升外来群体在长三角集聚的热情。

因此，无论从当下现状还是从未来趋势看，为了避免城市病，夯实城市安全底线，长三角超大和特大城市就必须走多中心、郊区化发展的道路，加快培育郊区新城不仅十分必要，而且相当迫切。同时，对于其他人口在 500 万左右但正快速增长的城市，也应当未雨绸缪有意识地培育多中心的发展空间格局。

二、 何谓"郊区新城"：缘起与特征

众所周知，"新城"在长三角并不鲜见，几乎每座城市都有一个或多个冠以新城之名的区域。甚至不必追溯太远，仅看最近十年，就有无锡将市行政中心搬迁至太湖新城（2009 年），宁波将市行政中心搬迁至东部新城（2013

年),从而形成老城区与新城区的"双核"结构。特别是随着高速铁路和城际铁路网络在长三角地区的密集布局,让高铁新城几乎成为高铁所及之处各市县的"标配"。

不过,无论从西方国家新城理念的诞生、实践和演进,还是从当前中央文件中对郊区新城基本特征的定性描述,各地新城在具体的内涵和特征上还存在很大的差别。

一般认为,郊区新城建设起源于霍华德"田园城市"理念,这一理念试图在城市与乡村之间、集中与分散之间、农业与工业的冲突之间找到平衡点,体现人们追求人文关怀与宜居化的理想。"二战"后,新城建设渊源于疏解中心城区拥挤人口和满足住宅需求,这一时期新城建设注重同中心城区之间的呼应与共存关系,政府主导了新城建设,强调新城是大都市区域的有机组成部分。20世纪70年代开始,世界范围内新城建设的中心从欧洲向美国转移,由于私人小汽车的普及和高速公路网的形成,美国城市郊区化快速推进,许多大城市形成了多中心、无核心的空间结构。

"十四五"时期,我国在特大和超大城市所倡导的郊区新城强调"产城融合、职住平衡、生态宜居、交通便利"等特征,上海等城市在城市总体规划和"十四五"规划纲要中又进一步将新城界定为"独立综合性节点城市"。综合部分文件和研究文献来看,郊区新城通常具备以下特征:

一是与中心城区保持一定的空间距离。新城距离主城区不能太远也不能太近,太远会与中心城区完全"脱节",既无法有效承接中心城区溢出,也很难起到疏解人口和功能的作用;太近则会很快与中心城区融为一体,发挥不出多中心城市生态和安全屏障稳固的优势。从发达国家和地区新城建设的经验来看,西方发达国家新城距离中心城区较远,约为30—50公里,日本、新加坡等东亚国家(或地区)新城距离在15—30公里之间。

二是功能完备的独立城市。郊区新城建设的目的是疏解中心城区的人口与产业,产城融合、职住平衡是郊区新城强调的特征,所以无论从吸引力或是承载力的角度考虑,郊区新城都应当具备作为独立城市所应有的各类功能。

三是中等城市的人口与用地规模。适当的城市规模能够产生更强的城市集聚效应,西方国家新城人口规模平均为20万—30万人,而亚洲国家或地区新城的规模相对较大,有的超出50万人。

四是拥有便捷高效的交通体系。发展速度较快的郊区新城通常处于重要的交通廊道沿线,新城与中心城区、新城与其他新城、新城与周边城市之间有高速铁路、城际铁路或城市轨道交通线,保障交通通勤联系。

总而言之,当前倡导的新城本质上是超大和特大城市多中心、郊区化发展背景下,在城市郊区打造的具有一定体量规模的独立节点城市的总称,在分析研究特别是日后的规划建设中应当始终坚持其基本属性要求,应避免"泛化"的"造城运动"。

三、 哪些长三角城市将发展郊区新城

近期,长三角三省一市以及各个城市将陆续发布"十四五"规划和二〇三五年远景规划纲要,从前期已经发布的规划建议等资料看,各地对郊区新城建设的重视程度明显提高,长三角各中心城市都提出了有关新城建设任务内容。

在省级层面的规划中,上海市在"十四五"规划纲要中强调"把新城建设摆在突出位置",不仅以较大篇幅明确了五大新城的功能定位和政策支持,还将"新城发力"贯穿在纲要各个相关部分中。浙江在全省层面提出"大力推进杭州、宁波、温州、金义四大都市区建设","推动都市区组团式发展,大力培育郊区新城,促进区域人口、产业、公共服务等高效梯度转移集聚与空间重组"。

在城市层面,从长三角几个特大和超大城市已公开的相关材料看,尽管普遍强调提高郊区产城融合发展水平,但在具体方式上有很大差异,主要可以分为以下三种情况。

(一) 大力建设郊区新城:以上海、杭州为代表

从目前获取的公开材料看,长三角主要城市明确发力郊区新城的并不多,沪杭两市是相对少数聚力发展郊区新城的代表。

上海建设郊区新城已经有较长的历史。20世纪40年代后期"大上海都市计划"就引入了欧美规划理论,强调"有机疏散"和"卫星城"等理念;1958年,为克服中心城的空间制约,先后规划建设闵行、安亭、松江、嘉定、金山卫、吴淞—宝山等多个工业卫星城;1996年完成的《上海市城市总体规划》提出建设宝山、闵行、嘉定三个毗邻主城的近郊建设集中区,以及青浦、松江、金山卫、南桥、惠南、城桥等六个郊区新城。

"十一五"规划时,上海提出了著名的"1966体系"(即1个中心城、9个新城、约60个新市镇、约600个中心村);到"十二五"时期,闵行新城和宝山新城由于已经成为中心城的连绵发展区而不再出现在新城行列;再到"十三五"规

划和新一轮城市总体规划中,上海逐步聚焦到嘉定、青浦、松江、奉贤、南汇五大新城。

在"十四五"期间,上海提出"中心辐射、两翼齐飞、新城发力、南北转型"的空间新格局,将五大新城(嘉定、青浦、松江、奉贤、南汇)按照"独立综合性节点城市"的定位,以中长期以百万人口为目标,打造其成为上海未来发展具有活力的重要增长极和新的战略支点。

同时,为了加快新城发展,上海将"在财政资金、规划土地、人才引进、公共服务、建设标准、管理运营等方面加大聚焦和支持力度",近期也明确提出优先加大五个郊区新城的土地供应。

如果说上海发力郊区新城是迫于主城区的现实压力,杭州则既有主城区的无奈,也有几分未雨绸缪。随着杭州从"西湖时代"迈向"钱塘江时代",城市经济体量和人口规模快速膨胀,而杭州中心城区由于自然景观和历史风貌保护等需要,城市建设发展受到许多制约因素限制,从而进一步加快郊区新城的发展进程。

"十四五"时期,杭州市提出加快构建"一核九星、双网融合、三江绿楔"的新型特大城市空间格局,加快城市优质资源向郊区新城拓展,引导城市核心区过度密集区块人口向郊区新城疏散、城市新流入人口向郊区新城集聚,有效遏制城市单体规模无序蔓延,形成"众星拱月"的组团式发展形态。其中,"九星"就是滨江、萧山、钱塘新区、余杭、良渚、富阳、临安、桐庐和建德板块、淳安等九个郊区新城。

(二)发展郊区重点板块:以南京、合肥、宁波为代表

南京和合肥两个省会城市,近年都处在建设强省会的过程中,与上海、杭州相比,虽然也提出了"推动多中心、郊区化发展,建设产城融合、职住平衡、生态宜居、交通便利的郊区新城"的相关内容,但在新城的布局和郊区城市板块发展上有很大差别。

南京"十四五"提出了构建"南北田园、中部都市、拥江发展、城乡融合"的总体布局,在新城建设中,提出了"打造河西新城、江北新区、南部新城三大总部经济集聚区",河西新城和南部新城实际上已经是主城区的组成部分,是主城区重点打造的两个区域。

在郊区发展中,由于南京市"十四五"规划纲要还没有公开发布,结合"十三五"规划和城市总体规划(草案),南京市郊近年主要规划建设汤山、板桥、滨

江、桥林、龙袍等产城融合的现代化新城,以及发展仙林、东山、溧水、高淳等副城,分担主城功能。

合肥与南京的布局有相近之处。"十四五"时期,合肥市提出"中心城区引领、多极发展支撑、岭湖相互辉映、六带协同共进"的空间格局。其中,涉及的新城包括西部运河新城、合庐产业新城、下塘产业新城、合巢产业新城,与南京相同,上述新城都属于合肥中心城区的范围,是城市提升核心功能的主要承载区。

同时,按照"多极发展支撑"理念,合肥在郊区提出了"按照中等城市标准,提升巢湖城区、长丰县城、庐江县城等承载能力,打造市域三大副中心"。

宁波"十四五"规划建议中提及的新城较多,既包括"提升三江核心滨水区、东部新城、南部商务区、镇海新城等重点区域城市综合功能",也包括"加快宁波空铁新城、创智钱湖、姚江新城、奉化宁南新城、北仑滨江新城和凤凰城、大嵩—梅山湾新城等重点区块开发建设"。

其中,东部新城和镇海新城实际上是主城区的组成部分,东部新城是宁波的政治、经济、文化和商业中心。宁波布局的空铁新城等郊区新城本质上是一些城市开发的新板块,尽管也以新城命名,但与沪杭的郊区新城有明显差异。

(三)优化既有多中心格局:以苏州、嘉兴为代表

除了上述的情况外,由于长三角地区本身县域经济发达,特别是在一些还没有进行撤县(市)设区调整的地区,本身就具备比较良好的多中心发展基础,推动市域内各区(县、市)协调均衡发展也应被视为多中心、郊区化发展的一种方式。

从设区市整体来看,苏州是多中心发展的典型代表,目前苏州 GDP 已经突破 2 万亿元规模,由于中心城区古城历史保护的需要,苏州的城区格局本身就相对分散,有多个重点发展板块。同时,苏州下辖的"四小虎"(昆山、张家港、太仓、常熟)也常年在全国百强县榜单中位居前列,因而苏州本身就具备着多中心发展的城市特征。

与苏州有相似之处的是嘉兴,尽管嘉兴的经济体量和人口规模都与苏州有较大差距,但不容忽视的是,随着近年战略地位抬升,嘉兴近年人口导入规模在全国地级市中位居前列,"十四五"规划中更提出了达到 9 000 亿元 GDP、力争破万亿元的目标。嘉兴的一大特点正是区域均衡与城乡均衡,市本级和下辖的海宁、桐乡、平湖、嘉善、海盐发展水平差异不大,多中心和网络化的城

市格局早已经成为嘉兴的特色。

四、对长三角城市发展郊区新城的若干建议

可以预见,对于长三角的超大和特大城市,以及人口持续快速增长的大城市来说,"郊区新城时代"即将来临,多中心、郊区化发展将成为趋势,建议避免三方面误区:

第一,"多中心"不等于"泛中心"。郊区新城需要具备一定的人口和产业规模和城市能级,总体数量不宜过多,并不是所有郊区都适合建设新城。特别是对于人口规模较小或本身就是分散化布局的城市来说,同步推进多个郊区新城建设不仅可能透支地方财力,也将加大"空心化"的风险,需要慎之又慎。

第二,"郊区化"不等于"远郊化"。从以往上海、北京等地郊区新城建设的经验来看,发展较好的新城与中心城区的距离较为适中,且处于交通主动脉沿线。发展远郊新城有很高的难度,在规划建设中应合理确定郊区新城的空间布局和开发节奏。

第三,"新城"不等于"新建"。郊区新城发展不应脱离既有的城镇体系而凭空发展,上海当前推动的五大新城中有四个是依托郊区政府驻地。充分依托郊区政府驻地、人口集聚的特大镇等区域,能够保障基本的人口集聚程度,也有一定的发展基础,应当统筹新建和更新,优先重塑郊区新城功能。

同时,应当加强三方面建设:

第一,加强交通体系建设。交通便利是郊区新城发展的先导条件,应当通过打造新城综合交通枢纽、建设独立完善的多层次交通网络,增强郊区新城与中心城区、毗邻城市、新城之间以及重要功能区域的节点间联系。

第二,加强服务体系建设。从以往数据看,郊区新城是相当数量的新市民群体在长三角集聚的"第一站",但新城普遍存在着教育、医疗、文化等公共服务资源不足的问题。建议在未来的新城建设中优先加强优质公共服务导入,通过服务聚集人才,通过服务支撑功能。

第三,加强住房体系建设。新城发展的关键难点在于持续导入高质量产业和高素质人口,完善的住房体系是实现新城产城融合与职住平衡的基础性保障。高品质、低价格的住房既有利于吸引人口集聚,也有利于降低企业综合成本,建议要严防郊区新城"房地产化"和房价过快上涨,在保障郊区新城土地

供应的同时,着力发展高品质的租赁住房体系。

作者:虞　阳

参考文献:

① 陈建华:《西方国家郊区新城的起源与演化》,《上海经济研究》2014 年第 8 期。

② 顾竹屹、赵民、张捷:《探索"新城"的中国化之路——上海市郊区新城规划建设的回溯与展望》,《城市规划学刊》2014 年第 3 期。

③ 王春兰等:《上海人口郊区化与新城发展动态分析》,《城市规划》2015 年第 4 期。

④ 武前波、陈前虎:《发达国家与地区新城建设特征及其经验启示》,《中国名城》2015 年第 3 期。

⑤ 习近平:《国家中长期经济社会发展战略若干重大问题》,《求是》2020 年第 21 期。

第八部分
构建长三角高质量一体化发展新格局

长三角沿江滨海23城:从交通走廊到创新走廊[①]

沿海、沿江地区一直是中国扩大对外开放和区域协调发展的重要战略空间。长江三角洲作为沿海、沿江交汇之地,是中国经济发展最活跃、开放程度最高、创新能力最强的区域之一,其中沿江滨海城市更是在长三角一体化进程中具有特殊的历史意义并发挥着举足轻重的作用。

统计数据显示,2020年长三角沿江14个城市(上海、苏州、无锡、南通、常州、泰州、镇江、扬州、南京、马鞍山、芜湖、铜陵、池州、安庆)地区生产总值(GDP)为12.98万亿元,滨海10个城市(上海、南通、盐城、连云港、嘉兴、绍兴、宁波、舟山、台州、温州)GDP为9.55万亿元,两者合计(剔除重复城市)约占长三角经济总量的76.3%。

当前,在中国积极构建新发展格局、深入实施区域协调发展战略的大背景下,加快推动沿江滨海城市协同创新走廊建设,既是完善长三角区域创新共同体功能框架的重要抓手,也是助力长三角"一极三区一高地"建设的使命要求。

一、迭代升级:打造沿江滨海城市协同创新走廊恰逢其时

改革开放以来,长三角沿江滨海城市作为改革开放的先行地区和前沿地带,充分发挥区位优势和开放优势,率先成为中国贸易最发达、工业最集中、城市最密集的现代化城市群,对推动全国经济快速发展发挥了重要作用。回顾长三角沿江滨海城市的开放发展和协同合作历程,大致经历了三个主要阶段。

一是以对外开放为主线的自主发展阶段。改革开放初期,中国设立了第一批14个沿海港口城市为沿海开放城市,其中就包括连云港、南通、上海、宁波、温州五个长三角沿海城市,1990年党中央、国务院正式宣布开发开放浦东,开启了长江沿岸城市进一步扩大开放的新篇章。这一时期沿江滨海城市以发

[①] 本文曾发表于澎湃新闻·长三角议事厅。

展"大进大出"的外向型经济和沿海重化工业为主要目标,虽然2009年国务院审议通过了《江苏沿海地区发展规划》、2011年听取了《浙江沿海及海岛综合开发战略研究综合报告》,但沿江沿海合作的主体主要限于省内,跨省之间的合作意愿和成效并不明显。

二是以港航合作为重点的联动发展阶段。2014年国务院发布《关于依托黄金水道推动长江经济带发展的指导意见》,提出长三角城市群要培育壮大沿江、沿海等发展轴带;2016年印发的《长江三角洲城市群发展规划》进一步明确了沿江发展带和沿海发展带的发展重点。这一时期,沿江滨海城市之间的合作相对侧重于港航物流领域,包括打造沿江综合交通走廊、促进江海联运港口优化布局、打造港航物流、重化工和能源基地等,例如上港集团与浙江联动开发小洋山北侧岸线,与江苏沿江沿海港口开展投资合作等。虽然在产业合作方面,沿江滨海城市也涌现出了不少跨省、跨市合作共建产业园区,但在科技创新方面的合作仍然紧密程度不高、模式较为传统。

三是以协同创新为目标的聚合发展阶段。随着长三角一体化上升为国家战略,加强区域创新一体化、打造科技创新共同体成为沿江滨海城市的共同目标,在共性技术攻关、创新资源共享、科技成果转化、产业链条协同等方面的合作日趋紧密。三省一市分别签署了《长三角区域协同创新网络建设三年行动计划(2018—2020年)》《长三角地区加快构建区域创新共同体战略合作协议》《长三角技术市场资源共享、互融互通合作协议》等,一批跨省共建的科技创新平台、创新创业中心、产业合作项目纷纷落地。2020年,科技部印发《长三角科技创新共同体建设发展规划》,提出以上海为中心,沿海岸线向北、向南打造创新发展的"两翼",依托长江黄金水道打造沿江创新发展带,这也为沿江滨海城市进一步深化合作指明了新的方向和路径。

综合来看,长三角沿江滨海城市的合作发展无论在内涵外延还是层次格局上都已经发生了重大变化,从"1.0版"通江达海的交通走廊到"2.0版"梯度分工的产业走廊,再到"3.0版"无缝衔接的创新走廊,对沿江滨海城市如何立足基础优势,突破传统路径,加强更高层次的统筹设计、拓展更宽领域的合作空间和探索更加有效的合作机制,更好发挥其对内对外开放、产业创新协同的辐射带动效应提出了新的要求。

二、服务大局:打造沿江滨海城市协同创新走廊的重要意义

刚刚召开的中央经济工作会议指出,世纪疫情冲击下,百年变局加速演

进,外部环境更趋复杂严峻和不确定;中国经济发展面临需求收缩、供给冲击、预期转弱三重压力。在这个大背景下,我们更要内外兼修,坚定不移做好自己的事,不断做强经济基础,增强科技创新能力,全面深化改革开放、推动区域协调发展。

因此,打造沿江滨海城市协同创新走廊正是长三角打赢"强筋健骨"攻坚战、塑造"强劲活跃"新动能的重要战略结合点,对于支撑中国科技强国战略、服务区域协调发展大局、带动长三角高质量一体化发展具有重要意义。

一是拉满"一带牵引、两翼齐振"的产业创新之弓。沿江滨海城市是中国重要的高端装备、石油化工、医药健康、新能源和新材料、港航物流等产业基地,拥有上海张江、苏南、杭州、宁波温州和合芜蚌等国家自主创新示范区,以及一大批具有自主创新能力和引领带动能力的行业龙头企业,产业基础雄厚、科技资源富集。依托沿江滨海城市建设"形似弓箭"的协同创新走廊,不仅有助于长三角内部创新资源优化配置和产业项目优化布局,也有助于长三角面向国际打造具有全球影响力的产业创新高地,代表国家塑造国际竞争合作新优势。

二是打造"陆海统筹、内外联动"的开放创新之门。开放创新早已融入长三角沿江沿海城市发展的血脉基因,这里不仅拥有5个最早一批的沿海开放城市(连云港、南通、上海、宁波、温州),更集齐了四个自贸试验区和临港新片区,以及正在迈向更高台阶的浦东社会主义现代化建设引领区,是中国名副其实的开放高地。打造沿江滨海城市协同创新走廊势必要继续高举开放大旗,用好海陆双向开放的区位优势,加快聚集国际创新资源、拓展国际科技合作渠道,促进国际先进科技成果在沿江沿海城市转化落地,带动形成全方位开放新局面。

三是探索"优势互补、一体发展"的协调创新之径。我们也要看到,长三角沿江沿海城市之间仍存在较大梯度发展差异,总体表现为越往长江中上游、沿海南北两端,其经济体量、产业实力和创新活力等均呈现明显弱化现象。与此同时,近年来上海等核心城市由于发展空间受限、企业成本高企和区域交通便利等综合因素影响,科技成果、产业资源、创新人才等向外溢出步伐明显加快。沿江滨海城市有必要积极顺应这一趋势,发挥好上海等核心城市的科技创新策源和高端产业引领功能,释放中上游、南北翼广阔腹地的空间优势、成本优势和市场优势,探索更加紧密的产业创新合作机制,形成"起承转合"的互动发展新格局。

三、通经活络：拉开沿江滨海城市协同创新走廊的战略框架

沿江滨海创新走廊要承担起"产业创新之弓、开放创新之门、协调创新之径"的战略使命，关键在于要打通各个节点城市的"任督二脉"，让创新要素流起来、让转移转化通起来、让产业发展协起来、让产业链创新链融起来，发挥好核心城市的"能量释放作用"，发挥好不同层次圈层、不同串联节点的"能量传输作用"，真正通过沿江滨海创新走廊串联已有的创新圈、创新带，推动长三角打造协同创新共同体。

（一）以科技策源为引领，做强上海"牵江引海辐射核"

上海作为长三角沿海创新带的核心枢纽和长江经济带的龙头，在沿江沿海创新走廊中无疑应该发挥好"一核引领"的辐射带动作用。要紧紧依托上海的科创资源优势以及在国家战略中的定位，赋能沿江沿海创新发展，具体来讲：

一是"把创新策源功能做到极致"，持续在大国重器以及"卡脖子"的技术方面攻关突破，以核心技术成果突破带动沿江沿海的产业化，形成"策源在上海、转化在江海"的格局；二是"把高端创新资源做到共享"，上海拥有国家大科学装置、丰富的高校和科研院所资源，相关的沿江沿海城市可与上海建立大科学设施共享机制，如明确年度开放频次、开放企业白名单等；三是"把双向创新飞地做成标杆"，一方面引入上海创新到当地设立孵化器和创新中心，提升当地创新水平，另一方面设立反向创新飞地，利用上海创新资源优势，加快推动适应合作地产业发展导向的研发创新。

（二）以成果转化为导向，打造沿江"波浪递推创新带"

对于沿江创新带而言，呈现典型的"波浪交替式传输带"特征，第一波"传输带"以上海为牵引，覆盖"苏锡常"，延伸至"苏中"的南通、泰州、镇江（"十五"期间被纳入苏南板块，地理上偏苏中）、扬州；第二波"传输带"以南京为牵引，延伸至安徽的马鞍山、芜湖、铜陵、池州、安庆。这样的特点决定了沿江创新协同需要分段考虑、明确不同的定位方向，采取不同的推进策略。

第一波：打造支撑"苏中崛起"的"创新中轴"。苏中崛起从"十五"以来就成为江苏省的重要发展战略，主要期待是通过苏中的崛起辐射带动苏北发展。

伴随着北沿江高铁的通车,北沿江城市迎来新的发展机遇,南北跨江融合发展和融入上海也将迎来实质性突破,江苏沿江城市有望携手打造引领中部崛起的"创新中轴"。

一是打造核心城市辐射源。如上海、苏州、南通作为在这一条带上的核心城市,可以分别辐射不同的节点城市,通过建立创新联合体、创新飞地、创新联盟等多种方式开展合作。二是打造跨江融合创新示范区。推动南沿江地区技术创新优势向北沿江地区溢出,促进锡常泰、苏通跨江融合发展。三是打造紧密圈层科创带。如加快推动苏锡常环太湖湾科创带的建设。

第二波:打造辐射"皖南提升"的"创新珠链"。沿江第二波覆盖的城市基本以皖南城市为主。皖南地区是安徽的经济中心,是皖江城市带的重要组成部分,也是宁杭都市圈争夺的新战场。近年来增速持续保持省内领先,尤其是马鞍山、池州、芜湖等城市增速相当迅猛,2021年前三季度三地实现了18%的超高速增长。这一区域创新协同的总体架构包括:

一是打造南京大都市创新圈。发挥南京作为边际型城市的独特优势和使命,通过建立创新共同体、创新飞地、合作共建园区、创新联盟、产业联盟等多种方式深化合作,辐射带动皖南城市。二是打造二级传输新锐节点城市。如芜湖,经济总量位居安徽省第二,是华东地区重要的科研教育基地和安徽的创客之城,在这波沿江城市的创新协同中要做"闪亮珍珠";芜湖和马鞍山都在推进国家创新型城市建设,具备发力创新的良好基础,发挥好辐射带动作用,沿江南部三市(铜陵、池州、安庆)要积极融入南京、芜湖,也要积极融入省会合肥。

(三) 以产业协同为目标,打造沿海"南北延伸创新翼"

以上海为中心,沿海岸线向北、向南展开,分别打造北至南通、盐城、连云港的沪通港沿海创新发展翼和南至宁波、绍兴、舟山、台州、温州的沪甬温沿海创新发展翼。

北翼沪通港沿海创新发展带:北翼沿海的典型特征是依托港口、海洋发展的特征明显,海工装备、石油化工、港口装备、港航物流等产业集聚相对突出,因此,其创新协同也应着眼于围绕主导产业来展开。

一是完善海洋科技协同创新体系。要积极落实海洋发展战略,南通、盐城、连云港共同打造面向海洋经济的科技创新体系,围绕海洋经济部署创新链,加强共性技术研发。推动海洋经济协同创新发展,重点推动海工装备、海洋药物、海洋生物、高技术船舶等新兴产业的技术创新。二是构筑点对点接轨上海特色。南通、盐城等城市与上海的合作有很深的渊源,比如南通已经入围"万亿俱乐部"行列,同时成为接轨上海、辐射苏北的桥头堡,沪通创新合作底蕴较深,在2018年南通就以"产业合伙人、创新共同体"为愿景,开展与上海科技服务机构、科技园区、高校院所、知名企业、双创人才、创客资源的对接;盐城也将接轨上海作为城市"两海两绿"的重要组成部分,未来要塑造不同城市的合作品牌。

南翼沪甬温沿海创新发展带:沿海南翼相对于北翼,覆盖城市更多、战线拉得更长、产业基础更好、创新能力更强。一路南下,经过了环杭州湾经济区、甬台温临港产业带和义甬舟开放大通道,也构成浙江"一环一带一通道"的格局。未来南翼就是要依托上述功能组合深化协同创新。

一是把环杭州湾经济区打造成为沿海创新带的创新引擎。环杭州湾经济区拥有浙江省68%的经济总量、55%的人口、78%的发明专利、76%的高新技术产值、78%的境内上市公司、75%的中国民营500强企业,本身具有极强的创新基因和广阔的创新合作空间。二是将甬台温临港产业带打造成为产业创新带。三市合作也早有渊源,下一步核心就是发挥宁波都市圈辐射作用,推动甬台一体化合作发展,释放民营经济的创新活力。

四、结　语

江海同源、筑梦同心。长三角沿江滨海城市协同创新走廊早已不只是地理形态上的廊带概念,而是面向全国、面向世界、面向未来,承载着创新策源、产业引领、开放先锋等使命的重要战略空间。

下一步迫切需要以改革激发活力、以创新增强动力、以开放提升竞争力,在完善科技研发转化链条、共建先进特色产业集群、优化技术创新合作路径、畅通创新要素流通渠道、积极参与国际竞争合作等方面持续发力,努力成为驱动全国发展强劲活跃增长极的创新引擎,辐射带动沿江沿海地区高质量发展的动力枢纽,探索区域协调发展新机制的示范样板。

作者:高　平

参考文献:

①《进一步对接上海科技创新资源　打造长三角区域科技合作典范》,长三角科技资源

共享服务平台网,2019年7月1日,https://www.csjpt.cn/policyAdvice/details/fdb2ab2dac514a4db6ef8b8a19eef7db。

②《科技部关于印发〈长三角科技创新共同体建设发展规划〉的通知》,中国政府网,2020年12月30日,http://www.gov.cn/zhengce/zhengceku/2020-12/30/content_5575110.htm。

③《新华日报整版报道江苏沿海地区发展十年来取得的成绩》,江苏省发展和改革委员会官网,2020年1月6日,http://fzggw.jiangsu.gov.cn/art/2020/1/6/art_285_8901956.html。

④《浙江省长:杭州湾经济区力争到2035年建成世界级大湾区》,澎湃新闻百家号,2017年12月4日,https://baijiahao.baidu.com/s?id=15858528759584970031&wfr=spider&for=pc。

⑤《中央经济工作会议在北京举行》,《人民日报》2021年12月11日,第1版。

长三角沿江滨海 23 城:高水平建设沿江创新走廊①

长三角地区有 14 个城市紧临着长江两岸分布,自东向西依次是上海、苏州、南通、无锡、常州、泰州、镇江、扬州、南京、马鞍山、芜湖、铜陵、池州、安庆。尽管合肥并非严格意义上的沿江城市(靠近长江而非紧邻长江),但考虑到其在长三角西翼的策源和引领作用,我们在沿江创新走廊建设中也将其纳入进行考虑。因此,本文研究的长三角沿江创新走廊主要涉及上述 15 个城市。

一、长三角沿江城市具备建设高水平创新走廊的条件

长三角沿江创新走廊涉及的 15 城,具有经济体量大、创新活力强等特点。2020 年,长三角沿江创新走廊有万亿 GDP 城市 6 座,占全国的 26%;15 个城市的 GDP 总量达到 14 万亿元,占全国的 14%;R&D(研发与试验发展)经费投入总量达到 4 771 亿元,占全国的 20%。

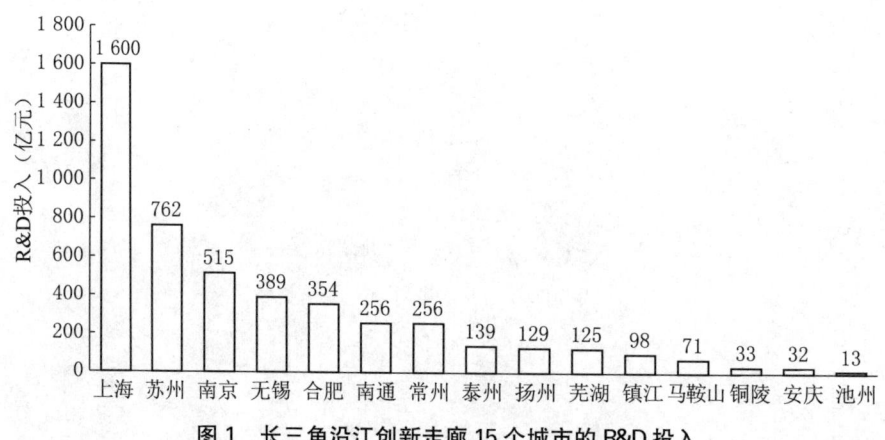

图 1 长三角沿江创新走廊 15 个城市的 R&D 投入

资料来源:上海市、江苏省、安徽省等三省市科技统计公报。

---

① 本文曾发表于澎湃新闻·长三角议事厅。

二、交通便捷：高速铁路网高效连接的创新走廊

高速铁路是继高速公路之后，对中国经济社会发展最重要的基础设施。特别是在知识经济和创新经济时代，四通八达的高速铁路网络支撑着各类创新人才在区域间快速流动，同时带来其他创新要素的高效连接，极大提升了区域协同创新效率。

长三角沿江创新走廊城市间高速铁路网络密布，沿江穿行的沪宁高铁、宁安高铁等将沿江创新走廊各城市有效串联起来。沪宁铁路东起上海站，西至南京站，串联上海、苏州、无锡、常州、镇江、南京6个城市。宁安高铁东起南京南站，西至安庆站，串联南京、马鞍山、芜湖、铜陵、池州和安庆6个城市。在建的北沿江沪渝蓉高速铁路，串联上海、苏州、南通、泰州、扬州、南京、合肥7个城市。在建的江苏南沿江高铁，则是沪宁通道的第二条城际铁路，进一步串联南京、常州、无锡、苏州4个城市。

依托现有的高速铁路网络，上海与沿江创新走廊大部分城市形成了1小时和2小时交通圈，仅有铜陵、池州、安庆等少数城市用时在3小时以上。未来随着沪苏皖新一轮高速铁路建设规划落地，如横跨三省市的北沿江沪渝蓉高速铁路、江苏南沿江城际铁路、合安高速铁路等，将进一步缩短沿江创新走廊城市间的往来时间，加快区域间的创新要素流动，为高水平建设长三角沿江创新走廊提供有力支撑。

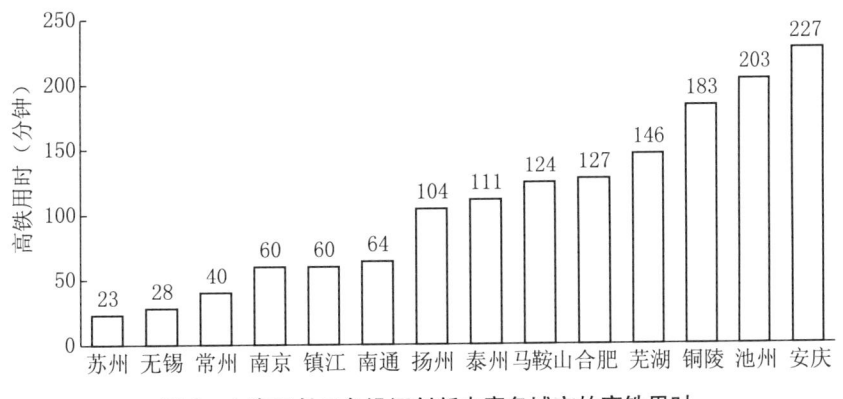

图2 上海至长三角沿江创新走廊各城市的高铁用时

资料来源：12306官网查询、上海中创产业创新研究院整理。

三、联系紧密：四大都市圈紧密衔接的创新走廊

长三角沿江创新走廊15个城市分属于上海大都市圈、苏锡常都市圈、南京都市圈、合肥都市圈等四大都市圈，各都市圈内部合作紧密，都市圈与都市圈之间相互交叉重叠，形成以中心城市引领、紧密衔接、功能互补的创新延绵态势。

都市圈内部紧密合作。在上海大都市圈内，上海嘉定、青浦两区与苏州、无锡、宣城等六市共同组成环太湖科技创新圈，上海嘉定与苏州市签订《嘉昆太协同创新核心圈战略框架协议》。苏锡常都市圈推进共建太湖湾科技创新带，明确建立苏锡常跨区域协同创新合作机制，推进重大科创载体平台资源共享。南京都市圈成立技术转移联盟，共同签署《南京都市圈技术转移联盟框架合作协议》。合肥都市圈积极推进中国科学技术大学智慧城市研究院（芜湖）等创新平台建设。

都市圈之间交叉重叠。根据《长江三角洲区域一体化发展规划纲要》，上海大都市圈将形成以上海为龙头的"1+8"大都市圈体系，其中，苏锡常都市圈就被完全涵盖在内。同时，苏锡常都市圈内的常州溧阳、金坛也被纳入了南京都市圈，既推动了苏锡常都市圈与南京都市圈的衔接，也让苏锡常都市圈成为串联上海、南京两大都市圈交流合作的"链接环"。

此外，南京都市圈横亘苏皖两省，将合肥都市圈的芜湖、马鞍山、滁州三市囊括其中，共同推进"顶山—汊河""浦口—南谯""江宁—博望"等省际毗邻地区的合作园区建设。通过四大都市圈相互衔接与交叉重叠，织密了沿江创新走廊的科技创新网络。

四、功能强大：多重国家创新战略赋能的创新走廊

近年来，多项国家重大创新战略先后在长三角沿江创新走廊区域交会叠加，形成了由全球科创中心、国家科学中心、自主创新示范区、自由贸易试验区等组成的"1233"国家开放创新战略体系，为推动沿江创新走廊高水平建设提供了有力支撑。

（一）"1"即上海全球科技创新中心

加快建设具有全球影响力的科技创新中心，是党中央在新时期赋予上海

的艰巨使命。2019年11月习近平总书记在上海考察时,进一步明确了上海"科技创新策源地"的战略定位,要求上海成为科学规律的第一发现者、技术发明的第一创造者、创新产业的第一开拓者、创新理念的第一实践者。国家对上海科创的战略定位,决定了沿江创新走廊未来也将是世界级的。

(二)"2"即张江、合肥等两个综合性国家科学中心

综合性国家科学中心,处于国家创新体系金字塔的塔尖,是国家创新体系建设的基础平台。张江与合肥两个综合性国家科学中心,分别位于长三角沿江创新走廊的东西两端,可以形成很好的策源呼应。同时,两大综合性国家科学中心集聚了大量高水平的重大科技基础设施、国家实验室、研究型大学、科研机构,可以为创新走廊各城市的科技企业、研发机构等提供强大的基础研究和功能平台支撑。

(三)"3"即张江、苏南、合芜蚌等三个国家自主创新示范区

张江国家自主创新示范区覆盖上海全市"一区22园",集聚了上海最丰富的产业创新资源。苏南国家自主创新示范区覆盖南京、苏州、无锡、常州、昆山、江阴、武进、镇江等8个国家级高新区和苏州工业园区,目标是要建设成为创新驱动发展引领区和区域创新一体化先行区,而上述高新区和苏州工业园区均位于江苏省沿江城市之中。合芜蚌国家自主创新示范区覆盖合肥、芜湖以及蚌埠等3个国家级高新区,目标是打造具有重要影响力的产业创新中心,成为科技成果转化示范区、产业创新升级引领区。上述三个国家自主创新示范区涉及沿江创新走廊8个城市(半数以上),以国家自主创新示范区为平台,初步形成紧密的区域协同创新体系。

(四)"3"即上海、江苏、安徽等三个国家自贸试验区

上海自贸试验区是中国首个自贸试验区,自成立以来,探索形成了一大批可复制可推广的制度创新成果,为包括长三角沿江创新走廊在内的国内城市开发创新发展提供了试验样板和制度引领。江苏自贸试验区涵盖南京片区、苏州片区和连云港片区,根据国务院批复文件要求,江苏自贸试验区要打造成为开放型经济发展先行区、实体经济创新发展和产业转型升级示范区。安徽自贸试验区涵盖合肥片区、芜湖片区和蚌埠片区,根据国务院批复文件要求,安徽自贸区应发挥在推进"一带一路"建设和长江经济带发展中的重要节点作用,加快推进科技创新策源地建设、先进制造业和战略性新兴产业集聚发展,形成"内陆开放新高地"。

五、 基础扎实:有着深厚合作基础的创新走廊

长三角沿江创新走廊各城市之间的科技产业合作由来已久,随着长三角一体化发展不断深化,相关城市之间的科技产业合作范围越来越广、能级越来越高、工作越来越实。

例如,前沿基础研究领域,中科大在上海设立研究院,聚焦量子通信、量子计算和量子精密测量等基础科学和前沿技术研究,中科大未来技术学院也将设立上海分院,培养本硕博贯通的量子科技人才。中科大在苏州成立高等研究院,建设先进材料学院、生物医学工程与技术学院、数据智能学院、量子物理电子学研究院等多个二级学院。南京大学设立苏州分校,打造人工智能、功能材料、地球系统、化生医药、数字经济等"五大学科群"。

在重大技术创新方面,由上海交大牵头、南通市企业参与完成的"海上大型绞吸疏浚装备的自主研发与产业化"项目,荣获国家科学技术进步奖特等奖。上海交大与苏州市政府共建上海交大苏州人工智能研究院,全面开展覆盖人工智能全领域技术及系统的研究。中科院上海光机所与南京经济技术开发区共同设立南京先进激光技术研究院,研制出测风激光雷达样机,广泛应用于风电、航空、气象等领域。

在科技成果转化方面,上海研发的技术和孵化的企业,到沿江创新走廊城市进行转化和产业化的案例比比皆是,特别是邻近上海的苏州、南通、无锡、常州、泰州等城市。以上海交大为例,其在苏州、无锡、常州、南通等城市均设立了合作基地或产业技术研究院,加快推动高校科技成果与当地产业及企业的结合。此外,以南京大学、中科大为引领,上海、南京、合肥等城市的高水平研究型大学也纷纷与沿江创新走廊城市开展合作,推动科技成果转化和产业化。

在产业园区共建方面,在上海、苏州、南京、合肥等产业领先城市的带动下,沿江创新走廊城市之间的产业园区合作共建呈现快速增长势头。上海与沿江创新走廊绝大多数城市都有合作共建产业园区,仅南通与上海的合作共建园区就有10个以上,几乎南通每个县(市)都至少有一个与上海合作共建的园区。作为当前中国最成功的产业园区之一,苏州工业园区在品牌、管理、产业等输出方面走在前列,与沿江创新走廊的很多城市也都合作共建了产业园区。

六、关于高水平建设长三角沿江创新走廊的几点建议

打破传统的行政区划理念束缚,以都市圈、城市群的视角推动长三角沿江城市带协同创新发展,构建以交通为基础、以创新为引领、以产业为核心、以要素流通共享为保障的深层次紧密合作新格局。

一是织密"高铁—高速路—信息路"立体通道。从农业经济到工业经济,再到知识经济,科学技术含量越来越高,信息交互的频率和节奏也越来越快。目前长三角沿江城市带已经形成了相对完善的高铁和高速主干网络,未来还要进一步加强中心城市与二、三线城市的城际铁路以及城市内部地铁等建设,提升人员在各城市之间的流动效率。此外,还要进一步打通各城市之间的信息路网,让各类产业创新以及政府服务数据信息率先在长三角沿江城市带跑起来,通过数据信息共享提升产业创新效率,携手打造更高效的共同创新市场。

二是加强"上海—南京—合肥"创新策源协同。中心城市的创新地位决定了长三角地区的创新高度和产业能级,建设长三角区域创新共同体,最紧要也最急迫的就是加强中心城市的协同创新,联手打造具有世界影响力的创新策源地。未来要充分用好上海、南京、合肥的研究型大学、高水平科研院所以及重大科技基础设施等高端创新资源,在人工智能、生命科学、量子信息等前沿科学领域加强合作,要在国家实验室、中国科学院等统筹下,推动三大中心城市的科创主体、科创平台以及科创基础设施等整合利用与协同发展,形成创新策源的合力。

三是共建长三角沿江世界级产业创新带。发挥中心城市创新策源和产业引领作用,围绕集成电路、生物医药、人工智能、高端装备、新材料等若干重点领域,引导产业链在长三角沿江城市进行合理布局,形成既统筹联动又错位互补的产业发展格局。坚持强链与补链并重,支持产业基础条件较好的城市向产业链高端环节冲刺,抢占全球产业技术高点;针对长三角乃至全国的产业链薄弱环节、技术产品空白领域,鼓励沿江城市积极布局,或者通过与中心城市合作等方式,攻占一批细分市场领域,培育一批专精特新企业。

四是持续优化跨区域产业创新合作模式。未来长三角沿江城市之间的产业园区异地共建,不能仅从经济利益或产业溢出角度考虑,更应该围绕完善产业链和提升产业竞争力目标来考虑,要从"我有什么给什么"转向"我需要什么补什么"。采取新型举国体制模式,聚焦若干重点产业领域,由政府部门组织

发起，支持龙头企业、高校院所联合设立研发平台，针对领域前沿技术以及关键核心技术进行合作攻关。此外，可率先探索建立沿江城市群关键核心技术"揭榜挂帅"联盟，加强共性技术难题的联合发布、集中攻关以及资源统筹。

五是支持创新资源要素跨区域高效流动。鼓励有条件的沿江城市合作设立产业创新引导基金，聚焦重点领域形成全产业链的融资支持。依托长三角资本市场服务基地，支持更多沿江城市科技企业到科创板上市融资。鼓励沿江城市在知识产权、数据信息等领域加强合作，支持上海技术交易所、数据交易所等平台面向沿江城市加强业务布局。支持上海、江苏、安徽等三大自贸试验区联动发展，以临港新片区为引领，加强三大自贸试验区之间的制度创新协同和科技产业协作，支持各类产业创新资源要素在三大自贸试验区之间自由流动。

作者：芮晔平　蒋英杰　朱加乐　王　珏　项田晓雨

参考文献：

① 庞雪汀、齐琦：《南京大学将设立苏州校区：全面推进校地战略合作》，搜狐网，2020年7月22日，https://www.sohu.com/a/409139096_115402。

②《习近平在上海考察时强调　深入学习贯彻党的十九届四中全会精神　提高社会主义现代化国际大都市治理能力和水平》，新华网百家号，2019年11月3日，https://baijiahao.baidu.com/s?id=1649178941915832855&wfr=spider&for=pc。

③《中共中央　国务院印发〈长江三角洲区域一体化发展规划纲要〉》，中国人民政府官网，2019年12月1日，http://www.gov.cn/zhengce/2019-12/01/content_5457442.htm。

④《中科大苏州高研院：横跨两个校园，新建五个学院》，腾讯新闻，2021年1月5日，https://view.inews.qq.com/k/20210105A0ESGY00?web_channel=wap&openApp=false&ivk_sa=1024320u。

长三角沿江滨海 23 城:如何打造滨海创新走廊[①]

长三角拥有超过 3 000 公里的漫长岸线,沿海城市人口稠密、产业坚实、文化深厚,展现出强大的发展活力,截至 2020 年,长三角沿海 10 个城市 GDP 达到 9.55 万亿元,占长三角经济总量的 39.0%;常住人口规模达到 8100 万人,占长三角总量的 46.4%。

自党的十八大首次提出建设"海洋强国"以来,长三角沿海各省市推动海洋发展的力度明显加大,一系列滨海地区发展战略相继落地实施,如《江苏沿海地区发展规划》《浙江舟山群岛新区发展规划》等已经有 10 多年的实施过程,大部分滨海城市都拥有国家级新区、自贸区等高等级、高能级平台。在长三角一体化发展重大国家战略实施推进的背景下,滨海城市已经进入新的发展阶段,提升协同创新能力迫在眉睫,打造滨海创新走廊的条件已经成熟。

一、 以往长三角滨海联动难的重要瓶颈

出于地理和历史等多方面的原因,在过去很长一段时间里,长三角沿海发展轴的实际联动水平要弱于沿江发展轴,滨海联动发展的成效并不十分理想,主要有以下几方面原因。

一是城市滨海地区发展基础比较薄弱。虽然长三角滨海城市拥有丰富的岸线资源,但许多城市"滨海而不邻海",一些城市主城区的发展与海的关系其实并不紧密,这与粤港澳大湾区的香港、广州、深圳等有很大差别。特别是在江苏到上海的北翼沿海地区,海岸以粉砂淤泥质海岸为主,沿海百万亩的低产盐田既不适合农业生产,还给修造深水大港增加了很大难度,也使旅游观光的价值大打折扣。

---

① 本文曾发表于澎湃新闻·长三角议事厅。

所以，拥有漫长岸线的江苏滨海地区一直是海洋经济发展的"软肋"，无论是城市能级还是产业体量都不甚理想；即使是"以海为名"的上海，实际上也是依河沿江而生，滨海地区过去一直不是城市发展的重点，只是承担了港航和化工等特定功能，直到上海自贸区临港新片区和南汇新城等加快发展，这一现象才得到改变。

二是部分滨海城市创新能力相对欠佳。长三角滨海城市的创新能力呈现从中心向南北两翼边缘逐步减弱的特点，上海、宁波两个创新能力较强的城市没有充分发挥对滨海南北两翼的带动作用。

例如，早在2009年，国务院审议通过的《江苏沿海地区发展规划》就指出该地区"自主创新品牌和自主知识产权数量不多，高级专业技术人才相对缺乏，集聚科技、人才资源的能力较弱，对沿海地区产业发展的支撑作用有待提高"。经过多年发展，虽然这些城市的经济实力和产业发展水平都在快速攀升，但由于缺乏创新要素积累和高能级的创新主体，创新能力依然不强，浙江和江苏两省新近发布的"十四五"海洋经济发展规划都直言不讳地强调了海洋创新能力不足对滨海地区发展带来的挑战。

三是滨海城市间的交通联系不够紧密。长三角滨海地区港口密集，不仅有上海港和宁波—舟山港这两个全球排名前二的世界级大港，连云港、南通港的吞吐量也同样可观。但是，相比长三角沿长江南岸和杭州湾口的"之"字形传统核心区域，滨海地区的发展联动并不十分紧密。

过去，滨海城市更加强调作为枢纽门户的开放功能，侧重强化与"东西向"大通道的联系以及对内陆地区的服务，例如，江苏沿海三市港口长期以来定位为陇海兰新沿线地区的出海口。相比之下，长三角滨海城市之间"南北向"的联系就明显较弱，比如在高铁布局上，北翼江苏沿海很长时间都没有高铁线路，南翼浙江沿海至上海方向也需要从杭州湾绕行，大大影响了滨海城市间的联系。

二、滨海创新走廊建设正迎来重大机遇

近年来，随着长三角一体化发展战略实施、重大基础设施建设和城市发展水平提升，长三角滨海南北两翼城市迎来新的发展机遇，作为拉动滨海地区发展的重要战略抓手，打造滨海城市协同创新带的条件已经具备。

(一)战略格局:国家战略叠加提升滨海城市地位

"一带一路"建设、长江经济带发展、长三角区域一体化发展、海洋强国、淮河生态经济带等重大战略以及自由贸易试验区、国家自主创新示范区等重大布局交汇叠加、深入实施,上海、连云港、南通、宁波、舟山等城市更是承载了多个国家级战略,叠加集成优势明显。国家层面对长三角滨海地区的重视程度也继续增强,如针对发展相对薄弱的江苏沿海地区,继2009年国务院批准印发《江苏沿海地区发展规划》实施到期后(规划期为2009—2020年),新一轮规划又于近期发布(规划期为2021—2025年,展望至2035年),其中就着重强调了"提升产业创新升级能力"。

(二)交通格局:高铁投入使用拉近南北城际联系

南北交通不畅是过去制约长三角滨海城市联动发展的主要因素之一,随着近几年滨海南北两翼多条重要高铁线路贯通和投入使用,交通瓶颈已经不复存在。在北翼,2018年以来连盐铁路、盐通铁路、沪苏通铁路等多条高铁线路先后投入使用,盐城等城市更是短短数年内实现了高速铁路由"区域零里程"发展为"县县全覆盖"的跨越。在南翼,具有标志性意义的国内首条民营控股高铁——杭台高铁于2021年末开通,台州、温州到杭州、上海的时间缩短了近1个小时;从最北端的连云港到最南端的温州,现在乘坐直达高铁可以比高速驾车节省近3个小时。

(三)城市格局:持续向海发展拓展滨海联动空间

过去几年,长三角滨海地区"向海发展"的步伐一直在加快,不少城市在滨海地区设立了高层级的新城、开发区、功能区,有的城市还在论证将行政中心迁移至滨海地区的可行性。上海全面推进五个新城建设,其中南汇新城作为自贸区临港新片区的主城区,提出到2025年集聚75万常住人口、创造5 000亿元工业总产值的宏伟目标。江苏加速打造新的滨海板块,连云港徐圩新区、盐城滨海港工业园区、南通通州湾长江集装箱运输新出海口等战略平台已经进入项目集聚期和能量爆发期。浙江滨海城市本身就具有较强的海洋经济产业基础和创新能力,"十四五"时期又明确全力推动宁波打造"海洋中心城市"和舟山国家级群岛新区2.0发展。

立足于当前滨海城市的发展基础,多项国家级和省部级的规划已经加强了对这一地区创新发展和协同联动的谋划,比如《江苏沿海地区发展规划(2021—2025)》强调"提升产业创新升级能力""鼓励支持原始创新、集成创新和协同创新";科技部《长三角科技创新共同体建设发展规划》也提出以上海为中心,沿海岸线向北、向南打造创新发展的"两翼",等等,长三角滨海创新走廊已经呼之欲出。

三、长三角建设滨海创新走廊的四大导向

随着国际国内形势的巨大变化,滨海城市发展的重要性不断提升,推动长三角滨海城市建设创新走廊已经具备了充分的条件。在谋划和推动建设中,应当立足新时代特点,重点把握以下四个方面:

一是把握产业升级发展趋势,加快重点领域的攻坚突破。长三角滨海城市也是中国先进制造业和战略性新兴产业发展的重镇,上海、宁波、南通、嘉兴、绍兴、台州等城市是高端装备、石油化工、医药健康、新能源和新材料、港航物流等领域重要的产业基地,加强滨海城市协同创新,将有力提升城市间产业创新以及科技创新成果转移转化的能力。更重要的是,在全球"蓝色经济"释放巨大能量、主要经济体和新兴经济体纷纷选择向海发展的背景下,更加需要滨海城市加快改变现有以近海岸线产业开发为主的格局,在深远海利用上实现突破。

二是把握海洋强国战略远景,强化经略海洋的技术支撑。海洋是重要的战略空间,在中国建设海洋强国的征程中,滨海城市发挥了极其重要的作用。从承载高端海工装备研发制造到支撑"21世纪海上丝绸之路",从捍卫国家海洋安全到扩大开放深化国际合作,都可以看到长三角沿海城市作出的巨大贡献。面对日趋复杂的国际环境,推动长三角滨海城市创新走廊建设,强化在海洋发展、海洋安全、海洋治理和海洋生态等领域的科技创新能力,将有利于提高中国经略海洋的软实力和硬实力。

三是把握区域协调发展要求,夯实共同富裕的协作基础。国家"十四五"规划和"二〇三五远景规划纲要"将"拓展海洋经济发展空间"纳入"促进区域协调发展"篇章中,足见滨海发展对区域协调的重要意义。

一方面,有利于提高滨海地区的协调发展水平,上海"十四五"规划提出推动南汇新城发展,构建世界一流滨海城市的框架形态和功能;北翼江苏沿海地区按照规划要求,将加快提升区域综合实力,地区生产总值年均增速超过东部

平均水平;南翼浙江沿海地区围绕共同富裕示范区建设,也强调提升滨海地区发展质量。另一方面,有利于增强沿海地区对更大区域协调发展的带动作用,长三角滨海城市是区域乃至国家对外开放的门户,承担着促进"东西向"双向开放的枢纽功能,通过加强滨海城市间"南北向"的创新联动,也将有利于提高滨海城市向内陆地区的辐射带动能力。

四是把握绿色发展行动方向,实现开发利用的动态平衡。滨海地区是中国重要的资源储备区域,岸线资源、土地后备资源、生物资源等十分丰富,是粮食、能源和生物多样性安全的重要保障。但与此同时,滨海地区的生态环境又非常脆弱,特别是海岸带属于极为典型的生态脆弱区,长三角不少海岸带和海洋生态环境保护区都面临着严峻挑战。随着长三角滨海城市持续向海发展,经济发展和城市建设等对滨海地区生态环境压力也将进一步加大,滨海城市协同创新发展不仅要在保障滨海地区生态安全的前提下进行,更要通过创新提升生态治理能力和绿色发展水平。

四、展开"黄金海岸"创新两翼的若干建议

以产业创新为核心,以科技创新为支撑,打造沿海"南北延伸创新翼",形成以上海为中心,沿海岸线向北、向南展开,分别打造北至南通、盐城、连云港的沪通港沿海创新发展翼和南至宁波、嘉兴、绍兴、舟山、台州、温州的沪甬温沿海创新发展翼。

(一) 核心:强化上海对滨海创新走廊的引领作用

上海在滨海创新走廊中扮演着核心引领者的角色,应当将创新走廊建设与全球领先的国际航运中心建设、全球海洋中心城市建设结合起来,提高对滨海南北两翼城市的带动作用,促进滨海地区产业能级和区域功能协同提升。

一是深化区域港航合作。按照以上海为中心、苏浙为两翼、长江流域为腹地的发展格局,支持市场主体以资本为纽带强化长三角港航合作,推动与浙江联合实施小洋山北侧综合开发,与江苏共同推进沿海多模式合作,完善上海深水港布局。同时,依托上海集聚的航运金融、航运交易、海事服务、法律咨询等平台机构,带动滨海走廊整体提升国际影响力。

二是引领重点产业创新合作。加强海洋经济发展合作,推动与苏浙沿海城市共同研究优化船舶海工装备产品结构,大力发展大型邮轮、LNG 运输船、

超大型集装箱船、高端客滚船、全自动化码头作业装备、海上油气开采加工平台、海洋牧场装备等高技术高附加值产品。深化未来产业合作布局，结合上海与周边沿海城市的产业基础和技术布局，加强新型海洋经济等前沿领域与滨海南北两翼城市的科技攻关与前瞻谋划。

三是增强南汇新城服务辐射能力。全面建设与临港新片区功能相契合的高能级、智慧型、现代化未来之城，加快发展前沿产业以及新型国际贸易、跨境金融、现代航运、信息服务、专业服务等现代服务业，建设国际人才服务港、顶尖科学家社区等载体平台，提高对滨海南北两翼城市的服务和支撑能力。

(二) 北翼：打造"沪通港沿海创新发展带"

北翼江苏沿海地区依托港口发展特色鲜明，融入跨区域合作应立足这一特点，推动港产城融合发展，提高滨海城市海洋经济、生态经济和枢纽经济发展水平，培育滨海发展新增长极，将北翼廊道打造成为令人向往的生态风光带、人海和谐的蓝色经济带。

一是提高滨海重点产业创新能力。围绕海洋高端装备、石油化工、港航物流等具有一定发展基础的重点产业，完善产业创新协同布局，导入与上海、浙江和苏南地区产业创新资源，加快推动产业绿色化发展和转型升级，积极培育深远海实施养殖、远洋捕捞、油气开发、可再生能源利用和高技术高附加值船舶制造等新兴领域。

二是构建海洋科技协同创新体系。围绕海洋经济部署创新链，以高端装备、生物医药、新能源、新材料、信息服务等海洋新兴产业为重点，共同打造面向海洋经济的科技创新体系，在江苏沿海三市引进和培育国家级海洋研究机构，建设海洋产业创新研究院和海洋技术产权交易平台，以江苏海洋大学等高校为依托打造涉海产学研合作联盟。

三是培育滨海地区创新型企业集群。聚焦优势产业和新兴产业，鼓励滨海廊道北翼的重点骨干企业牵头组建创新联合体，培育具有国际竞争力的领军企业，培育具有国际竞争力的独角兽企业、专精特新"小巨人"企业和单项冠军企业。

四是构建滨海地区对口合作新机制。促进江苏沿海三市点对点接轨上海特色，立足三市各自产业创新特点，分别与上海临港、张江、市北等园区建立长效性合作机制。推动江苏沿海三市与浙江沿海城市建立合作关系，塑造不同城市的特色化合作品牌。

(三) 南翼:打造"沪甬温沿海创新发展带"

沿海南翼相对于北翼,覆盖城市更多、产业基础更好、创新能力更强,目前拥有的国家级新区、自主创新示范区、海洋经济发展示范区等品牌也更密集,参与和融入滨海创新走廊建设,要依托浙江"一环一带一通道"格局,有效串联环杭州湾经济区、甬台温临港产业带和义甬舟开放大通道,构建协同发展深化合作的新格局。

一是增强环杭州湾区域创新引擎作用。统筹环杭州湾区域城市科创人才资源,以建设重大创新平台、开展重大技术创新专项为抓手,强化科创大走廊辐射引领能力,夯实科技创新对产业发展的支撑力。依托清华长三角研究院、之江实验室、浙江大学、西湖大学、阿里巴巴达摩院等高校院所,实施重大基础研究和科技攻关,提高对滨海创新走廊建设的带动能力。

二是加强临港产业创新实力。立足宁波、台州、温州临港产业发展基础,依托沿甬台温高速公路复线、沿海高铁打造产业创新轴,推动甬、舟、温、台四地协同共建产业链、供应链、创新链,加快形成具有国内外竞争优势的产业集群、企业集群、产品集群。

三是提升宁波区域创新带动能力。发挥宁波国际港口城市优势,以世界一流强港建设为引领,以国家级海洋经济发展示范区为重点,打造世界级临港产业集群,做强海洋产业科技创新,引育一批国际知名涉海涉港高校和科研机构,联动滨海创新走廊城市共建海洋科技创新重点实验室,打造国际海洋港航、科研、教育中心。

作者:虞　阳

强建补:沪苏浙皖如何协同打造现代化产业链

产业链是大国经济循环畅通的关键,我国必须在关系国计民生和国家经济命脉的重点产业领域形成完整且有韧性的产业链、供应链。长三角地区是我国产业综合实力最强的区域,具备产业链协同发展和打造世界级产业集群的良好基础。

做好产业链强链补链建链工作,是长三角地区率先提升产业基础高级化和产业链现代化水平的必然要求,是长三角地区加快打造世界级产业集群、提升我国参与全球产业链、价值链竞争能力的重要举措,也是长三角立足新发展格局,以城市群协同发展保障国家产业安全的使命担当。

一、强建补:我们的差距在哪里?

(一)产业链安全性稳定性不够,部分领域存在断链断供风险

从链条体系来看,长三角地区对外开放程度高,产业链与全球生产网络高度融合。由于全球产业链长期形成的价值分工,以及部分产品受资源、技术等因素影响,长三角地区一些关键核心产品高度依赖欧美国家进口且产品供应来源较为单一,自身存在一些链条缺失。面对各种突发性的外部冲击,一旦出口国实施出口禁运政策,长三角可能面临断链断供风险。

具体来看:在集成电路领域,EDA 设计工具高度依赖新思科技等美国三家企业供应(占据 95% 市场),关键通用器件中的 DRAM、NAND Flash、CPU、DSP 等产品市场基本没有中国企业的市场份额。在生物医药领域,植介入用金属材料等重要原材料,高端影像用传感器和光电检测及光电倍增管等关键零部件,均不同程度受制于欧美发达国家。部分领域可实现国产化,但验证时间长、成本高;部分产品尚无国产替代。在人工智能领域,AI 芯片中应用最广的 GPGPU 基本由美国的英伟达供应。底层软件框架、核心算法高度

依赖国外。在航空航天领域,航空发动机等核心部件仍然依赖进口。

(二)产业链硬核技术支撑不够,关键核心环节缺乏自主可控技术

从创新路径来看,长三角更多的是引进消化吸收再创新、集成创新、模式和应用创新,基础研究、原始创新明显不足,这就导致长三角地区重点产业"五基"领域、关键核心环节的技术与国外差距较大,难以实现国产替代,存在"卡脖子"风险,是实现产业链现代化的重大隐患。

具体来看:在集成电路领域,光刻机与国际最领先水平相差 7 代,技术落后 15—20 年。目前仅 90 nm 光刻机和 28 nm 及以上工艺其他设备可国产替代。7 nm 以下工艺制程受光刻机等设备制约难以研发。在生物医药领域,动物细胞培养以及抗体等生物制造重要原材料、靶向药物递送系统辅料、智能制剂和智能给药系统关键元器件以及试剂耗材易被"卡脖子"。在人工智能领域,AI芯片整体处于国际最前沿技术的紧密跟随水平;长三角地区在计算机视觉、语音识别方面国际领先,但自然语言处理在超大规模训练模型领域被"卡脖子"。

(三)产业链掌控力和话语权不够,统领型龙头企业缺乏

从产业链掌控力来看,企业是构建产业链的主体,也是提升现代产业链的关键力量。长三角地区企业发展能级无法匹配产业链现代化的要求,无论是反映综合竞争力的世界 500 强企业,还是反映细分领域竞争力的行业级头部企业,长三角地区与国内外知名城市都还有明显差距,在全球产业发展中缺少掌控力和话语权。

如集成电路领域,中芯国际尚未能进入晶圆代工的超级阵营,与行业的领跑者台积电相比,全球市场份额不足后者的 1/10,制程工艺与台积电相差约两代四年,盈利能力、产能及客户差距也较大。在生物医药领域,复星医药位列全国医药工业前 50 强,但其营业收入不到 300 亿元人民币,而美国强生、瑞士罗氏制药、美国辉瑞和瑞士诺华都超过 500 亿美元,规模差距和技术差距悬殊;全球制药企业 50 强、全球药品销售 100 强、全球医疗器械品牌 50 强,长三角仅有江苏恒瑞医药上榜。在海洋工程装备领域,主力产品集中在自升式钻井平台和中小型海工辅助船等价值量相对较低的领域,高价值领域缺少代表企业。

此外,从生产性服务业领域来看,生产性服务业是融通产业循环的重要力

量,是全球产业竞争的战略制高点。但长三角地区生产性服务业、高端专业服务业发展能级水平滞后,检验检测、验证试验、高端集成服务等一些领域缺少本土代表性企业,也缺乏国际服务与辐射能力,被国外企业引领掌控的局面一直没有突破。

(四)产业链跨区域协同不够,区域产业链共建机制尚不健全

从产业链协同布局角度看,存在几方面问题:一是跨行政区域产业链上下游存在供求对接信息、机制不畅问题,大中小企业缺乏高效的融通,难以在区域内打通产业链断点堵点;二是长三角不少城市都提出要发展重点产业全产业链,如生物医药领域,苏州、常州、泰州、台州等产业链环节选择高度一致,将会降低甚至抑制产业集群协同共赢效应;三是长三角各城市重点产业园区合作实践案例不多,合作关系比较松散,产业集群联合培育、项目统筹合作、平台共建共享机制有待完善,跨区域的创新链、产业链、资金链、人才链有待深度融合。

二、强建补:我们的导向是什么?

对于长三角而言,产业链的"强建补"需要坚持国际视野、国际对标,实施差异化的思路和策略,对于优势的领域要积极巩固和保持,对于短板的领域要保持紧密跟跑、尽量缩小差距,对于新兴的领域要争取前瞻布局、力争在新的赛道上实现领跑,而对于一些实力相当的均势领域则要实现国际并跑。

(一)锻造形成若干更富竞争力、更具安全韧性的标志性产业链,努力实现优势领域的"国际领跑"

围绕重点产业领域形成若干占据产业链价值高端环节、掌握一批国际领先的关键核心技术、上下游融通完整、国产替代效应明显的产业链,成为代表我国重点产业参与国际竞争的最高水平,实现优势领域能够在国际上领跑。

(二)着力攻克一批填补国内空白的产业技术创新成果,努力实现短板领域的"紧密跟跑"

围绕重点产业领域着力突破一批核心基础材料、基本零部件、基础工艺、产业技术基础能力,行业中关键共性技术、前沿引领技术、现代工程技术和颠

覆性技术实现新的突破,长三角产业链的整体创新能力与水平迈上新台阶,实现短板领域的突破,努力缩小国际差距。

(三)强化未来产业的前瞻战略布局,努力实现新兴领域的"国际抢跑"

着力在与国际处于同一起跑线的5G、人工智能应用、量子科技、氢能等新兴领域加强布局,力争在新的赛道上实现先发,构筑面向未来的产业竞争优势,在未来的国际竞争中占据主动。

(四)支持一批具有国际竞争力的企业和品牌,努力实现均势领域的"国际并跑"

围绕重点产业形成一批具有自主知识产权、引领行业标准、掌控关键资源、凝聚上下游产业链、占据国际市场份额优势的链主企业,打造一批在国际上有影响力和竞争力的世界级领军企业,打响长三角制造品牌,实现长三角品牌与国际知名大牌在国际市场赛道的"并跑"。

三、强建补:我们的招数是什么?

(一)全力维系长三角整体产业链的安全稳定

这是当前长三角提升产业链面临的首要任务。目前,长三角区域产业链内的外向型企业上游原料和中间品供应对海外市场的依赖度仍处于较高水平,在全球新冠疫情冲击下,上游产品和中间品供应成为长三角企业的高风险供应环节,一旦出现断供,影响面非常广。因此,要以维系企业正常生产需求为导向,建立完善快速响应机制和应急机制,在资金跨境、海关检验、检疫检测等方面建立快捷方式和绿色通道。

(二)对重点产业逐一进行"补短板"

重点针对高新技术敏感产业,通过对产业链和供应链的分析,梳理断链风险点,制定长三角重点产业和重点产业链环节"补短板"清单。针对断供风险,一方面要支持企业加大采购力度,加快建立产品备份系统;另一方面要制订长三角产业链"补短板"三年行动计划,通过自主创新、投资并购、技术授权等方式逐一化解风险点。需要强调的是,我国产业链被"卡脖子"的地方还有"脚脖子",即基础材料、基础零部件、基础软件、基础工艺等产业基础能力非常薄弱,需要在实施关键核心技术攻关的同时,扎扎实实提升产业基础能力。

(三) 锻造一批优势产业的产业链"长板"

推动长三角优势产业高端化、智能化、绿色化转型升级,加快新一代信息技术与制造业深度融合,进一步抬升优势产业的现代化水平。聚焦钢铁、石化、纺织、重大装备、汽车等优势行业,打造一批"杀手锏"产品,大幅提高产品附加值和竞争力,占据产业国际竞争制高点。注重用好国内市场大循环,通过实施首台套、首批次政策等措施,为新产品产业化提供市场支持,通过庞大的国内市场规模效应促进产业质量性能提升。

(四) 全面推动长三角产业链整体升级

依托长三角数字经济的先发优势,利用好全国领先的信息基础设施、丰富的应用场景和扎实的产业基础,联通新基建、融通新制造,加强数据开放共享,实现产业链数字化、智能化升级。把握国际贸易投资新趋势,进一步发挥好上海的战略枢纽和重要节点功能,联动浙江、江苏、安徽三地自贸试验区,持续引进跨国公司产业链供应链重要环节。进一步强化"一带一路"沿线产业合作机制,支持具有产业优势的领头企业在"一带一路"沿线构建产业链,强化对产业链的掌控能力。

(五) 构建大中小企业共生的产业组织体系

产业链的完整高效,既需要有"链主"企业的引领,也需要"链众"企业的支撑。一方面要充分发挥龙头企业带动作用,培育一批在关键核心技术、知识产权、品牌影响力、市场占有率方面具有显著优势的龙头企业,增强全产业链整合能力,提高在全球产业链、价值链中的话语权。另一方面,要促进大中小企业融通发展,建立良好的产业组织生态,打造"专精特新"中小企业群体,支持中小企业提升专业化能力,推动"小巨人"企业加快向单项冠军企业发展,夯实长三角产业发展的根基。

(六) 强化产业共性技术的研发和供给

要以上海为龙头,携手南京、杭州、合肥,以沿沪宁(G42)产业创新带、G60科创走廊、宁杭(G25)生态经济带为支撑,畅通创新要素流动,集聚创新资源,构建长三角科创圈。推动科技基础设施集群化发展,强化国家重大战略项目、重大科学计划、科技重大专项和国家实验室布局,支持更多大科学装置落地,为长三角产业高质量发展提供基础研究支撑。聚焦重点领域和关键环节,开展关键核心技术协同攻关,产生一批填补国内外空白的重大技术突破和创新成果。

(七) 持续优化产业生态和营商环境

要把知识产权保护放在营商环境的核心位置,强化知识产权全产业链保护,激发各种所有制企业的创新创业活力。营造宽松便捷的准入环境、公平竞争的市场环境以及安全放心的市场消费环境,吸引、集聚和促生更多的优秀企业。率先落实要素市场化配置改革措施,提高土地、劳动力等传统要素配置效率,增强数据、技术等新型要素支撑能力。建立以企业为主体的产学研联合体,建设和用好长三角产业公共服务平台,加强"政产学研金服用"协同,推进上下游产业链各环节的合作。

(八) 逐步完善长三角地区产业链空间网络

按照国内大循环为主体和长三角高质量一体化发展要求,推动长三角产业布局在集聚中走向协调,加快构建区域产业链适度分散和相对集中的"大分散、小集中"格局。促进长三角核心产业链空间网络的重要环节由上海、杭州、苏州、南京等中心城市逐步向宁波、无锡、常州、嘉兴、连云港、湖州等次级中心城市转移,缓解超大城市、特大城市功能过度集中带来的要素成本上升、资源环境负荷总量过大等问题,保持长三角产业链的整体竞争力。支持次级中心城市在产业链布局中发挥更大作用,带动周边区域和中小城市发展,形成新的产业集聚组团。

作者:杨宏伟　丁国杰　唐丽珠

参考文献:

① 刘文富:《构建长三角产业集群　参与全球产业竞争》,《群众》(决策资讯版)2021年第22期。

② 单媛、李红梅:《加快打造长三角新型更具韧性的产业链》,《宏观经济管理》2021年第12期。

③ 夏丹:《长三角四大产业链同向发力:打造具有国际竞争力的世界级产业集群》,浙江新闻百家号,2022 年 8 月 13 日,https://baijiahao.baidu.com/s?id=1740999349438965193&wfr=spider&for=pc。

④ 浙江省发展规划研究院课题组:《长三角:携手打造世界级产业集群》,《浙江经济》2021 年第 9 期。

"链上长三角":长三角重点产业链竞争力全景分析

长三角地区是我国产业综合实力最强的区域,制造业基础雄厚、产业体系完善、对外开放程度高,形成了较好的集群发展态势和产业链协同基础,但从重点产业链发展来看,长三角地区也存在一些薄弱环节。

从全国范围来讲,长三角地区的产业强链补链建链,具有更强的率先突破意义、引领带动意义和示范标杆意义。那么到底长三角产业链发展基础如何,对标国际,长三角有哪些优势,又有哪些短板?本文主要围绕集成电路、人工智能、生物医药、新能源汽车、航空航天、海洋工程装备及船舶、高端能源装备七大重点产业领域,提供了长三角重点产业链竞争力的全景展示。

一、集成电路:综合实力全国领先,高端领域差距明显

长三角集成电路产业规模占据全国半壁江山,产业链完整、综合技术水平高。从区域分布来看,上海芯片设计、晶圆制造、特色工艺、装备材料等均处国内主导地位;江苏产业规模全国领先,封测领域具有全球竞争力,电子化学品优势明显;浙江装备与材料领域渐具优势,模拟芯片、国内靶材、长晶炉优势明显;安徽合肥长鑫是中国国内唯一使用主流制程的 DRAM 供应商,在存储芯片、智能硬件领域形成后发优势。

从产业链短板来讲,与世界先进水平相比,长三角集成电路产业还存在明显短板:台积电已经实现 5 nm 量产,中芯国际制程工艺为 14 nm,技术相差两代,同时受制于 EUV 光刻机,7 nm 以下无法进一步推进;28 nm/14 nm 均已经实现量产,但光刻机、光刻胶等装备、材料国内无法供应。设计领域,EDA 软件基本被 Synopsys 等国际三巨头垄断。

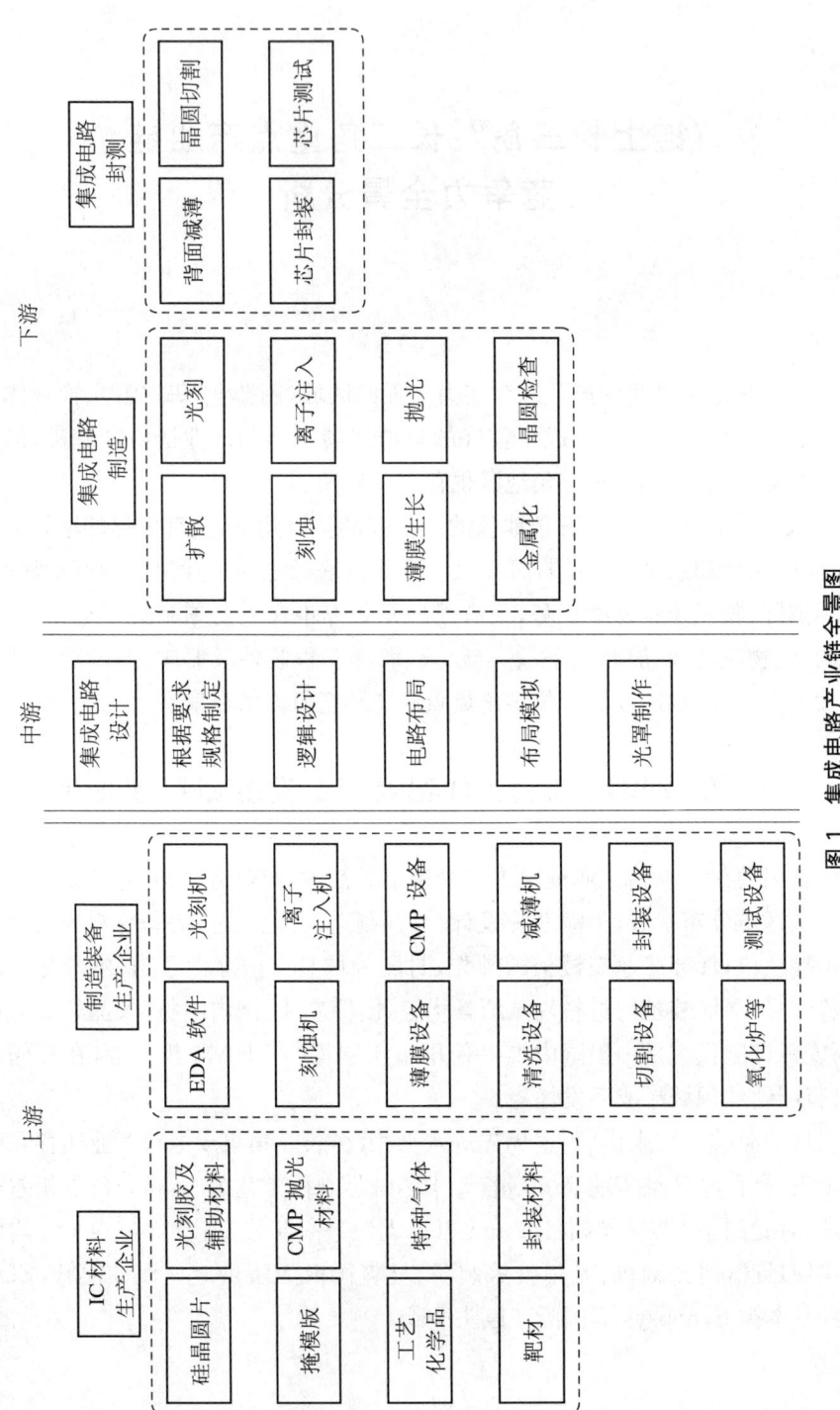

图 1 集成电路产业链全景图

二、人工智能：应用层优势突出，芯片、软件框架等短板明显

长三角三省一市在人工智能领域各具特色，应用场景丰富，整体处于国际并跑水平。上海拥有从算法到芯片再到应用较完整的产业生态，在视觉计算技术以及智能驾驶、智能机器人等领域处于国内领先水平；江苏依托制造业优势，在智能机器人、智能网联汽车等领域形成自身优势，思必驰在语音识别等领域国际领先；浙江开源框架方面优势明显，依托阿里在新算力和智慧安防等新应用领域全国领先；安徽突出智能语音主导产业，龙头企业科大讯飞中文语音产业规模占全球中文智能语音应用市场的80%。

长三角人工智能虽然在应用层以及计算机视觉、语音识别等技术领域处于领先地位，但在核心芯片、核心算法以及软件框架等方面仍依赖国外。

三、生物医药：规模及研发实力突出，靶点发现等基础研究能力和关键材料设备领域严重依赖国外进口

长三角生物医药规模和研发实力强劲，上海在单抗、细胞治疗、基因治疗等生物制药和高端医疗影像器械领域国内领先；江苏具有全国最强的产业化优势，拥有恒瑞医药、扬子江药业等一批化学药龙头，昆山的小核酸、南京的基因之城、泰州中国医药城各具特色；浙江智慧医疗及药品制剂特色凸显，台州、东港、温岭等地为长三角及全国化学药品制剂提供原料基础；安徽以亳州为代表的中医药优势明显。

但是，长三角生物医药产业集群的靶点发现、药物工艺等基础研究能力与国外相比有很大差距，细胞培养基、抗辐射PE粒子、生物反应器、微观定量仪器等关键原材料及实验设备严重依赖国外进口。

四、新能源汽车：产业链较为完善，部分零部件依赖进口

长三角拥有国内最大的汽车制造集团上汽，有国际新能源汽车龙头特斯拉，有本土新能源汽车龙头蔚来汽车，有国内民营造车的领头企业吉利汽车。新能源汽车成为长三角各地发展热点，汽车销量占全国销量的半壁江山。在新能源汽车"三电"系统等方面均有布局，集聚了国轩高科、中航锂电、上海电

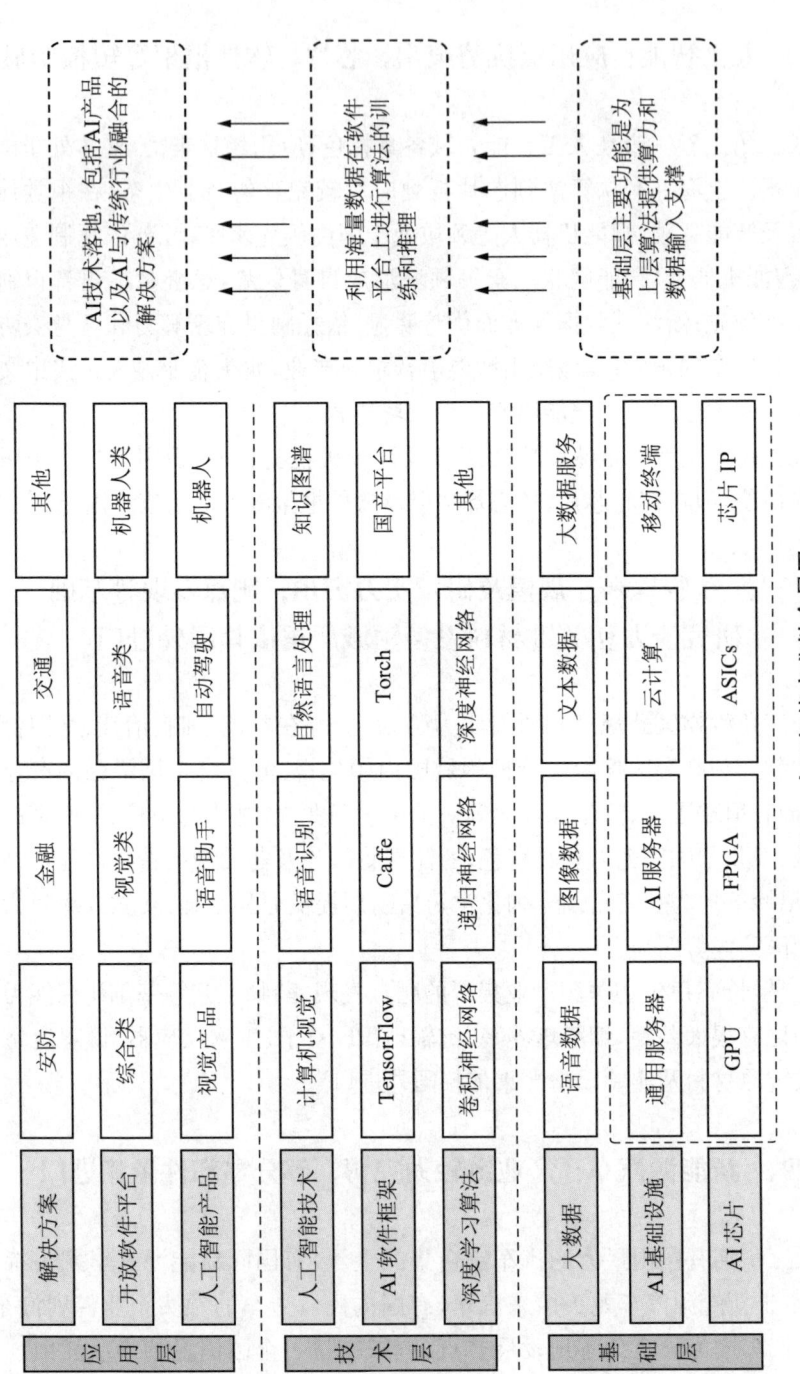

图 2 人工智能产业链全景图

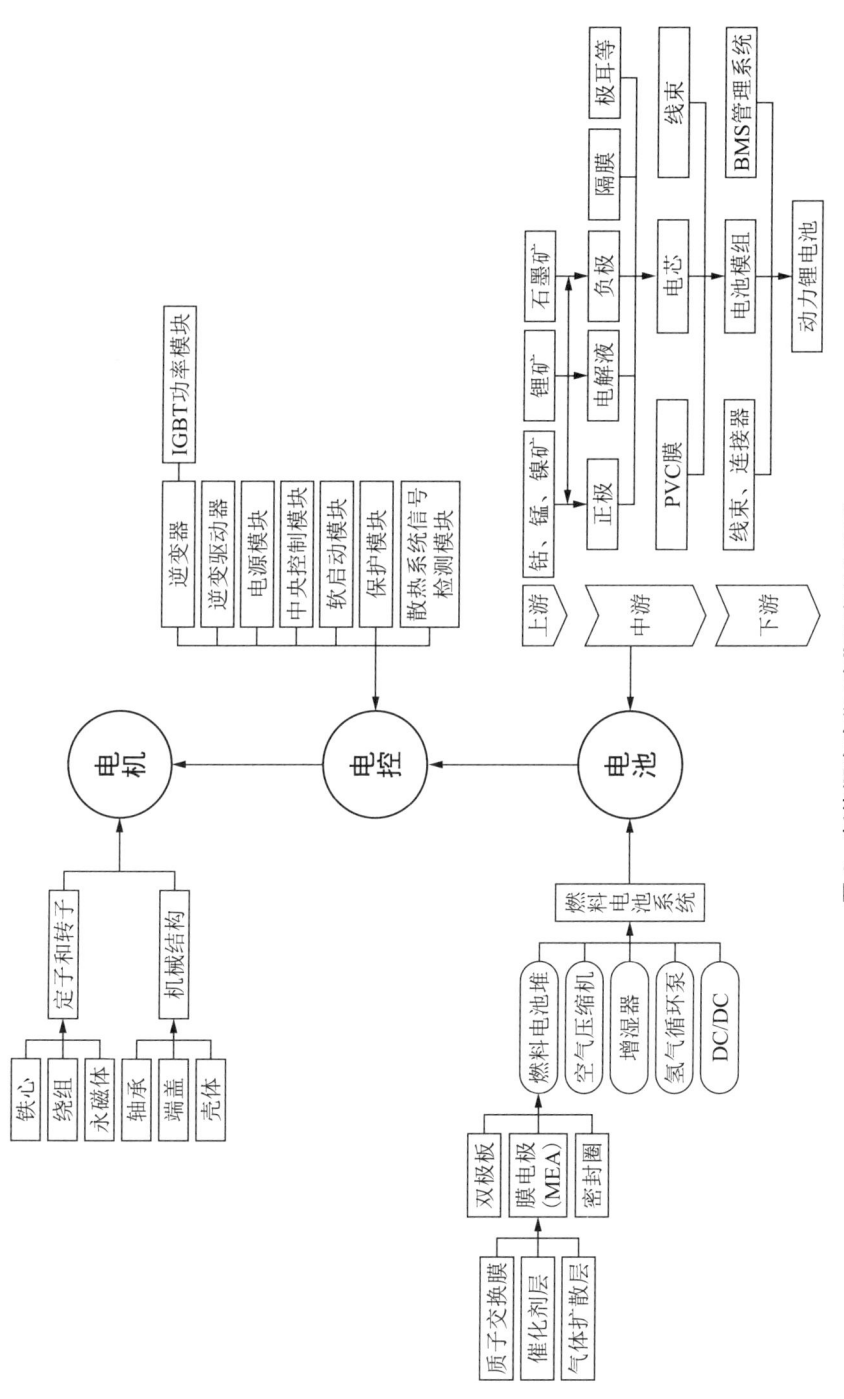

图 3 新能源汽车"三电"系统产业链图

驱动联合汽车电子、苏州汇川等国内知名企业；在氢燃料电池汽车方面，上海应用推广效果最好，氢燃料汽车数量位居全国第一，江苏和上海氢燃料电池相关企业数量位居全国第一、二位，长三角企业数量合计占全国比重高达46%，上汽、上海神力、重塑能源科技、江苏氢能等知名企业已纷纷布局。

长三角新能源汽车已经形成较为完整的产业链，但部分关键环节仍然依赖国外进口，如氢燃料汽车的质子交换膜、碳纸等材料主要依靠进口；供氢系统、空气供给系统技术上与国外还存在较大差距。电控核心部件IGBT功率模块高端市场基本被美日企业占据。国内驱动电机轴承主要依赖进口。

五、航空航天：整装和研发实力优势明显，但商业应用、下游服务等环节缺乏竞争优势

航空航天主要包括飞机、运载火箭及卫星三大细分领域。长三角商用飞机产业基本形成"一核多点"的分工格局，从上游的原材料、中游的零部件和分系统制造到下游飞机总装制造，长三角企业均有所涉及，但发展侧重点不同。上海依托中国商飞、航发商发等龙头企业具有飞机总装制造的绝对优势；江苏侧重于为飞机提供航空材料以及零部件的生产配套；浙江依托西子势必锐在飞机机体结构件方面表现亮眼；安徽在通用航空领域的研发制造竞争优势明显。

但是，在下游维修服务市场中，龙头企业主要集中在中部地区，长三角地区无明显竞争优势。

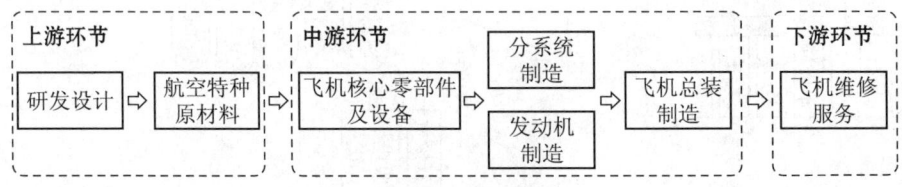

图4 航空产业链

航天产业链主要包括运载火箭和卫星两大类。运载火箭产业链主要集中在北京、武汉、西安、重庆等城市，长三角地区在我国运载火箭产业中的竞争力比较薄弱，上海依托航天技术研究院、上海航天设备总厂在产业链的设计环节

以及火箭总装制造中有所布局。

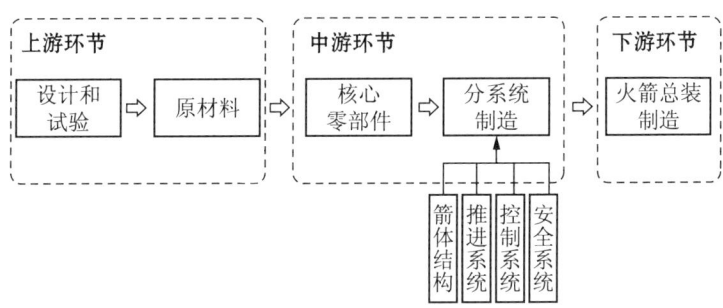

图 5 运载火箭产业链

卫星产业链主要集中于北京、广东、上海、江苏、四川、湖北等地区,北京是卫星及应用产业链代表企业最多的地区。长三角地区的卫星产业链以上海为龙头引领,依托航天八院、上海微小卫星工程中心等科研院所,在卫星设计实验、系统控制、总装制造产业链环节中有所优势。江苏则在卫星核心零部件和系统配套中有一定的行业影响力。但是,长三角地区在下游环节的卫星应用服务中,行业显示度不强,龙头企业不多,竞争优势不明显。

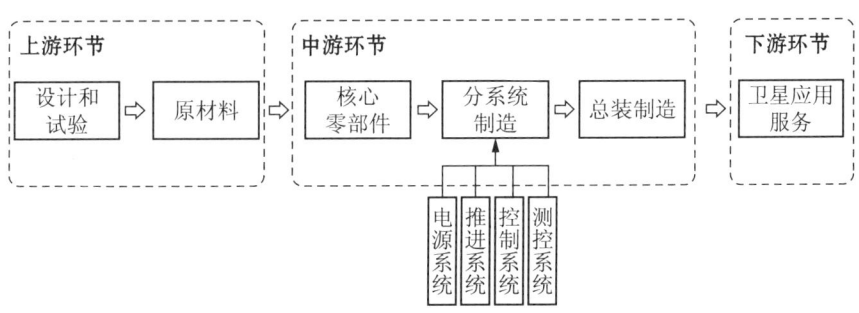

图 6 卫星产业链

六、海洋工程装备及船舶:产业链比较完整,但自主配套能力依然偏弱

长三角地区拥有相对完整的海洋工程装备全产业链,初步形成"一强一精"的产业格局。其中,江苏海工装备产业基础好、优势明显,海洋工程装备产量约占全国的1/3,在原材料、装备配套、平台装备制造等环节涌现出一批具有

国际影响力的重点企业。上海在上游海洋工程装备设计中具有国际国内的行业影响力。

但是,长三角的海洋工程装备产品仍然较为中低端,主力产品集中在自升式钻井平台和中小型海工辅助船等价值量相对较低的领域。自主配套能力仍然偏弱,江苏以光纤电缆、海用锚链、甲板机械等低端配套为主,钻井包、水下设备等海工核心配套仍然被国外垄断。

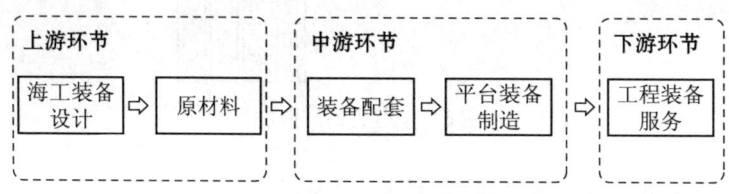

图 7　海洋工程装备产业链

长三角地区已经形成完备的民用船舶产业链,上海在船舶设计、船舶总装修造、海运服务等高附加值环节中表现突出,江苏在船舶配套设备以及总装修造中具有行业显示度,浙江依托宁波—舟山港在航运服务中具有一定比较优势,安徽聚焦船舶总装维修进行发力。但是,在防腐涂料、船舶软件等细分领域中,"卡脖子"现象仍然存在,尤其是船舶设计软件,国外软件占据我国市场90%以上的份额。

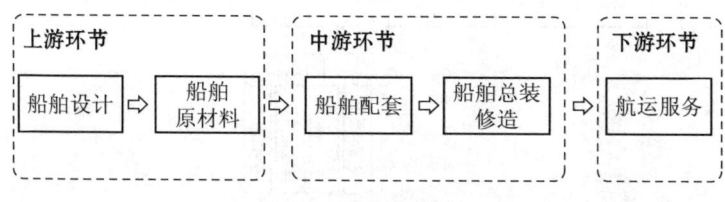

图 8　船舶产业链

七、高端能源装备:门类齐全链条完整,但部分关重件仍受制于人

(一)太阳能光伏:产业链完整,综合实力全球第一

长三角是中国光伏制造产业链最完整、产量最大、企业和从业人员最集聚

的区域,江苏和浙江企业数量位居全国前二,尤其江苏省几乎占据中国光伏制造业半壁江山,素有"世界光伏看中国,中国光伏看江苏"的美称,形成从硅料提取、硅锭制备、电池生产到系统应用于一体的完整产业链,集中了全国一半以上的重点光伏制造企业,多晶硅、硅片、电池片、组件等产量占全国比重均超过40%。2020年全球组件出货前十,长三角占据8席(含韩华新能源),大多已经成为制造、服务于一体的智慧能源集成服务商。

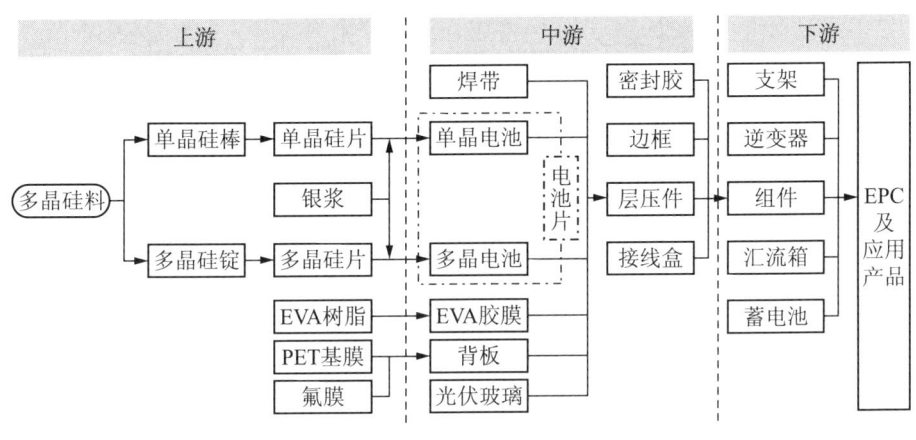

图9 太阳能光伏产业链

长三角太阳能光伏综合实力处于领先地位,未来要密切关注研发钙钛矿太阳能电池以及HJT、TOPCon技术N型电池等新型高效薄膜电池新技术。

(二)核电装备:上海核电优势明显,合肥研发实力强劲

以上海为主的长三角区域奠定了我国核电事业的发展基础,中国第一座30万千瓦核电站秦山核电站是由上海承担主要设计,全部设备70%都是国产,主要设备一半是上海的。"华龙一号"是我国研发设计的具有完全自主知识产权的、世界领先的三代压水堆核电技术,上海电气、上海核工院等长三角机构是重点研发参与单位。上海电气也是国内唯一覆盖所有技术路线,拥有核岛和常规岛主设备、辅助设备、核电大锻件等完整产业链的核电装备制造集团,核岛主设备的市场份额一直保持领先地位。中核集团上海总部及众多子公司亦落户上海。而被称为"人造太阳"的可控核聚变相关研发,长三角也走在前沿,超导核聚变国家大科学装备落户合肥,中国科学院合肥物质科学研究

院等离子体物理研究所是 ITER 中国工作组重要单位之一。

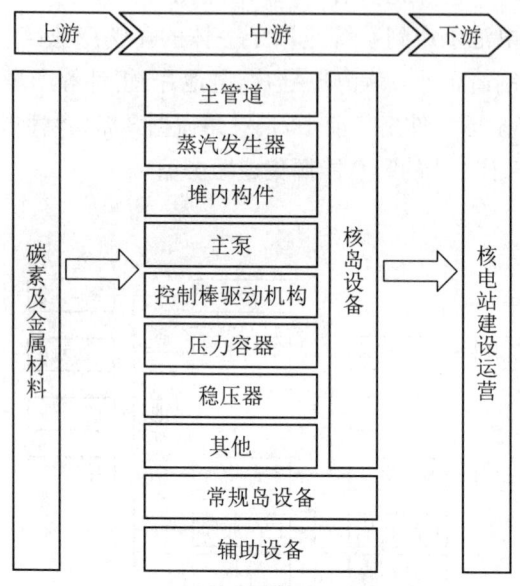

图 10　核电装备产业链

长三角核电产业在全国具有较强竞争力,但在少量核电核心零部件、基础材料以及核电站软件控制系统等方面一定程度上受制于人。

(三) 风电装备:产业链基本完整,部分零部件可靠性有待提升

全球风机制造商前十五强中,长三角占三家,市场份额合计占全球份额13.1%,集聚了恒润重工、振江股份、日月股份、泰胜风能等一批上市企业,是全国风电制造领域上市企业最为集聚的区域,此外,全球第三大风机制造商新疆金风科技在无锡、盐城亦有布局。同时,长三角作为东部沿海地区,近海风能资源丰富,上海电气海上风电市场占有率全国第一。可以看出,无论从风机制造领域还是风电利用领域在全国都具有较强竞争力。

长三角风电装备在全国,甚至全球都具有较强竞争力,但主轴承、齿轮箱轴承等风电关键部件在容量、稳定性、可靠性等方面与国外产品仍有较大差距。而在风电长叶片、大型铸件、IGBT 芯片、巴沙木、聚氯乙烯等零部件、原材料领域,国产化程度低,产能有所不足。

"链上长三角":长三角重点产业链竞争力全景分析

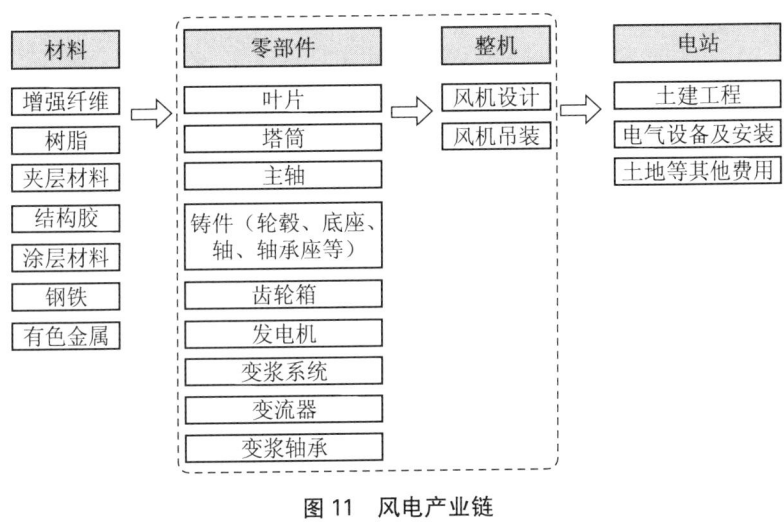

图11 风电产业链

八、长三角地区提升产业链竞争力的思路建议

基于重点产业链优势和短板的分析,对于长三角而言,提升现代产业链竞争力的关键还是要在产业核心技术上率先攻坚突破,同时要注重"链主"和"头部"企业的作用,通过打造各类平台构筑良好的生态,同时,也要形成区域协同强链补链建链的合力。具体来讲:

一是硬核攻关、前瞻布局。对于长三角而言,提升现代产业链竞争力,需要坚持以创新作为第一驱动力,围绕重点产业卡脖子技术领域加强战略科技力量布局、开展联合技术攻关,以一系列硬核的技术突破引领产业链升级,加强面向未来技术变革的先导产业的前瞻布局,力争占据产业链价值链高端。

二是龙头牵引、平台赋能。长三角提升现代产业链能力和水平,需要充分依托和发挥好龙头企业的引领作用,通过"链主"企业打通上下游产业链环节、带动大中小企业融通。注重发挥战略科技力量平台、产业技术创新平台作用,通过平台整合产业链条资源、共享服务,形成"龙头企业+平台生态"双轮驱动的格局。

三是破壁协同、深度合作。长三角提升现代产业链能力和水平,需要实现区域范围内的产业链补链强链稳链,因此,需发挥好政府引导作用,突破行政壁垒、政策壁垒、行业壁垒,进一步畅通长三角区域内资源要素的循环流动,创新跨区域产业和创新协同的合作机制,合力提升产业链基础能力和现代化水平。

作者:李光辉 张舒恺 丁国杰

长三角硬核制造与现代服务为何殊途同归

近日,长三角三省一市省级层面的制造业和服务业"十四五"规划相继发布,与以往相比,制造业与服务业融合发展的特点更加鲜明,"服务型制造""制造服务业""服务业衍生制造"等成为规划中的高频词,展望下一个五年,长三角无疑已经驶入了制造业与服务业"两业"融合的"快车道"。

一、两业融合是产业升级的客观规律

所谓"两业"融合,就是先进制造业与现代服务业的深度融合发展,在具体内涵上,既包括制造业和服务业主体向对方领域的延伸,即制造业服务化和服务业制造化;也包括直接面向制造业提供服务的制造服务业(接近于生产性服务业),如面向制造业需求的金融、物流、科技、信息等。

从美、欧、日等发达国家及地区的发展历程来看,随着经济发展水平提升、产业分工细化,都呈现出制造业和服务业不断融合的特点,产业结构普遍出现"两个70%"的现象(即发达国家的服务业占到GDP的70%,生产性服务业又占服务业的70%)。因此,两业融合可以称得上是一个经济体进入工业化后期的重要标志,也是产业寻求在价值链中实现升级的必然选择。

对于中国来说,随着经济高质量发展深入推进,如何推动产业链和创新链协同提升,有效加强产业综合竞争力和安全性,从而提高中国在全球价值链中的整体位势,已经成为相关各界必须下大力气思考的重大课题。近两年来,国家各部委将两业融合作为提升全国产业竞争力、全面优化经济结构,以及孕育发展新动能的重要战略举措,加大了两业融合的推进力度,相继出台《关于推动先进制造业和现代服务业深度融合发展的实施意见》《关于进一步促进服务型制造发展的指导意见》《关于加快推动制造服务业高质量发展的意见》等指导文件,明确了一系列两业融合的典型模式和重点领域,对于全国开展两业融合的创新实践工作提供了重要指引和支持。

长三角区域作为中国经济发展的核心引擎,已经率先开启、先行实践,在两业融合的发展上打下了一定基础。从中国服务型制造联盟发布的《服务型制造区域发展指数(2020)》来看,长三角地区在两业融合的探索上已经走在了全国前列,浙江、江苏、上海、安徽的综合排名分别位列全国第一、二、四、七位。

表1 长三角三省一市"十四五"两业融合相关内容

地区	制造业规划	服务业规划
上海	《上海市先进制造业发展"十四五"规划》:加快制造业和服务业融合发展,大力发展知识密集型的新兴生产性服务业态,强化生产性服务业对六大高端产业集群的支撑服务,全面提升服务型制造能力,推广智能制造、绿色制造、共享制造、楼宇制造等新制造模式	《上海市服务业发展"十四五"规划》:以发展在线新经济为抓手,创新数字赋能型信息服务、发展智力驱动型专业服务、提升资源整合型集成服务,在数字赋能、跨界融合、前沿突破、未来布局等方面占据发展主导权,抢占高端生产服务价值链制高点
江苏	《江苏省"十四五"制造业高质量发展规划》:促进制造与服务深度融合。以拓展制造业价值链、向高附加值环节延伸为方向,大力推广定制化服务、供应链管理、共享制造、全生命周期管理、总集成总承包等服务型制造新业态新模式	《江苏省"十四五"现代服务业发展规划》:到2025年,先进制造业与现代服务业融合发展程度显著提高,生产性服务业对制造业高质量发展的支撑引领作用更加突出
浙江	《浙江省全球先进制造业基地建设"十四五"规划》:促进制造业和现代服务业深度融合。培育制造新业态新模式。支持服务型企业向制造环节延伸。提升制造业企业价值链水平	《浙江省现代服务业发展"十四五"规划》:开展融合促进工程。强化服务业对先进制造业的全产业链支撑作用,提升研发设计、物流、电商、金融等专业化服务能力。加快培育融合发展新业态新模式,大力发展智能化解决方案服务,推广柔性化定制、共享生产平台、智能工厂等模式,鼓励设计、制造、施工等领域骨干企业发展总集成总承包、全生命周期管理、全过程工程咨询,提供整体解决方案
安徽	《安徽省国民经济和社会发展第十四个五年规划和二〇三五年远景目标纲要》:将服务型制造作为新型制造工程的重要部分。建立健全基于制造和产品的专用服务系统。鼓励制造业企业逐步突破生产和服务、企业和社会的组织边界,发展平台经济。鼓励企业由提供设备、产品向提供系统解决方案、总承包服务方向转变	《安徽省国民经济和社会发展第十四个五年规划和二〇三五年远景目标纲要》:服务业高质量发展。扎实推进国家先进制造业和现代服务业深度融合试点。大力培育服务业新业态新模式。把握数字化、网络化、智能化发展趋势,加快数字技术与服务业深度融合,催生新业态新模式

资料来源:作者根据相关文件整理。

二、长三角三省一市对两业融合的各自探索

(一)上海:两业融合成为强化高端产业引领功能的重要支撑

上海一直是中国先进制造业发展的重镇,许多大国重器都来自上海制造,

在上海着力打造的"四大功能"中,高端产业引领功能占据着非常重要的地位。上海集聚的一流制造业早已走上服务型制造的道路,上海汽车、装备、航空等先进制造业龙头企业不少都在拓展研发设计、品牌管理、现代供应链、检测维修等高增值服务。

当然,众所周知的事实是过去20年,上海产业结构中服务业比重快速上升、制造业比重不断下降。2020年,上海服务业增加值占全市生产总值的比重达到73%,吸收了全市绝大部分的固定资产投资和实际利用外资。在上海服务业高度繁荣之下,"实体经济"发展面临隐忧。近年来,上海坚定落实"脱虚向实"的战略导向,在上海市"十四五"规划纲要中提出要"努力保持制造业占全市生产总值比重基本稳定",亮明了大力扶持制造业发展的态度。

实际上,如果我们从两业融合的视角来看,过去十多年,尽管上海制造业承受着巨大的发展压力,甚至许多环节已经外迁,但生产性服务业却在上海大量沉淀、快速发展。"十三五"期间,上海生产性服务业重点领域营业收入超过3万亿元,全市生产性服务业功能区单位土地面积营业收入高达319亿元/平方公里,2020年全市生产性服务业占服务业比重超63%,接近发达国家70%的水平。由此可见,上海推动两业融合发展的核心依然是为了支撑制造业发展,夯实高端产业引领功能。强大的金融、研发、设计、咨询、管理等服务能力,以及对标准规则等的掌控能力,是"上海服务"支撑上海及全国制造业转型升级的底气所在。

正是因为"两业"融合发展,上海的制造业与服务业之间不再是非此即彼甚至此消彼长的关系,而是在向着同一个目标,殊途同归、相向而行。例如,作为上海唯一的国家级两业融合试点区域,松江区以启迪漕河泾科技园为"两业融合"引擎,通过"研究院+孵化加速器+共享研发平台+产业基金"的模式,重点打造集聚科研、制造、专业服务的分析技术产业集群,把握住了产业融合的技术、标准关键节点。

(二)江苏:两业融合是构建自主可控产业体系的重要一环

江苏省制造业规模居全国首位,产业集聚水平和产业链内部配套协作水平较高。2020年国内百强园区、"中国工业百强县"的名单里,来自江苏的地区都占据了约1/4的名次,是中国建设"制造强国"当之无愧的关键性省份。近年来,江苏一直高度强调打造自主可控安全高效的现代产业体系,这一总体要求也在"十四五"规划中延续,并且成为江苏两业融合发展的重要底层逻辑。

目前对中国产业安全发展的最直接挑战是产业链关键环节的"卡脖子"问题,许多关系国计民生的重要领域中,我们不仅缺少许多关键性的装备和仪器等硬件,也在许多重要环节缺乏拥有自主知识产权的软件。例如,在智能制造高度依赖的工业软件领域,中国制造业企业仍大量依赖美国、欧洲和日本的技术、软件和服务产品,尽管在不少领域已经形成备案,但从成本、效率和稳定性等角度来看,还存在非常大的差距。不难发现,两业融合已然成为保障产业链安全可控的必由之路。

江苏省在此方面投入了大量资源,提出加快制造技术软件化进程,开展基础软件、高端工业软件和核心嵌入式软件等产品协同攻关适配,培育工业软件创新中心,建设全国顶尖的工业软件企业集聚高地。如江苏省科技厅发布的省重点研发计划项目指南中便明确将电子设计自动化(EDA)平台设计技术、智能机器人控制软件、高端数控机床的控制软件及系统集成技术等诸多软件能力列为需要重点攻坚的"卡脖子"环节。又如苏州在2020年成功创建长三角唯一的国家级工业软件协同攻关平台,通过将相关技术企业、研究所、大学等组成产学研联合体,围绕研发设计类、生产制造类和运维服务类等关键工业软件开展协同创新攻关,并面向工业软件在汽车和航空发动机、空天推进器等领域的典型应用场景,先行搭建起产品应用验证环境与工业软件测试验证环境。

除此之外,作为制造业强省,江苏省的各个地市也都高度重视通过两业融合发展,培育壮大产业经济的新增长点。例如,张家港作为江苏省的国家级"两业融合"试点,构建起"区域综合性服务平台+行业专业平台+公共服务平台"的平台体系,通过智能制造赋能、公共服务赋能、专业服务赋能等结合的赋能体系,有效减少企业选择和应用各项服务的成本,得以专注主业高质量发展。

(三)浙江:数字化改革驱动两业融合纵深推进

截至2021年9月,浙江是长三角地区唯一针对两业融合出台了省级实施意见的区域,更是在当年上半年发布《浙江省两业融合试点创优导则(试行)》,提出要打造全国两业融合发展引领区。就两业融合的发展情况而言,浙江同样不遑多让,《服务型制造区域发展指数(2020)》评价全国第一,在全国服务型制造示范数量中位列第二,在国家级"两业融合"试点中共斩获五席。那么,是什么让浙江的两业融合走在了全国前列,浙江的两业融合又遵循着怎样的发展主线呢?

一方面,两业融合与浙江全力发展的数字经济在很大程度上互为表里。数字经济是两业高质量深度融合的底层支撑和催化剂,在《浙江省推动先进制造业和现代服务业深度融合发展的实施意见》提出的"五化"融合路径中,数字化被放在首位。浙江以工业互联网平台和集成应用信息化系统为抓手,深化企业研发设计、生产销售、采购分销、物流配送等全流程全链条数字化转型,加快实现智能化生产和智慧化管理。发展两业融合与数字经济对产业应用场景的探索需求是一致的,《浙江省推动先进制造业和现代服务业深度融合发展的实施意见》中列举的智能工厂、工业互联网创新应用、柔性化定制、共享生产平台等典型融合案例,同样是数字经济应用案例,以至于浙江数字经济发展"十四五"规划中,还特别提出了服务化延伸的发展方向,可见浙江省的数字经济和两业融合战略已经在很大程度上实现了融合。

另一方面,两业融合与浙江块状经济的转型升级要求匹配。浏览浙江省于2020年发布的第一批省级两业融合试点名单,可以发现区别于其他地区,大部分试点都是县级市+特色产业集群,例如乐清市电工电气产业集群、龙泉市汽车空调产业集群等的融合试点,这些就是浙江典型的块状经济集群。如果说高新技术产业是所有区域的共同追求,块状经济则是浙江特有的产业集聚形态。由于块状经济结构普遍较为传统、对全省经济就业的影响力又很大,浙江早早便开始谋划块状经济的转型升级,其中的一大抓手便是研发设计服务的赋能。例如,早在2011年,浙江便出台《浙江省人民政府关于推进特色工业设计基地建设加快块状经济转型升级的若干意见》,要求以基地建设为依托,以工业设计为重要抓手,推动制造业与服务业融合发展,为中小企业提供创新服务,推动块状经济向现代产业集群转型升级。两业融合的实施过程中,浙江还针对块状经济的多元化特点,提出因地、因产而异的发展路径,包括在两业融合"10+X"重点领域中兼顾了轻纺工业和服务深度融合、农副产品加工和消费融合等优势特色领域,以及针对制造业发达地区、服务业发达地区、山区26县等不同区域的特点分类提出指引等。

(四)安徽:两业融合助推产业向价值链高端环节攀升

近年来,合肥、芜湖等地城市实力和知名度的提升,为安徽吸引了越来越多的关注。但总体而言,目前安徽的发展基础仍相对薄弱、内生动力总量略显不足,如何依托长三角一体化趋势,在产业承接中升级、在升级中赶超,仍将是安徽在未来相当一段时间内发展的优势和筹码。从这个角度看,"十四五"时期,安徽推动两业融合发展至少有两方面的考量。

一方面,大力发展两业融合是安徽承接更高水平产业转移的必然要求。在江浙沪地区制造业与服务业加速融合的背景下,对外转移的制造业也必然对生产性服务有更高水准的要求,因此安徽必须对制造和服务两手抓,促进两类产业融合互促发展。

另一方面,两业融合也为安徽赶超发展提供了新的契机。在两业融合新业态新模式大批涌现的情况下,系统集成能力、跨学科领域的新型技术应用能力、标准体系控制能力等方面的能力将日益成为决定产业综合竞争力的关键因素,安徽充分吸收江浙沪现代服务发展经验,发挥合肥对智力创新要素的集聚作用,积极谋划在未来业态和商业模式的发展上实现弯道超车,构筑自身独特的发展竞争优势。

安徽已经将服务型制造提升至与高端制造、智能制造、绿色制造、精品制造等并列的战略高度。在《安徽省实施长江三角洲区域一体化发展规划纲要行动计划》中,将"推动先进制造业和现代服务业深度融合"作为重要内容单独列出,要求打造高水平服务业集聚区,借力江浙沪加快现代服务业集聚集群发展,并努力在服务标准和品质上持续向"上海服务"看齐。

作者:朱立奇　虞　阳

参考文献:

① 黄鑫:《值得关注的两个"70％"》,《经济日报》2017年4月6日。

神舟十四升空！详解长三角航天产业布局

2022年6月2日，由民营商业航天公司完全自主研制的吉利未来出行星座首轨九星，以"一箭九星"方式成功升空，标志着中国商业航天迈入新时代。

2022年6月5日，神舟十四号载人飞船成功出征太空，代表国家实力的载人航天再次踏上新征程！

谈起"航天城市"，许多人可能首先会想到北京、酒泉、太原、西昌、文昌，但回顾中国航天的圆梦征程，从中国第一颗人造卫星"东方红"，到神舟系列载人飞船；从北斗全球卫星导航，到"嫦娥"奔月；从"天问"火星探测，到"天宫"空间站建设，问鼎苍穹、逐梦"星辰大海"，我国航天事业成就举世瞩目，达到世界领先水平，其背后离不开制造业发达、科研资源丰富、人才密集的长三角城市群的默默贡献。

当前，SpaceX掀起蝴蝶效应，卫星互联网、低成本运载火箭等商业航天迎来新蓝海，正成为拉动全球经济增长的新引擎，据预测，未来5—10年，国内商业小卫星发射需求大于4 000颗，到2025年商业航天产业规模或突破2100亿美元，万亿级新赛道正在形成，长三角城市又如何抢抓机遇，打造产业发展新动能？

表1　长三角商业航天融资企业名录

区域	企业名称	成立时间	企业类型	融资次数
上海	普适导航	2008年	导航软件平台、导航应用	新三板
上海	司南导航	2012年	卫星导航终端、卫星导航应用	新三板
上海	蔚星数据科技	2015年	通信卫星设计、研制、数据应用与星座运营	股权融资
上海	垣信卫星	2018年	卫星通信应用	天使轮
上海	火眼位置	2019年	卫星导航位置服务	A+轮
上海	寰宇航天	2019年	火箭工业化部署和产能建设	战略融资
上海	觅熵科技	2021年	卫星遥感地理空间信息分析	A轮
南京	凯睿星通信	2011年	卫星通信应用	战略投资

续表

区域	企业名称	成立时间	企业类型	融资次数
南京	荧火泰讯	2013年	卫星通信系统研发	并购
南京	控维通信	2017年	卫星通信应用	A轮
苏州	火箭派	2020年	火箭发射研发制造	天使+轮
苏州	星空动力	2021年	霍尔推进器研究	天使轮
南通	深蓝航天	2016年	商业航天火箭	A轮
宁波	天擎航天	2018年	小型运载火箭设计研发	B轮
绍兴	赛思倍斯	2021年	超低轨道卫星、星座	天使轮

一、上海篇:"国家队"领航,民企千帆竞逐,打造商业航天"全家桶"

上海浦东新区老港镇有一条火箭路,路的尽头,是一枚高高耸立的"火箭"直冲云霄——这是中国第一枚试验探空火箭发射成功纪念碑。60多年前的1960年2月19日,这枚t-7m探空火箭尽管只飞了8公里,却迈出了我国探空火箭技术具有工程实践意义的第一步。

1961年8月1日,上海航天技术研究院的前身上海市第二机电工业局正式成立,奏响了上海航天"铸国之重器,赴星辰之约"的序曲。60多年来,中国航天不断刷新新高度,而每一次突破向上的背后,总离不开以上海航天技术研究院(航天八院)为核心的上海航天力量支持。

如今,上海已经集聚航天技术研究院、上海空间推进研究所、中科院微小卫星创新院以及下属相关企业埃依斯、上海格思、欧科微等一批"国家队"选手以及司南、华测、千寻位置等一批以下游应用为主的民营企业,亦有寰宇航天、火眼位置等创业新锐,欧比特、九天微星以及吉利下属时空道宇等外来企业先后落脚,市政府与中国星网集团战略合作,未来还将推进商业航天公司组建和运作,筹建国家级重点实验室、商业航天产业技术协同创新平台,商业航天产业生态体系持续完善,创新活力不断释放。据统计,2010—2021年7月,上海火箭/卫星融资次数共21次,在各大城市中仅次于北京。

未来,上海将打造"双核多点"产业发展新格局,"双核"即闵行商业航天基地和临港卫星产业基地两个核心聚集区,多点分别为青浦中国北斗产业技术创新西虹桥基地、杨浦湾谷北斗高精度产业园,以及即将建设的北斗"高精度+短报文"产业创新基地、卫星网络产业园、松江G60星链园。

其中,北斗西虹桥基地已集聚了300多家北斗导航产业相关企业,形成了相对完整的北斗导航与位置服务产业链,年产值近50亿元,在业内有"北斗第一园"之称;松江G60星链园则是落实长三角G60科创走廊九城市"G60星链"计划,合力打造卫星互联网集群的核心载体,园区所建设的数字化卫星制造工厂设计产能将达到300颗/年,单星成本将下降35%。

上海"十四五"规划纲要等多个政府文件均将"民用航天"作为重点产业。上海明确提出推进空间信息产业高质量发展,旨在打造商业运载火箭研制、卫星研制以及运营、应用及服务全链条,通、导、遥一体的商业航天"全家桶"。

在全国范围内,目前有如此全面的商业航天产业计划的城市并不多见,能够全链条布局的城市更十分少见,未来上海在中国商业航天的蓝海中必将成为最亮眼的"扬帆者",彰显"中国航天、上海力量"。

表2 上海"十四五"期间有关"商业航天"的政策文件主要内容

文件名	主 要 内 容
上海十四五规划纲要	推动商业航天加快发展,打造高可用、高可信、高精度的卫星应用及位置服务产业链
战略性新兴产业和先导产业发展"十四五"规划	民用航天。做大做强卫星及应用产业,加速卫星应用与空间基础设施融合发展,全面构建覆盖星上关键零部件、星地系统集成、地面站及应用终端、综合信息服务、整星研发批产的航天产业体系。重点发展: 卫星制造。积极发展中低轨、超低轨商业卫星,推动建设柔性化、模块化、智能化商业卫星制造工厂 加快培育产业配套体系,重点发展通信、遥感、导航、卫星动力、星间高速链路等星上载荷供应商,推动核心部件与元器件质量标准建设 航天运输系统。以中低轨发射为切入点,加快推进小型商业运载火箭研制进程。研制具备市场竞争力的中大型商业火箭,逐步形成商业火箭模块化、标准化、组合化生产模式。开展新型商业火箭、可重复使用商业火箭的研制和技术攻关 卫星应用。推动卫星数据共享共用,加快卫星通信、北斗导航、遥感融合应用。发展高精度天线、板卡、电子地图、位置传感器等导航定位基础产品,突破低功耗、小型化、抗干扰、多模多频联合定位、高动态高集成、高灵敏度、多传感器融合等关键技术,推动标准化建设
上海市先进制造业发展"十四五"规划	航天及空间信息。以天地协调、融合协同为重点,瞄准商业运载火箭和商业卫星重点领域,突破低成本、高集成卫星设计研制,以及组网发射、可重复使用运载等关键技术,打造低成本航天器、运载、卫星智能化生产流水线,构建卫星互联网产业链;大力发展卫星应用与位置服务,加强北斗导航在城市治理、智能交通、无人系统、大众消费等领域的规模化应用。到2025年,努力构建门类齐全、技术领先的航天产业体系,建成自主可控、多源融合的北斗创新策源地,产业规模超过1000亿元

续表

文件名	主 要 内 容
上海市高端装备产业发展"十四五"规划	民用航天装备。以创新发展、数字高效为重点,一是推动商业航天产业发展,开展卫星网络系统的关键技术攻关与在轨技术验证,突破卫星设计、制造、组网发射和可重复使用运载等关键技术,建设数字化综合测试系统;开发高性价比商业运载火箭,突破高集成度电气系统、高可靠制导控制、高性能动力、快速测试发射等关键技术;建设低成本商业卫星批量研产生产线、运载火箭脉动式总装测试生产线,满足高效设计、快速迭代、批量生产需求
关于本市推进空间信息产业高质量发展的实施意见	发展目标。到2025年,以构建通导遥一体化空间信息系统为导向,形成数字赋能的空间信息技术创新体系和产业融合发展新格局,打造全球空间信息领域科技创新策源地、数智制造新高地、优势企业集聚地、应用服务输出地
上海市北斗产业高质量发展三年行动计划（2021—2023年）	发展目标。以北斗全产业链发展为导向,瞄准高精度卫星导航市场需求,着力突破北斗关键技术、大幅提升基础能力、加速壮大产业规模、优化完善产业生态。到2023年末,将上海打造成为北斗产业自主可控、多源融合创新策源地、高端产业引领集聚区

二、 江苏篇：航天配套大省、人才摇篮、创业热土，静待花开终有时

中国航天，江苏似乎名声不显，但作为制造业强省，中国每一次"飞天"的背后，都有航天科工、航天科技多个驻苏科研机构、高等院校和众多民营企业的科研贡献、配套支撑，"悟空号"暗物质粒子探测卫星就是由位于南京的中国科学院紫金山天文台暗物质与空间天文研究部联合多家单位研发。江苏堪称中国航天事业的"配套大省"，据统计，江苏商业航天企业数量在省级行政区位居第四位。

江苏拥有南京大学、南京航空航天大学、南京理工大学等数十所高校院所，优越的科教和人才资源优势激发了创新创业活力，诞生了民营火箭巨头——深蓝航天。据天眼查研究院不完全统计，2015—2021年，国内商业航天相关企业融资事件中，江苏被投相关创业企业数量占比11.2%，仅次于北京（40.8%）。

江苏"十四五"规划纲要提出：前瞻研究布局6G和低轨道卫星通信。南京、苏州、南通等多个城市已前瞻布局，静待开花结果。

(一) 南京：商业航天科教高地

2021中国航天日开幕启动仪式选择于南京举行，这得益于南京大学、南京

航空航天大学、南京理工大学等数所航天知名高校科研实力。南京航空航天大学每年有超过50%的毕业生奔赴航空航天等领域建功立业,学校于2011年成功发射了"天巡一号"卫星,是我国第四家有能力研制卫星的高校;独立承担"天问一号"火星探测器单机载荷研制任务;学校还在空间站建设等国家航天重大工程中承担了相关研制任务。南京理工大学在固体火箭发动机、微纳卫星和飞行器先进制造等领域处于国内领先地位。

南京还拥有中国航天科工集团南京电子设备研究所和中国电子科技集团第五十五研究所等多家行业龙头企业。茂莱光学、高华科技、美特林科、晨光集团等均是航天配套企业,"起源太空"将在南京经济技术开发区建设卫星生产基地、太空科技研发中心;苏州纳飞卫星、杭州时空道宇也在南京设有研发中心等。南京正加快建设南京未来科技城国家数字航天产业集聚区,旨在利用国华卫星应用产业基金优势,吸引集聚卫星遥感、通信、导航等产业链上下游企业。

(二)苏州:长三角商业航天新高地

2021年4月,苏州市召开了航天产业发展大会,发布了《苏州市发展航空航天产业三年行动计划》和《苏州市促进航空航天产业发展若干措施》,提出:到2023年,力争全市集聚航空航天产业链相关企业超500家,产业链营业收入达600亿元。苏州布局商业航天的力度可见一斑,抢占新赛道可谓"快准狠",招商项目频频落地。

苏州已经集聚西工大长三角研究院、材料科学姑苏实验室、海鹰空天材料研究院、中科院地理所苏州基地、空天院苏州研究院、北航苏州创新研究院、南航苏州研究院等一批创新机构。2021年11月,由中国东方红卫星下属广东航宇卫星与相城经开区共同建设长三角商业航天产业创新中心落户相城经开区,探索"行业+航天"的商业航天发展新路径。

创新平台集聚带动了苏州创新创业活力,据统计,2010—2021年,苏州航天产业融资近10次,长三角城市中仅次于上海,诞生了火箭派、星空动力、纳飞卫星动力等"种子"选手。

苏州还拥有巨峰电气、航天工程装备、华旃航天电器等航天配套企业,苏州高新区与北京航空航天大学也将一同构建国际一流卫星导航产业基地;国内航天新星航天科工海鹰卫星、深蓝空间遥感均于常熟落子布局,天兵科技也于张家港打造运载火箭及发动机智能制造基地,从事液体火箭发动机和液体运载火箭的组件生产、部段总装、系统测试、全箭交付,将具备年产30发液体运载火箭和300台火箭发动机的制造能力。

(三)南通:深蓝航天诞生地

深蓝航天是国内专注于液体运载火箭和回收复用技术的民营火箭"潜在独角兽",是全球除SpaceX外,第二家完成液氧煤油火箭垂直回收复用全部低空工程试验的公司,除美国以外研发回收复用火箭速度最快的中国商业航天公司。2022年1月份深蓝航天获投A轮融资2亿元,估值超过30亿元。

银河航天卫星智能工厂也落户南通,以卫星智能制造基地为核心,涵盖研发、制造、运营、应用等卫星互联网产业领域,拥有300—500颗卫星的年产能。

江苏南通海门中国航天装备新型钛合金材料项目由中国航天科技集团上海航天精密机械研究所投资建设,建成后将具备年产150吨航空、航天等高端钛合金结构件的生产能力。

三、浙江篇:发射是关键,制造是基础,逐梦苍穹巨作频频

浙江商业航天正落子如飞,加速布局,赶超进位。《浙江省航空航天产业发展"十四五"规划》显示,未来5年,浙江省将积极培育发展商业航天,包括商业运载火箭、微小卫星、北斗应用等,推进宁波国际商业卫星发射中心建设。而宁波国际商业航天发射中心将成为浙江打造商业航天产业链的重要一环,也是弥补长三角商业航天短板环节——航天发射的重要一环。

未来,浙江将形成以湖州、嘉兴、宁波等地布局商业运载火箭,以杭州、宁波、台州等地布局微小卫星,以杭州、宁波、温州、嘉兴、湖州、金华、舟山等地布局北斗应用的商业航天产业布局。

(一)杭州:空天信息产业高地

依托互联网产业优势,杭州选择卫星研发、卫星数据图像分析等领域,打造空天信息产业发展的沃土。以杭州城市大脑的发源地——云栖小镇为核心载体,中国空间技术研究院杭州中心、北斗时空研究院落户,微纳卫星制造与服务企业——北京零重力实验室设立遥感数据中心,举办空天信息大会,设立20亿元空天信息产业投资基金,建设遥感卫星整星平台、遥感卫星数据中心、北斗时空平台等产业孵化平台,集聚了60余家空天信息领域相关机构,初步

形成了相对较完整的空天信息产业生态。

吉利科技集团旗下的卫星企业——浙江时空道宇科技有限公司诞生于此,致力于成为全球领先的航天信息与通信基础设施和应用方案提供商。2022年6月2日,由其完全自主研制的吉利未来出行星座首轨九星成功发射升空,成为中国民营航天力量进行太空商业探索的一次标志性里程碑。

(二)宁波:商业航天发射基地,期待成为长三角商业航天新核心

纵观国内外航天发射中心,无不在航天历史中留下浓墨重彩一笔,其对航天旅游、商业以及航天企业集聚带动效应明显。如若宁波国际商业航天发射中心建成,宁波背靠长三角经济优势、人口优势、制造优势,必将吸引一大批商业航天企业集聚,吸引大量游客前往打卡(海南文昌航天发射场火箭首飞第一年文昌市全年接待旅游总人数、旅游总收入分别增长121.48%和109.44%),势必成为除上海之外,长三角商业航天产业布局的又一核心。同时,"国际""商业"等字眼,也让人满怀期待。

宁波国际商业航天发射中心项目由航天科工集团八院合作共建,将建设年发射规模100发的商业航天发射基地和千亿元级的商业航天配套产业基地,其中航天发射场将重点建设商业航天发射场、总装测试中心、星箭对接中心、指挥控制中心;产业配套区基础设施重点建设火箭卫星研发制造基地、商业航天配套产业基地,以及卫星数据应用产业基地。

宁波与航天科工集团七院合作共建宁波航天智慧科技城,以此为载体,加快吸引航天科研院所和相关企业集聚,并打造航天主题公园、航天博物馆、航天休闲疗养、职业技术培训为主体的航天体验教育功能。北航宁波研究生院与创新研究院、西北工业大学宁波研究院、中国电信(宁波)卫星产业研究院以及中国航天科技集团五院508所建设的宁波航天遥感技术创新中心相继落户。

作为国家级专精特新"小巨人"企业数量位居全国第三的城市(仅次于上海、北京),宁波也集聚了宁波科星材料、宁波博威合金、宁波星箭航天机械、宁波天擎航天科技等一批航天配套企业。

(三)嘉兴:航天火箭制造企业青睐之地

"十四五"时期,嘉兴将"航空航天"作为重点产业,并提出重点发展民用火箭整箭研发与生产、航天新材料、民用火箭燃料、卫星遥感、微小型卫星研发设

计与制造等领域。不知何时,嘉兴成了火箭研发制造企业青睐之地。

2021年6月,位于嘉兴市港区航空航天产业园内的嘉兴蓝箭航天中心首期竣工并投入使用,中心旨在打造集设计仿真、试验检测、智能制造于一体的全产业链顶尖航天产业基地。

2021年11月,由上海航天技术研究院建设的航天平湖产业基地项目落地,将集中布局商业火箭、商业卫星、卫星应用及航天技术应用产业等,年产值超200亿元。研究院还将构建创新研发、产融结合、项目孵化一体化合作创新平台,打造国内首个集商业火箭、商业卫星、卫星应用于一体的"中国·平湖商业航天城"。

除制造之外,嘉兴还积极布局下游空天信息服务领域,与北京师范大学共建嘉兴遥感与全球变化研究中心,中心将建设卫星遥感大数据中心,服务国内外20颗以上在轨卫星,并以此为基础建设卫星遥感产业园,集聚卫星制造、测控及遥感综合应用产业公司。

(四) 湖州:地理信息"达沃斯"小镇、火箭热试和总装基地

"德清航天,全球产业",这是"两弹一星"功勋科学家孙家栋院士给德清地理信息产业的寄语,湖州德清在商业航天领域名声显赫。

2018年发射的"德清一号"遥感卫星甚至是全国首颗以县域命名的商业遥感卫星。同时,作为联合国全球地理信息管理德清论坛永久会址以及联合国首届世界地理信息大会举办地,德清地理信息小镇成为地理信息"达沃斯"小镇,联合国全球地理信息知识与创新中心也挂牌成立。

它是国家级特色小镇,已引进千寻位置、国遥、正元、中海达、超图软件、长光卫星等各类地理信息相关企业430余家,以及中科院微波特性测量实验室、武汉大学技术转移中心、浙江大学遥感与GIS创新中心等科技创新载体,形成了涵盖数据获取、处理、应用、服务等的完整产业链。

除地理信息外,湖州在火箭热试、制造及组装领域拥有深厚历史,"湖州七〇一三液体火箭发动机试车台"始建于1970年,作为我国重要的大型多功能运载火箭液体发动机试车台,见证了中国航天从无到有、从小到大、从弱到强的奋斗史;1994年7月才"暂以封存",停止使用。中国航天科技集团公司第八研究院第八〇六研究所的试验基地仍在湖州南郊。

2018年,蓝箭航天在湖州南太湖新区成立蓝箭航天智能制造基地,建设湖州热试车中心,成为全国首家大型民营液态火箭发动机综合测试基地,大推力

液氧甲烷发动机最重要的试验场地,整体规模中国前三、全球前十,达到年产200台火箭发动机、10枚火箭的产能。无独有偶,时隔两年,2020年12月,火箭派选择湖州建设火箭总装和制造基地。

(五)台州:吉利卫星智能制造基地

2021年2月,吉利科技集团旗下台州星空智联科技有限公司成为浙江首家、全国第二家获得国家发改委核签的商业卫星制造项目许可批复的民营企业。

星空智联卫星工厂拥有国内首个商业化卫星集成总装测试(AIT)中心,涵盖卫星研发、核心部组件制造、测运控、航天材料、云计算大数据平台等,是中国首个深度融合航天、汽车制造能力的脉动式卫星量产工厂,可以柔性制造方式灵活满足通信、导航、遥感卫星等不同型号规格的卫星总装、集成与测试,具备年产卫星500颗的生产能力。2021年9月,工厂已步入批量化生产阶段。

表3 浙江航空航天"十四五"规划商业航天重点内容

领域	内容
商业运载火箭	依托湖州、嘉兴、宁波等地,以大企业、大项目为牵引,加快发展火箭发动机、主要结构部段制造等领域,突破制造、测试、总装等关键环节,努力形成火箭制造供应链体系 聚焦高可靠性应用和低成本生产,引导企业建立健全可靠性设计和质量管控体系,探索标准化、通用化、模块化结构件应用,推动商业运载火箭工业化生产
微小卫星	加快杭州、宁波、台州等地卫星企业和科研机构发展,着力攻关微小卫星、有效载荷和分系统研发制造环节,加快推进整星智能AIT(总装、测试、试验)中心建设,打造模块化、柔性化、智能化制造工厂,满足不同型号卫星总装和测试需求 鼓励和支持民营企业布局卫星产业发展
北斗应用	依托杭州、宁波、温州、嘉兴、湖州、金华、舟山等地,加快发展高精度定位终端和服务运营商,支持低轨卫星组网计划,推进北斗省域化应用 推动卫星数据与地理信息及互联网数据的深度融合,形成多元化北斗应用场景 支持和发展一批集成导航定位、通信、信息增值服务的位置运营服务平台

四、安徽篇:以合肥为核心,从空天信息切入,抢占一席之地

安徽航天有若"贵而不显",中科院合肥研究院研制的"嫦娥钢"屡次保障探测器成功"落月""落火";中国科技大学研制了全球首颗量子科学实验卫星——"墨子号",研制的火星磁强计等助力"天问一号"更好完成科学探测任务。可见中国诸多重大深空探测工程背后都有安徽科研机构的贡献。

安徽新一代信息技术产业"双招双引"实施方案,对空天信息产业作出了明确部署:"十四五"期间,充分发挥合肥等地产业发展比较优势,打造制造、发射、运营的卫星全产业链,包括打造涵盖生产制造、数据挖掘和空间信息服务的空天信息产业集群;支持实施"天仙"星座计划,支持运载火箭及发动机、卫星、飞船、深空探测器用新材料和核心零部件研发应用等。

可以看出,安徽正以合肥为核心,从空天信息切入,以"天仙"星座计划为抓手,卡位商业航天新赛道,抢占一席之地。

(一) 合肥:跑上"星"赛道,打造新地标

发展空天信息产业,合肥提出"1351"目标:力争到"十四五"末,形成100亿元左右规模的卫星制造产业、300亿元左右规模的卫星应用终端和运营服务产业、500亿元左右规模的"通导遥"数据综合应用及配套产业,全产业链总规模力争达1 000亿元。

合肥市空天信息产业已形成较好基础,拥有中科大、中科院安徽光机所、中电科38所、天地信息网络研究院、孔径阵列与空间探测安徽省实验室、北斗导航技术省级重点实验室、深空探测实验室(天都实验室)等科研机构及平台10家左右,以及科大讯飞、辰安科技等重点企业20余家,具备航天产品设计、制造、集成、测试、试验及信息服务的全线能力。

在上游卫星载荷制造上,合肥拥有国内领先的航天装备工程技术基础,中国电科38所主导的"天仙星座"将自主研制近百颗轻小型、高性能SAR雷达商业遥感卫星;其与天仪研究院、中电博微天地信息网络研究院合作研制的"天仙星座"首发星——"巢湖一号"已经成功升空。

在中游地面设备制造方面,合肥拥有四创电子、北方雷科、若森智能等知名企业,在北斗终端研制、高通量卫星通信终端研制等方面形成了一系列成果,同时还拥有北斗导航技术安徽省重点实验室等研究机构,具备卫星通信、导航终端研制、生产的能力。

在下游数据应用方面,合肥拥有覆盖广泛的各类信息服务。目前以合肥工业大学、安徽大学为代表的高校,以天地信息网络研究院、讯飞数码、航天宏图、北方雷科、四维图新等为代表的企业已形成基于空天数据的应用生态,尤其在遥感应用领域优势明显。其中,天仪研究院设立长三角总部基地,建设测运控一体化数据中心;航天宏图建设卫星全球运营中心,中科星图布局"GEO-VIS数字地球全球总部",银河航天建设"全球遥感卫星产业基地"。

此外,安徽省投资集团、中科院合作共建商业航天火箭发动机项目落地合肥经开区。2021年7月,安徽省政府与中国航天科工集团在合肥签订了战略合作框架协议;2021年11月,中国空天院与合肥市政府签约落地"数字地球产业",助力合肥空天产业发展。

(二)蚌埠:九州云箭制造测试基地

运载火箭的能力有多大,航天的舞台就有多大。而火箭的"心脏"——发动机的水平,是决定火箭能力的重要因素。北京九州云箭选择在蚌埠建设火箭发动机智能制造和测试基地。目前,"凌云"10吨级、"龙云"80吨级两型可回收液氧甲烷发动机相继完成整机多项测试并迈入产业化阶段,技术达到国内领先水平。

未来,九州云箭在蚌埠将打造成集智能制造、智能测试与交付于一体的商用液体火箭发动机制造基地,并将发动机测试基地打造成面向全国航天领域的商业化火箭发动机测试服务平台。而蚌埠将以九州云箭为链主,不断完善航天产业上下游配套,吸引更多高科技企业入蚌发展。

五、建议篇:逐浪新蓝海,长三角可以怎么做?

据测算,航天产业的直接投入产出比为1∶2,而相关产业的带动辐射在1∶8—1∶14之间,其对经济发展带动效应明显,长三角城市应抢抓机遇,有所作为。

(一)既要精准化,又要广撒网

火箭研发制造是庞大系统工程,涉及35—40个国民经济领域,门槛高、投入大、周期长。国内已有10家左右火箭研发制造企业,民营企业新进入的难度极大,国企双巨头可能成立独立市场化公司,各城市对于火箭研发制造企业可采取精准扶持,尤其上海对于航天八院等单位衍生孵化项目可进行精准对接。

卫星研发制造领域,据预测,未来中国在近地轨道会部署3万—4万颗卫星,但目前年产能不到100颗,至少还有90%缺口,将来可能出现类似集成电路的Fabless模式,配合卫星智能工厂,涌现大量的单纯卫星设计企业。

商业航天中下游卫星应用服务市场占比最大,达90%,一定会出现大量中小企业掘金。

各城市在卫星研发设计以及应用服务两大领域进行"广撒网"模式扶持。

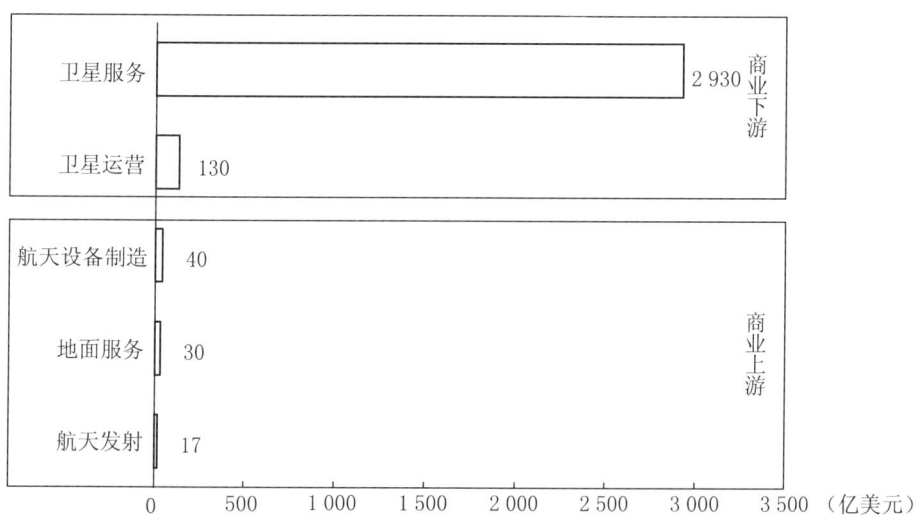

图 1　2020 年全球商业航天收入分布情况

资料来源：前瞻产业研究院。

（二）既要立足现在，又要展望未来

北斗导航系统已经组网完成，下游应用市场已呈现爆发式增长，市场前景明晰可见，各城市可结合数字经济发展、数字城市运营，大力培育发展北斗导航服务及应用。

商业遥感领域，国内遥感卫星数量太少，商用化应用程度较低，数据显示，2019 年国内遥感卫星商用化率仅为 21.4%，而全球范围内高达 48.0%；美国 Research and Markets 预测，全球卫星遥感服务市场规模到 2024 年将达到 70 亿美元，亚太地区将是增长最快的市场。商业遥感可能会迎来产业化增长期，各城市对于遥感卫星研发制造及遥感应用服务领域应进行大力扶持，尤其在智慧城市、智慧农业、商业选址等赛道以及 AI、大数据等新技术对于遥感数据处理的应用。

卫星互联网领域仍在孕育期，商业化应用还远未到来，各城市可在超维度天线技术、太赫兹波段、量子通信、相控阵天线和激光通信技术等方面前瞻布局，进行储备、抢占先机。

(三) 既要独立发展,也要协同作战

商业航天火箭、卫星制造产业链环节并不长,特别是零部件配套、地面设备制造、下游应用服务领域,各城市相互竞争在所难免,但在长三角一体化背景下,也要发挥协同作战优势,如发挥上海、南京等城市研发设计优势,周边城市协同布局制造环节;鼓励龙头企业在其他城市设立研发、制造分部。尤其宁波国际商业航天发射中心建设,非宁波一家之事,事关长三角商业航天产业发展,需要三省一市合力争取,加快推进,力争早日建成、首发。

作者:李光辉

参考文献:

① 《2021 年中国商业航天产业发展报告》,飞行邦公众号,2022 年 5 月 14 日,https://mp.weixin.qq.com/s/rHcTWOpcY8zUTcjArgqxGA。

② 陈飚、王海旭、杭雨欣:《长江三角洲商业航天进展与浅析》,《卫星应用》2022 年第 2 期。

③ 《汇聚璀璨"星光" 逐梦"中国星城" 合肥奋力打造空天信息产业发展新高地》,合台 e 家公众号,2022 年 8 月 12 日,https://mp.weixin.qq.com/s/mtH_yQP3Vps0KVHEuXxTUg。

④ 《近十年我国商业航天赛道融资额达 190 亿元,火箭、卫星研发企业频获融资》,第一财经百家号,2021 年 8 月 9 日,https://baijiahao.baidu.com/s?id=17075841673399796 51&wfr=spider&for=pc。

⑤ 李冲:《融资金额过百亿 商业航天迎风口 江苏相关企业受资本热捧》,《扬子晚报》2022 年 5 月 27 日。

⑥ 刘锟:《上海航天:铸国之重器,赴星辰之约》,上观新闻,2022 年 8 月 23 日,https://www.shobserver.com/staticsg/res/html/web/newsDetail.html?id=398047&sid=67。

⑦ 沐子:《留住商业航天能为上海留下什么》,泰伯网百家号,2021 年 8 月 29 日,https://baijiahao.baidu.com/s?id=1709506831791873428&wfr=spider&for=pc。

⑧ 沐子:《商业航天 2021:少谈多干,落地区域经济圈进行时》,泰伯网百家号,2022 年 1 月 4 日,https://baijiahao.baidu.com/s?id=1721004053767524910&wfr=spider&for=pc。

⑨ 潘洁:《长三角的"航天梦"》,《国际金融报》2021 年 12 月 20 日,第 13 版。

⑩ 《商业航天产业发展趋势概况!》,中关村壹号官博,2022 年 6 月 1 日,https://weibo.com/ttarticle/p/show?id=2309404775609208537990。

⑪ 《"十四五"期间 浙江积极培育发展商业航天》,搜狐网,2021 年 8 月 13 日,

https://www.sohu.com/a/481169954_120509946。

⑫《苏州，正在打造长三角商业航天新版图!》，中国融媒产业网，2021年11月18日，https://i.ifeng.com/c/8BGZ6YvtDDH。

⑬ 杨畅:《21家中国公司PK马斯克! Q1融资超37亿，冲刺商业航天》，智东西公众号，2022年4月18日，https://mp.weixin.qq.com/s/ZcM1lq7LGPuKcetRdQCekQ。

⑭ 张宣、杨频萍、王梦然:《"航天梦"扶摇上九天，"江苏智造"行稳护鲲鹏》，交汇点百家号，2021年4月27日，https://baijiahao.baidu.com/s?id=1698203294314786714&wfr=spider&for=pc。

长三角生物医药产业集群,离世界级还有多远?

《长江三角洲区域一体化发展规划纲要》提出,围绕电子信息、生物医药、航空航天、高端装备等十大领域,形成若干世界级制造业集群。近期先后发布的长三角三省一市"十四五"规划也提出,要聚焦电子信息、生物医药等关键领域,推动产业链跨区域协同发展,共同打造具有国际竞争力的产业创新发展高地。

生物医药产业是关系国计民生的特殊朝阳产业,覆盖范围广、产业链条长、增长潜力大。目前,长三角生物医药产值接近全国的30%,拥有一批国内领军企业,是长三角地区最具竞争力的优势产业之一。同时,在"双循环"格局下,生物医药行业的某些领域和环节有望率先实现创新突破、国际领先。

基于此,本文结合国际案例分析,探索提出世界级生物医药产业集群若干关键可量化的标志,梳理长三角生物医药产业打造世界级产业集群的基础优势,以及对标国际领先区域的明显短板。在此基础上,提出长三角生物医药产业集群协同发展的关键举措。

一、五大标志——世界级生物医药产业集群的核心特征

产业集群按影响力和竞争力的大小,通常从低到高分为区域级、国家级、世界级。世界级产业集群,是指特定区域内,基于产业专业分工和区域比较优势,以国际先进产业发展和科技创新理念为引领,形成链条完整、分工明确、布局合理、创新协同的区域产业生态体系,并具有可持续竞争优势、在世界范围内占据领先地位、代表国家参与国际产业竞争与合作的产业集群。

生物医药是典型的集群发展产业。从生物医药的全球竞争格局来看,美国、欧洲、日本生物医药产业集群全球领先,并在美国波士顿—剑桥地区、美国旧金山湾区、英国伦敦、瑞士等区域形成高度集聚,这些区域是最具代表性的世界级生物医药产业集群。

从这些区域生物医药产业集群案例来看,世界级生物医药产业集群具有五大共性标志:

标志一:产值规模达到千亿级甚至万亿级。规模集聚是产业集群最基础的标志。生物医药是全球最具成长性的行业之一,近年来市场销售额和产值增速高于同期全球GDP增速。纵观英国伦敦、瑞士等世界级生物医药集群,生物医药产业具有明显的规模集聚效应,相关企业数达到成千上万家,从业人员达到数万人,产值规模达到千亿级甚至万亿级(人民币),在本国乃至全球生物医药领域占据相当大的份额。

标志二:世界顶尖企业掌控产业链话语权。生物医药是典型的高投入、高风险、周期长的行业,这一特性决定了行业发展必须要有头部企业的支撑,且头部企业往往在全球布局研发中心和生产基地,掌控全球链条分工。从四大代表性全球生物医药产业集群来看,各区域均拥有若干全球制药企业50强、医疗器械品牌50强总部,并吸引了全球多家龙头企业在当地设立研发中心、区域总部等。龙头企业代表性单款药物在全球年销售收入达到10亿美元及以上。

标志三:引领全球新药研发和技术突破方向。研发创新在生物医药产业集群的作用非常关键。波士顿—剑桥地区、旧金山湾区、英国伦敦等生物医药集群都是典型的创新驱动发展模式,研发投入占企业销售收入的比重普遍达到10%以上,部分企业甚至高达20%以上。2019年,全球前10药企研发投入总额从2015年的677.7亿美元增加到821.3亿美元,罗氏、强生当年研发投入均超过100亿美元。这些区域企业围绕抗体、细胞治疗和基因治疗、重组蛋白等关键技术,聚焦肿瘤和感染性疾病等治疗领域,持续推进新药研发。

标志四:区域内形成专业分工和协同发展网络。作为生物医药产业集群,区域内各板块根据自身特色和优势,形成产业链协同、产业布局协同以及创新网络协同,通过协同发展塑造集群的整体竞争力。其中,英国伦敦的Medcity、瑞士的SBA等区域性的产业规划和合作协调机构发挥着重要作用,推动集群内各地区优势互补,分工合作。

标志五:产学研医融深度结合打造优质生态。波士顿—剑桥地区、旧金山湾区等区域生物医药产业集群成为全球翘楚,与它们有密集的顶尖大学、优质的医学资源、发达的风险投资、充裕的研究经费以及政府的大力支持密切相关。如在顶尖大学方面,2019年QS世界大学生物科学学科排名前20中,波士顿—剑桥地区等四大产业集群占据了9个名额,且排名均处在靠前位置。在风险投资方面,生物技术领域14个最活跃的全球风险投资公司,有10家位于旧金山湾区和大波士顿地区。

二、国际对标——长三角的优势与短板

长三角生物医药产业处于国内领先地位,全国近30%的药品销售额、1/3的生物医药产业园区来自长三角地区。从产值规模来看,江苏省2020年生物医药产业产值将超6 000亿元,在国内排在第一位。上海2019年生物医药产业规模达到3 833.3亿元,其中生物医药制造业总产值1 319.9亿元,2020年生物医药产业规模有望突破4 000亿元。浙江、安徽生物医药产值规模也均达到千亿级。

长三角地区已经具备打造世界级产业集群的基础条件。但对标产业集群竞争力的龙头企业、创新实力、协同布局和产业生态等四个关键特征,长三角与波士顿—剑桥地区、旧金山湾区、英国伦敦和瑞士还存在很明显的差距。

(一) 龙头企业:占据国内医药百强近三成,但跻身国际榜单寥寥无几

长三角地区医药企业占据国内医药百强近三成,医药上市企业市值城市版图前20中长三角共有6个城市上榜。长三角在生物制药、医疗器械、医药流通、外包服务等领域均有领军企业,而且医疗健康领域拥有8家估值高、成长潜力巨大的独角兽企业,占全国近五成份额。

截至2020年末,科创板上市申报的64家生物医药企业中,来自长三角的有33家,占比超过50%,其中上海就有15家。可以说,长三角龙头企业在国内具有绝对的竞争优势。

但与国际四大产业集群相比,长三角地区进入全球制药50强、医疗器械品牌50强等重要排行榜的本土医药企业寥寥无几,恒瑞医药、扬子江药业等国内巨头无论是企业市值、营业收入还是处方药销售额,均与国际龙头企业相去甚远。

上海复星医药、联影医疗虽然国内领先,但聚焦细分专业领域,与罗氏、强生、辉瑞等国际综合性头部企业的差距非常明显,难以主导全球产业链和价值链分工。

(二) 创新能力:新药研发投入不断加大,但仍以仿制药投资为重点

长三角地区研发企业、科研机构和顶尖人才等创新资源要素高度集聚,如全国医药研发百强企业中长三角占30%左右,国内30家新药研发企业有20家左右位于长三角,生物医药领域前三十的机构和高校长三角就占7所。

长三角新药研发能力全国领先,张江生物医药创新引领核心区已成为我国生物医药产业创新的策源地。我国食药监总局每批准3个一类新药,就有1个来自张江。长三角在生命科学和生物技术领域专利申请数量和授权数量在全球也具有一定的竞争力。

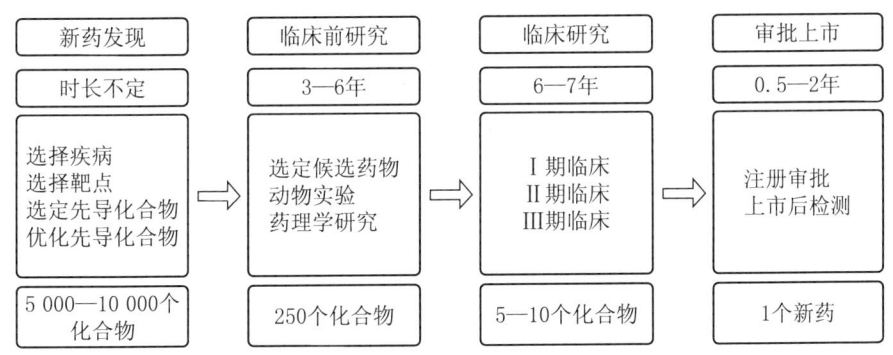

图1 新药研发投资生命周期

资料来源:笔者根据互联网资料整理。

但与国际四大产业集群相比,长三角医药企业目前仍以仿制药为投资重点。新药研发周期长、成本大、风险高只是一方面因素,其背后根本原因在于:

长三角高校生物科学科研实力远远落后于欧美。根据2020年QS世界大学生物科学学科排名榜,复旦大学、上海交大和浙江大学3所高校排在51—100名区间,而来自美英的哈佛大学、MIT、斯坦福大学、剑桥大学、牛津大学均位于前10位。同时,长三角基础科学研究源头资金投入力度有限,加上缺少规模化综合型领军企业,创新药尤其是 First in Class 新药研发能力不足。

此外,长三角生物医药产业链从上到下都存在被"卡脖子"的环节,如制药领域的动物细胞培养以及抗体等生物制造重要原材料,医疗器械制造领域的高分子材料等重要原材料、高端影像用传感器和光电检测及光电倍增管等关键零部件,均不同程度受制于人。

(三) 协同布局:重点城市初步形成特色优势,但缺少专业化协同分工

长三角地区拥有国内最多的跨国生物医药企业,在研发与产业化、外包服务、国际交流等方面具有较大优势。同时,长三角地区通过龙头企业布局、园区共建、监管政策统一等推动生物医药产业协同发展。

上海作为龙头,人才、科研院所与研发机构、大实验装置、临床资源、创新

平台、国际联系等创新链环节优势突显,形成了完善的生物医药创新体系和产业集群;江苏具有全国最强的产业化优势,并且初步形成各地特色优势,如苏州的创新药、泰州的生物制药和疫苗、昆山的小核酸、南京的基因产业等;浙江发挥生产制造与数字经济融合优势,形成以杭州国家生物产业基地和台州国家化学原料基地为核心的产业格局;安徽中医药特色突出。

但长三角不少城市都提出要发展生物医药全产业链,如苏州、常州、泰州、台州等,产业链环节选择的高度一致将会降低甚至抑制产业集群协同共赢效应。各地优势未能实现区域内共享,限制了各自优势的放大效应,利用政策优惠等手段吸引其他城市、园区的人才团队、项目、企业等入驻成为最为便捷的途径,"墙内开花墙外香""挖墙脚"现象也比较普遍。

(四)产业生态:多项创新举措落地,但产医结合、产融结合有待加强

长三角重点城市围绕研发创新、平台建设、产业化落地等方面,陆续出台了促进生物医药产业发展的多项创新政策。如上海在全国率先实施了医疗器械注册人制度和医疗器械上市许可持有人制度;上海推动产医结合,建立临床试验加速器,有望把临床试验的平均启动时间至少缩短3个月,目前已有近百家生物医药企业申请加入。

全球风险投资机构更加关注长三角生物医药产业。据火石创造数据统计,2020年,仅上海生物医药产业融资207起,融资金额400多亿元,融资项目在国内各城市排在首位,融资金额仅次于北京。同时,上海、杭州等城市均设立了百亿级生物医药产业基金,支持企业发展。

但与国外相比,医疗资源对生物医药产业的支撑有待提升,长三角众多城市在企业与医院关于临床数据资源开放共享、"产学研医"对接平台设立等方面仍缺乏相关的规范标准、法律法规等配套政策;创新型企业融资渠道仍较为有限;缺少真正有质量的科技中介服务机构、成果转化服务机构,产业链和创新链的融合有待加强。

三、努力方向——长三角打造世界级产业集群的关键举措

(一)强化"一核两极多点"协同布局

聚焦重点城市、重要集聚区,发挥"一核两极"的核心引领带动作用,把握

自身发展和协同发展的关系,推动建立完整的产业大生态系统,优化产业空间布局,带动整个长三角生物医药产业能级提升,成为具有高度国际竞争力的产业集群。

其中,上海作为一核,要强化张江生物医药研发创新对长三角地区的辐射带动作用。两极即苏州和杭州,苏州重点聚焦医药制造和医疗器械两大领域,杭州充分发挥互联网发展优势,推动大数据、人工智能与生物医药的融合。同时,支持泰州、连云港、合肥、南通、常州、宁波、台州、绍兴等城市根据各地产业特色大力发展生物医药产业。

(二) 培育本土创新型领军企业

支持大型企业加大海内外并购投资力度,积极拓展研发管线和实现规模扩张,打造本土巨无霸药企。抓住全球 CRO/CDMO 产业链向国内转移的机遇,依托上海等地的研发优势,积极培育大型 CRO/CDMO 等平台型企业,服务产业链全链条,实现弯道超车。积极招引科创板上市企业在长三角地区投资布局,集聚潜力创新企业。

(三) 增强产业创新策源能力

加强复旦大学、上海交通大学、中国药科大学、西湖大学、苏州大学等重点高校和科研院所生物医学学科建设,强化创新策源能力。深化产学医结合,用好上海"医企协同研究创新平台——临床试验加速器",吸引内外资机构开展临床研发,提高在研新药临床价值,加快上市速度。鼓励长三角药企、高校、科研院所加强合作,用好国家重点实验室,推动大科学设施共建共享,联合开展科技攻关,突破一批重大创新药物研发。

(四) 成立长三角生物医药产业链联盟

发挥好长三角生物医药产业服务发展联盟的作用,协同推进长三角区域生物医药产业信息共享、产学研医合作创新、人才培养等,打造优质的区域产业创新发展生态。在长三角 G60 科创走廊生物医药产业联盟基础上,以企业和科研机构为主,成立长三角生物医药产业链联盟,充分发挥联盟成员的优势,打造长三角一体化生物医药产业集群和标志性产业链。

作者:唐丽珠

参考文献：

①《2019研发投入TOP 10药企》，FierceBiotech官网，2020年6月10日，https://www.fiercebiotech.com/。

②《2020年QS世界大学生物科学Biological Sciences专业排名》，沈阳新航道学校官网，2020年12月，https：//sy.xhd.cn/ksjq/xwzx/886114.html。

③陈宣合：《2020年，制药大佬们都有哪些新布局》，动脉网百家号，2020年12月21日，https：//baijiahao.baidu.com/s?id=16866896001488999672&wfr=spider&for=pc。

④张新：《2020年全球十大热门生物技术》，健康界网，2020年12月31日，https：//www.cn-healthcare.com/articlewm/20201231/content-1176780.html。

图书在版编目(CIP)数据

创见：新动能与新空间 / 高平主编 .— 上海 ：上海社会科学院出版社，2023
 ISBN 978 – 7 – 5520 – 4100 – 2

Ⅰ. ①创… Ⅱ. ①高… Ⅲ. ①城市发展—研究—上海 Ⅳ. ①F299.275.1

中国国家版本馆 CIP 数据核字(2023)第 057009 号

创见:新动能与新空间

主　　编：高　平
责任编辑：应韶荃
封面设计：梁业礼
出版发行：上海社会科学院出版社
　　　　　上海顺昌路 622 号　邮编 200025
　　　　　电话总机 021 – 63315947　销售热线 021 – 53063735
　　　　　http：//www.sassp.cn　E-mail：sassp@sassp.cn
照　　排：南京理工出版信息技术有限公司
印　　刷：镇江文苑制版印刷有限责任公司
开　　本：710 毫米×1010 毫米　1/16
印　　张：24.75
字　　数：427 千
版　　次：2023 年 6 月第 1 版　2023 年 6 月第 1 次印刷

ISBN 978 – 7 – 5520 – 4100 – 2/F·725　　　　　　　　　定价:118.00 元

版权所有　　翻印必究